权威·前沿·原创

皮书系列为
“十二五”“十三五”国家重点图书出版规划项目

智库成果出版与传播平台

山西资源型经济转型发展报告（2020）

ANNUAL REPORT ON RESOURCE-RELIANT ECONOMY'S TRANSFORMATIONAL DEVELOPMENT IN SHANXI (2020)

“十四五”高质量转型发展

主　编／李志强　顾　颖
副主编／郭　沛　王兆宾　李智俊　焦　晶

图书在版编目(CIP)数据

山西资源型经济转型发展报告．2020：“十四五”高质量转型发展／李志强，顾颖主编．--北京：社会科学文献出版社，2020.7
（山西蓝皮书）
ISBN 978-7-5201-6907-3

Ⅰ．①山…　Ⅱ．①李…　②顾…　Ⅲ．①资源经济-转型经济-研究报告-山西-2020　Ⅳ．①F127.25

中国版本图书馆CIP数据核字（2020）第128086号

山西蓝皮书
山西资源型经济转型发展报告（2020）
——“十四五”高质量转型发展

主　　编／李志强　顾　颖
副 主 编／郭　沛　王兆宾　李智俊　焦　晶

出 版 人／谢寿光
组稿编辑／周　丽
责任编辑／张丽丽　徐崇阳
文稿编辑／刘　争

出　　版／社会科学文献出版社·城市和绿色发展分社（010）59367143
地址：北京市北三环中路甲29号院华龙大厦　邮编：100029
网址：www.ssap.com.cn
发　　行／市场营销中心（010）59367081　59367083
印　　装／天津千鹤文化传播有限公司

规　　格／开　本：787mm×1092mm　1/16
印　张：24.5　字　数：369千字
版　　次／2020年7月第1版　2020年7月第1次印刷
书　　号／ISBN 978-7-5201-6907-3
定　　价／168.00元

山西蓝皮书编委会

总 顾 问 薛延忠

特邀顾问 刘 锋 张九萍 师 帅 刘维奇

主　　编 李志强 顾 颖

副 主 编 郭 沛 王兆宾 李智俊 焦 晶

主要作者 （以姓氏汉语拼音首字母为序）

常 涛 陈思彤 崔海燕 都雅丽 冯晓晓
高 帅 顾 颖 郭 沛 和芸琴 黄燕梅
焦 晶 焦靖婷 景保峰 李 鑫 李 泽
李智俊 李志强 李志伟 刘丁衔 孟慧霞
渠雨潇 王百媚 王 珂 王煜宁 王兆宾
吴艺渊 辛安娜 薛娟娟 尤会杰 袁小亚
张琴清 赵建凤 赵守艳 赵卫军 赵月凡
郑晓霞

主持单位 山西大学中国中部发展研究中心

支持单位 山西大学经济与管理学院
山西大学管理与决策研究所
山西大学资源型经济转型发展协同创新中心

主要编撰者简介

李志强　山西大学中国中部发展研究中心主任，山西大学经济与管理学院、山西大学管理与决策研究所、山西大学资源型经济转型发展协同创新中心，博士、教授、博士生导师。山西省市场监督管理局（知识产权局）副局长，民建山西省第九届委员会副主委，十三届全国人大代表，中共山西省委联系的“高级专家”，山西省政府决策咨询专家，国家社科基金项目通讯鉴定专家，教育部人文社会科学研究项目评审专家。主要从事制度理论、资源型经济转型、战略与创新管理及标准化研究等。主持国家级、省部级课题50多项，出版学术著作20部，发表论文140多篇，累计向十三届全国人大一次、二次、三次会议提交议案建议57件。先后荣获山西省社会科学研究优秀成果奖、山西省社会科学研究成果推广应用奖、山西省社会科学研究优秀成果“百部（篇）工程”奖、山西省优秀科技工作者等省部级奖励18项。

顾　颖　太原师范学院经济系教授、山西大学硕士生导师，山西大学中国中部发展研究中心特聘研究员，全国高等财经院校《资本论》研究会理事、山西省《资本论》研究会理事、山西省统计学会理事，主要研究方向为制度理论与经济改革、资源型经济转型发展研究等。主持参与国家级、省部级课题20多项，出版学术著作11部，发表学术论文40余篇。先后荣获山西省社会科学研究成果推广应用奖一等奖、山西省“十五”普通高校思政教育研究课题一等奖、山西省社科联重点课题研究优秀成果二等奖等省级科研奖励8项。

郭　沛　山西大学经济与管理学院，山西大学中国中部发展研究中心，山西省高等学校人文社科重点研究基地“山西绿色发展研究中心”，博士、副教授、硕士生导师、MBA导师，主要从事国际贸易与低碳经济研究。主持参与国家社科基金、教育部人文社科、省级和晋中市“十四五”前期规划等项目10余项，出版学术著作1部，发表学术论文20余篇，荣获中国国际贸易学会优秀论文奖、中国服务贸易学会中国服务贸易研究奖优秀论文奖。

王兆宾　山西省人民政府研究室研究三处处长，山西大学中国中部发展研究中心特聘研究员，主要从事区域经济、乡村振兴与城镇化等方面的理论与政策研究，发表学术论文10余篇，荣获中国发展研究奖二等奖。

李智俊　山西大学经济与管理学院，山西大学中国中部发展研究中心，博士、讲师、硕士生导师，主要研究方向为战略与创新管理。主持省部级课题7项和校内课题2项，参与国家自然科学基金等课题3项，出版学术专著1部，发表学术论文10余篇，荣获山西省社会科学研究优秀成果“百部（篇）工程”三等奖。

焦　晶　山西大学经济与管理学院，山西大学中国中部发展研究中心，博士、讲师，美国跨文化交流学院（Intercultural Communication Institute）跨文化培训师，国际商务沟通学会（ABC）会员。主要研究方向为跨文化商务沟通、软实力。主持省部级课题2项，参编学术著作1部，出版译著2部，发表学术论文10余篇和英文论文3篇，荣获山西省社科联重点课题研究优秀奖。

摘　要

当今世界面临百年未有之大变局，“变”是高质量发展的重要特征。随着新科技革命和产业变革的推进，“新”是高质量发展的显著特征。山西处于经济转型升级的关键阶段，“转”是高质量发展的基本特征。山西要坚决贯彻习近平总书记重要讲话重要指示精神，继续深入贯彻落实省委“四为四高两同步”的总体思路和要求，加快建设现代化经济体系，坚决打好三大攻坚战，全面做好“六稳”工作，统筹做好经济社会发展各项工作，坚定不移地将转型综改进行到底，为高质量科学谋划“十四五”打好基础，用行动落实诠释忠诚担当，以作为结果践行初心使命，在“两转”基础上拓展新局面，在新的起点上谱写新篇章。

《山西资源型经济转型发展报告》是全国第一部以“资源型经济转型发展”为研究主题，研究山西省国家资源型经济转型综合配套改革试验区建设的山西蓝皮书。当前，中国经济虽然经历短期波动，但是长期发展趋势总体向好。因此，我们确定以“‘十四五’高质量转型发展”为 2020 年度研究主题，对“十四五”时期推进山西高质量转型发展面临的新形势与新挑战、新思维与新动能、新路径与新举措等进行理论与实证分析，提出了兼具理论支撑和实践可行性的政策建议。本书的出版将为资源型经济转型发展的理论研究与政策创新提供参考，具有重要的理论价值和实践意义。

本报告由总报告、专题报告、案例研究和附录四个部分构成。总报告围绕高质量转型发展主题，客观分析 2020 年山西高质量转型发展面临的新形势与新挑战，着眼创新生态打造、产业基础再造、市场化改革、高水平对外开放、三大攻坚战、民生关切及公共卫生体系建设等领域，就如何推进山西高质量转型发展给出政策建议；以及从新动能培育、关键领域改革、扩大开放、区域合作、乡村振兴、民生关切、攻坚成果巩固、数字政府建设及党的全面领导“九个聚焦”角度，提出“十四五”时期山西经济社会高质量转型发展的框架思路和政策建议。

专题报告一聚焦转型提速，高质量发展上台阶，提出以初心使命建言献策高质量发展，以担当作为致力推进转型综改，以高质量法治建设维护社会安全稳定，以及“十四五”转型出雏形的总体要求、目标指标与重点任务。专题报告二聚焦产业振兴，推动产业链现代化，从智能化时代装备制造业高质量发展、“十四五”时期煤炭产业绿色发展、高质量发展背景下建筑产业创新发展及新形势下服务业高质量发展等方面探索产业优化升级的新举措。专题报告三聚焦改革创新、聚力重点领域突破，提出要扎实推进能源革命综合改革，培育壮大战略性新兴产业，加快新型研发机构创新发展，加大高新技术产业金融支持。专题报告四聚焦创优环境，强化民生托底保障，通过识别“后脱贫时代”的相对贫困、构建产业生态化评价指标体系、推动线上线下零售深度融合及提升居民消费质量，提出具有针对性的对策建议。案例研究持续跟踪转型综改工作，提出试点县（市、区）要从体制机制创新、县域动力变革、绿色低碳发展及民生工程建设等方面深入推进转型综改；充分运用微博营销，从数字化连接、增强内容互动、管理品质提升来促进“中华老字号”企业高质量发展。附录精选收录书记省长谈高质量转型发展、专家学者建言高质量转型发展及大事记。

关键词：高质量转型发展　“十四五”规划　山西

目 录

Ⅰ 总报告

Ⅱ 专题报告

专题报告一：转型提速 高质量发展上台阶

Ⅲ 案例研究

Ⅳ 附录

皮书数据库阅读使用指南

总 报 告

General Reports

B.1
新形势下山西高质量转型发展的政策选择

李志强*

摘 要： 面对复杂的外部形势和内部下行压力，中国经济将经历短期波动，但是长期发展趋势总体向好。本报告首先梳理2019年山西高质量转型发展取得的主要成绩。其次客观分析2020年山西高质量转型发展面临的挑战和需要正视的问题。最后就新形势下如何推进山西高质量转型发展提出政策建议，明确工作重点：全力打造一流创新生态，激发更多创新创业潜力；实施产业基础再造工程，提升产业链现代化水平；深化市场化改革，充分释放经济发展新活力；

* 李志强，山西大学中国中部发展研究中心主任，山西大学经济与管理学院、山西大学管理与决策研究所、山西大学资源型经济转型发展协同创新中心，博士、教授、博士生导师，主要从事制度理论与竞争力、资源型经济转型、战略与创新管理及标准化研究。

全面提升对外开放能级，加快推进新一轮高水平开放；坚定不移打好三大攻坚战，确保全面建成小康社会；聚情民生关切，加大民生托底保障力度；紧盯重点环节，加强公共卫生体系建设；加强立法工作，以高质量法治保持社会安全稳定。

关键词： 新形势　民生保障　创新生态

2020年是全面建成小康社会和“十三五”规划的收官之年，是打好“十四五”发展基础的关键之年。全国上下勠力同心，奋勇拼搏，以改革求发展，以创新强活力，发展时不我待。新形势下，山西省要坚决贯彻习近平总书记重要讲话重要指示精神，继续深入贯彻落实山西省委“四为四高两同步”的总体思路和要求，加快建设现代化经济体系，坚决打好三大攻坚战，全面做好“六稳”工作，统筹抓好经济社会发展各项工作，用行动落实诠释忠诚担当，以作为结果践行初心使命，在“两转”基础上拓展新局面，在新的起点上谱写新篇章，坚定不移地将转型综改进行到底。

一　2019年山西高质量转型发展取得的新成绩

2019年，全省上下加快产业结构调整步伐，强化创新驱动发展，纵深推进关键领域改革，持续扎实推进“六稳”工作，经济转型发展呈现强劲态势。

（一）从速度和总量看，经济转型发展连年进位、呈现强劲态势

“十三五”规划初期，山西经济总量与全国差距较大，GDP增速与全国差距明显，全省经济仍未进入合理增长区间。近年来，山西深入推进供给侧

结构性改革，推进产业结构优化升级，经济转型发展连年进位。2016 年，山西 GDP 增速为 4.5%，比全国低 2.2 个百分点。2017 年上半年，山西 GDP 增速（6.9%）与全国持平，下半年持续以高于全国平均水平的速度增长。2019 年，山西 GDP 增速始终高于全国平均水平（见图 1）。山西经济总量排名从 2016 年的第 24 位，增长到 2019 年的第 21 位。山西 GDP 增速连续 12 个季度保持在 6% 以上的合理区间，经济转型发展稳健性增强，取得阶段性成效。

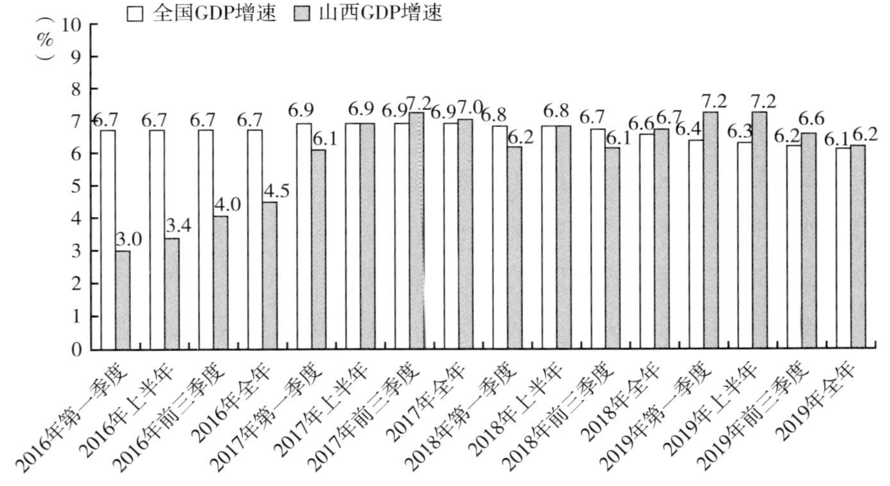

图 1　2016～2019 年山西 GDP 增速和全国 GDP 增速对比

资料来源：根据山西省统计局和国家统计局发布的数据绘制。

（二）从结构和比例看，产业结构调整步伐加快、逐步优化升级

三次产业结构不断优化。2019 年，山西三次产业增加值分别为 824.72 亿元、7453.09 亿元、8748.87 亿元，同比增长 2.1%、5.7%、7.0%，全省三次产业增加值占地区生产总值的比重分别为 4.8%、43.77%、51.38%。第二、第三产业增速与第一产业相比有明显优势，其中，第三产业增速最快（7.0%），并且高于全国平均水平（6%）。全省

第三产业对经济增长的贡献率达 59.8%，高于第二产业的 38.3%，成为经济增长的最大动力。

工业内部结构趋向合理。自 2016 年全省规模以上工业增加值增长由负转正以来，规模以上工业增加值快速增长，2019 年，全省规模以上工业增加值增长达 5.3%。2019 年，全省煤炭工业增加值增长 4.1%，非煤炭工业增加值增长 6.5%，其中制造业增加值增长 7.0%，非煤炭工业对工业增长的贡献率达 61.2%，高于煤炭工业的 38.8%。近三年，非煤炭工业特别是制造业占比不断上升，制造业平均每年增长 8.2%，持续快于规模以上工业及煤炭产业增速，引领工业增长。

固定资产投资结构持续完善。2019 年，第一、第三产业投资比重明显上升，第二产业比重下降，三次产业投资占比由 2018 年的 3.9∶37.4∶58.7 变为 4.2∶36.0∶59.8。第一产业投资增速达 16.3%，优于第二、第三产业投资增速（第二、第三产业投资增速分别为 5.3%、11.4%），且只有第一产业投资增速较上年有所增长。重点领域释放投资活力，民间投资与工业企业技改投资分别增长 7.9%、20.9%。环保、民生等短板领域投资实现较快增长，生态保护和环境治理业投资、教育投资、科学研究和技术服务业投资增长分别为 23.2%、21.7%、72.0%。

（三）从动能和后劲看，创新驱动焕发新的动能、迈出转型坚实步伐

转型综改焕发新生机。2019 年，全省持续深化转型综改示范区建设，积极推动落实新兴产业培育方案，持续推进百度（山西）人工智能数据标注项目、建筑产业现代化园区项目等一批新兴产业项目建设，整体创新实力不断提升。截至 2018 年，转型综改示范区内高新技术企业达 579 户。2019 年，山西转型综改示范区在国家级经开区综合发展水平考核评价中的排名提至第 31 名。

创新驱动力显著增强。晋煤集团深入践行国家氢能发展战略，依靠国内知名专家“智库”，新建国内首座加氢加气合建站，为全国加氢加气合建站

建设提供了良好示范。全力推进 19 项“揭榜制”科研项目落地，实现了 T1000 高端碳纤维、低浓度煤层气发电机组、光伏异质结结构件等科技重大突破，创新实力不断提升。省级双创中心——“智创城”投入运营。积极培育壮大新动能，全省新培育“小升规”“专精特新”企业 900 户以上，新增高新技术企业 2400 多户，为转型发展提供新引擎。

自主创新综合能力不断提升。2019 年 1 月至 10 月，全省共申请专利 24639 件，同比增长 10.95%，其中，有效发明专利 14115 件，授权专利 13084 件，同比分别增长 10.04%、3.61%。山西省科技厅编制了《2019 年度山西省科技成果转化引导专项项目申报指南》，推进北京大学和清华大学 10 项先进科技成果落地转化。相关单位与科研院所、高校、企业产学研合作完成的 7 项科技成果荣获 2019 年度国家科学技术奖。

（四）从领域和主体看，关键领域改革全面发力、开创新局面

国资国企改革向纵深迈进。山西省国资委印发了《2019 年国资国企行动改革方案》和《省属企业混合所有制改革操作指引》，积极发展混合所有制经济，进一步深化国有企业改革。2019 年，运用市场化、法治化手段，加快处置省属“僵尸企业”115 户，省属国企“三供一业”分离移交完成 100%。潞安集团分别与美国 AP 公司、华润集团签署战略合作协议，加速促进国有资本向战略性新兴产业、支柱产业聚集。2019 年汾酒集团完成整体上市；晋商银行登陆港交所，成为山西首家上市银行。山西大地国际集团在港股上市，是山西首家登陆 H 股的省属国有控股上市公司。

能源革命综合改革试点顺利开局。深入贯彻落实习近平总书记提出的“四个革命、一个合作”能源安全新战略，在全省召开试点动员部署大会，切实推动 15 项标志性重大举措，落地落实 85 项工作任务。煤炭产能逐步优化，退出煤炭过剩产能 2745 万吨，先进产能占总产能比重达 68%。光伏发电装机突破 1000 万千瓦，基地规模位居全国第一，全年省内直接交易成交电量 965 亿千瓦时，完成全年计划的 120.6%。积极推进能源科技创新，加

强煤炭智能开采，推动重点领域清洁高效利用，智慧能源科技取得实质进展，能源革命综合改革迈出坚实步伐。

民营经济迸发新活力。2019 年 12 月 5 日发布的《山西省促进民营经济发展办法》推出 30 条措施鼓励民营经济发展，相关部门相继出台惠企政策，为民营经济营造良好的营商环境。截至 2019 年 12 月底，拖欠民企中小企业账款清偿达 68%，实施一系列减税降费措施，全年累计新增减税降费逾 560 亿元。民营经济规模逐步扩大，山西立恒钢铁集团、山西潞宝集团等 7 家民营企业上榜“中国民企 500 强”，民营经济不断迸发活力。

（五）从共享成果看，民生福祉持续增进、幸福指数显著提升

稳就业目标提前交卷。截至 2019 年 10 月底，全省城镇新增就业、农村劳动力转移就业分别为 49.29 万人、35.6 万人，完成全年目标的 107.1%、107.9%；全年城镇新增就业、农村劳动力转移就业目标完成率分别为 119.1%、121.9%，就业目标提前完成。创造性实施以“人人持证、技能社会”为目标的全民技能提升工程，全省全年共组织 104.7 万人进行技能培训。截至 2019 年 9 月底，全省创业带动就业 12.45 万人，提前超额完成全年目标。

脱贫攻坚战再度发力。2019 年，全省上下合力瞄准薄弱环节，攻坚深度贫困，坚决打好攻坚战，取得了优异的成绩。山西实现了最后 17 个贫困县全部进入脱贫摘帽审核程序，918 个贫困村全部退出贫困行列，约有 23.9 万贫困人口实现脱贫，决战决胜脱贫攻坚。2020 年，山西将确保 2.16 万剩余贫困人口全部脱贫，如期实现全面小康！

看病就医便捷度提升。2019 年，城乡居民基本医保人均财政补助标准提高至 520 元。完善医保药品目录动态调整机制，将治疗高血压、糖尿病等疾病的门诊用药纳入医保报销范围。大力实施“百院兴医”工程，加快优化医疗资源布局，为看病就医提供良好的环境。17 家医院接入微信“城市服务”的“看病就医”，为民众带来看病“不排队”的优质体验。

二　2020年山西高质量转型发展面临的新形势与新挑战

当前，世界经济发展面临下行压力，经济复苏之路任重道远，中国经济发展面临的机遇和挑战相互交织。山西要科学研判经济发展趋势，抢抓机遇，应对挑战，按照高质量发展要求，加快推进资源型经济转型发展。

（一）山西高质量转型发展的内外环境发生深刻变化

1. 世界经济形势逐步趋于下行，全球经济面临新一轮危机侵袭

2019 年世界经济面临下行压力，主要经济体经济同步放缓，外国直接投资增长持续减缓，国际贸易增速大幅下降，世界经济受到多重不确定性因素制约。联合国发布的《2020 年世界经济形势与展望》报告显示，2019 年全球经济增速放缓至 2.3%，为近 10 年最低水平。报告预测，2020 年全球经济增速可能达 2.5%，但如果金融动荡、贸易局势紧张或地缘政治紧张局势升级等不利因素不能得到有效缓解，2020 年全球经济增速将放缓至 1.8%，全球经济复苏进程面临“脱轨”风险。此外，主要经济体之间的贸易摩擦也导致世界经济下行压力增大。

2. 中国经济经历短期波动，长期发展趋势总体向好

面对复杂的外部形势和内部下行压力，2019 年中国经济全年保持平稳运行，发展质量稳步上升。国内生产总值 990865 亿元，同比增长 6.1%，相较 2018 年 6.6% 的增速有所放缓，但仍处于 6% ~6.5% 的增长预期目标区间内，中国经济继续保持增长。数据显示，2020 年一季度全国实物商品网上零售额为 18536 亿元，增长 5.9%，比 1 ~2 月份增加 2.9 个百分点，信息传输、软件和信息技术服务业增加值同比增长 13.2%，以新产业、新业态、新模式为代表的新经济发挥重要作用。此外，中国具备长期积累的雄厚物质基础和完备的产业体系，具有较强的抵御风险能力，新形势下中国经济发展的韧性和潜力将会发挥叠加溢出效应，长期向好的基本面不会改变。

（二）山西高质量转型发展面临的问题和挑战

1. 消费需求冲击严重，消费潜力有待释放

山西消费潜力有待释放，存在消费品供给不足、外流严重等问题。2019年，全省社会消费品零售总额达7909.2亿元，同比增长7.8%，较上年降低0.4个百分点，对GDP的贡献率为46.5%，远低于全国平均水平（57.8%）。消费品供给结构不合理，中、高端消费品市场有效供给不足，导致消费外流倾向严重。2019年，全省餐饮、旅游总收入分别占全省地区生产总值的3.9%、47.1%，对经济发展具有带动效应。但在2020年开局，短期消费需求受到冲击，住宿、餐饮、旅游等非必需品行业受到一定影响。数据显示，2020年第一季度山西社会消费品零售总额下降25.7%，降幅较1~2月份收窄6.1个百分点。2018~2020年第一季度山西与全国社会消费品零售总额增速情况见图2。因此，山西要快速稳定居民消费，刺激新的消费增长点，推动消费品提质扩容，加快释放新型消费潜力。

2. 微观主体活力不强，营商环境有待改善

优化营商环境是促进高质量发展的重要基础。山西推进高质量转型发展需要进一步增强微观主体活力，优化营商环境。2019年，全省新增减税降费逾560亿元，占全国累计新增减税降费的比重为2.8%。2018年，山西省营商环境指数为39.41，在全国31个省级行政区（港、澳、台除外）中排第22位，在中部六省中排名最后，与东部地区存在明显差距。2019年，全省中小微企业实现营业收入3万多亿元，占全省营业收入的55%，与全国水平（约70%）存在明显差距。《2019年中国城市营商环境指数评价报告》显示，太原营商环境指数排第36位，相比2018年的第31位和2017年的第29位，排名有所下降，整体环境仍需改善。2020年初多数企业在用工安排、原料运输、生产销售等方面受到限制，给企业运营带来一定挑战。因此，山西要从贷款利息、社保缴费、税收等方面，大力扶持中小微企业，高效推动企业复工复产，增强微观主体活力。

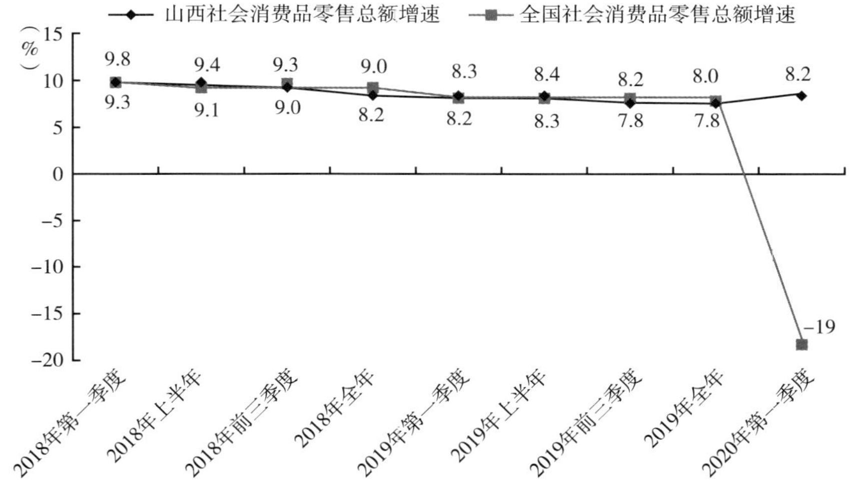

图 2　山西与全国社会消费品零售总额增速情况

资料来源：根据《2018 年山西省国民经济和社会发展统计公报》、《2019 年山西省国民经济和社会发展统计公报》、2020 年第一季度山西省经济运行情况和国家统计局相关数据整理。

3. 科技和人才要素支撑不足，整体创新能力不强

创新是引领发展的第一动力。山西深入开展“双创”活动，出台落实系列政策激励创新，深化科技体制改革，统筹运用各类科技资源促进产学研深度结合，有效推动创新能力提升，但整体创新能力对高质量转型发展的驱动力不明显。2018 年，山西共投入研究与试验发展（R&D）经费 175.8 亿元，R&D 经费投入强度（R&D 经费与地区生产总值之比）为 1.05%，比全国水平（2.19%）低 1.14 个百分点。《中国区域科技创新评价报告 2018》数据显示，山西综合科技创新指数为 50.85%，排第 20 位，较上年排名后退 3 位，低于全国平均水平（69.63%）。人才要素供给不足，缺乏高层次领军人才和创新团队。据统计，山西两院院士有 28 位，占全国两院院士总数（1637 人）的 1.7%，医疗科研人才匮乏，中医药人才优势不明显，公共卫生防疫能力有待提升。因此，山西要坚持创新为上，大力实施创新驱动和人才强省战略，增强整体创新能力。

4. 开放型经济发展滞后，对外开放度亟待进一步提高

山西出于内陆地理位置限制、开放意识不足等原因，长期对外开放度远不及东部地区，且与中部其他省仍有较大差距，经济发展也相对落后。2019年，全省进出口总值为1446.9亿元，占全国进出口总额（31.54万亿元）的0.46%，其中进口总额640亿元，占全国（14.31万亿元）的0.45%，出口总额806.9亿元，占全国（17.23万亿元）的0.47%，全省全年对外依存度为8.4%，比全国水平（33.8%）低约25个百分点，在中部六省中也处于最低位置（见表1）。因此，山西要进一步提升对外开放度，竭力打造对外开放新高地。

表1　2019年中部六省对外经济情况

省份	进出口总额		对外依存度(%)
	金额(亿元)	增速(%)	
山西	1446.90	5.7	8.4
安徽	4737.30	9.3	12.8
河南	5711.60	3.6	10.5
江西	3511.90	11.1	14.2
湖南	4342.19	41.2	10.9
湖北	3943.60	13.1	8.6

资料来源：中部六省各统计局网。

5. 生态环境问题突出，可持续发展短板较多

经济高质量转型发展离不开生态环境保护。近年来，山西坚持生态优先，全面落实湖长制，扎实推进“两山七河一流域”生态修复治理，全面整治违法排污，积极开展“百日清零”专项行动，全力攻坚污染防治战。但山西生态文明建设基础薄弱，生态治理任务任重道远。2018年，山西空气污染综合指数在全国排名最后，二氧化硫平均浓度绝对值处于全国最高水平，全省11个地级市环境空气质量综合指数介于5.18~7.67之间，均不满足国家二级标准。水污染治理问题依然突出，截至2019年底，汾河流域仍有6个劣V类断面，黄河流域仍有7个劣V类断面。绿色发展力不强，2019

年太原城市绿色竞争力指数为0.2644，在全国125个城市中排第76位。农村人居环境不平衡，全省卫生厕所普及率近55%，低于全国水平。

三　推动山西高质量转型发展的政策建议

坚持目标导向、问题导向、攻坚导向、变革导向，积极应对新形势，全力打造一流创新生态，实施产业基础再造工程，深化市场化改革，全面提升对外开放能级，坚定不移打好三大攻坚战，加大民生托底保障力度，完善公共卫生体系，高质量推进法治建设，统筹做好新形势下改革发展安全稳定民生各项工作。

（一）全力打造一流创新生态，激发更多创新创业潜力

1. 深入实施创新驱动战略，切实推动“五链”深度聚合

构建以企业为主体、以市场为导向、产学研用深度融合的技术创新体系，研究发布山西构建“五链”聚合产业技术创新体系推动产业创新发展的若干措施。深入落实《山西省推动创新创业高质量发展20条措施》，加快产业技术研究院、科技创新中心等新型研发机构以及能源革命、高铁装备等创新研究院建设，搭建“国家队+地方队+企业队”的全链条创新网络，打造“基础研究+技术攻关+成果转化+科技金融”的全过程创新生态链。围绕重大传染性疾病防控与诊治，深入研究病毒传播致病机理，加紧推进有效药品和疫苗研发，打通科研、临床、教学、生产全链条各环节，全力打造省重点实验室和健康医疗大数据中心。按照《山西省企业技术创新发展三年行动计划》，抓紧开展产业关键核心技术攻坚行动，聚焦制造业、第三代半导体、生物产业、新能源等领域，加大关键共性技术、前沿引领技术、颠覆性技术和“卡脖子”技术攻关力度，掌握一批先进技术，开发一批创新成果。贯彻落实《智能汽车创新发展战略》，研究出台山西智能汽车创新发展方案。依托省科技成果转化和知识产权交易管理服务平台，推动重

大科技成果转化，完善知识产权保护制度，构建知识产权“大保护”“快保护”格局。

2. 深入实施科教兴省战略，着力推动教育事业高质量发展

抓紧研究编写山西中小学校和幼儿园疫后开学工作指南，指导各校对疫情期间学生线上学习质量进行评估，将评估结果作为开展新课程教学的重要依据；对没有进行线上教学的班级，坚决实施“零起点”教学；赋予各校各年级自主权，必要时通过缩短周末、暑假时间来补齐面授课时不足的短板。着力推动山西大学和太原理工大学创建“双一流”大学，加强与C9高校联盟、一流科研机构、知名企业之间的合作，探索建立“学院+基地”“知识+实践”的跨界培养模式，加快共建研究生联合培养基地。进一步优化博士、硕士学位授权单位（点）。贯彻落实《关于深化新时代教育督导体制机制改革的意见》要求，加快出台山西深化新时代教育督导体制机制改革工作方案，抓紧成立省教育督导小组，不定期开展专项督导行动，将督政、督学、评估监测工作成果列为年度绩效考核评价指标。

3. 深入实施人才强省战略，充分发挥人才资源的支撑作用

以大力实施“111”工程、“1331”工程、“136”兴医工程为牵引，以加快实施“人才科技兴医计划”和“百名博士引进计划”为抓手，坚持分类别指导、分领域推进，严格遴选优秀项目试行“5年+5年”支持模式，提速引进一批高精尖人才、急缺人才和应急人才。着力推动山西大学和太原理工大学等高校调整优化学科学院和健全完善专业设置，在人才培养过程中更加注重培育人才的工匠精神和企业家精神，重点培养能够满足高质量转型发展需求的高层次技术人才、高素质技能人才和高水平经营管理人才。建立完善“三晋英才”“青年拔尖人才”等高层次人才联系服务制度，积极探索制定有利于专注研发、潜心研究的科研人员发展的评价办法。对从事核心技术研发的领军人才，赋予其创新活动主导权和创新成果支配权。继续深化山西农业大学（山西省农业科学院）“院办校”和“大部制”体制机制改革，扩大院（所）科研和分配自主权，取得经验后在全省推开。

（二）实施产业基础再造工程，提升产业链现代化水平

1. 培育壮大战略性新兴产业，促进产业集聚集群集约发展

关注互联网、物联网、大数据、云计算、人工智能、区块链等新一代信息技术前沿，以小分队招商、产业链招商、以商招商为抓手，形成“龙头企业 + 配套企业/研发机构/供应商 + 产业集群”的全产业链招商格局，聚力打造具有标志性、引领性的产业集群。围绕高端装备制造业、新材料产业等领域，以推进标志性项目建设为重点，支持具有竞争力的产业集群联合申报国家级战略性新兴产业基地，率先推动形成“链式整合、园区支撑、集群带动、协同发展”的产业新格局。整合全省应急资源，加快建成现代应急产业园区，建设国家应急产业示范基地，打造应急物资和生产能力储备基地。以数字化、网络化、智能化为主攻方向，以产业智能化和智能产业化为重要内容，实施智能制造核心竞争力提升行动，推动制造业向智能型、高端型、绿色型、服务型方向发展，打造一批先进制造业集群。

2. 积极推进传统产业转型升级，加速数字技术和传统产业融合

制定出台传统产业数字化专项政策，通过建链、补链、延链、强链，加快数字技术对传统产业的改造提升，促进5G、物联网、区块链、云计算等数字技术的转化应用，加速重构传统产业的产业链和价值链。建立数字化产品公共服务平台，为企业开通绿色通道，将在线教育、远程医疗、居家办公、“互联网 + 政务服务”等模式纳入服务范畴，进一步明确数字化产品目录，加快数字化产品推广应用，促进产业要素跨界和跨时空聚合共享，加速产业数字化转型进程。大力发展中医药大健康产业，研究出台进一步推进中医药产业高质量发展的工作方案，传承创新中医药产品，运用数字化和标准化手段建立龙头“企业——基地——农户”的全产业链，加快中医药强省建设。支持建设“数字山西”中心，大力发展百度（山西）人工智能数据标注产业基地和百度云计算（阳泉）中心，积极发挥大数据资源优势，为新一代信息技术和传统产业融合发展提供数据支撑。

3. 大力发展现代服务业，推动先进制造业与现代服务业深度融合

围绕科技服务、高端商务、绿色金融、智慧物流、现代供应链、人力资本服务、会展服务等领域规划建设一批现代生产性服务业集聚区，健康养老、文化休闲、家庭护理等领域规划建设一批现代生活性服务业集聚区，推动现代服务业专业化、品质化发展。支持太原加快建设国家智慧物流枢纽。制定出台山西关于推动先进制造业和现代服务业深度融合发展的实施方案，鼓励和支持符合条件的企业开展省级和国家级融合发展试点，探索形成具有行业特色的融合发展经验并推广示范。研究发布山西服务型制造示范评选办法，培育一批服务型制造示范、制造业单项冠军企业（产品）。尽快制定工业互联网技术标准和服务规范，加快建设以先进制造业企业为中心的网络化协同制造服务体系，推动制造业企业向服务型制造转型。积极搭建集业态分析和企业案例研究、商业模式创新设计、企业“产品服务系统”设计为一体的服务型制造综合平台，为产业融合提供公共技术服务和信息数据支撑。

4. 深化质量基础设施建设，助力产业竞争能力和产业链水平提升

聚焦产业基础高级化和产业链现代化，建立健全计量、标准、检验检测、认证认可服务体系。根据智能制造产业发展需求，再建1～2个省级产业计量测试中心，鼓励开展具有前瞻性的计量测试技术研究，提供基于全溯源链、全生命周期、全产业链的计量服务。瞄准国际先进水平全面提升标准化水平，扎实推进国家标准化综合改革试点，启动《山西标准化战略发展纲要（2035）》编制工作，重点建立健全能源革命、战略性新兴产业、有机旱作农业、文旅产业、现代物流产业、营商环境、生态环保、安全生产、社会治理及公共服务等领域标准体系。在煤炭、钢铁、化工等传统产业领域，尤其要强化环保、质量、安全等指标的硬约束，用好计量标准、认证检测、生产许可、能耗评价等手段，提升传统产业的核心竞争力。

（三）深化市场化改革，充分释放经济发展新活力

1. 扎实推进能源革命综合改革，争当“能源革命排头兵”

推动煤炭安全绿色智能化开采，持续深化煤炭供给侧结构性改革，通过

减征资源税鼓励使用充填开采、保水开采、煤与瓦斯共采等技术，同时加快采煤机械化、智能化改造，提升煤炭先进产能占比。以5G通信、先进控制技术为牵引，在地面探索建设集中控制中心，在地下建设一批标杆示范矿井，致力于打造煤炭绿色开发利用基地。推动煤炭清洁高效利用和低碳深度利用，按照“分质分级、能化结合、集成联产”方式，探索推动煤炭向新型材料转化。控制煤炭消费总量，开展煤炭消费等量减量替代行动，提高清洁能源在终端能源消费中的比例。加快落实省煤成气增储上产行动计划，坚持以储定产、分步实施，支持一批示范企业率先发展，加强与中央企业之间的合作，不断提升煤成气全产业链水平。推动“互联网+智慧能源”建设，支持开展智慧能源网关键技术攻关，借鉴国家电网智慧车联网平台建设经验，利用人工智能、区块链、移动互联技术，加快实施能源互联网创建、能源大数据应用、分布式能源领跑三大工程，打造万物互联、集多功能于一体的山西“能源云”。加快建设天然气等清洁能源优先发展示范区，全力打造国家非常规天然气基地。

2. 继续加大国资国企改革力度，推动国企混改实现更大突破

研究制定国企改革2020年时间表和路线图，以能源革命、新兴产业、公共服务领域为主攻方向，调整优化国资布局，进一步发挥国有资本的基础性、牵引性、保障性作用。整体上加速推动国企混改工作，涉及竞争性混改的要全面推进，涉及公益性混改的要稳妥推进，扩大混改项目储备库并密集推介，通过增资扩股、合资经营、联合开拓市场等方式，充分调动社会化资本的积极性和主动性，全方位提升混改工作的质量与层次。深入实施“互联网+”模式，推动省属国有企业与互联网领先企业深度合作，大力推广工业互联网应用，实现省属国有企业智能化改造、信息化转型。建立信息披露的管理制度，依托国资监管大数据平台、省属国有企业阳光采购服务平台，推动国资监管和国有企业信息公开。鼓励焦煤、数字经济、文旅等领域进行专业化重组，大力推进“处僵治困”工作，以一企一策形式为企业提供精准服务。加强国有企业党建工作，指导企业探索建立党建创客平台，促使党建与生产互联互通，协调国有企业政治与经济功能。

3. 加快中小企业持续快速发展，为企业发展营造更好环境

从重点企业入手，整体推动产业链、供应链、物流链协同发展。实施公务员入企驻厂服务，抽调机关干部下沉一线，帮助企业解决问题和落实惠企政策，督促企业主体责任落地。进一步压实政府责任，加快完善政策配套，支持生物医药、医疗器械和医疗服务等优先立项，在信贷、税收和帮扶等方面确保政策的连续性、一致性和稳定性。围绕融资担保、风险补偿、征信等相关环节，建立健全风险分担与信用增进机制，探索金融服务中小企业的有效模式。进一步压实金融监管部门责任，建立小微企业数据库和信用评级体系，为金融机构快速做出响应提供依据，鼓励通过股权投资等手段完善多层次资本市场，拓宽企业融资渠道，多措并举解决企业融资难、融资贵、融资慢问题。进一步压实金融机构责任，创新和丰富金融产品和服务，主动对接企业需求，降低企业获得资金成本。增强政府数据整合、分析和挖掘能力，对供应链上下游企业经营、交易和管理的数据进行深度研究，积极开发应收账款产品。着力构建亲清新型政商关系，建立驻企指导员帮扶制度，畅通领导干部与企业联系渠道，全面落实各项政策，发挥政策叠加效应。

（四）全面提升对外开放能级，加快推进新一轮高水平开放

以加强国际产能合作为重要内容，积极参与“一带一路”国际合作，加快建成中小企业特色产业合作区（祁县），推进中欧（中亚）班列常态化运行，提升“山西品牌丝路行”功能。以强化基础设施互联互通、产业发展协作配套、生态环保联防联治为重点，主动参与京津冀联动发展，探索跨区域共建产业园区。以推动都市圈协同发展为方向，深化与黄河沿线省份和中部其他省份的合作，在黄河流域生态保护和高质量发展重大战略上担当作为。以承接产业转移为切入点，对接长三角一体化和粤港澳大湾区建设，在文化旅游、能源革命等领域开展深度合作。指导做好制造业产业链外迁工作，支持在属地内建设覆盖各个产业链和产业关键环节的“母工厂”，降低“制造业空心化”风险。推动运城航空口岸正式开放，五台山航空口岸临时

开放，扩展方略、兰花、大同等保税物流中心功能。积极对接全球电子商务新模式、新规则、新标准，加强数字化贸易平台建设，加强跨境电商国际合作，争取国家批准太原市建立国家跨境电子商务综合试点。紧紧抓住外贸发展机遇，鼓励发展“跨境大数据+海外本地化营销”模式，逐步推动高质量健康稳定的外贸活动“走出去”。

（五）坚定不移打好三大攻坚战，确保全面建成小康社会

1. 如期全面完成脱贫攻坚，巩固脱贫成果防止致贫返贫

学习贯彻《山西省关于解决“两不愁三保障”突出问题的实施意见》，以10个深度贫困县为重点，协调推进其他贫困县（村）以及非贫困县（村）脱贫工作，采取超常规措施和办法，集中攻坚。对标“三落实”“三精准”“三保障”，无盲区、无死角普查22个省定贫困县，特别要对脱贫攻坚情况开展全面系统的摸排调查，针对低收入人群、因疫致贫人群、因疫返贫人群，分类施策开展一对一帮扶，适时评估退出，交好合格“总账”。实行“互联网+商户+农户+客户”模式，拓展农业产业链，增强贫困农户抗风险能力，推动电商扶贫。对边缘贫困户等重点群体继续将社保缴费率下调5个百分点，其中养老保险下调2个百分点，医疗保险下调3个百分点，推动灾害救助。关心关爱扶贫干部，将脱贫攻坚成绩作为干部考察识别的重要参考，充分调动精准扶贫驻村干部等基层一线人员的主动性和积极性，对临近贫困线的低收入人口做好监测预警和动态帮扶。

2. 打好污染防治攻坚战，推动生态环境质量持续好转

加快出台山西污染防治攻坚战2020年行动计划，进一步明晰攻坚路线，将污染防治工作成效纳入干部绩效考核，实施严格的考核问责。打好“蓝天保卫战”，聚焦生产生活排放减量化，加快治理钢铁、水泥行业和燃煤锅炉等领域，推进超低排放改造和挥发性有机物综合治理，稳步推进城乡清洁取暖。全面开展涉气“散乱污”和“低小散”企业整治，坚持“换、限、查、管”并举，加快机动车尤其是柴油货运车排放结构升级。打好“碧水

保卫战”，深入实施城镇污水处理设施改造、设区市建成黑臭水体消除、农村污水治理三大工程，全力整治汾河流域污染，全面消除劣Ⅴ类国考断面。打好“净土保卫战”，深入开展清洁土壤行动，建立重点土壤污染区域、地区详查评估办法，对症开展重金属和土壤污染综合治理。大力开展村庄清洁行动，加强乡村人居环境整治，按照就近处置、分级分类原则，推进医疗废物、危险废物、生活垃圾等收集处理设施设备标准化建设，减少疾病传染源。实施技术人才下乡工程，指导农民群众加强畜禽养殖管理及粪便的处理管控，切断人畜共患病传播可能。

3. 打好防范化解重大风险攻坚战，坚决守住不发生系统性、区域性风险底线

严格落实属地责任、部门责任、企业主体责任，加强政府和重点企业债务风险防控。研究制定金融机构风险应对化解预案，重点推进农村信用社改制化险工作，积极推进市场化债转股，有效控制信用风险。对高负债、高风险国有企业建档监控，持续整治网络借贷等互联网金融风险，坚决打击非法网络金融活动，优化区域金融生态。建立完善防范煤矿、非煤矿山、尾矿库、危化品等的安全生产风险体制机制，深入开展事故隐患排查整治，强化重点领域安全监管，坚决防止重特大事故发生。建立风险分级管控和信息交流共享双重预防机制，全面普查辨识和分析研判各环节风险，加强监测预警，高效稳妥防控各类突发事件风险。通过“监督台账 + 定期汇报”等方式，抓住要害，果断决策，避免各领域风险交叉感染，增强党员干部政治风险化解能力。

（六）聚情民生关切，加大民生托底保障力度

1. 实施好就业优先政策，引导推动就业创业

坚持减负、稳岗和扩就业并举，“线上 + 线下”发力，支持创业带动就业，多渠道灵活就业，切实解决退役军人、农民工、下岗失业人员等重点群体就业难题。研究出台进一步做好援企稳岗工作的措施，通过失业保险返还、社保缓缴少缴、用工信息对接、企业风险防范等方式，支持企业不裁

员、少裁员。大力实施“人人持证、技能社会”工程，通过建档立卡摸清全省劳动力底数，以考证持证为标准、以产教融合为手段实行订单式、菜单式培训，同时开展“初级——中级——高级”滚动式、梯次式培训，加快打造技能型、知识型、实用型中高端人才，开发国内外用工市场。突出抓好高校毕业生就业工作，各校配合相关部门就毕业生思想动态、就业市场动态、就业整体形势开展监测评估，加强分类指导就业服务，拓宽毕业生择业就业渠道，尽量减小疫情对毕业生就业的影响。对就业困难人员进行托底帮扶，实现零就业家庭动态排查、动态清零。

2. 强化城镇困难群众基本生活保障，提升民生保障能力

研究制定政府购买养老服务目录，依据老年人生活能力和需求评估结果，建立健全政府为城镇困难老年人购买居家养老服务制度。坚持保基金安全、保基本医疗、保可持续发展，进一步深化“三医联动”改革，完善居民医保筹资机制，深化医保支付方式改革，构建医保基金监管长效机制，落实医保扶贫三年行动计划，探索开展医保“治未病”，加快医保信息化建设，不断提高城镇困难群众基本生活保障水平。强化城镇困难群众住房保障，实施城市更新、存量住房和老旧小区改造提升工程，大力发展租赁住房。对面临重大生活困难的群众，设立急难救助专项资金，通过一事一议的方式提高救助额度，加大精准救助力度。进一步完善社会救助和保障标准与物价上涨挂钩联动机制，通过加强居民生活必需品市场供应和价格涨幅超标时发放临时补贴，确保基本民生商品保供稳价。

3. 推进重大基础设施项目建设，补齐基础设施领域短板

稳妥推进太原武宿国际机场改扩建工程，对标国际机场标准，打造山西最高水平的枢纽机场。加快编制太原都市区轨道交通线网，全力建设太原地铁 2 号线，开工建设地铁 1 号线，预计实现 2 号线一期工程在 2020 年底建成投入试运营。全面推进太原至焦作高速铁路、大同至张家口高速铁路、大同至原平铁路客运专线等重点项目建设，加快铁路既有线提速扩能改造和沿边铁路建设。大力推进“宽带山西”建设，加快城乡信息基

础设施网络建设，实现行政村光纤宽带、4G网络全覆盖。抓住大数据、人工智能等新一代信息技术发展重要机遇，打造智慧网络城市名片，支持引入5G规模组网建设及应用示范工程，进一步推动信息基础设施网络建设。实施云计算大数据工程，改善全省互联网络性能，支持太原建设“国际互联网数据专用通道”。

（七）紧盯重点环节，加强公共卫生体系建设

依托国家突发公共卫生事件管理信息系统，做好全省突发公共卫生事件统计分析，完善突发重特大疫情防控规范和应急救治管理办法，进一步健全公共卫生体系。加强医防融合，进一步加强全科医生培养，重点向乡镇医院和社区基层医生定向培养倾斜，实行多样式签约服务，推动家庭医生签约率达到30%，发挥家庭医生健康守门人作用。探索“疾控机构——医疗机构——社区卫生服务中心——公众”的“四位一体”工作模式，完善分级诊疗制度，建设一批区域医疗中心，提升医疗健康服务水平。加强医教结合，鼓励山西医科大学以外的省属医学院校增设公共卫生与预防医学专业，相关部门开通绿色通道，力争实现院校专业当年设置、当年招生，并将学生公共卫生职业能力纳入医护专业培养方案，建设高水平的公共卫生防疫队伍。建立完善“吹哨人”制度，对传染病防控做到早期发现、快速反应，精准发布疫情预警。按照就近调配、快速行动、有序救援的原则建设区域公共卫生应急救援中心，完善专业卫生救援队伍和社会各方面志愿者合作救援机制，最大限度发挥救援力量。加强公共卫生知识的宣传教育，在全省范围内全面推广学习《公民卫生应急素养条目》，提升全民公共卫生素养。

（八）加强立法工作，以高质量法治建设保持社会安全稳定

聚焦转型综改、民生事业、公共卫生等重点领域，密切结合疫情影响和防控情况，加快完善相关立法。落实落细《山西省实施〈中华人民共和国野生动物保护法〉办法》，完善为保护野生动物造成的人员伤亡、农作物或

者其他财产损失（野生动物致害）的补偿制度，尽快开展省级出版物中关于野生动物错误表述行为的大规模筛查行动，同步制定出台涉事书籍刊物处理办法，从源头上提升公众对野生动物保护的理解和认知。启动修订《山西省实施〈中华人民共和国动物防疫法〉办法》和《山西省实施〈突发公共卫生事件应急条例〉办法（试行）》，密切跟踪《中华人民共和国传染病防治法》修订动态并及时做出部署。组织调研监督检查，确保相关法律法规落地、落实、落细。稳定改革发展各项工作。依法严厉打击制售假劣药品和医用物资用品等违法犯罪行为。

当前，中国经济虽经历短期波动，但长期发展趋势总体向好。山西必须充分认识推动高质量转型发展面临的新形势与新挑战，聚焦创新生态打造、产业基础再造、市场化改革、高水平对外开放、三大攻坚战、民生关切及公共卫生体系建设等领域，将转型综改进行到底，以高质量法治建设保持社会安全稳定，为助力山西高质量转型发展、与全国同步全面建成小康社会做出积极贡献。

参考文献

［1］《中央经济工作会议在北京举行　习近平李克强作重要讲话》，人民网，2019 年 12 月 12 日，http：//finance. people. com. cn/n1/2019/1212/c1004－31503693. html。

［2］《省委经济工作会议在太原召开》，《山西日报》2019 年 12 月 25 日，第 1 版。

［3］山西省统计局、国家统计局山西调查总队：《2019 年全省经济运行情况》，山西省统计局网，2020 年 1 月 21 日，http：//tjj. shanxi. gov. cn/sjjd/zxfbsjyjd/202001/t20200121_ 105476. shtml。

［4］《全省推进工业高质量发展大会在太原召开》，山西省人民政府网，2019 年 10 月 19 日，http：//www. shanxi. gov. cn/yw/zwhd/201910/t20191019 _ 696371. shtml。

［5］习近平：《在统筹推进新冠肺炎疫情防控和经济社会发展工作部署会议上的讲话》，《人民日报》2020 年 2 月 24 日，第 2 版。

［6］《勠力同心　奋勇拼搏　统筹抓好疫情防控和经济社会发展两件大事》，《山西日报》2020 年 2 月 25 日，第 1 版。

［7］吴霓、杨颖东：《新十年：如何迈向教育强国新征程》，《中国教育报》2020 年 1 月 22 日，第 3 版。
［8］黄群慧：《实施产业基础再造工程　打造一批先进制造业集群》，《经济日报》2020 年 1 月 21 日，第 11 版。
［9］谢巧生：《如何推动先进制造业与现代服务业深度融合》，《经济日报》2019 年 10 月 14 日，第 16 版。
［10］《做好民生保障工作　千方百计保就业稳就业》，人民网 – 理论频道，2020 年 2 月 23 日，http：//theory. people. com. cn/n1/2020/0223/c40531 – 31600267. html。
［11］《山西省 2019 年国民经济和社会发展统计公报》，山西省人民政府网，2020 年 3 月 9 日，http：//www. shanxi. gov. cj/si/sjjd/20200309 – 768836. shtml。

B.2

“十四五”山西经济社会高质量转型发展的框架思路与政策建议*

山西大学“‘十四五’规划前期研究”课题组**

摘　要： “十四五”时期是引领未来五年经济社会发展的重要时期，是开启社会主义现代化建设新征程的重大机遇期。本报告聚焦新动能培育，探索构建以创新为引领的现代产业体系；聚焦关键领域改革，扎实推进能源革命综合试点，持续深化国资国企改革，加大支持民营经济力度，全面深化开发区体制改革；聚焦扩大开放，推进新一轮高水平对外开放；聚焦区域合作，从区域联动协作发展、城市群一体化发展、区域互联互通等方面入手，塑造区域协调发展新格局；聚焦乡村振兴，深入推进城乡融合发展；聚焦民生关切，以稳就业、强教育、保民生、齐设施增进人民福祉；聚焦攻坚成果巩固，抓好重大风险防控，提升脱贫质量，强化生态环保建设；聚焦数字政府建设，努力打造“六最”营商环境；聚焦党的全

---

* 本报告为山西省发展和改革委员会“十四五”规划前期研究课题“‘十四五’山西省经济社会高质量转型发展：阶段性判断、框架思路与政策选择”的研究成果。原报告共4.3万字，在收入本书时做了必要的压缩修改。

** 课题组主持人：李志强，山西大学中国中部发展研究中心主任，山西大学经济与管理学院、山西大学管理与决策研究所、山西大学资源型经济转型发展协同创新中心，博士、教授、博士生导师。课题组成员：顾颖，太原师范学院经济系，教授，山西大学中国中部发展研究中心特聘研究员；常涛，山西大学经济与管理学院、山西大学中国中部发展研究中心，教授；辛安娜、赵建凤，山西大学经济与管理学院、山西大学中国中部发展研究中心，讲师；郑晓霞、张琴清，山西大学经济与管理学院、山西大学中国中部发展研究中心，博士研究生；冯晓晓、袁小亚、李鑫，山西大学经济与管理学院、山西大学中国中部发展研究中心，硕士研究生。

面领导，进一步强化组织保障，多措并举推进山西高质量转型发展。

关键词： 山西 “十四五”规划 高质量转型发展体系

当今世界面临百年未有之大变局，“变”是高质量发展的重要特征。随着新科技革命和产业变革的推进，“新”是高质量发展的显著特征。山西处于经济转型升级的关键阶段，“转”是高质量发展的基本特征。面对未来的时与势、艰与险，如何着力破解制约“十四五”山西高质量转型发展的结构性、体制性、素质性矛盾和问题，聚力推进“三大目标”建设，真正走出一条产业优、质量高、效益好、可持续的发展新路，是山西需要深入思考和突破的重大课题。

一 “十四五”山西高质量转型发展的总体要求

以习近平新时代中国特色社会主义思想为指导，全面贯彻党的十九大和十九届二中、三中、四中全会精神，认真贯彻习近平总书记视察山西重要讲话重要指示精神，紧紧围绕统筹推进“五位一体”总体布局和协调推进“四个全面”战略布局，坚持党的集中统一领导，坚持稳中求进工作总基调，坚持新发展理念，坚持“四为四高两同步”总体思路和要求，以高质量转型发展为根本要求，以供给侧结构性改革为主线，以“示范区”“排头兵”“新高地”三大目标为牵引，扎实推动质量变革、效率变革、动力变革，加快建设现代化经济体系，以创新驱动厚植发展动能，以改革开放激发市场活力，以一体化构建区域格局，以改善民生增进人民福祉，将转型综改进行到底，在转型中崛起、开放中崛起、绿色中崛起、惠民中崛起，在“两转”基础上全面拓展各项事业新局面，在开启社会主义现代化建设新征程中做出“山西贡献”。

坚持稳健发展、深化供给侧结构性改革、重调结构、创新转型，预期到2025年，综合发展质量效益明显提高，“三大变革”取得实质性进展，市场竞争力和风险抵御能力进一步增强。创新发展实现更大突破，多元化支柱产业格局基本形成，让企业成为创新大戏的“领衔主演”。协调发展取得显著成效，城乡区域协调性明显加强，脱贫成效全面提升。绿色发展质量总体改善，资源节约环境友好型发展方式普遍建立，以绿色生态提升高质量发展成色。开放发展积极稳步推进，对外开放新高地基本建成，开放竞争优势愈加显现。共享发展水平明显提升，结构性就业矛盾逐步化解，人民群众获得感、幸福感、安全感显著增强。

二 完善“十四五”山西高质量转型发展的六大体系

“十四五”期间，山西要加快推动实施高质量转型发展的指标体系、政策体系、标准体系、统计体系、绩效评价及政绩考核六大体系。

（一）明确推动高质量转型发展的指标体系，充分发挥核心指标的引导效应

深入贯彻落实新发展理念，精准把握高质量发展内涵和要求，加快推动质量、效率、动力“三大变革”，构建具有山西特色的高质量转型发展“1+5”评价指标体系，有效发挥主要指标和核心指标的导向作用（见表1）。其中，“1”即经济社会发展综合质量指标，“5”即创新发展、协调发展、绿色发展、开放发展、共享发展5个引领性指标。经济社会发展综合质量方面，设置人均GDP、全要素生产率、技术进步对经济增长的贡献率、“五新”经济占地区生产总值比重、规模以上企业资产负债率、政府债务余额与GDP之比、营商环境便利度指标；创新发展方面，设置R&D投入强度、万人发明专利授权量、R&D经费内部支出企业资金与政府资金比、每万劳动力中R&D人员占比、两化融合发展指数指标；协调发展方面，设置

城镇化率、人均城市绿地面积、高技术产业主营业务收入占规上工业企业主营业务收入比重、知识密集型服务业增加值占 GDP 比重等指标；绿色发展方面，设置万元 GDP 能耗、主要污染物人均排放量［二氧化硫、氮氧化物和烟（粉）尘等主要污染物排放量与年末总人口数的比重］、耕地保护面积占建成区总面积比例、细颗粒物（PM 2.5）年均浓度指标；开放发展方面，设置货物进出口总额占 GDP 比重、外商直接投资占 GDP 比重指标；共享发展方面，设置城镇居民人均可支配收入增速、农村居民人均可支配收入增速、基础设施智慧化水平、大数据在城市精细化治理和应急管理中的贡献率指标。

表 1　山西高质量转型发展“1 +5”评价指标体系

一级指标	二级指标	一级指标	二级指标
经济社会发展综合质量	人均 GDP 全要素生产率 技术进步对经济增长的贡献率 “五新”经济占地区生产总值比重 规模以上企业资产负债率 政府债务余额与 GDP 之比 营商环境便利度	绿色发展	万元 GDP 能耗 主要污染物人均排放量 耕地保护面积占建成区总面积比例 细颗粒物(PM 2.5)年均浓度
创新发展	R&D 投入强度 万人发明专利授权量 R&D 经费内部支出企业资金与政府资金比 每万劳动力中 R&D 人员占比 两化融合发展指数	开放发展	货物进出口总额占 GDP 比重 外商直接投资占 GDP 比重
协调发展	城镇化率 人均城市绿地面积 高技术产业主营业务收入占规上工业企业主营业务收入比重 知识密集型服务业增加值占 GDP 比重	共享发展	城镇居民人均可支配收入增速 农村居民人均可支配收入增速 基础设施智慧化水平 大数据在城市精细化治理和应急管理中的贡献率

（二）完善推动高质量转型发展的政策体系，充分发挥制度环境的磁场效应

以实现经济发展高质量、社会治理高水平、生态治理高标准、人民生活高品质为目的，以推进“示范区”“排头兵”“新高地”建设为目标，以构建促进高质量转型发展的产业、社会和生态政策体系为突破口，持续深化供给侧结构性改革，出台山西推动高质量转型发展的实施方案，形成多方面政策协同配合、良性互动的高质量转型发展政策体系。

一是加快构建高质量转型发展的动力系统，精准发力实施有效的产业政策。突出市场引导，提高供给体系质量和效益。以“建链、补链、强链、延链”为重点，以提高产业全要素生产率为抓手，实施产业基础再造工程，扎实打好产业基础高级化、产业链现代化攻坚战。深化“放管服效”改革，着重解决“协调推进”问题，激发市场主体活力。突出战略指引，推动产业链再造和价值链提升。打好“引导入晋、动态退出”组合拳，瞄准民企100强、国内500强、世界500强等企业，紧盯领军企业、“第二总部”、优质企业，有针对性地招商引资，推动产业链由“散”向“聚”转变。用好“财税支持、金融支撑”两抓手，深掘财税金融政策潜力，建立健全“金融机构+企业+风险补偿金”机制，丰富产业发展基金种类并加大投入力度，充分发挥基金的杠杆效应，支持重点企业挂牌上市和培育龙头企业、独角兽企业，推动产业链由“弱”向“强”转变。继续申请设立自由贸易试验区，以“一带一路”建设为重点促进国际产能合作，推动产业链由“脆”向“韧”转变。突出创新引领，提高科技供给体系质量。培育壮大高端装备制造、新能源汽车、节能环保、现代医药等战略性新兴产业，改造提升钢铁、焦化、建材、食品等传统产业，大力发展互联网、5G、云计算、大数据、人工智能等新一代信息技术产业，加速产业融合迸发新的活力。实施“卡脖子”关键核心技术“攻尖”行动，对实现技术突破、节约采购资金的企业给予事后奖励，争取国家支持创建国家军民融合创新示范区。

二是在社会事业发展中保障和改善民生，制定积极稳妥的社会政策。大

力推进就业优先战略，实施更加积极的就业政策，研究制定降低社会保险费率实施办法，创新举措持续大力推动创业带动就业；通过实行常住地失业登记和就业援助，动态清除零就业家庭，并提高失业保险等社会保障待遇兑现的及时性；探索出台防止结构性失业应急办法，加快健全就业形势监测预警机制。坚持健康山西战略，加快构建“医、药、械、健、养、游、食”七位一体且突出山西特色的健康产业体系，着力发展健康农业、健康制造业和健康服务业等大健康产业，全方位、全周期提供健康服务。推进多层次养老保障体系建设，大力发展养老特别是社区养老服务业，研究出台国企自有土地和房屋开办养老机构奖励办法，鼓励国有企业参与养老机构建设。强化民生事业各领域的协调发展和制度对接，明确基本公共服务范围和标准，建立基本公共服务清单动态调整机制，全面提升优质公共服务产品供给能力、覆盖水平和使用效率。

三是着力推进生态文明建设，健全资源节约和环境友好的生态政策。以绿色、低碳、多元、高效、智能为方向，以能源革命综合改革试点为契机，以制度革命带动能源革命，以能源生产关系变革牵引生产力变革，着力抓好“八个变革、一个合作”，全面推进能源领域改革创新，加快实现“当好排头兵”的历史性跨越。围绕黄河流域生态环境保护，大力推动全省及黄河流经市县的生态保护和高质量发展。完善生态文明体制机制，实行最严格的生态环境保护制度，深化自然资源管理制度改革，构建以绿色发展为导向的生态文明评价考核体系。实施重要生态系统保护和修复重大工程，增强灾害防御能力，建立绿色低碳循环发展的经济体系，大力发展绿色产业，倡导绿色消费、绿色生活。建立健全“一体化”政策联动机制，以生态宜居宜业为突破，以创新要素集聚为抓手，以产业协同发展为支撑，以人的城镇化为核心，建设一批跨区域“一体化”项目，从基础设施、产业布局、生态环境、公共服务、治理体系等方面，合力推进山西中部盆地城市群一体化发展，打出对外开放的城市群品牌。

（三）建立推动高质量转型发展的标准体系，充分发挥标准化的支撑效应

深入贯彻落实习近平总书记关于标准化工作的重要论述，大力实施标准

化战略，着力推进“三大目标”建设，对标国际国内先进标准，按照高质量转型、高起点创新、高水平保护、高效益管理、高效能行政、高水准服务的“六高”要求，建立推动高质量转型发展的标准体系，大幅提高“山西标准”水平，以高标准推动高质量转型发展。瞄准国际先进水平全面提升标准化水平，制定实施《山西标准化战略发展纲要（2035）》，重点建立健全能源革命、战略性新兴产业、有机旱作农业、文旅产业、现代物流产业、营商环境、生态环保、安全生产、社会治理及公共服务等领域的标准体系。努力抢占新能源和智慧能源领域的标准话语权，围绕能源消耗总量和强度“双控”目标加快构建绿色能源标准体系，实施新产业标准领航工程，加快建立制造业高端化标准体系，研究建立有机旱作农业全产业链标准体系，全力推进园区建设，着力打造农产品精深加工十大产业集群，加大标准研制力度，创新基本公共服务标准机制，建立健全标准体系，加快推进物联网、云计算、大数据等新一代信息技术标准研制，推进数字政府、智慧城市、网络安全标准体系建设，加强营商环境标准化建设，组织开展重点领域国内外标准对比，推广实施企业标准“领跑者”制度，积极推进团体标准培优，推进标准联通“一带一路”建设。建立标准研制与科技创新、产业发展融合机制，形成标准研制、实施和信息反馈闭环，完善标准化协同推进长效机制。着力加快标准化军民融合，推进资源共享平台建设，推进军民标准通用化。强化产业、区域、社会、节能环保政策与标准有效衔接，对标国内先进水平开展质量监管、市场准入和行业管理，将标准化工作纳入各级政府目标责任制考核体系，设立山西省标准化贡献奖，建立标准监督机制和重点领域标准第三方评估机制，探索建立标准化和质量督察工作机制。加快山西省标准化条例立法，在法治轨道上推进标准化工作改革。

（四）形成推动高质量转型发展的统计体系，充分发挥统计监测的保障效应

对照高质量转型发展指标体系，统筹做好统计调查、监测、执法监督工作，切实提高统计数据质量，全面及时准确反映高质量转型发展情况。一是

加强统计调查工作。大力推动统计改革创新，加快构建现代化统计体系，创新、优化、细分统计调查指标，努力把各地区、各部门的数据摸清摸透，以高质量的统计体系服务“十四五”规划。建立以常规统计调查为主、大数据应用为补充的统计调查机制，运用现代科学技术再造统计流程，着力推进统计信息化建设。利用互联网、大数据、云计算等方式，加强统计分析研判、抽样调查和数据解读，提供优质统计服务。研究制定跨部门统计数据共享机制，提升统计信息利用效率，加快实现统计数据共享。持续推进营商环境调查和评价工作。二是深入研究开展统计监测。加快构建五大发展理念的统计监测指标体系，研究开发分地市指标体系数据测算方法并开展相应工作。开展深化“三去一降一补”统计监测工作，健全反映经济提质增效、转型升级的统计指标。完善“三新”（新产业、新业态、新商业模式）统计监测，建立“三新”统计体系，及时反映共享经济、数字经济、现代供应链等新业态、新模式的发展情况。健全就业形势、收入分配等民生统计监测，完善质量监测体系。三是加大统计执法监督力度。严格执行《中华人民共和国统计法》，建立实施对统计造假、执法监督不力的联合惩戒机制，提高违法违纪的成本和代价。建立健全统计数据质量责任体系，强化监督问责，确保机构与人员独立调查、独立报告、独立监督职权不受侵犯，及时有效查处各类重大统计数据违法案件。建立健全统计全域诚信体系，联合惩戒严重失信企业及人员。

（五）开展推动高质量转型发展的绩效评价，充分发挥评价机制的催化效应

对标推动高质量转型发展要求，建立并不断完善涵盖区域分类的绩效评价体系，充分反映供给、需求、配置、投入产出、分配、循环等方面高质量发展的特征，有效发挥核心指标的“指挥棒”作用。不同区域的指标和指标权重根据各地的发展定位、发展阶段、要素禀赋、经济结构等确定，并开展年度绩效评价。具体来看，一级指标设置与高质量转型发展的指标体系一致，即“1+5”评价指标，权重确定和二级指标设置结合各地实际，突出地区特点，并对各区域围绕5个引领性指标开展分领域绩效评价。高质量转

型发展年度综合绩效评价和分领域绩效评价结果及时向社会公布。高质量转型发展年度综合绩效评价引入“底线、红线”减分项，设置”重大生态破坏事件、重大环境污染事件、重大安全生产事故、重大产品和服务质量事件、重大失信事件、重大产权和企业合法权益侵害事件、重大债务违约等金融风险事件及其他关系民生福祉的重大群体事件”等减分项指标，对各地市党委和政府由于履职不力出现上述重大事件的，视情节轻重相应扣减其绩效评价的综合分数。与此同时，各地区要制定对辖区内市县开展高质量转型发展绩效评价的具体办法。

（六）改进推动高质量转型发展的政绩考核，充分发挥考核推动的激励效应

遵照中共中央办公厅印发的《党政领导干部考核工作条例》，进一步完善体现高质量转型发展的政绩考核综合评价体系和配套制度体系，激励引导各级政府在推动高质量转型发展上下硬功夫。将新发展理念贯穿政绩考核工作的始终，更加侧重从高质量转型发展指标进行政绩考核，更加突出高质量转型发展导向，将促进就业作为各级政府政绩考核优先于 GDP 的指标。针对地方党委、政府领导，重点考核其全面工作，包括各地区经济、政治、文化、社会、生态建设、地区发展平衡充分情况，人民日益增长的美好生活需要情况以及工作实际成效。对于其他领导班子，主要针对全面履行职能、服务大局、中心工作等实际成效。对于干部的换届（任期）考核、提拔任职考核，重点看纵向比较结果，同时兼顾横向比较。健全多元化考评主体，增强群众参与度，多维度、多视角、更加充分地体现政府效率和公众对政府行为的满意度；完善政府绩效考核流程，加强新技术运用和大数据支撑，提高考核过程的透明度和公正性；强化对考核评估结果的运用，切实增强政绩考核与干部激励工作对高质量转型发展的目标引领和保障支撑作用，努力实现综合考评制度化、工作流程规范化、日常管理精细化、绩效管理法制化、干部队伍专业化等多个方面齐头推进，有效促进政绩信息收集、风险预警、问题诊断、成因研判、政策优化和绩效改进的良性循环。

三 推进“十四五”山西高质量转型发展的政策建议

（一）聚焦新动能培育，构建以创新为引领的现代产业体系

推动先进制造业与现代服务业深度融合。积极研究制订省级服务型制造示范评选方案，着力培育服务型制造示范、制造业单项冠军企业（产品）。加快建设一批服务型制造平台、共性技术平台，着力打造服务型国家级创新载体、公共服务平台，使其具备业态分析和企业案例研究、商业模式创新设计、企业“产品服务系统”设计、信息物理融合系统等功能。着力推进龙头企业服务化转型，重点支持太重集团、汾西重工、永济电机等企业整合优势资源，积极开展工程承包、系统集成、设备租赁、提供解决方案、再制造等服务性业务，着力推动整体装备制造业服务化转型和升级。全面推进5G等新一代信息基础建设，推进网络普及和商用服务进程。依靠云计算、大数据等新一代信息科技，推进建设工业设计中心，积极打造工业云平台，着力推进研发设计、金融服务、检验检测等现代服务业快速发展。

加速传统产业升级改造。通过强链、补链、延链，加快新技术对传统产业的改造提升，促进5G、物联网、区块链等新技术转化应用，加速传统产业转型升级。以提升产业竞争力和环保提标为核心，重点针对钢铁产业、焦化产业及建材产业，大力改造提升传统产业，加快绿色产业体系建设，强化区域优势产业协作，推进传统产业升级改造。利用IOT、大数据搭建煤炭、化工、食品等传统巨头企业与其他企业之间的平台，打造细分产业更多元的解决方案与服务，助力传统产业智慧转型。继续深入推进煤——电——铝（镁）——材一体化改革，提升铝镁材精深加工水平。加快推进煤——焦——化（钢）一体化发展，提升焦化、钢铁行业装备水平。

加快新兴产业集群化发展。紧抓数字化、信息化、智能化发展契机，重点针对先进装备制造业、新能源汽车产业、节能环保产业、新一代信息

技术产业、新材料产业、现代医药产业、现代煤化工产业等领域，以突破关键领域、“卡脖子”环节瓶颈为抓手，推动科技成果产业化，加快推进技术渗透性强、附加值高的战略性新兴产业建设，积极培育具有核心竞争力的国际型企业。重点推进“互联网+”、人工智能等领域的关键项目，全力突破核心技术限制，积极发展规模化产业。最大化利用500亿元新旧动能转换基金，以千亿级新兴产业集群为目标，大力发展新兴产业。加强短期急缺的科技人才和产业内领军级专家学者或团队的培养、引进、激励与保障政策的制定，鼓励引进高科技创新人才，积极打造国家级科技创新团队，培养可持续创新能力。

推进数字产业发展壮大。整合能源优势、区位优势和数据中心优势，承接京津冀数据服务业务，统筹推动一批大数据重点平台建设，形成能源流、数据流、业务流发展集合，建设具有比较优势和竞争力的大数据服务基地。坚持“人工智能+互联网+数字化制造”路线，遴选一批智能制造标杆企业、生产线、车间进行试点改造，复制推广国内外优秀企业智能制造典型案例，以及产品数据管理、资源计划管理、生产执行系统等企业管理系统，建设由智能装备和数据管理系统构成的智能工厂和数字化车间。围绕半导体、人工智能、信息安全、光电、光伏领域打造五大产业集群，推进“政、产、学、研、金、中、军”融合发展，大力培育和引进重大项目，构建全产业链体系，推动电子信息制造业集聚发展。依托煤炭云工业互联网平台、电子商务产业园等项目，建设一批产业集聚度高、规模效益显著的数字产业园区，打造跨界、共享、高质、开放的数字产业生态系统。

（二）聚焦关键领域改革，充分激发高质量转型发展活力

扎实推进能源革命综合试点建设。创新煤炭开采方式，推广智能化开采模式，积极开展绿色开采技术试点示范项目建设。全面推进“三气”综合开发试点工作，着力建设2~3个省级以上煤层气规划重点矿区，争取建成国家非常规天然气基地。推进“互联网+智慧能源”建设，开展智慧能源网关键技术攻关，探索实施能源互联网创建、能源大数据应用、分布式能源

领跑三大工程，搭建多功能山西“能源云”平台。大力推进循环经济园区分布式能源和微网系统建设，鼓励引进多元化投资参与合作建设，推动煤、电、网、风、光、用系统集成、高效耦合，积极探索构建微网供能新模式。加快智能电网、燃气管网、热力管网等基础设施建设，促进多网融合、互联互通、协调转化，实现“源——网——荷——储”一体化运行，提高清洁能源优化配置和综合服务能力。大力开展煤炭消费等量、减量替代行动，有效控制煤炭消费总量，积极开展煤炭清洁能源高效利用行动，着力提高清洁能源消费在终端能源消费中的占比。积极探索建立用能权初始分配、有偿使用及交易制度，加快构建配套政策体系促进能源绿色消费。积极拓展能源产业链条，着力打造一批能源智能制造、氢能源、新能源汽车、碳纤维及石墨烯功能材料等产业集群。积极推进期现结合交易，鼓励绿色金融助力能源发展，加快建设全国重要能源交易市场。持续推进能源价格联动机制，放开电力、石油、天然气等领域竞争性环节价格，增强调峰、调频、备用等辅助服务，用好国家赋予山西的“研究探索增送电量输配电费用降低灵活定价方式”差异化政策赋权。

持续深化国资国企改革。通过兼并重组、破产重整等方式，妥善处置“僵尸企业”，对企业破产启动经费、资产处置和资金周转等问题的解决制定实施办法。制定国有企业投资私募股权基金管理办法，鼓励新增投资向关键核心产业、产业链和价值链高端等集聚，国资向重点优势企业集团集聚。研究拓展混改领域，制订在更大范围内、更深层次推进国企混改的实施方案，加大混改实施的广度和深度。推进混改试点和国企改革“双百行动”，争取国家给予政策倾斜，支持国企改革各类试点在山西先行先试，加快培育国企改革尖兵。支持竞争类企业整体上市或核心业务资产上市，功能类和公共服务类等企业竞争性业务上市发展，国有控股上市公司下属企业实施混改。扩大混改项目储备库，通过增资扩股、合资经营、联合开拓市场等方式，允许民营企业、外埠企业等各类战略投资者参与国有企业改革重组。支持符合条件的创新性企业开展员工持股试点，同步构建末位淘汰、股权退出等约束机制，适度调整有关交易限制和持股比例。对标国际国内互联网先进企业经验和标准，全力推进实施省属国有企业“互联网+”项目，加快省属国有企业智能化改造和信息化转型。建立信息披露的管理制度，依托国资监管大数据平台、省属国企阳光采购服务平台，推动国资监管和国有企业信息公开。

持续深化事业单位改革，探索制订事业单位经营性国有资产集中统一监管改革实施方案，以试点先行带动面上推开，助力推进政事分开、事企分开、管办分离。

加大支持民营经济力度。支持“晋民投”等民营企业参与国有企业混合所有制改革和开发区建设，引导民营企业和国有企业建立配套协作机制。鼓励民营企业建立现代企业制度，完善法人治理结构和股权激励机制，积极引入现代职业经理人和合伙人制度，大力推动中小企业“专精特新”发展。支持建立产业技术创新行业战略联盟，加大民营企业研发力度。持续完善税收减免、税费优惠等惠企政策，切实加大对中小微企业的支持力度，解决发展难题。着力构建“亲清”新型政商关系，建立领导干部与民营企业联系制度、政企沟通协调会制度和民营企业直通车制度，积极鼓励企业家、专家学者合作参与涉企政策制定。多措并举挖掘创新潜力，激发企业家创新，加大力度保护企业家财产权、创新收益。加强培育新生代、“创二代”企业家，大力开展企业家培训工程。

全面深化开发区体制改革。加强开发区管理，给予开发区内设机构充分自主权，加快推进“一枚公章管审批、一个中心全覆盖”的便利化服务方式，推广复制转型综改示范区“一网通办”、智慧管理等政策服务体系。依照现代化企业管理体制组建开发公司，拓展负责开发区内企业服务、招商、投融资、建设及运营等业务。鼓励多元化投资主体共同参与开发区建设运营，创新开发区建设运营模式。以共建、合作等方式为途径，以股份制改造、资源整合为抓手，加快建设一批具有山西特色的产业园、区中园、“国别园”。完善选人用人制度，注重薪酬激励，建立以实绩为导向的差异化薪酬激励机制，给予开发区一定的人事任免权，针对开发区实际工作状况自主用人。

（三）聚焦扩大开放，推进新一轮高水平对外开放

发挥优势深度融入国家战略。持续加强晋非经济贸易合作，深度融入“一带一路”建设，深化晋非两地文化交流、金融合作。提升“山西品牌丝路行”功能，积极组织企业参与“千企百展”国际市场开拓行动。推进国际友城深度合作，加强高端智库国际合作交流，在科技、医疗、文化、教育、旅游等领域深化沿线国家合作。加快建设山西综合物流枢纽，实现常态化运行中欧（中亚）班列。积极推进承接产业转移示范区建设，合作共建跨区域园区。加快建设太原国家可持续发展议程创新示范区，创新跨区域技术合作新模式。完善科技人才管理制度，建立健全科技人才跨区域流动机制。完善公共服务体系，统筹区域共建共享，加快推动市场一体化，协同京津冀、环渤海发展，形成优势互补、互利共赢的新格局。

建设高水平开放平台。构建综合交通运输大通道，加快布局太原铁路枢纽，推进大张、太焦、大原等重点铁路项目建设，全面打通省内重要连线，快速完成高速“大通道”建设。扩建太原武宿国际机场，加大国际航空客、货市场的开发培育力度。扩建国际互联网数据专用通道，加快完成5G基站规划布局。重点关注煤炭、冶金、焦炭等传统优势产业，鼓励优势企业到沿线国家建立生产基地和产业园区。加快整合优化海关特殊监管区域，实现保税区转型升级。以举办中国（太原）国际能源产业博览会和太原能源低碳发展论坛为契机，促进国际思想交流，着力打造能源领域知名会展品牌。深化跨境电商合作交流，对标国际先进模式，探索搭建数字化贸易合作平台，争取国家批准太原市建立国家级跨境电子商务综合试点。

加快发展开放型经济。实施外贸主体培育工程，加快发展外贸综合服务，鼓励出口企业设立“海外仓”，加强高技术装备、关键零部件和优质消费品进口。推进绿色贸易的发展，对高污染、高耗能的进出口产品进行严格把控，鼓励企业绿色设计和制造，从源头上进行绿色改进，根据国际先进环保标准，构建绿色技术支撑体系和供应链。探索数据驱动、平台支撑、商产融合为一体的数字化、网络化、智能化贸易发展模式，提升外贸综合服务数

字化水平。改革行业准入制度，促进新材料、新能源等行业发展，培育龙头企业，积极参与全球创新链、产业链、供应链体系建设。以山西特色品牌为依托，广泛开展海外经济文化交流活动，推动“山西三宝”等传统技艺走出国门，提升优秀文化、文学作品、影视产品的国际影响力。优化贸易结构，推动各类开放要素加速集聚，促进山西从“跟随跑”转向“齐步跑”。

（四）聚焦区域合作，塑造区域协调发展新格局

推进区域联动协作发展。发挥太原市的带头作用，支持其率先发展，把太原市建设成为国家区域中心城市作为发展目标。促进周边市、区、县协同发展，助推全省形成高质量区域协调发展新格局。加快阳曲县和清徐县的撤县设区进程，使其跟上中心城市的发展步调。加速推进大同、长治、晋城、运城省域副中心城市的建设，强化统筹，推动各城市经济区协同发展，整体提升全省综合实力。在加快推进山西转型综改示范区建设基础上，探索省区间、城市间共建合作园区等模式，拓展共同发展空间。深化主要交通走廊太原沿线区域的合作交流，加强沿线交通联动规划建设。加强城市间的合作联动，建立城市间项目共商共建、资源共享、基础设施互联互通，推动区域全面一体化发展。

加快城市群一体化发展。对标京津冀、长三角、粤港澳大湾区等城市群发展经验，前瞻规划符合山西省情的城市群一体化建设路径。实施城市化格局优先战略，以城市群和都市圈为空间单位，让其内部的城乡协调发展。紧抓重大契机，着力优化市辖区规模结构和区域中心城市、重要节点城市管辖范围。充分整合城市群创新资源，着力规划高端产业一体化布局，明确各城市产业分工定位，积极引导产业有序转移承接。积极改善山西空气质量，扎实推进大气污染防治工程。推进城市群一体化发展，使其涵盖太原、忻州、晋中和吕梁地区，继而带动其他地区的发展脚步。借力关中城市群崛起，持续推进贯彻落实《关中平原城市群发展规划》，以城际合作带动临汾、运城发展，形成与陕甘协同发展新格局。借力中原城市群崛起，加速推进晋城、长治、运城的经济发展，提高人口承载能力。加强推进建立生态、开放、产

业等领域的省区间、城区间合作机制。

提高区域互联互通水平。破除“以邻为壑”思维，促进区域之间资源和要素的合理流动，实现各区域之间信息、交通、基础设施和服务体系互联互通。提高城市间各方面信息的互联互通水平，可以利用区块链技术加快资金、信息和人才等要素的流动，积极探索互联网共享发展模式，使政务数据实现跨部门和跨区域的流动，使业务协同办理。建设“三网融合”基础平台，完善高速光纤宽带网络，使其覆盖全乡并且高速畅通。积极推进运城市与陕西省、河南省的沟通协调，全力打通各市之间的路网。在黄河流域生态保护和高质量发展重大战略上担当作为，积极解决边界公路“断头”、高速铁路建设“短腿”、城市群路网“断线”等突出问题。

（五）聚焦乡村振兴，深入推进城乡融合发展

加快发展农村现代农业。以发展山西“农谷”功能农业为抓手，以做好“有机旱作农业”和“城郊农业”为重点，加快山西晋中国家农业高新技术产业示范区的建设步伐，全力推进乡村振兴。围绕示范区功能定位，实施科技创新项目，打造科技创新平台，带动现代农业整体提档升级。坚持点片示范与整体推进相结合，推动建立有机旱作农业等领域的标准、技术和产业体系，支持长治创建国家绿色有机旱作农业示范市。加快农业发展，加强人才培训，加大科技投入，加强与科研机构和院所的合作交流，使科研机构资源和涉农教育共赢，使科技成果加快转化。加强对农村科技人员的培训，使其更好地进村服务。树立农村特有品牌，将其和农产品精深加工完美结合，以此促进十大农业产业集群发展。

积极发展数字乡村。加快农村网络设施建设，积极发展农村的电子商务，使其线上线下得到完美融合。提高农业生产管理效率，抓住信息技术带来的机遇，开展专业化社会服务。推进“互联网＋农业”的应用，加快农业物联网的发展。加快发展乡村旅游业，建设乡村旅游信息平台，使在线预订、支付和售后等功能得到完善。建设公共数字文化服务网络，使其覆盖全乡，加快农村网络文化的繁荣发展。以疫情为契机，加快农村地区的远程教

育发展。持续完善益农信息社体制机制，使其覆盖范围扩大，运营能力提高。对农村地区开展“特殊”培训，如手机应用技能培训，让手机成为“新农具”。不断完善覆盖乡村的社会保障与社会救助系统，全面实现城乡居民基本医疗保险异地就医直接结算、社会保险关系网上转移接续。

统筹推动城乡融合发展。以城市群为载体，创建国家城乡融合发展试验区，加快推动人才、资本等各类要素向乡村流动，在推进城乡融合发展方面，努力进入全国第一方阵。通过市场化方式设立城乡融合发展基金，重点支持培育国家级城乡融合典型项目，形成示范带动效应。因地制宜发展特色小镇和小城镇，加强以乡镇政府驻地为中心的农民生活圈建设，完善小镇联结城乡的功能，承接产业和公共服务。统筹推进城乡居民社会保障体系建设，健全教育、医疗、养老等配套政策体系，合理缩小城乡差异，推动城乡公共服务一体化。有力、有序、有效深化户籍制度改革，全面调整放宽户口迁移政策，依据区域分类、人员分类分别制定落户政策。

（六）聚焦民生关切，让人民群众共享改革发展成果

大力营造良好就业环境。通过就业服务体系的建立，使就业水平得到提高，人力资源得到高效配置。扎实推进就业创业项目的建设，为高校毕业生和农民工等就业重点群体扩大就业机会。探索出台防止结构性失业应急办法，加快健全就业形势监测预警机制。建立就业质量评价体系，提前做好结构性失业应对预案。把稳就业放在突出地位，使就业政策更加积极，以创业带动更多人就业。加快印发有关职业技能培训的行动方案，同时研制高层次人才分类认定标准。加大对职业教育的投入力度，使职业教育培训体系更加科学，使劳动者的职业转换能力在一定程度上得到提高。支持高校、科研院所、高技术企业积极培养引进高层次研发人员、高技能工人和创新型复合型人才，使高技能人才的供给规模得到扩大，使人才发展环境更加公平。

优先发展教育事业。持续执行普惠性幼儿园建设，使公办幼儿园大力发展，民办幼儿园得到积极扶持。强化城乡统筹，优化教育资源配置，全面推进义务教育优质均衡发展，积极探索高中、初中向县城集聚，小学向乡镇集

中模式，推进城乡义务教育标准化模式。完善进城务工人员子女“流入地为主、公办学校为主”入学政策，重点保障留守儿童、残疾儿童等特殊群体孩子义务教育，用制度强力保障特殊群体儿童的教育公平。推进山西大学和太原理工大学率先发展，使其成为一流大学；鼓励山西其他高校与C9高校建立合作联盟。调整优化高校布局、学科学院、专业设置，全面推进一流院校、一流学科专业建设，优先发展急缺学科，如大数据和人工智能等。加强专业学位教育与职业资格认证有效衔接，持续深化校企合作，着力开展现代学徒制试点，积极建设产教融合型试点城市。持续推进“1331工程”，加强推进5G、人工智能等关键领域核心技术攻关，支持建设创新平台、科技成果转化平台。制定职业培训山西标准，推动“人人持证、技能社会”建设，在完善培训体系上取得突破。加快人才发展体制方面的改革进程，使教师“能上能下、能进能出”，提高全省教师队伍的素质。

提升民生保障能力。强化社会政策兜底保障功能，通过实行常住地失业登记和就业援助，动态清除零就业家庭，落实失业保险待遇，保障困难群众基本生活。坚持发展“健康山西”战略，加快构建健康产业体系，如“医、药、械、健、养、游、食”等方面，同时可以突出山西特色。持续发展健康产业，如健康制造业和健康农业等，为群众提供全周期和全方位的服务。继续完善有关粮食方面的体系建设，如储备粮管理和保护耕地方面，以此来使粮食综合生产能力得到提高，粮食产业经济得到发展。整合特色优质粮食资源优势，全面推进优质粮食工程，重点支持杂粮全产业链开发，建立健全“山西小米”标准体系，推进试点建设，使“山西小米”得到标准化发展，现代粮食产业体系得到完美构建。加快养老保障体系建设，加大对留守儿童的保障力度，使“一老一小”问题得到解决。研究出台国企自有土地和房屋开办养老机构奖励办法，鼓励国有企业参与养老机构建设。建立健全居家养老体系建设，依据老年人的需求，制定政府购买养老服务目录，为老年人提供便利。坚持“三保一防”，即保基金安全、保基本医疗、保健康可持续、防廉政风险，全面深化“三医联动”改革，持续深化医保支付方式改革，探索建立筹资标准与居民收入挂钩的居民医保筹资增长机制，探索开展医保“治未病”，扎实推进有关医保的建设，使其标准化和信息化，进一步提高医疗保障能力和服务水平。着力推进城市更新、存量住宅改造，建设老旧小区改造试点，提高群众住房保障水平。

加大基础设施领域“补短板”力度。加快基础设施重点领域项目建设，如交通、生态和水利等。争取国家支持，尽快启动太原至延安铁路客运专线项目前期工作。全面推进太原至焦作铁路、大同至张家口高速铁路、大同至原平铁路客运专线项目建设，加快铁路既有线提速扩能改造和沿边铁路建设。推进公路升级改造工程，加大对农村公路和国省干线公路的改造力度，使人们的出行得到便利。制定差异化标准，推动轨道交通、集中供热、城中村改造、供水管网改造、停车场等城市基础设施建设。加快落实生态保护方面的有关政策，加快“汾河上游生态保护修复区、五台山及周边生态保护修复区、沿黄水土保持及生态保护修复区、太原西山矿区生态保护修复区”四大功能区的发展，研究制订相关生态修复方案。加大对城乡信息基础建设的投入力度，使网络覆盖水平得到提高。利用现代网络技术，紧抓大数据和人工智能带来的机遇，积极引入5G网络，使山西成为智慧网络城市。

（七）聚焦攻坚成果巩固，更好保障高质量转型发展

切实提高重大风险防控能力。推动金融“去杠杆”，研究制定重点地区、重点企业金融风险应对化解预案，对高负债、高风险国有企业建档监控，加大力度打击非法金融活动，持续防范化解网络借贷风险和互联网金融风险，坚决防范化解重大领域风险，坚守不发生系统性风险的底线，遏制房地产金融化、泡沫化倾向，积极稳妥处理地方政府债务风险。提高党员干部政治风险化解能力，通过“监督台账 + 定期汇报”等方式，抓住要害、果断决策，坚决避免公共、政治等安全风险交叉感染。坚持生态文明建设，加强生态环境风险防范，把生态环境风险纳入常态化管理，当好京津冀地区的绿色生态屏障。建立完善防范安全生产风险的体制机制，强化重点领域安全监管，深入开展事故隐患排查整治，坚决防止重特大事故发生。突出抓好重点行业领域防控工作，加强地质灾害防治、森林草原防火、煤矿山与非煤矿

山和尾矿库安全等风险防控。全面普查评估生产经营风险，建立健全双重预防机制，加强落实风险分级管控与隐患排查。

全面提升脱贫质量。重点监测排查存在致贫返贫风险群体，巩固健全脱贫防贫长效机制，坚持政府主导与市场化运作协调推进，群众主体和社会力量积极参与，有机衔接社会保障与精准扶贫，实施适用的多层次、复合式的保障性防贫措施，有效实现“事前预防、事中救助、事后保障”，防止这一群体成为新的贫困人口。统筹推进脱贫成效巩固和乡村振兴，切实增强贫困地区内生动力，提升贫困群众可持续发展能力。按居民收入中位数的40%确定新的贫困标准，将扶持对象重新分类定级，并制定相应的扶贫政策。完善统一城乡扶贫目标与治理机制，将救助保障类措施、经济发展类措施分别划归人力资源和社会保障部门、农村农业部门负责，进一步压实主体责任。在乡村振兴战略中融入脱贫攻坚的组织动员机制，以包容性增长和多维度改善促进长期减贫。研究制定全面配套的以基本公共服务均等化为基础的防贫政策、实现低收入群体增收的产业政策、推动欠发达地区发展的区域政策，以及为发展型低收入群体提供救助政策。

强化生态环保建设。围绕黄河流域生态环境保护，大力推动全省及黄河流经市县的生态保护和高质量转型发展。全面推进“两山七河一流域”生态保护与修复，重点推进水污染防治、河流生态补水、河流源头保护、地下水超采治理、岩溶大泉保护、节约用水六大工程，争取上升为国家战略。对标国内先进省区市，制定完善高耗能、高排放行业标准，加快推进钢铁、燃煤超低排放改造，推进化工、水泥特别排放限值改造，推进产业体系循环化、绿色化。积极鼓励货运企业创新运输模式，重点监管柴油货运车排放结构升级，强化监管机动车排放和老旧车辆淘汰，加强涉气“散乱污”和“低小散”企业整治排查力度。深入开展清洁土壤行动，建立重点土壤污染区域、地区详查评估机制，对症开展重金属和土壤污染综合治理。加快建立“前端+末端”垃圾分类处理模式，积极推广应用新技术、新工艺、新装备，强化城市垃圾分类宣传教育，建立智能化城市生活垃圾分类处理系统，鼓励引导全民参与、绿色生活，加快推进建设生活垃圾分类试点城市。支持创建以多功能、全覆盖、实时监测为特征的生态环保大数据平台，推动生态环境高效智能化监测体系建设。建立重点行业绿色生产技术规范，制定和完善餐饮服务业、移动源与农业源污染监控和防治技术政策。全面开展生态环境损害赔偿制度，提高生态损害成本。

（八）聚焦数字政府建设，努力打造“六最”营商环境

加快建设数字政府。充分利用人工智能、大数据等数字技术，加快推进数字化政府建设，积极融入政务建设的各个领域和流程。加快建设全省一体化、线上线下深度融合的政务服务体系，积极推进“三晋通”赋能和优化升级，全面实现政务服务事项“一网通办、一窗通办”。构建跨地区政务服务网，实现资源数据交换共享，积极推动企业登记、民生服务“一地受理、一次办理”。加大推进党政机关、公共服务组织、金融机构等信息系统的互联互通、信息共享，加强业务系统与“三晋通”“领导驾驶舱”的整合对接，全面实现“一个系统”管全省。拓展深化经济调节、市场监管、公共服务、社会管理、生态环保等领域的数字化应用，重点开发建设“领导驾驶舱”智慧应用系统、“一颗星”应急指挥平台、工业云服务平台、“互联网＋生态环保”系统、协同办公平台等一批重点应用，加快形成即时感知、高效运行、科学决策、主动服务、智能监管的政务数字化应用体系。积极推进“城市大脑”建设，提高城市治理智能化、精细化水平。加强与全国一体化政务服务平台衔接贯通，提高跨界数据共享和数字化治理水平。

持续深化“放管服效”改革。继续简化行政审批事项和审批流程，对标全国一流省区市，持续深化“证照分离”改革工作，全面推广“一枚印章管审批”的改革经验，加快推进全省一体化在线政务服务平台建设，实现全省政务服务“一网通办”。创新监管方式，建立健全以“互联网＋监管”为核心、以“双随机、一公开”监管为基本手段、以重点监督为补充、以信用监管为重点的新型综合监管机制，全面推行全过程、标准化监管。拓展深化投资项目承诺制改革，积极推进投资项目并联审批，大幅压缩各环节审批时限。提高政务服务事项全流程网上办理效率，健全完善政务服务平台

标准化建设。全面建成一体化在线政务咨询投诉平台，形成一条热线受理、联动相关部门归口负责的新型政府服务沟通体系。持续深化“13710”信息化工作督办制度，全面实现省级平台“一网指挥”，以制度保障政府行政效能。对标世界银行营商环境评估体系，建立健全符合山西实际的营商环境指标体系、评价机制，要定期改进指标体系和评价方法，查找解决共性问题和弱项缺项，在各市地区开展营商环境试评价，打造“六最”营商环境。

落地落实相关涉企政策。深入开展机关干部入企服务常态化专项行动，将服务企业工作纳入目标责任考核，加强落实省、市、县各级领导干部联系企业制度，强力推进重大项目建设。出台相关政策积极拓展企业诉求反映渠道，建立健全服务企业长效机制，切实解决企业难题。加强事中事后监管。进一步压实相关部门主体责任，按照统一领导、分级管理、逐级负责的原则，实行台账式管理，加强企业问题受理及跟踪反馈。积极落实外商投资实行备案管理的开放、便利措施，持续放宽外资准入限制。建立健全企业家参与涉企政策制定机制，定期组织第三方机构和企业家代表评估涉企政策落实情况，对低效政策进行合理调整。加快推进跨部门、跨地区涉企政策“一站式”信息服务平台建设，实现涉企政策资源数据互联互通。加大涉企政策兑现力度，明确涉企政策的兑付时限，缩短兑付周期，简化、优化和固化兑现流程手续节点，实现政策兑现“最多跑一次”。开展涉企政策专项监督、重点监督，压实主体责任，全面推动涉企政策落地落实，从而更好地助力山西打造最优营商环境。

（九）聚焦党的全面领导，进一步强化组织保障

加强党的集中统一领导。落实新时代党的建设总要求，增强“四个意识”、坚定“四个自信”、做到“两个维护”，加强党对促进高质量转型发展工作的全面领导。切实增强党员干部领导力，通过不定期举办主题学习再深入活动，学精悟透用好马克思主义，学懂弄通做实习近平新时代中国特色社会主义思想。不断提高党员干部政治站位，提高党员干部政治敏锐性和鉴别力，准确识别“蝴蝶效应”“灰犀牛”“黑天鹅”等事件，积极防范和及时

消除各种政治隐患。健全党全面领导的体制机制，全面从严治党，完善对决策部署的执行、监督、考评、奖惩等工作机制，在服务大局中坚定政治方向，在聚焦主业中把握职责定位，在稳中求进中积极担当作为，充分发挥党总揽全局、协调各方的领导核心作用，把党的领导始终贯穿“十四五”山西高质量转型发展的全过程。对基层党建薄弱环节进行集中攻坚，创新工作思维，融合先进理念，围绕抓共建强融合、抓重心强服务、抓标准强规范、抓创新强治理，形成“基层党建加速度”工作路径。

持续营造风清气正的政治生态。开展经常性的熏陶教育，强化专题学习教育培训，采用评估授牌方式建立一批“干部教育实训基地”，用好“互联网+政治文化”，推出“廉洁山西”等一批微信公众号和App，开设廉政警示教育、典型案例通报等专栏，加强政治文化阵地建设，以良好政治文化涵养风清气正的政治生态。开展常态化的政治体检，积极做好政治生态动态监测工作，将省委巡视整改工作重点内容列入日常监督范围，对监测发现的苗头性和倾向性问题及时预警，践行监督执纪“四种形态”。开展灵活化的考核评估，建立健全政治生态监测评估指标体系，利用大数据搭建智慧监督平台，通过“季度督评+网上测评+综合考评”方式，采集各部门单位数据，对全省政治生态建设成效进行考核评估，推进各地各部门对标找差、解决问题。开展标准化的监测评估，建立全领域、全链条、全流程、全方位推进政治生态监测标准化工作机制及实施信息反馈和评估机制，成立政治生态监测标准化工作小组，并推进标准体系的研制和宣贯工作。

完善工作机制，加强组织实施。强化组织领导，创新完善工作机制，审议制订专项推进方案和具体行动安排，研究推出一批重大政策、重大规划、重大项目，进一步压实主体责任，把规划纲要确定的各项任务落到实处，在“止血”的基础上加快建立健全“自我造血”机制。各主要负责人要靠前指挥、亲自谋划，严格对照任务进度，按时点倒排工期，高标准、高质量完成各项任务。各部门要进一步明确职责分工，精确指导经济高质量转型发展，积极指导重大政策制定、重大体制创新、重大项目安排等。

参考文献

[1]《中央经济工作会议在北京举行　习近平李克强作重要讲话》，人民网，2019 年 12 月 12 日，http：//finance. people. com. cn/n1/2019/1212/c1004 - 31503693. html。

[2]《省委经济工作会议在太原召开》，《山西日报》2019 年 12 月 25 日，第 1 版。

[3]《政府工作报告》，《山西日报》2020 年 1 月 21 日，第 3 版。

[4]《中共中央　国务院印发〈长江三角洲区域一体化发展规划纲要〉》，新华社，2019 年 12 月 1 日，http：//www. gov. cn/zhengce/2019 - 12/01/content_ 5457442. htm? tdsourcetag = s_ pcqq_ aiomsg。

[5]《李克强主持召开研究部署"十四五"规划编制专题会议强调　高水平编制好"十四五"规划　推动开创经济社会发展新局面　韩正出席》，新华网，2019 年 11 月 26 日，http：//www. qstheory. cn/yaowen/2019 - 11/26/c_ 1125277786. htm。

专 题 报 告

Special Reports

专题报告一：转型提速　高质量发展上台阶

B.3
“十四五”山西转型出雏形的总体要求、目标指标与重点任务*

山西大学“‘十四五’规划前期研究”课题组**

摘　要： “十四五”时期要深入贯彻落实山西省委“到2025年转型

* 本报告为山西省发展和改革委员会“十四五”规划前期研究课题“‘十四五’山西省经济社会高质量转型发展：阶段性判断、框架思路与政策选择”中关于“‘十四五’转型出雏形”的专题研究成果。

** 课题组主持人：李志强，山西大学中国中部发展研究中心主任，山西大学经济与管理学院、山西大学管理与决策研究所、山西大学资源型经济转型发展协同创新中心，博士、教授、博士生导师，主要从事制度理论与竞争力、资源型经济转型、战略与创新管理及标准化研究。课题组成员：顾颖，太原师范学院经济系，教授，山西大学中国中部发展研究中心特聘研究员；常涛，山西大学经济与管理学院、山西大学中国中部发展研究中心，教授；辛安娜、赵建凤，山西大学经济与管理学院、山西大学中国中部发展研究中心，讲师；郑晓霞、张琴清，山西大学经济与管理学院、山西大学中国中部发展研究中心，博士研究生；冯晓晓、袁小亚、李鑫，山西大学经济与管理学院、山西大学中国中部发展研究中心，硕士研究生。

出雏形”的要求，按照“四为四高两同步”的思路，坚持稳健发展、深化供改、重调结构、创新转型，建立具有山西特点的转型出雏形“9 +1”目标指标体系，聚焦能源革命综合改革、战略性新兴产业发展、创新生态打造、体制机制创新、生态文明制度体系、“六最”营商环境制度体系、全方位对外开放、统筹城乡发展、民生保障制度建设、党的全面领导等十个方面，高质量推动各项重点任务落地见效。

关键词： “十四五”　“转型出雏形”　“9 +1”目标指标

高质量转型发展是山西经济发展的必经阶段，国家资源型经济转型综合配套改革试验区建设是党中央赋予山西的重大使命。“十四五”期间，要深入贯彻落实山西省委“到2025年转型出雏形”的要求，更加精准地细化转型目标，高质量推动各项重点任务落地见效，尽快转出雏形。

一　“十四五”山西转型出雏形的总体要求

以习近平新时代中国特色社会主义思想为指导，全面贯彻党的十九大和十九届二中、三中、四中全会精神，深入学习贯彻习近平总书记“视察山西重要讲话重要指示”和“三篇光辉文献”精神，坚决贯彻党的基本理论、基本路线、基本方略，增强“四个意识”、坚定“四个自信”、做到“两个维护”，坚持稳中求进工作总基调，坚持新发展理念，坚持以供给侧结构性改革为主线，坚持以转型为纲、项目为王、改革为要、创新为上，推动高质量发展、高水平崛起、高标准保护、高品质生活，加快建设现代化经济体系，以创新驱动厚植发展动能，以改革开放激发市场活力，以乡村振兴统筹城乡发展，以改善民生增进人民福祉，将转型综改进行到底，在“两转”基础上全面拓展新局面，在新的起点上谋划新篇章，在开启社会主义现代化建设征程中做出新贡献。

坚持稳健发展、深化供改、重调结构、创新转型，到2025年山西高质量转型渐具雏形。绿色能源供应体系基本形成，能源革命综合改革试点取得重大突破。战略性新兴支柱产业基本形成，拥有一批在全国具有较高市场占有率和较强竞争力的产业集群。具有山西特色的创新生态基本形成，涌现出一批自主创新品牌。支撑山西资源型经济转型的体制机制基本形成，更多改革挺进全国第一方阵。生态文明制度体系基本形成，“两山七河一流域”生态保护修复与治理取得积极成效。法治化、国际化、便利化营商环境的制度安排基本形成，营商环境主要指标升至全国前列。全方位对外开放局面基本形成，经济外向度大幅提高。城乡统筹发展格局基本形成，城乡差距明显缩小。更加健全完善的民生保障体系基本形成，城乡居民收入接近全国平均水平。在全国发展大格局中的战略地位基本形成，经济综合实力在全国的排位进一步提升。

二　“十四五”山西转型出雏形的目标指标

坚定不移贯彻落实新发展理念，按照高质量发展的内涵和要求，突出质量、效率、动力“三大变革”，明确建立具有山西特点的转型出雏形“9+1”目标指标体系（见表1），充分发挥核心指标的引导效应。其中，“9”即绿色能源供应体系，7~8个战略性新兴支柱产业，具有山西特色的创新生态，支撑资源型经济转型的体制机制，生态文明制度体系，法治化、国际化、便利化营商环境制度安排，全方位对外开放局面，城乡统筹发展格局，更加健全完善的民生保障体系9个“基本形成”的目标。“1”即在全国发展大格局中的战略地位基本形成的目标。

表 1　山西转型出雏形“9 +1”目标指标体系

目标	主要指标	目标	主要指标
绿色能源供应体系基本形成	单位 GDP 能耗下降率 新能源年发电量 天然气供给量占一次能源比重 外购绿色电力占一次能源比重	法治化、国际化、便利化营商环境制度安排基本形成	合同强制执行率 跨境贸易开放度 开办企业平均耗费时间 开办成本占人均 GDP 比重 产权转移登记工作效率 动产抵押法律指数
7 ~8 个战略性新兴支柱产业基本形成	战略性新兴支柱产业数 新兴产业集群市场占有率 非营利性服务业的一般公共预算支出效率	全方位对外开放局面基本形成	货物进出口总额占 GDP 比重 外商直接投资占 GDP 比重 实际利用外资总额增长率 对外依存度
具有山西特色的创新生态基本形成	R&D 投入强度 万人发明专利授权量 R&D 经费内部支出企业资金与政府资金比 每万劳动力中 R&D 人员占比 关键核心技术数 自主创新品牌数 两化融合发展指数	城乡统筹发展格局基本形成	城乡居民人均收入比 常住人口城市化率 城乡居民恩格尔系数比 人均城市绿地面积 “三网”融合覆盖率 全员劳动生产率
支撑资源型经济转型的体制机制基本形成	财政金融体制改革是否挺进全国第一方阵 开发区体制改革是否挺进全国第一方阵 国资国企体制改革是否挺进全国第一方阵 电力体制改革是否挺进全国第一方阵 医疗体制改革是否挺进全国第一方阵	更加健全完善的民生保障体系基本形成	居民人均可支配收入增幅 居民失业率 基本社保覆盖率 公共服务满意度指数 义务教育优质均衡比例 平均期望寿命(反映医疗水平) 基础设施智慧化水平 大数据在城市精细化治理和应急管理中的贡献率
生态文明制度体系基本形成	主要污染物人均排放量 细颗粒物(PM2.5)年均浓度 劣 V 类水体控制比例 污染地块安全利用率 耕地保护面积占建成区总面积比例 地区绿地水体(蓝绿空间)占比	在全国发展大格局中的战略地位基本形成	人均 GDP 全要素生产率 技术进步对经济增长的贡献率 “五新”经济占地区生产总值比重 规模以上企业资产负债率 政府债务余额与 GDP 之比

三 “十四五”山西转型出雏形的重点任务

把“四为四高两同步”总体思路和要求贯穿到转型综改的各个方面，坚持与时俱进，力争到2025年转型出雏形，着力抓好以下10项重点任务。

（一）以绿色低碳为方向开展能源革命综合改革试点

推进煤炭智能绿色安全开采。遵循“绿色开采技术”和“科学采矿”理念，变革煤炭开采方式，以5G技术和先进控制技术引领开展煤矿智能化改造试点及绿色开采技术试点示范，推广实施绿色开采技术、安全保障技术，打造一批标杆示范矿井。加快推进煤炭行业信息化建设、智慧矿山标准的制修订工作，以标准化促进煤炭产业走“减、优、绿”之路。

促进煤炭清洁高效深度利用。积极探索“分质分级、能化结合、集成联产”的新型煤炭利用方式，推动煤炭由传统燃料向新型材料转化。控制煤炭消费总量，开展煤炭消费减量等量替代行动，推进煤炭清洁高效深度利用，提高清洁能源在终端能源消费中的比例。制定完善农村清洁供暖相关标准和政策。探索建立用能权初始分配、有偿使用和交易制度，率先构建促进能源绿色消费的政策体系。

大力发展清洁能源和新能源。全面推进“三气”综合开发试点工作，着力建设2~3个省级以上煤层气规划重点矿区，打造国家非常规天然气基地。在氢能、地热能、生物质能、光伏、风电等领域下功夫，推进清洁能源和新能源全产业链布局，加快构建绿色多元能源供给体系。

加快“互联网+智慧能源”建设。开展智慧能源网关键技术攻关，探索实施能源互联网创建、能源大数据应用、分布式能源领跑三大工程，搭建多功能山西“能源云”平台。吸引社会资本参与循环经济园区分布式能源及微网系统建设，推动煤、电、网、风、光、用系统集成、高效耦合，构建微网供能新模式。

（二）加快推进战略性新兴产业发展工程

促进战略性新兴产业集群化发展。紧跟先进计算、云计算、大数据、人工智能、区块链等关键技术前沿，集中优势资源、聚焦优势企业，推动龙头企业、配套企业、研发机构、供应商、金融机构等集聚集中，共建、共创、共享工业互联网平台，快速打造工业互联网产业聚集带。围绕高端装备制造业、新材料产业、数字产业等领域，以推进标志性项目建设为重点，打造一批战略性新兴产业集群，建设1～2个国家级战略性新兴产业基地，率先推动形成“链式整合、园区支撑、集群带动、协同发展”的产业新格局。

促进战略性新兴产业高端化发展。聚焦物联网、大数据、人工智能、新能源汽车、高端装备制造、新材料等领域，加快发展新能源、智能汽车，延伸机器人等产业链，培育一批具有竞争力的龙头企业。对照招商图谱“按图索骥”，加快与国内国际领军企业深度对接，与C9高校、中科院和国家级实验室、工程中心深度对接，与东部沿海地区对接，积极引进相关大企业、大项目、高端紧缺人才和科研机构。

促进战略性新兴产业智能化发展。牢牢把握数字化、网络化、智能化融合发展的契机，鼓励推广实施“机器换人”，运用信息化、智能化技术支持企业改造，推进互联网、大数据、人工智能同实体经济深度融合，推动钢铁、焦化、建材等传统行业提质升级。

（三）倾力打造具有山西特色的创新生态

打造创新体系。以加速实体经济与新一代信息技术融合为重点，构建以企业为主体的技术创新体系，推动产业链与创新链精准衔接。以加快建设产业技术研究院、科技创新中心等新型研发机构以及能源革命、高铁装备等创新研究院为突破口，构建“国家队＋地方队＋企业队”的全链条创新网络，努力突破一批关键核心技术。积极发展和用好产业基金，推进中试基地、检测平台、大科学装置等科技资源共享，形成良好的创新配套条件。

完善创新制度。围绕机构、项目、人才三条主线，统筹布局，加快建立导向明确、正向激励的科技管理体制和政策体系。用好省科技成果转化和知识产权交易管理服务平台，加快科技成果转移转化，完善知识产权保护制度，构建知识产权大保护、快保护格局。着力推动山西大学和太原理工大学创建一流大学和培育一流人才，建立完善“三晋英才”“青年拔尖人才”等高层次人才联系服务制度，积极探索制定有利于专注研发、潜心研究的科研人员发展的评价办法。扎实推进标准化综合改革试点，以先进标准抢占创新制高点。

找准创新抓手。从长远战略需求出发，进一步聚焦目标、突出重点，部署一批科技重大专项和关键核心技术攻关项目，打造一批创新生态子系统，加快产出一批自主创新品牌。做强智创城、众创空间等双创载体，精准扶持一批成长性好、市场潜力大的科创型小微企业，培育一批“专精特新”企业。以“111”“1331”“136”三大工程为牵引，坚持分类别指导、分领域推进，严格遴选优秀项目试行“5 年 +5 年”支持模式，加快形成一批具有引领作用的重大创新方向。

（四）创新支撑资源型经济转型的体制机制

深化财政金融体制改革。将减税降费政策落实到底，完善有关预算绩效方面的制度，使预算管理和绩效管理朝一体化的方向发展。高水平推进教育、医疗、脱贫攻坚等领域的财政事权和支出责任划分改革。完善政府在举债融资等方面的政策机制，尽最大努力把国家债券支持政策用足用好。以山西金融租赁、山西信托、中煤保险等战略重组为重点，推进省属国有金融机构改革。加大政策倾斜力度，使基金业健康发展。支持地方金融机构培育和组建民营银行。

推进开发区体制改革。推广复制转型综改示范区“一网通办”、智慧管理等政策服务体系。鼓励有实力、有经验的企业与开发公司合作，共同参与开发区建设运营，形成政府推动、企业运营、市场运作、多元投入的开发模式。深入推进“三化三制”改革，持续开展管运分离试点改革，建设一批具有特色的产业园、区中园、国别园。进一步优化开发区营商环境，省市两

级对开发区投资事项开通绿色通道，推行全程领办代办机制。

完善国资国企治理体系。按直接授权“品字架构”，健全以管资本为主的国资监管体制，探索形成智慧监管、穿透式监管和阳光监管模式。靠依法、合规、诚信经营的方式有效化解各类风险，健全企业合规管理体系，增强国有经济抗风险能力。建立信息披露的管理制度，依托国资监管大数据平台、省属国企阳光采购服务平台，推动国资监管和国有企业信息公开。

促进民营经济健康发展。鼓励民营经济并购重组和参与重大基础设施建设。支持民营企业建立高水平研发机构，发展产业技术创新战略联盟。建立领导干部与民营企业联系制度、政企沟通协调会制度和民营企业直通车制度，健全完善企业家、专家学者合作参与涉企政策制定机制。

（五）坚持和完善生态文明制度体系

实行最严格的生态环境保护制度。围绕黄河流域生态环境保护，大力推动全省及黄河流经市县的生态保护和高质量发展。建立重点行业绿色生产技术规范，制定和完善餐饮服务业、移动源和农业源污染监控与防治技术政策。尽快出台主体功能区规划，探索实施“区域差异化”考核，完善生态环保考核制度。制定控制高耗能、高排放行业标准，打造绿色化、循环化产业体系。聚焦重点领域、重点问题，持续抓好环保立法，深入开展“两法衔接”，探索实施最严格的环保法律制度和执法司法制度。扶持培育第三方力量参与环保。

全面建立资源高效利用制度。在资源化利用方面突出制度创新，科学稳步推进垃圾分类处理工作。加快建立资源节约制度，合理管控建设用地使用总量和使用强度，有效遏制水资源浪费。以体现生态价值和降低环境损害成本为重要参考，建立健全资源环境价格机制。深入推进能源革命综合改革，加快构建清洁低碳和安全高效的能源体系。为矿产资源做好规划建设，针对综合利用情况加强标准研制。

健全生态保护和修复制度。加大实施“两山七河一流域”生态保护与修复水污染防治、河流生态补水、河流源头保护、河湖水系综合整治、地下水超采治理和岩溶大泉保护、节约用水六大工程，争取上升为国家战略。以治污、控煤、管车、降尘为重点，减少重污染天气，推进重点城市废弃露天矿山生态修复。完善重点土壤污染区域、地区详查评估机制，对症开展重金属和土壤污染综合治理。

严明生态环境保护责任制度。强化生态环保相关约束性指标管理，严格落实企业主体责任，压紧压实政府监管责任。研究制定领导干部自然资源资产离任审计办法，健全完善生态环保责任体系，全过程反向倒逼压实属地责任。持续推进环境信息化省、市、县三级统筹建设，支持创建以多功能、全覆盖、实时监测为特征的生态环保大数据平台，推动建立生态环境高效智能化监测体系。落实生态补偿制度，逐步实现省内流域补偿全覆盖，探索跨省横向生态保护补偿。对生态环境损害行为，加快推行赔偿制度，并实行终身追责制。

（六）着力构建"六最"营商环境制度体系

加快建设线上线下融合的政务服务体系。探索形成"一窗通办""一网通办""就近申办""一次办成""掌上通办""马上办好""全市能办"的政务服务"七办"模式，推进"三晋通"赋能和优化升级工作。围绕经济调节、社会管理与公共服务、生态环保等领域，拓展深化数字化应用，加快形成即时感知、高效运行、科学决策、主动服务、智能监管的政务数字化应用体系。推动互联网、大数据、人工智能、区块链等技术与政务服务融合，积极探索建立智慧政务服务管理制度规则。

深入推进企业投资项目承诺制。在全省更大范围、更广领域推广，促使承诺审批、守信践诺成为常态，打造"承诺山西"的集成效应。加强社会信用体系建设，建立企业信用信息共享及联评机制，重点对金融失信和逃废债务行为加大联合惩戒力度，完善"一处失信、处处受限"的联合惩戒机制，确保承诺制改革顺利实施。

落地落实相关涉企政策。加强落实省、市、县各级领导干部联系企业制度，切实解决项目推进和企业运营中的困难和问题。畅通企业诉求反映、受理渠道，及时向企业推送宣传惠企政策，建立完善企业诉求解决长效机制，提高服务企业实效。建立健全企业家参与涉企政策制定机制，适时开展第三方机构主导、企业家代表参与的涉企政策落实情况评估。细化、量化涉企政策措施，制定相关配套举措，深化拓展延伸“13710”工作督办落实制度，切实推动各项政策落地、落细、落实。

（七）不断深化全方位对外开放

发挥优势深度融入国家战略。充分发挥“山西品牌丝路行”功能，积极组织企业参与“千企百展”国际市场开拓行动。在科技、医疗、文化、教育、旅游等领域深化沿线国家合作，提升国际友城深度合作水平，加强高端智库国际交流。加强与中部地区、沿黄地区的合作，推动黄河流域生态保护和高质量发展。推动公共服务共建共享，加快市场一体化进程，形成与京津冀、环渤海地区目标同向、优势互补、互利共赢的协同发展新格局。

建设高水平开放平台。扩建国际互联网数据专用通道，加快完成5G基站规划布局。鼓励优势企业到沿线国家建立生产基地和产业园区。积极对接全球电子商务新模式、新规则、新标准，搭建数字化贸易平台，建设好中国（太原）跨境电子商务综合试验区。抢抓在山西省中西部地区增设自贸区和保税区的机遇，以高水平、高质量推进武宿综合保税区发展为依托，争取国务院批准设立中国（山西）自贸区。

全面提升对外开放能级。探索数据驱动、平台支撑、商产融合为一体的数字化、网络化、智能化贸易发展模式，提升外贸综合服务数字化水平。抓住《中华人民共和国外商投资法》实施契机，下大气力加大重点领域对外开放，全面深化外商投资便利化改革，提高外资利用质量和效率。以山西特色品牌为依托，广泛开展海外经济文化交流活动，推动“山西三宝”等传统技艺走出国门，提升优秀文化、文学作品、影视产品的国际影响力。

（八）以大都市、大县城建设和乡村振兴统筹城乡发展

强力推进大都市建设。按照“一主三副六市域中心”空间布局，高质

量推进城镇化建设。全力推进太原都市区建设，以转型综改示范区为承载，聚力发展战略性新兴产业、高端服务业、高科技农业和总部经济、平台经济，加快建设具有国际影响力的全国区域中心城市。加快推进大同、长治、临汾省域副中心城市建设，重点推进运城、晋城、阳泉、朔州、忻州、吕梁市域中心城市建设。用好区块链等新技术手段建设智慧城市，提升城市精细化管理、智慧化管理效能。

积极推进大县城建设。以深入实施大县城战略为抓手，从省级层面搞好县城规划，各县城抓紧制订适合自身发展的实施方案，高质量推进县城建设，逐步缩小流动人口与户籍人口之间的基本公共服务差距，使人的城镇化与土地城镇化相协调，更好促进城市治理体系和治理能力现代化发展。大力支持引进一批线上服务、线下体验的劳动密集型产业，大量吸引农村流动人口进城务工。坚持就近就便服从就优原则，以推动整合教育资源向县城集聚为突破口，引导子女在县城上学的县域人口有序进入县城就业，提升就地城镇化水平。

大力推进乡村全面振兴。以建设山西晋中国家农业高新技术产业示范区为契机，以发展山西"农谷"功能农业为抓手，以做好"有机旱作农业"和"城郊农业"为重点，深化农业供给侧结构性改革，推进乡村振兴。加快实施信息进村入户整省推进工程，扩大益农信息社的覆盖范围，提高其可持续运营能力，积极发展数字乡村。坚持点片示范与整体推进相结合，推动建立有机旱作农业等领域的标准、技术和产业体系，支持长治创建国家绿色有机旱作农业示范市。

（九）健全完善统筹城乡的民生保障制度

健全有利于更充分、更高质量就业的促进机制。强化就业创业政策，加大力度推进建设国内先进创业园区、就业创业孵化基地。建立健全新业态、新模式灵活就业人员就业机制，高效配置人力资源。充分认识当前就业环境，完善就业困难群体帮扶机制，重点保障高校毕业生、贫困人口、农民工"稳"就业。联合开展大规模职业技能培训，提高劳动者就业创业能力。加强劳动保障监察协作，强化劳动人事争议协同处理，建立各地区拖欠农民工工资“黑名单”共享和多部门联合惩戒机制。

构建终身学习的教育体系。深化各阶段教育资源供给，加快统筹城乡教育发展水平，打造多元化、高水平的教育体系。深入实施“1331 工程”，着力建设山西特色高等教育，支持山西大学和太原理工大学借力北京大学、清华大学对口帮扶，率先发展；鼓励其他高校与 C9 高校联盟加强合作，特色发展。强化产教融合、供需对接，实行订单式、菜单式培训，制定职业培训山西标准，加快建设“人人持证”的技能社会。

完善覆盖全民的社会保障体系。全面落实全民参保工作目标，建立健全统筹城乡、可持续的基本养老保险制度、城乡居民基本医疗保险制度，推进可持续的全民社保体系建设。着力推进居家和社区养老，积极探索农村互助养老模式，加快建设多元化、标准化养老服务体系。统筹建立实时更新的农村留守妇女、儿童以及老年人信息库，完善健全农村留守群体关爱服务体系。

强化提高人民健康水平的制度保障。深入践行大健康理念，提升全民健康水平。推进管理县域医疗卫生信息一体化，加强重点药品供应保障，健全药品综合监管机制，全面落实分级诊疗制度，深化公立医院综合改革，提升医疗质量和服务。积极应对人口老龄化，依托优质医疗资源、现代医药产业、养老产业，指引区域产业资本和品牌机构进入当地养老市场，加快推进医养有机结合，建设现代化养老服务体系。高标准建设现代化、信息化应急管理系统，建立健全突发公共卫生事件应急管理体系建设，全面提升突发事件预警、响应和处置能力。

（十）以党的全面领导切实强化组织保障

加强党的集中统一领导。落实新时代党的建设总要求，增强“四个意识”、坚定“四个自信”、做到“两个维护”。健全党全面领导的体制机制，全面从严治党，完善对决策部署的执行、监督、考评、奖惩等工作机制，在服务大局中坚定政治方向，在聚焦主业中把握职责定位，在稳中求进中积极

担当作为，充分发挥党总揽全局、协调各方的领导核心作用，把党的领导始终贯穿“十四五”山西高质量转型发展的全过程。

持续营造风清气正的政治生态。开展经常性的熏陶培育，用好“互联网+政治文化”，推出“廉洁山西”等一批微信公众号和App。开展常态化的政治体检，积极做好政治生态动态监测工作，积极践行监督执纪“四种形态”。开展灵活化的考核评估，建立健全政治生态监测评估指标体系，构建智慧监督大数据平台。开展标准化的监测评估，建立全领域、全链条、全流程、全方位推进政治生态监测标准化工作机制及实施信息反馈和评估机制。

完善工作机制，加强组织实施。加强组织领导，审议制订专项推进方案和具体行动计划，研究推出一批重大政策、重大规划和重大项目。各责任单位要严格对照任务进度，按时点倒排工期，进一步压实主体责任，把规划纲要确定的各项任务落到实处，在“止血”的基础上加快建立健全“自我造血”机制。

参考文献

[1]《中央经济工作会议在北京举行　习近平李克强作重要讲话》，人民网，2019年12月12日，http：//finance. people. com. cn/n1/2019/1212/c1004－31503693. html。

[2]《省委经济工作会议在太原召开》，《山西日报》2019年12月25日，第1版。

[3]《政府工作报告》，《山西日报》2020年1月21日，第3版。

[4]《中共中央　国务院印发〈长江三角洲区域一体化发展规划纲要〉》，新华社，2019年12月1日，http：//www. gov. cn/zhengce/2019－12/01/content_ 5457442. htm?tdsourcetag＝s_ pcqq_ aiomsg。

[5]《李克强主持召开研究部署“十四五”规划编制委员会议强调　高水平编制好“十四五”规划　推动开创经济社会发展新局面　韩正出席》，新华网，2019年11月26日，http：//www. qstheory. cn/yaowen/2019－11/26/c_ 1125277786. htm。

B.4
直谏高质量发展

李志强　王兆宾　顾　颖　焦　晶

摘　要：　面对未来的时与势、艰与险，如何统筹做好经济社会发展各项工作，是推动高质量发展需要深入思考和突破的重大课题。本报告以短论的形式，提出以初心使命建言献策高质量发展，以担当作为致力于推进转型综改，以高质量法治建设维护社会安全稳定，推动高质量发展迈上新台阶。

关键词：　高质量发展　转型综改　高质量法治建设

B.4.1　以初心使命建言献策高质量发展

短论1　以数字化、标准化、多元化推动养老服务高质量发展

李志强[*]

人口老龄化关乎民生福祉和国家长治久安。截至2019年底，我国65岁及以上老年人口超1.7亿人，占总人口的比重达12.6%，老龄化问题日益严峻。目前，我国养老服务业还处于起步阶段，养老服务供求错配缺配、养

---

* 李志强，山西大学中国中部发展研究中心主任，山西大学经济与管理学院、山西大学管理与决策研究所，山西大学资源型经济转型发展协同创新中心，博士、教授、博士生导师，主要从事制度理论与竞争力、资源型经济转型、战略与创新管理及标准化研究。

老服务市场发育不好、养老服务人才匮乏、养老服务法制保障不足、服务不规范、安全不到位等问题突出，推进养老服务高质量发展具有极强的现实意义。

近年来，大数据、物联网、云计算、人工智能等数字技术为养老产业转型升级提供了强大支撑。以数字化、标准化、多元化推进养老服务高质量发展，是积极应对人口老龄化挑战的重要举措，有助于打造智能养老体系、推进智慧城市建设，有助于加快民政工作改革创新、更好惠及百姓民生，有助于不断满足人民日益增长的美好生活需要。具体建议有以下几个方面。

（一）探索“互联网 + 智慧养老”，建设数字化养老院，着力构建智慧养老体系

1. 支持打造“智慧养老”数字化平台

利用大数据、物联网、云计算等数字技术，研发面向老人、家庭、医疗、服务机构、养老机构、社区的物联网系统，打造“智慧养老”数字化平台。积极研发并推广智能定位照护系统、智能陪护机器人、云平台智能监控等智能养老产品应用，建设养老云基础设施、养老数据中心、养老监管服务等数字化平台，全面对接养老机构、医疗服务机构、公共卫生机构、卫生行政机构等有关机构数据和智能养老产品数据，实现资源共享。

2. 支持建设数字化养老院

推广上海数字化养老院试点建设模式和经验，制定数字化养老院建设标准和服务评估制度。利用数字化设备和信息管理平台，与实体养老院、居家养老建立实时连接，将居家床位纳入养老机构床位统一管理范畴，解决大中型城市养老床位不足的问题。鼓励社会资本、境外资本与政府合作参与数字化养老院的研发、建设与运营。全面对接数字化养老监管服务平台，加强数字化养老院服务质量监管，建设以智能化为手段、康复辅具为依托、机构养老为支撑、大型企业参与、政府与行业协会监管的集机构、居家于一体的数字化养老院。

（二）以标准化助力养老服务，规范养老服务模式，加强养老标准体系建设

1. 支持制定统一的养老服务需求评估标准

制定统一的养老服务需求评估标准。在《老年人能力评估标准》的基础上，完善养老服务需求评估量表，细分评估等级，制定相应的服务标准和补贴标准，在全国各地区推广实施。加强第三方评估，委托政府职能部门或独立的第三方机构开展养老服务需求评估工作，严格限定第三方机构的评估资质，确定评估人员数量和资质标准，明确评估工作的具体要求。完善养老服务评估标准化专家库，不断推进养老服务机构规范化建设。加强第三方评估机构与相关服务单位有机对接，强化评估结果应用，为制定养老服务规划提供指导。

2. 支持制定统一的居家适老化改造标准和评估机制

制定居家适老化改造标准和评估机制。优先制定和实施老年人适老化改造需求评估、改造规范、改造质量满意度测评、改造质量监管和等级评定、改造安全管理等标准，对老年人个人能力、室内环境和辅具配置等进行评估，制定统一的居家改造适配评估标准。针对房屋结构、建筑材料、适配设施、布局等方面，制定养老适用的系统化选用标准。制定居家适老化改造后续的管理维护标准，保障改造效果的实用性和可持续性。

3. 支持制定统一的智能健康养老产品质量安全管理标准

针对养老护理器械设立专门的国家质量安全管理标准，将养老护理器械从医疗器械中分离出来，单独设类，将养老护理器械纳入医疗报销范围，评估老年人实际需求审核购置。加快制定智能健康养老产业标准体系，细分智能健康养老产品市场，制定智能健康养老产品市场准入标准，加快智能养老设备、智能健康养老技术、系统平台标准制定，规范智能健康养老产业。

（三）创新养老服务模式，加快推进医养有机结合，构建多元化养老格局

1. 支持开展居家适老化改造

搭建适老化改造平台，对适老化改造企业给予政策支持和税负减免，打

造适老化改造服务优质品牌。鼓励社会资本、金融机构参与适老化改造工程，由政府组织对60岁以上老年人实行普惠性改造，推动适老化改造消费。支持开展居家适老化改造试点示范项目，选择一批做法先进、居家适老化改造发展较好的城市，重点建设居家适老化改造试点示范城市，并在全国范围内宣传推广。

2. 支持推广社区嵌入式养老服务

推广上海“社区嵌入式养老”新型养老模式和发展经验，支持大型城市发展社区嵌入式养老服务。规范社区嵌入式养老收费，根据各地实际和养老需求评估结果，建立分级的社区嵌入式养老机构。建设中心管理平台，统筹现有养老机构和嵌入式养老机构，优化资源整合。重点监管嵌入式养老机构选址，保证选址切合实际、过程透明。支持建设社区嵌入式养老服务试点示范城市，形成一批可复制、可推广的示范模式。

3. 支持推进医养结合

建立健全医疗服务机构与养老机构之间的业务协作和有机融合机制，完善医养结合机构标准体系。支持医疗服务机构借助社会资本拓展养老服务，鼓励养老机构开办集养老、医疗、康复于一体的综合性医院，行政许可和登记机关要为之提供公开规范和便捷的服务。建立云存储动态健康档案，实施集医疗、健康、养生、养老于一体的全周期档案管理，并全面对接辖区内的养老机构、医疗服务机构。支持高等学校和中等职业学校、技工学校开设与医养结合相关的专业，培养医养结合护理专业人才。

短论2　以“六化”推动乡村旅游高质量发展

王兆宾*

乡村旅游是旅游业的重要分支。近年来，我国乡村旅游发展速度很快。有研究数据显示，2018年，我国乡村旅游人数已经达到30亿人，旅游收入

* 王兆宾，山西省人民政府研究室研究三处处长，山西大学中国中部发展研究中心特聘研究员，主要从事区域经济、乡村振兴与城镇化等方面的理论与政策研究。

达到8000亿元，分别比2012年增长了317%、233%。发展乡村旅游，对于稳定经济增长、促进农民增收、推进脱贫攻坚、实施乡村振兴战略具有积极作用。随着居民收入水平不断提高、交通基础设施越发便利，乡村旅游面临前所未有的发展机遇，我国不少地方把乡村旅游作为推进乡村振兴的重要产业。探索乡村旅游高质量发展的有效路径，成为摆在我们面前的重要课题。

（一）乡村旅游发展要差异化，突出自身特色，增强乡村旅游的吸引力和竞争力

当前，乡村旅游呈现出了蓬勃的发展态势和良好的产业前景，但发展过程中的同质化问题十分突出，旅游资源大同小异，开发模式模仿复制，产品缺乏创新和特色。推动乡村旅游提档升级，必须走差异化发展的道路，避免和减少同质化问题。

1. 注重挖掘异质性旅游资源

乡村旅游的主要客源来自城市。乡村对城市居民的最大吸引力在于其良好的山水生态、优美的田园风光、独特的村居风貌、恬淡的农家生活、浓郁的民俗风情和纯朴的乡土文化等。开发乡村旅游，要深入挖掘乡村区别于城市的特色资源，把乡村资源转换为乡村旅游吸引物，满足人们对良好生态和恬静生活的向往，激发人们的乡土记忆和人生回忆，让人们在乡村旅游过程中回归自然、返璞归真，找到心理寄托和情感归宿。不同的村庄有不同的风光、不同的民俗、不同的历史和不同的故事。要深入挖掘一个地方区别于其他乡村的独特资源，寻找和利用本地的异质资源优势，用独特资源打造具有独特优势的景区景点。

2. 注重做好创新性旅游规划

缺乏科学规划是乡村旅游面临的一个突出问题。有的地方布局散乱，村自为战、寨自为战；有的村庄盲目开发，只管当前、不顾长远；有的项目仿城造景，粗制滥造、缺乏特色。不少具有特色的优质旅游资源，因为缺乏规划随意开发而没有产生应有的效益，甚至造成资源和生态破坏。高品质的乡村旅游需要高水平的规划。发展乡村旅游，必须坚持规划先行。规划可以学

习借鉴，但需要避免照抄照搬。高水平的乡村旅游规划不仅要有创新性的理念，也要有创新性的产品，必须运用系统思维，整体规划、整合开发，既要充分发挥独特的资源优势、实现错位发展，也要注重形成良好的规模效应、构建整体优势。

3. 注重开展细分化旅游营销

“酒香也怕巷子深”，发展乡村旅游，必须注重市场营销和旅游品牌塑造。打造有影响力的乡村旅游品牌，除了需要挖掘独特的旅游资源、开发优质的旅游产品、提供舒心的旅游服务，也需要有力的市场推广。特色旅游资源对特定的人群具有特殊的吸引力。要结合旅游资源和旅游产品的特点，做好市场细分，选择特定的目标顾客群开展有针对性的营销推广活动，通过媒体宣传、举办特色活动、推出特色项目等方式，有效扩大乡村旅游品牌宣传，吸引目标顾客群，提高知名度和影响力。

（二）乡村旅游产业要融合化，运用“旅游 +”思维，推进乡村一、二、三产业融合发展

融合化是乡村旅游发展的必然趋势，乡村旅游是乡村产业融合的重要载体。乡村旅游产业融合不是与某个产业的简单组合，大多数情况下呈现的是多元产业有机融合的形态。当前，乡村旅游还出现了许多新的业态，与短视频产业、直播经济的融合发展就是其中之一。而乡村旅游与农业、文化、康养、体育等产业融合，是乡村旅游产业融合发展的典型路径。

1. 促进乡村旅游与农业融合发展

无论是传统农业，还是现代农业，都可以和乡村旅游有机结合。可以围绕特色种植、畜牧、水产、园艺和林特经济等特色产业，发展生态观光农业、创意农业、庄园经济、田园综合体等，开发田园景观、农耕体验、农家生活、花卉观赏、水果采摘、休闲垂钓等特色旅游产品，配套发展土菜馆、农家乐、特产超市等，有效带动特色农产品销售，促进农业发展和农民增收。

2. 促进乡村旅游与文化产业融合发展

文旅融合正在成为乡村旅游发展的重要形态。通过深度挖掘民间蕴藏的

传统文化、民俗文化、红色文化、边塞文化和民族文化，保护性开发留存在乡村的传统村落、文物古建、历史遗迹和文化遗产，推动文物活化利用，弘扬传承民间艺术，创新乡村文化再现形式，丰富文化创意和文化内涵，打造独特的文化 IP，从而为乡村旅游注入文化灵魂。

3. 促进乡村旅游与康养产业融合发展

随着生活水平的提高，人们对生活品质有了更高要求。康养旅游迎合了人们对愉快、健康、长寿的追求，成为乡村旅游的重要形态。发展乡村旅游，可以利用乡村的优美生态、静谧环境、宜人气候、健康饮食和中医养生等康养资源，发展乡村康养旅游。通过开发健康膳食、发展特色民宿、建设养生社区，打造康养旅游目的地。随着我国步入老龄化社会，康养旅游的市场需求将持续扩大，前景会更加广阔。

4. 促进乡村旅游和体育产业融合发展

随着体育健身运动的全民化和休闲化，我国体育产业快速发展，体育旅游市场也在不断扩大。发展乡村旅游，可以依托地理地貌、自然资源和气候条件，选择适合当地的体育运动项目，比如乡村马拉松、登山、攀岩、游泳、滑雪、马术、汽车、摩托车以及自行车等体育休闲和竞技运动，建设符合标准的营地、场地和赛道，引入和举办国际国内重要体育赛事，提升乡村旅游品牌知名度，培育体育赛事旅游集聚区。

（三）乡村旅游服务要品质化，增加高质量旅游供给，提升游客满意度和获得感

服务是旅游的“生命线”。发展乡村旅游，必须坚持以游客满意为导向，加快提升旅游服务的质量和水平，推动乡村旅游的可持续发展。

1. 着力提高旅游从业人员素质

提升旅游服务质量关键在于提高从业人员素质。要下大力气解决乡村涉旅人员服务意识不强、专业技能不高、职业素养不够、执业保障不足等问题。借助专业院校，积极探索“村校联结”机制，通过举办专题培训班、业务技能大赛等方式，对旅行社、旅游住宿和餐饮等从业人员分类进行专业

辅导和系统培训，全面提升乡村旅游从业人员的整体素质和业务水平。同时，要大力开展文明乡村、文明景区创建活动，加强对景区周边居民的教育引导，强化对随地吐痰、乱扔垃圾等不文明行为的整治，营造文明和谐的旅游环境氛围。要充分发挥基层组织力量，探索建立乡村旅游党员接待示范岗，带动群众文明素质提升。

2. 着力提升乡村旅游服务水准

发展乡村旅游，要充分挖掘农村绿水青山、田园风光、乡土文化等资源，丰富旅游食宿产品供给，开发传统风味等地方特色餐饮，为游客提供绿色健康的餐饮服务。积极发展富有特色、规范标准的民宿客栈，为游客提供优质舒心的住宿服务。鼓励食宿产品优秀品牌、连锁品牌经营企业入驻，提升服务档次。积极应用智能导游、电子讲解等新技术，不断推动乡村旅游服务体验信息化、智能化。

（四）乡村旅游设施要便利化，以推动设施全面升级为抓手，全力打造乡村旅游亮点

完善的旅游设施是发展乡村旅游的重要基础。旅游设施特别是旅游基础设施建设相对滞后是乡村旅游发展的一块短板。要加大旅游设施建设力度，进一步完善乡村基础设施，为乡村旅游加快发展创造必要条件。

1. 加快旅游交通基础设施建设，特别是加强旅游专用铁路、旅游公路建设，加快旅游村落内外道路、停车场、服务驿站、特色风景道、指引系统等建设，为游客提供“车在图上行、人在画中游”的优美交通环境。

2. 完善旅游配套服务设施，以“一条龙”服务的理念，科学设置住宿、餐饮、购物、娱乐、休憩等配套服务设施，营造集特色民宿、乡土美食、民俗风情、乡村特产等于一体的服务环境。根据乡村旅游发展实际，加强信息网络设施建设，加快建设视频监控、移动网络、Wi-Fi 等设施，实现免费无线网络、智能导游、在线预订、信息推送等全覆盖，增设涵盖路况、旅游资讯、天气预报、旅游导览等信息的综合便民服务平台，提升乡村旅游便利性。

3. 提升景区景点环卫设施，加强垃圾处理、污水处理、旅游厕所等设施建设，提供集村容整洁、设施配套、生活便利等于一体的游览环境。

（五）乡村旅游环境要生态化，践行绿色发展理念，以“新生态”保障健康发展

绿色是乡村旅游的底色。良好的生态环境是乡村旅游赖以发展的重要基础。发展乡村旅游要高度重视生态环境保护，做好绿色发展的文章。

1. 以乡村旅游为牵引发展环境友好的绿色产业

发展乡村旅游，必须牢固树立“绿水青山就是金山银山”的理念，切实增强生态环境保护意识，统筹考虑环境承载能力，在有效保护的前提下科学开发乡村生态资源、合理布局乡村旅游及其他乡村产业项目，绝不能因为产业发展而破坏生态环境。

2. 在乡村防污治污上下功夫

发展乡村旅游，必须加强乡村环境治理，积极开展村庄清洁行动，引导村民改变影响农村人居环境的不良习惯，扎实做好户厕改造，实施村庄保洁制度，及时收集、清运和处理村庄垃圾，做好污水处理，坚决整治乱堆乱放、乱倒乱排等现象，确保村庄附近的水体清洁。

3. 因地制宜做好村庄绿化美化

发展乡村旅游，必须在塑造乡村环境上下功夫，利用村边荒山、荒滩、荒地，大力营造生态林、经济林或公园绿地。坚持宜乔则乔、宜灌则灌，乔灌结合、灌花搭配，绿化环村路和村边街道。综合景观效果和生活习俗，种植适宜的爬藤植物，美化农户围墙立面，着力在保留乡村特色风貌的基础上，打造村庄园林化、街道林荫化、庭园花果化的生态田园风光，率先建成“看得见山，望得见水，记得住乡愁”的美丽乡村。

（六）乡村旅游安全管理要精细化，有力有效防范化解风险，全方位确保游客安全

安全是乡村旅游的底线。发展乡村旅游必须高度重视旅游安全问题，

强化安全意识，绷紧安全之弦，以标准化的措施提升游客安全管理水平。要推进旅游安全设施的标准化建设，科学规范开展景区山体安全防护设施建设，统一设置水域警示标志和安全防护设施，加强乡村道路统一管护和泊车系统统一管理。要切实做好安全风险防范和隐患排查工作，定期开展民宿、餐厅、超市等重点场所消防安全检查，认真排查治理滑坡、崩塌、洪水、泥石流等地质灾害隐患，特别在汛期要以村庄水域和水上项目为重点开展隐患排查。要建立健全医疗保障和应急响应体系，完善应急预案和响应处置机制，强化保障性队伍建设，定期组织消防、救援和应急疏散演练，开展高峰时段车流、人流疏导演练，提高应急处置能力。要开展村民法治教育，严格落实人防、物防、技防措施，为乡村旅游发展营造和谐稳定的治安环境。

短论3　推进中医事业持续健康发展需明确国家中药材行业政府责任主体

李志强*

（一）明确国家中药材行业政府责任主体的必要性和重要意义

1. 中药材质量乱象将受到有力遏制

自从中药材生产经营权于1993年放开以后，药材质量得不到保证，市场抽检不合格率处于高位，中药材质量乱象呈不可遏制态势。一是有效性问题，医生发现，中药饮片配伍剂量不得不提高才能保证药效。二是安全性问题，用量加大会带来安全隐患，种植、加工、贮运阶段农药残留、重金属污染等现象无法根除，除草剂等非传统种植加工措施的使用存在潜在的危害。可见，中药材作为中药产业链的基石，其有效性和安全性方面的质量关乎中

* 李志强，山西大学中国中部发展研究中心主任，山西大学经济与管理学院、山西大学管理与决策研究所，山西大学资源型经济转型发展协同创新中心，博士、教授、博士生导师，主要从事制度理论与竞争力、资源型经济转型、战略与创新管理及标准化研究。

医临床疗效与安全，更关乎中医的存亡。而这种应以利他主义为上、经济效益为次的行业，目前处于多头管却管不住的状态，若落实了政府的责任主体，上述行业乱象将得到有效遏制。

2. 中药材产供销失衡的怪圈将被打破

中药材具有药品原料、农副产品、普通商品、支柱或扶贫项目等多重属性，其价格波动受气候、疾病流行、市场炒作、地方政府产业政策等因素的影响。在中药材行业无政府责任主体的最近 30 年内，中药材市场“涨三年、掉三年、不涨不掉又三年”的发展怪圈，成为中药材行业绕不过的发展之殇。相反，中国药材公司在市场开放前所建立的完整产业体系，与良好的市场平衡机制，对中医事业的可持续发展做出了巨大贡献。

3. 中药材储备制度将得到恢复和落实

国家储备中药材发挥两个方面的重要作用：一是重大疫情突发时，以足够的药材储备来满足疫情防控的需要；二是在平时调节中药材市场价格。目前，中医仍在发挥重要作用，但是仍然缺乏中药材储备制度，谁又是储备的责任主体呢？可见，政府应当恢复中药材储备制度，且落实储备制度的责任主体作用。

（二）明确国家中药材行业政府责任主体的可行性分析

伴随中医事业的传承创新，从民众认识、产业基础、科学研究到行业管理，发展中药材都积累了丰富的经验。特别是在《中华人民共和国中医药法》通过的现阶段，明确国家中药材行业政府责任主体的时机已成熟，具有可行性。

1. 广大人民群众热切盼望政府管好中药材

虽然中药材对国民经济的贡献较小，但与民生关系最为密切。人民群众看到政府能管好烟草，坚信政府也能管好中药材。

2. 中药材产业链完整、产业基础良好

在明确政府责任主体的 40 年内，中药材行业构成较为完整，行业管理较为规范。例如，1955 年中国药材公司受国家委托主管中药材时，通过合理区划和系统内的产供销对接，很好地平衡了中药材供求矛盾，稳定市场效果显著。此外，各部门积极努力做事，保存了完整的产业链，积累了良好的管理经验，制定了相关制度，有能力管好这个行业。

3. 中药材行业科研超前，具备创新能力

自 1996 年提出《中药现代化科技产业行动计划》以来，科技部一直重视中药材领域的发展，重点以项目为纽带，整合汇聚中药学、中医学、现代医学、生物学和农学等各类人才，开展科技攻关和基础理论研究，参与国际科技合作。目前，已经攻克了一批关键技术，取得了一批标志性成果，培养了一支强有力的科技人才队伍，建设了一批科技示范基地，在国际上处于领先地位，能够为国家实施行业管理提供重要的科技支撑。

（三）明确国家中药材行业政府责任主体的具体建议

中药材作为战略物资，是战胜疾病的有力武器，恳请中央政府明确国家中药材行业政府责任主体，推进中医事业持续健康发展。

1. 建立健全中药材储备制度

在尽快完善国家医疗物资战略储备制度和国家药品储备制度的同时，将中药材纳入药品储备目录和医疗物资战略储备范围。考虑平衡市场价格以及满足突发应急情况的市场需求，明确中药材品种目录和数量。

2. 将国家中医药管理局和中国药材公司联合确定为责任主体

充分借鉴国家烟草专卖局与中国烟草总公司合署办公管理的中国烟草行业管理模式，将政府管理和社会管理相结合，进一步发挥国有企业的优势作用，将国家中医药管理局和中国药材公司联合确定为中药材储备的责任主体，改变农业农村部、商务部、经信委、卫健委、药品监管局等多部门、跨区域的联动管理机制。

3. 研究建立统一领导、垂直管理、专产专供专营的管理体制机制

鉴于中药材具有药用专业性强和品种多样复杂的特点，在中药材管理上，应像烟草那样，实行“人、财、物、产、供、销、内、外、贸”集中统一的全产业链管理。

短论4　加快完善重大突发事件应急采购体系

李志强[*]

应急采购是公共采购的主要组成部分，《中华人民共和国政府采购法》和《中华人民共和国招标投标法》对重大突发事件这样的应急采购，都采取例外条款的方式进行了回避。当前的应急采购体系面临法律依据不足、采购方式无所适从、供应商数据库缺失、响应速度难以满足疫情需要等问题。

结合我国现行的应急采购体系，造成上述问题的原因主要有以下几点。一是缺乏统筹协调机制，在应对重大突发事件时，没有形成国家层面的应急采购平台，地方政府和国家卫健委、商务部、民政部等部门基本上是各自为政，供求信息不能充分交换和准确对接。二是采购方法不科学，应急产品很少采用协议供货方式采购，政府部门和采购中心对常用救灾物资的货源、存量不清楚，面对重大突发事件，只能急询现购，导致供不应求、供不应时或高价成交。三是储备与采购关系不顺，储备量偏小，无法满足应对重大突发事件的需求；储备量过大，则造成无灾时的资金积压和物资损耗。为此，提出以下建议。

1. 加快建立应急采购电子化平台

及时对接供需信息，抓紧制定以分类分级为目标的供应商注册机制，实现供应商供应产品、供应数量、供应时间、供应质量等供应数据的完善。推进信息数据动态共享机制，通过数据分析和人工智能等技术手段，将重要基础内容进行数据分析，及时向社会公布，增强公众参与及知情权。

2. 加快出台专门的法律法规

建立重大突发事件应急采购制度，出台“重大突发事件应急采购法”，

---

* 李志强，山西大学中国中部发展研究中心主任，山西大学经济与管理学院、山西大学管理与决策研究所，山西大学资源型经济转型发展协同创新中心，博士、教授、博士生导师，主要从事制度理论与竞争力、资源型经济转型、战略与创新管理及标准化研究。

在立法中明确紧急采购的合同属于行政合同，对哄抬物价等违法行为进行界定、处罚，为应急物资采购提供保障。

3. 完善协议供货制度

将常用救灾产品全部纳入协议供货范围，以备灾时急需。完善协议供货多次竞价机制，在协议基础上组织二次竞价，并通过联合采购、一揽子采购等方式争取更多的价格优惠。严格协议供货资格条件，要求供应商提供质优价廉的产品，并对其既往表现和诚信度进行考察，确保灾情发生时不误事。

4. 优化采购流程

加快履约和审价，明确合同履约进度和单一来源审价的推进办法。明确特殊项目采购渠道，对相关行业政策有特殊管理要求的项目，实施特事特办。严格监管督察，明确对违规供应商处罚刚性要求，建立采购全过程、全领域巡查督察制度机制。

5. 开展应急采购演练

在国家应急采购平台开辟模拟应急采购模块，组织采购人、采购中心、供应商进行议价、订购、支付、信息管理的演练，提高实战协同能力。

6. 对有贡献的供应商给予适当补偿

对重大突发事件防控时期的采购做详细记录，对防控期间供应商提供物资与服务的速度、质量、价格及整体贡献进行评估，列出在重大突发事件防控期间有贡献的供应商，紧急状态结束后，可以采取授予荣誉与商机、利益补差等方法对其进行补偿。

短论5　高度关注并做好稳就业工作*

顾　颖**

就业是民生之本、财富之源、稳定之基。党中央把稳就业作为“六

* 本报告为2019年山西省哲学社会科学规划课题“新时代山西就业结构优化的路径选择——基于新就业形态发展的视角”（课题编号：2019B352）的阶段性研究成果。课题主持人，顾颖。

** 顾颖，太原师范学院经济系，教授、山西大学硕士生导师，山西大学中国中部发展研究中心特聘研究员，主要研究方向为制度理论与经济改革、资源型经济转型发展研究等。

稳”之首，坚持就业优先战略，实施更加积极的就业政策，保持了就业持续稳定。2019 年各月全国城镇调查失业率保持在 5.0% ~5.3%，实现了低于 5.5% 左右的预期目标。然而，突如其来的新冠肺炎疫情对我国经济社会发展产生了一定影响，尤其是对零售、餐饮、运输、旅游、线下教育培训等中小企业。众所周知，这些中小企业很大比例都是劳动密集型企业，吸纳 80% 以上的就业人口。本次疫情不仅提高了中小企业用人成本，而且在一定时期内对一部分人的就业产生影响。习近平在北京市调研指导新冠肺炎疫情防控工作时强调，越是发生疫情，越要注意做好保障和改善民生工作，特别是要高度关注就业问题，防止出现大规模裁员。为此，提出以下建议。

1. 注重企业风险管理，支持企业稳定就业岗位

健全企业风险管理机制，使其在员工、客户和供应商之间建立信息沟通机制，提高风险应对能力。支持企业处理好劳资关系，允许企业依法综合调剂使用年度内的休息日，平衡目前在岗工作人员和无法正常返岗工作人员的总体工作时间，通过协商采取轮岗轮休、调整薪酬等方式稳定就业岗位，尽量不裁员或少裁员。

2. 创新企业用工模式

可在暂时劳动力过剩的传统餐饮业与暂时劳动力紧缺的新兴电商零售平台之间，实施“共享员工”模式，并加快出台相应的共享劳动协作合同，明确三方之间的权利义务关系，签订的协议中要对有关工作职责、工作期限、计薪方式等内容进行明确。

3. 积极应对失业风险，妥善处理重点群体失业问题

鼓励科研机构聘用应届毕业生从事科研助理工作，应届毕业生的身份延长半年左右，适当增加高校应届毕业生的选调名额。整合公共资源，利用好城镇社区和技能培训中心等平台，对青年农民工进行技能培训，做好就业指导和援助工作。

4. 鼓励支持返乡就业创业

加大创业贷款支持，鼓励和支持国有商业银行合理赋予县域支行信贷

业务审批权限，激发县域支行支持返乡创业融资积极性。对首次自主创业的返乡人员，可给予创业场地补贴。对吸纳返乡就业困难人员并签订劳动合同的中小企业，可按其为被吸纳人员缴纳的社会保险情况予以社会保险补贴。

5. 提升残疾人就业质量

加快修订《残疾人就业条例》，针对不同就业形式完善扶持办法。着力拓展残疾人就业服务供给质量和方式，为其提供全方位、精准化的有效服务。开展残疾人职业技能培训，解决好残疾人就业的结构性和摩擦性矛盾。

6. 探索劳动与资本、技术再平衡的社会保护制度

在新技术革命下，重构收入分配格局，考虑将“机器人税”作为新的社保筹资来源，“机器人税”所筹集的资金主要用于全民基本收入，以更好地包容受到新技术影响的失业群体。

7. 完善就业质量评价体系

重点编制反映就业发展不平衡、不充分的结构性指标，建立以调查失业率为基础指标的就业信息系统和失业预警体系，定期报告不同类型城市、不同群体的关键就业指标。

短论6　支持发展“小店经济”促进稳就业

李志强*

2020 年 3 月 18 日印发的《国务院办公厅关于应对新冠肺炎疫情影响强化稳就业举措的实施意见》明确，要优化自主创业环境和支持多渠道灵活就业，强调发展“小店经济”。《2019 中国小店经济温度图谱》中的数据显示，2019 年中国小店数量约为 1 亿家，各类小店年流水增速跑赢 GDP，超

* 李志强，山西大学中国中部发展研究中心主任，山西大学经济与管理学院、山西大学管理与决策研究所，山西大学资源型经济转型发展协同创新中心，博士、教授、博士生导师，主要从事制度理论与竞争力、资源型经济转型、战略与创新管理及标准化研究。

过一半小店增加雇员，撑起整整3亿人就业。由此可见，小店经济赋能稳就业，未来大有可为，也将大有作为。然而，由于小店抗风险能力较弱，根据中国企业改革与发展研究会2020年3月28日发布的报告可知，受此次新冠肺炎疫情冲击，67.5%的个体工商户在生产经营过程中遇到了较大困难。这在很大程度上影响了就业容量的提升。因此，通过大力支持“小店经济”发展来全力稳住就业成为当务之急。

小店包括小微企业、个体工商户、小商小贩等，大多数是小规模纳税人，换句话说，就是年销售额在500万元以下的市场主体。当前，为了帮助小店快速渡过难关，国家政策主要从阶段性减免增值税费、减免社保费、降低经营成本（如国有物业租金减免、工商业电价下降）、定向增加低息贷款四个方面发力援店纾困。短期来看，小店问题是疫情期间的产物；长期来看，小店问题更是历史遗留问题，必须从根源上解决。如何支持发展“小店经济”，进而充分挖掘小店吸收就业的潜力，更好发挥小店带动就业的功能，需要国家层面进行再部署。为此，提出以下建议。

1. 推进小店带动就业的统计调查工作

研究论证小店带动就业相关指标，推动将其纳入就业质量评价体系。在全国月度劳动力调查中增加设置小店雇员等调查内容，委托支付宝和网商银行等第三方机构完成调研，获取反映小店就业情况的数据，以此进行就业统计分析。开展专门课题，围绕就业环境、劳动报酬等维度，对小店带动就业进行深入研究。

2. 更大力度鼓励小店带动就业

研究制定关于促进小店带动就业的指导意见，进一步完善扶持政策，如鼓励金融机构利用大数据等手段，将线上经营活动和线下贷款还款等行为记录数字化，参与可认定信用评级，以此为依据提供更加精准的金融支持。借鉴扶贫车间经验，赋予地方政府处理闲置厂房、仓库等的权利，面向小店优惠出租。适当扩大政府采购范围，制定促进小店发展的政府采购优惠政策。建立政府奖励计划，主要通过财政划拨资金，对吸收贫困人口就业有重大贡献的小店制定奖补办法，给予其重点支持。

3. 加快小店智能化改造，为稳定就业营造良好环境

开辟绿色通道，鼓励引导小店转向线上平台，在相关环节做好政务服务，提高服务效率，注重形成更加安全、透明的互联网营商环境，支持以创业带动就业。同时，更好发挥美团、拼多多、快手、抖音等平台效应，打通小店全产业链，助力实现智能化改造。鼓励小店利用直播、小程序、微商城等工具，推动线上线下业务融合，或在线上成交、在线下服务，或在线上推广、在线下成交。

4. 研究制定小店生产经营管理标准，以标准化撑起就业

例如，针对《国务院办公厅关于应对新冠肺炎疫情影响强化稳就业举措的实施意见》中提出的“合理设定无固定经营场所摊贩管理模式，预留自由市场、摊点群等经营网点”，相关部门应围绕经营网点、经营管理等，把较为成熟先进的做法制定成标准，便于在全国推广复制，同时加强对各地发展“小店经济”的分类指导，以标准化促进带动就业能力强的“小店经济”发展。

短论7　整治预付卡乱象需精准发力

李志强*

预付卡消费作为一种新型消费模式，在国家政府的扶持和利益的驱使下，其市场增速猛进、发展潜力巨大，在各个领域中得到了广泛使用。预付卡消费实行“先付款，后消费”的经营模式，在给经营主体带来销售利润的同时，也满足了消费者支付便利的需求。当前预付卡消费乱象频出，消费者权益无法得到保障，成为监管部门工作的难点和痛点。因此，积极整治预付卡乱象，完善相关法律法规，对妥善处理消费纠纷、保障消费者合法权益具有极强的现实意义。

---

* 李志强，山西大学中国中部发展研究中心主任，山西大学经济与管理学院、山西大学管理与决策研究所，山西大学资源型经济转型发展协同创新中心，博士、教授、博士生导师，主要从事制度理论与竞争力、资源型经济转型、战略与创新管理及标准化研究。

据统计，每年的预付卡消费投诉量都居高不下，如原北京市工商行政管理局丰台分局方庄工商所仅2018年至2019年，就收到1500余件预付卡消费投诉。结合已有数据来看，预付卡消费目前存在的问题主要有以下几个方面。一是经营者携款“跑路”问题。少数不法经营者利用预付卡无息融资的特点，触及变相融资、非法集资的法律红线；在经营权转移或倒闭的情况下，擅自终止服务，消费者的预付资金无法得到保障。二是“霸王”条款或“任性”规定问题。预付卡办理不提供或拒绝签订书面协议，部分合同文本中存在如“不补不退”“不得转让”“过期作废”“本店拥有最终解释权”等条款，自赋最终解释权，擅免自身经营责任。三是服务缩水或虚假宣传问题。消费者在办卡或缴费之时，经营者虚假宣传，之后对于承诺又推诿搪塞，提供劣质的产品和服务。四是消费者个人信息被泄露、使用限制不明示等其他方面的问题。因此，加强预付卡消费监管，整治预付卡乱象，维护消费者合法权益已成为当务之急。为此，提出以下建议。

1. 完善预付卡消费相关法律法规

2012年9月商务部出台的《单用途商业预付卡管理办法（试行）》已经不适应当前预付卡消费形势，因此，建议完善相关法律法规，重点注意以下几个方面。一是要严格把控预付卡经营者主体入口关，对单用途商业预付卡发行主体的许可资质、履约担保、发行规模数量等做出具体要求，一定程度降低市场风险。二是将个体工商户、规模较小的发卡企业纳入管理范围，对其发售的预付卡进行备案，建立预付资金使用情况定期汇报制度，保障消费者的知情权。三是将健身、教育、美容美发、网约车、文娱等侵权高发领域纳入管理范围。四是试行预付卡保证金制度，限制经营者的使用；或建立预付卡资金第三方托管制度，设置共同账号，由银行作为第三方对预付卡资金进行监管。五是建立“信用等级评价制度”。六是完善法规细则，对恶意圈钱、卷钱跑路、未按规定进行备案等违规行为加大惩处力度，制定“受害”消费者救济途径、标准等细则。

2. 加大监管力度，形成监管合力

在市场监管部门、公安机关、商务部门等之间建立互联网联动信息平台，实现诚信记录信息共享，严格完善落实黑名单制度，将卷款跑路的预付卡主体纳入黑名单管理，并推动黑名单信息纳入征信体系，实行全方位信用监管。加大预付卡消费过程监管，建立全面系统的监管体系，多部门协调形成监管合力，并要求预付卡经营者主体在办理经营权变更、停业手续时，提供预付费消费者权益保障承诺书。建立预付卡经营者主体高额赔偿惩处制度，对于恶意圈钱涉嫌违法的经营者主体，加强行政执法与刑事司法的有效衔接，做好案件线索移转和查办。拓展公益诉讼线索渠道，积极助力消费者维权。

3. 规范标准的合同格式文本

明确消费者和经营者双方的权利和义务，制定规范标准的预付费消费协议，明确约定预付卡的有效期、转让、违约、赔付及终止服务等限制性内容。加大格式合同整治力度，全面纠正清理不符合规范标准的格式条款，一定程度降低消费风险，切实增进消费者信任。

4. 强化宣传教育引导

加强预付卡经营者主体守法教育，积极宣传对违法违规行为的惩处举措与后果，并利用新媒体舆论对预付卡经营者主体形成震慑效应。加强消费者预付卡消费安全教育，提醒消费者在购买单用途商业预付卡前要做到“三查”，提高自我保护意识，并要保留消费凭证，同经营者签订规范标准的合同文本，出现问题后及时进行投诉维权。

短论8　夯实学生文具用品质量安全保障线

李志强*

近年来，学生文具市场快速增长，引发了众多消费者对学生文具用品质量安全的关注。目前，我国学生文具用品质量安全形势总体稳中向好，但受

* 李志强，山西大学中国中部发展研究中心主任，山西大学经济与管理学院、山西大学管理与决策研究所，山西大学资源型经济转型发展协同创新中心，博士、教授、博士生导师，主要从事制度理论与竞争力、资源型经济转型、战略与创新管理及标准化研究。

经济社会发展不平衡、一些企业质量安全意识和诚信意识薄弱等因素影响，部分产品、部分领域质量安全状况仍然面临一些问题。学生文具用品质量安全关系着青少年儿童的身心健康、家庭幸福、社会和谐。因此，加强学生文具用品质量安全监管，保障学生文具用品质量安全，具有极强的现实意义。为此，提出以下建议。

1. 要以立法保障学生文具用品质量安全，完善产品质量法相关配套法律体系和制度

支持建立学生文具用品质量风险监测、评估、预警制度，选取部分省区市作为先行试点，对学生文具等重点产品实行风险监控。提高产品召回立法层级，为学生文具等产品的召回工作提供法律遵循。加大产品标识违法行为惩罚力度，对于提供假冒伪劣产品的生产经营者，提高违法成本。建立信用记录制度，创新行政执法方式，在传统处罚方式的基础上予以信用惩戒。

2. 要健全学生文具用品标准体系，以标准推动学生文具用品质量安全监管

我国学生文具用品标准体系已初步形成，但与国际水平仍有较大差距。相关部门要持续开展标准一致性程度评估，推进学生文具用品国家标准与国际标准同步发展。要完善学生文具用品安全标准指标，围绕修正贴、白胶、中油笔、炭笔等文具用品，对部分关键化学指标，加快制定国家强制性标准。

3. 要对重点学生文具用品、重点生产经营领域进行彻底排查整治，降低安全隐患

重点针对书写类、美术类、胶粘类、修正类、课业簿册等学生文具用品，持续加大监督抽查力度。支持检测苯系物、可迁移元素、游离甲醛等安全性能指标。重点查处不符合强制性标准要求的产品、“三无”产品、假冒伪劣产品。重点针对生产领域、校园周边商超等经营领域加大专项整治力度，加强日常监管和隐患排查。

4. 要加强市场监管，创新监管方式，从源头上保障学生文具用品质量安全

探索“互联网 + 监管”模式，推进建立融合监控、交流、数据处理等一体的综合信息平台，实现“从生产到消费”的高效全链条监管。建立互

联网信息平台，实现诚信记录共享，严格落实黑名单制度，将生产和销售假冒伪劣学生文具用品主体纳入黑名单管理，推动黑名单信息纳入征信体系，实行全方位信用监管。专门开通一条针对学生文具用品安全的举报专线，拓展监督反馈渠道，鼓励消费者共同参加监管。支持第三方评估机构定期对学生文具用品质量进行评估并公示，把评估结果作为参考依据，计入诚信档案，增加违法企业经营成本。

5. 要下功夫加强宣传教育，提升公众对学生文具用品质量安全的重视

在国家市场监督管理总局官网首页发布假冒伪劣学生文具用品违法典型案例，筛选重大学生文具用品安全事件，编入全国中小学生安全教育教材，提高中小学生安全意识。鼓励中小学校、幼儿园公众号不定期发布假冒伪劣学生文具用品违法案例，提升家长的质量安全意识。

短论9　持续推进骚扰电话整治工作

李志强*

随着我国通信事业的发展，使用手机的人越来越多，通信设备在给大家带来便利的同时，也给不法分子带来了诈骗和骚扰他人的机会。骚扰电话不仅侵害了隐私权，还打扰了人们的正常生活和工作。2018 年工业和信息化部等十三部门印发了《综合整治骚扰电话专项行动方案》，决定自 2018 年 7 月起，在全国开展为期一年半的综合整治骚扰电话专项行动。从 2019 年电话邦联合中国可信号码数据中心发布的《2019 年度骚扰电话形势分析报告》来看，此次治理行动效果明显，骚扰电话问题得到很大改善，但因其总量庞大，一些“95”号段号码仍是骚扰、诈骗电话“重灾区”，2020 年仍需继续对此整治。为此，提出以下建议。

* 李志强，山西大学中国中部发展研究中心主任，山西大学经济与管理学院、山西大学管理与决策研究所，山西大学资源型经济转型发展协同创新中心，博士、教授、博士生导师，主要从事制度理论与竞争力、资源型经济转型、战略与创新管理及标准化研究。

1. 完善相关法律法规，进一步规范电话营销行为

加快研究制定骚扰电话法律法规，对诈骗类、营销类、异常呼叫类等骚扰电话提供明确的判定和处置原则。加大对用户信息安全的保护力度，积极推进个人信息保护立法工作，规范用户个人信息的收集和使用行为。

2. 加大惩治力度，加强源头管理

加大对盗取和售卖公民个人信息的企业的打击力度，对其进行列入失信名单、罚款、吊销营业执照、追究法律责任等不同层次的处罚。加大对骚扰电话放任自流的电信企业的查处力度，持续巩固实名认证工作，对个人用户出卖自己信息供他人办理电话卡的违法行为加以处置，规范电信服务使用行为。建立长效机制，定期清理“呼死你”“网络改号”等骚扰软件和设备，切断其销售和使用渠道，并明确处罚措施。

3. 着力规范重点行业商业营销行为

12321 网络不良与垃圾信息举报受理中心（以下简称“12321 举报中心”）官方统计数据显示，2019 年 12321 举报中心共收到举报涉嫌骚扰电话 152.53 万件，其中贷款理财类、股票证券类和房产中介类举报信息居前三位，占比分别为 19.82%、11.61%、9.77%。分管部门要联合行动，加强对重点行业和从业人员商业营销行为的管理，严格规范主动电话营销行为，在一定程度上减少骚扰电话的数量。

4. 加强技术防范，构建综合服务平台

利用大数据、云计算、人工智能等技术手段，将符合骚扰电话特征、密集外呼的个人号码和语音专线号、以“95”“96”打头的增值业务专用号等纳入监测分析范畴，提升骚扰电话识别和拦截能力。进一步支持软件开发公司，多开发安全有效的骚扰电话和短信拦截软件，并利用号码标记服务规范号码标记行为。借鉴国外骚扰电话治理的成功经验，加快建立“谢绝来电”服务平台，有效阻止营销信息，规范企业营销行为。

5. 健全骚扰电话投诉举报处理反馈机制，加大宣传力度

健全 12321 举报中心运行机制，利用互联网渠道，为公众提供骚扰电话

治理的宣传教育，让民众了解个人信息泄露的危险性，鼓励发现骚扰电话线索的个人向监管机构进行举报或投诉，并要求各电信运营商完善骚扰电话投诉举报处理反馈机制，努力营造严厉打击骚扰电话的良好社会氛围。

短论10　切实做好新形势下的危机管理沟通工作

焦　晶*

在公共管理中，危机是社会遭遇的不确定性、功能中断或者某些令人意外的变化。危机事件是不可抗力或预测不足导致的突发事件。纵观中外公共管理的历史与现状，政府治理的历史就是一部应对危机事件的历史。应客观看待危机，从动态平衡的视角观之，危机可能导致暂时性的社会系统功能障碍，却也带来系统结构变迁、功能更新的契机。中共中央及各级政府在应对公共管理危机事件的过程中采取了果断措施，做出了许多努力，积累了丰富经验，产生了明显、良好的效果。但在新形势下，危机事件的紧迫性、复杂性都有所增强。政府在危机沟通（crisis communication）方面仍存在有待改进之处。

为了应对危机事件，我国相关政府机构采取了积极的危机沟通策略，积极关注舆情并与公众互动，取得了良好的沟通效果。但仍存在一些危机沟通不尽如人意的案例。基于危机沟通理论，提出以下提升危机沟通能力的对策建议。

1. 做好危机沟通中的受众分析

危机沟通中的受众是危机事件的利益相关方，即直接或间接受到该事件影响的群体。在危机管理中，政府危机沟通的受众是全国乃至全球可能受到危机事件影响的民众。要了解受众的特点及其所在的全媒体时代的沟通生态。在多媒体互动的全民沟通时代，政府需要在与舆情的良性互动中优化完

* 焦晶，山西大学经济与管理学院、山西大学中国中部发展研究中心，博士、讲师，主要从事跨文化管理、跨文化商务沟通及文化软实力的研究。

善其危机管理。政府应密切关注舆情、深入调查舆情，知民心、通民意、解民情，了解作为利益相关方的民众真正关心的迫切问题。基于对受众的分析，采取正确的沟通策略，决定沟通信息的内容与形式。

2. 选择适当的危机沟通策略与沟通时机

在危机沟通中，一些沟通主体能够采取包含“3R”元素的沟通策略，根据事态的发展积极开展一系列危机沟通活动。这些举措为政府危机沟通的实践积累了宝贵经验。所以，应重视沟通策略的选择及沟通时机的把握，抓住危中之机，塑造勇于面对问题、勇于担当、担当有为的积极形象。及时修复形象与声誉，提高政府公信力。

3. 坚持实事求是的原则，确保沟通信息准确无误

虽然危机事件有紧迫性，但在危机沟通方面，官方发出的信息却有一言九鼎之效，因此发布的信息应准确无误，避免谣言四起、民心不稳。此外，在发布的信息中应表达应对危机事件的效能，提升受众对政府应对危机事件的信心。沟通信息应尽量贴近受众的认知水平，少使用晦涩难懂的专业术语，语言尽量易懂、平实、简洁。

4. 选择适宜的新闻发言人或权威专家，培养危机沟通方面的人才

新闻发言人应是经过训练的、有丰富经验、能够灵敏应对危机事件的人士。权威专家应是在相关领域内具有深厚学养与社会责任感的专业人士。这两类人士应以“诚实、坦率”的方式为利益相关方提供“及时、精准、完整的信息”。这两类人士选择不当会影响危机沟通的效果，难以在受众中恢复信任。应加强危机沟通方面的理论学习与实践研究，培养危机沟通方面的人才。

5. 在科普教育、法制教育中落实风险沟通

危机事件警示我们要具有“防患于未然”的风险意识，将风险沟通贯彻到日常的工作与学习中。通过全媒体手段进行全民科普教育、法制教育，消除“科盲”“法盲”及科学意识、法律意识的淡漠。只有防微杜渐，避免小风险，强化风险意识，才能避免大问题。充分发挥微博、微信、抖音等全媒体沟通手段快速、便捷、覆盖面大、互动性强的特点，在平时扎实做好风

险沟通的工作。将保护野生动物纳入生态文明建设，使之成为风险沟通的主题之一。

作为危机管理能力的重要组成部分，危机沟通对于维系沟通主体与利益相关方的关系、重建受众对沟通主体的信任及维护沟通主体形象方面有重要意义。在危机管理中，应采取积极的危机沟通策略，在受众分析、沟通时机、沟通信息准备、沟通关键人物选择方面都应精准决策，做到“急而不乱”“急而得法”。此外，还应积极培养危机沟通人才，在平时做好全媒体风险沟通的基础工作，做到防微杜渐，以“小沟通”避免“大危机”。

B.4.2 以担当作为致力推进转型综改

李志强*

短论11 努力蹚出一条以高标准推动山西高质量转型发展的新路子

在决胜全面建成小康社会、决战脱贫攻坚的关键时期，在推动国家标准化综合改革试点建设向纵深发展的关键时期，习近平总书记再次亲临山西，来到大同云州区有机黄花标准化种植基地（第九批国家农业标准化示范项目）和西坪镇坊城新村技能培训服务站（抢先制定职业农民评价标准）进行考察调研。习近平总书记强调，中国共产党把为民办事、为民造福作为最重要的政绩，把为老百姓做了多少好事实事作为检验政绩的重要标准①。这些都充分体现了对标准化工作的高度重视，为当前和今后一段时期做好标准化工作指明了前进方向、提供了根本遵循。

---

* 李志强，山西大学中国中部发展研究中心主任，山西大学经济与管理学院、山西大学管理与决策研究所，山西大学资源型经济转型发展协同创新中心，博士、教授、博士生导师，主要从事制度理论与竞争力、资源型经济转型、战略与创新管理及标准化研究。

① 《习近平在山西考察时强调：全面建成小康社会 乘势而上书写新时代中国特色社会主义新篇章》，《人民日报》2020年5月13日，第1版。

（一）深学深悟，准确把握重要讲话、重要指示的核心要义，倾心筑牢标准化思想根基

提升学习能力是深化标准化供给侧结构性改革的第一战略。习近平总书记指出，“理论学习有收获，重点是教育引导广大党员干部在原有学习的基础上取得新进步，加深对新时代中国特色社会主义思想和党中央大政方针的理解，学深悟透、融会贯通，增强贯彻落实的自觉性和坚定性，提高运用党的创新理论指导实践、推动工作的能力”①。智慧推动认知进程，思想标注发展高度，我们要以无声的全面系统学、深入思考学和联系实际学，求有声的政治过硬、本领高强和行动自觉，进一步增强“四个意识”、坚定“四个自信”、做到“两个维护”，筑牢信仰之基、补足精神之钙、把稳思想之舵。

面对百年未有之大变局，通过加强学习研讨使担当有为成为思想自觉。我们要坚持以习近平新时代中国特色社会主义思想为指引，把学习贯彻习近平总书记视察山西重要讲话、重要指示，与学习贯彻习近平标准化思想结合起来，与学习贯彻“三篇光辉文献”结合起来，用心体悟重要讲话、重要指示的核心要义，不断增进政治认同、思想认同、理论认同和情感认同。习近平总书记强调，“伴随着经济全球化深入发展，标准化在便利经贸往来、支撑产业发展、促进科技进步、规范社会治理中的作用日益凸显”②，“标准助推创新发展，标准引领时代进步”③，“中国将积极实施标准化战略，以标准助力创新发展、协调发展、绿色发展、开放发展、共享发展”④。认真学习习近平总书记关于标准化工作的重要论述，深刻理解省委、省政府关于推进标准化工作改革的决策部署，在学深悟透、弄通做实、落地见效上下功

---

① 习近平：《在“不忘初心、牢记使命”主题教育工作会议上的讲话》，《求是》2019年第13期。

② 《第三十九届国际标准化组织大会召开 习近平致贺信》，《人民日报》2016年9月13日，第1版。

③ 《第三十九届国际标准化组织大会召开 习近平致贺信》，《人民日报》2016年9月13日，第1版。

④ 《第三十九届国际标准化组织大会召开 习近平致贺信》，《人民日报》2016年9月13日，第1版。

夫，以历史思维把握标准化改革，以辩证思维认知标准化改革，以战略思维谋划标准化改革，以创新思维驱动标准化改革，大力实施标准化战略，努力蹚出一条以高标准引领推动资源型地区高质量转型发展的新路子。

（二）为民服务，深刻领会重要讲话、重要指示的精神实质，倾情植根于人民向实践求真

全心全意为人民服务是党的根本宗旨，是我们一切工作的出发点和落脚点。习近平总书记在山西考察调研，始终坚持“以百姓心为心”，倾听人民心声，彰显了为民情怀，践行了人民至上的价值理念。贴心交心亲民、念兹在兹忧民，唯有植根于人民向实践求真，高质量履职尽责，才能带领人民创造幸福生活。

省委书记、省人大常委会主任楼阳生在省十三届人大常委会第十七次会议上提出的“我是‘我’，我又不是‘我’”富有哲理，体现了习近平总书记“我将无我，不负人民”的思想，富含坚守党和人民立场的党性本质要求，是人民性的具体体现，是高质量履职的关键所在。“我是‘我’，我又不是‘我’”，重在“我又不是‘我’”，其涵容着始终坚守党和人民的政治立场，涵容着增强“四个意识”、坚定“四个自信”、做到“两个维护”的政治自觉、思想自觉、行动自觉，涵容着围绕“四为四高两同步”推进“转型出雏形”的执着追求，涵容着民有所呼、我有所应的为民情怀。我们要结合重要讲话与重要指示一体学习、一体贯彻，始终站在党和人民的立场上正确行使职权，高质量履职尽责。

当前，科技革命、产业变革、改革开放、转型综改、经济结构、区域发展、乡村振兴、民生改善、生态环境、社会阶层、利益格局之间都处于急速结构演进的状态，如何深入贯彻落实“四为四高两同步”总体思路和要求，着力破解制约山西高质量转型发展的结构性、体制性、素质性三大矛盾和问题，科学谋划推进“十四五”山西“转型出雏形”，率先蹚出一条高质量转型发展的新路子，是山西需要深入思考和突破的重大课题。作为一名全国人大代表，同时也是分管标准化工作的副局长，结合本职岗位和使命任务，朝

着“为民服务解难题”的具体目标前行，以高度的政治责任感参加即将召开的十三届全国人大三次会议，撰写提交“关于修订《中华人民共和国产品质量法》的议案”“大力实施标准化战略、加快编制‘国家标准化战略纲要’”“夯实学生文具用品质量安全保障线”“整治预付卡乱象、增进消费者信任”等建议，进一步彰显以高标准推动山西高质量转型发展的忠诚担当和使命情怀。

（三）担当作为，深入理解重要讲话、重要指示的实践要求，倾力标准创新工作狠抓落实

步入新时代高质量发展阶段，党中央、国务院高度重视标准化工作，标准化已经前所未有地全面融入经济社会发展的各个领域，成为国家治理体系的重要组成部分和治理能力现代化的重要标志。2006 年时任浙江省委书记的习近平就对标准化工作做出重要批示，指出“加强标准化工作，实施标准化战略，是一项重要和紧迫的任务，对经济发展具有长远的意义”①。秉承习近平总书记这一重要批示精神，根据实践要求切实把学习成效转化为做好标准化工作的强大动力。以“三大目标”为牵引，对标先进标准、一流标准、世界标准，按照“四为四高两同步”总体思路和要求，以深化标准化供给侧结构性改革，创新标准化“六个供给”，着力解决六个问题，回应高质量转型发展新要求。

一要进一步创新标准化理念供给，着力解决“思想解放”问题。大力实施标准化战略，推进标准化综合改革试点，这注定是一场具有新的历史特点的生动实践和深刻变革。标准化的本质是寻找、识别、显示差异的过程，在寻找差异中明确标准化工作的地位，在识别差异中寻找标准化工作的不足，在显示差异中探索以高标准推动山西高质量转型发展的特色之路。奋进新时代，要以思想认识新飞跃准确把握发展趋势，在深化标准化供给侧结构性改革上下功夫；要以方法形式新拓展围绕中心服务大局，在探寻标准化工

① 郭占恒：《习近平标准化思想与浙江实践》，《浙江日报》2015 年 9 月 25 日，第 14 版。

作新模式上下功夫；要以智力服务新面貌找准定位创新手段，在以高标准推动山西高质量转型发展上下功夫。

二要进一步创新标准化管理体制机制供给，着力解决“协同创新”问题。标准化综合改革，重在改革，贵在综合，成在协同，赢在坚持。要充分发挥标准化工作领导小组职能，推进政府对标准化工作的管理从微观转向宏观、从直接转向间接、从要素调控转向程序调控，构建形成统一管理、市场驱动、社会参与、协同推进的标准化工作格局。要在标准化推进机制上取得标志性突破，建立“系统协同 + 部门协同 + 专项协同”的“三协同”标准化议事协调工作机制，探索“填补标准真空 + 化解标准冲突 + 促成标准耦合”的标准体系建构模式，建立标准实施信息反馈和第三方评估机制。要建立标准倒逼机制，以标准倒逼转型，推动传统产业改造提升；以标准引领转型，抢占战略性新兴产业发展制高点；以标准支撑转型，增强产业核心竞争力。要完善标准化协调推进长效机制，处理好牵头与配合、当前与长远、力度与节奏、重点突破与整体推进的关系，通过点突破、线拉动、面推进、质提升，在显示差异的过程中探索建立可复制、可推广的山西经验和模式。

三要进一步创新标准结构供给，着力解决“动态优化”问题。标准推动高质量转型发展，只能从标准结构动态优化中来。而推进标准结构动态优化必须要用改革的办法，做好加减乘除法。做好加法就是要力争在能源革命、有机旱作农业、文化旅游、现代物流、生态环境与自然资源保护、政务服务等领域取得新突破，增加农村电商、医院管理、植树造林、数字标注、药茶产业等标准有效供给。做好减法就是淘汰落后、无效标准供给，减少低端标准供给。做好乘法就是要主动适应新一轮科技革命和产业变革演进趋势，加强技术标准创新基地建设，强化融合创新理念，促进标准研制与科技创新、产业融合发展，增加中高端标准有效供给，增强标准供给结构对标准需求变化的适应性和灵活性。重点推进半导体、碳基新材料、特种金属材料、大数据、信息技术应用创新、煤机智能制造、轨道交通、通用航空、新能源、新能源汽车、煤成气、现代生物医药和大健康、煤炭清洁高效利用、有机旱作农业和现代农业等 14 个产业领域标准化。做好除法就是扩大分子、缩小分母、缩短标准制修订周期，强化标准实施和评估，不断提升契合高质量转型发展的标准贡献率。通过加减乘除四则运算，实现市场规范有标可循，公共利益有标可保，创新转型有标引领，服务发展有标支撑。

四要进一步创新标准方式方法供给，着力解决“重点突破”问题。坚持“八个更加注重”，以高标准推动高质量转型发展：在标准化推进目标上，要在抓常规的基础上更加注重抓亮点；在标准化推进领域上，要在普遍性的基础上更加注重选择性；在标准化推进重点上，要在线拉动、面推进基础上更加注重点突破、质提升；在标准化推进方式上，要在单向性的基础上更加注重协同性；在标准化队伍推进建设上，要在组织化的基础上更加注重创新化；在标准化推进管理上，要在功能式管理的基础上更加注重跟踪式服务；在标准化推进制度上，要在抓规范化的基础上更加注重系统化；在标准化推进文化建设上，要在外化型的基础上更加注重内化型。

五要进一步创新标准实施与监督机制供给，着力解决“效能提升”问题。多措并举促进标准有效实施。要从根本上改变“重标准制定、轻标准实施”的现象，按照“谁提出、谁宣传、谁组织实施”的原则，落实标准主体责任。积极探索标准宣贯策划与标准审查同步，强化标准制定与实施监督联动，探索标准化宣传新方法、新模式，提升全社会标准化意识。健全标准实施信息反馈和评估机制。研究建立标准实施情况统计分析报告制度，建立便捷的标准实施信息收集渠道，制定标准实施反馈信息处置规则，进一步完善标准实施效果评估机制，开展重点领域标准实施效果第三方评估工作。建立标准制定和实施的监督机制。探索对标准制定过程实施“双随机、一公开”监管模式。加强标准制定监督与标准实施信息反馈、标准实施效果评估、标准复审、标准化技术委员会考核等工作的衔接联动，促进标准质量水平提升。强化各类标准实施与产业政策、区域政策、社会政策、节能环保政策等的衔接配套，以标准为依据开展行业管理、市场准入和质量监管，建立标准监督机制，严格执行强制性标准。

六要进一步创新标准化人才机制供给，着力解决“智力支撑”问题。适应高质量发展和社会治理现代化，遵循人才成长规律，创新标准化人才机制，致力于标准化人才强基工程。将标准化人才培养纳入高等教育和职业教育体系，支持高等院校开展标准化人才学历学位教育。争取支持将标准化知识纳入党政领导干部培训内容。加大标准化培训力度，以大力培养培训为基础，以强化实践实训为重点，以再造内生动力为根本，以系统多元多层为保障，着力打造本领高强、规模适需、结构合理的智囊、管理、专家、技能、宣传五支标准化人才队伍。

新时代赋予新使命，我们要以习近平新时代中国特色社会主义思想为指导，深入学习贯彻习近平总书记视察山西重要讲话重要指示精神，在省委省政府的坚强领导下，担当干事、激情干事、开拓干事，努力蹚出一条以高标准推动山西高质量转型发展的新路子，为全国提供可复制、可推广的山西经验和模式。

短论12　以产业基础高级化和产业链现代化打造产业创新生态

现代产业是现代化经济体系的重要支撑。提升产业基础能力和产业链水平，有助于激发经济的韧性和活力。面对未来的时与势、艰与险，着力破解制约新时代山西经济发展的结构性、体制性、素质性矛盾和问题，关键要推动产业高质量转型发展，核心要依靠创新增强产业核心竞争力，重点要以产业基础高级化和产业链现代化为突破口打造产业创新生态。

（一）支持山西重点培育战略性新兴产业，促进产业集聚、集群、集约发展，增强产业链竞争力

如何提升产业基础能力和产业链水平，着力壮大战略性新兴产业尤为重要，这已经成为基本共识。支持山西探索创新产业发展模式，持续加力建链、补链、延链、强链，推进战略性新兴产业集群化、高端化、智能化发展。

1. 支持推进战略性新兴产业集群化发展

围绕高端装备制造业、新材料产业等领域，以推进标志性项目建设为重

点，支持具有竞争力的产业集群联合申报国家级战略性新兴产业基地，率先推动形成“链式整合、园区支撑、集群带动、协同发展”的产业新格局。通过共建、共创、共享工业互联网平台，激发关联企业不断创新，形成一批基于网络的产业集群，快速打造工业互联网产业聚集带。以疫情应对为契机，整合全省应急资源，加快建成现代应急产业园区，建设国家应急产业示范基地，打造应急物资和生产能力储备基地。支持建设覆盖各个产业链和产业关键环节的“母工厂”，降低“制造业空心化”风险。

2. 支持推进战略性新兴产业高端化发展

聚焦物联网、大数据、人工智能、新能源汽车、高端装备制造、新材料等领域，加快发展新能源、智能汽车，延伸机器人等产业链，培育一批细分行业的龙头企业，推动向设计、研发、品牌等价值链高端环节拓展。支持建设战略性新兴产业专题数据库，分批次立项实施产业形势分析及预警项目，注重发挥知识产权促进产业基础高级化的引领作用。对标先进，以推进计量、标准、检验检测、认证认可工作为抓手，支持建设战略性新兴产业公共服务平台，提高质量监管服务产业基础高端化的能力。

3. 支持推进战略性新兴产业智能化发展

牢牢把握数字化、网络化、智能化融合发展的机遇，引导和支持劳动密集型产业实施“机器换人”，运用信息化、智能化技术支持企业改造，推进互联网、大数据、人工智能同实体经济深度融合。依托“互联网+智能制造”创新服务平台，采取产业链招商形式，探索引进智能化生产线，着力打造真正的“智能工厂（车间）”。支持智能装备制造产业集群入选国家第二批战略性新兴产业集群名单。支持山西重点建设朔州、长治、晋城3个国家级工业资源综合利用基地，加快建设太原国家智慧物流枢纽。

（二）支持山西打造一流的产业创新体系，切实推动“五链”深度聚合，提升产业创新能力

深入实施创新驱动发展战略，完善经济高质量发展的产业创新体系，加

快科技与产业无缝对接，推动产业链、创新链、供应链、要素链及制度链“两两双向融合”。

1. 支持建立产业技术创新体系

构建以企业为主体、市场为导向、产学研用深度融合的技术创新体系，研究发布山西构建“五链”融合产业技术创新体系推动产业创新发展的若干措施。重点建立制造业创新体系，支持申报创建国家制造业创新中心。支持加快建设产业技术研究院、科技创新中心等新型研发机构以及能源革命、高铁装备等创新研究院，搭建“国家队＋地方队＋企业队”的全链条创新网络，打造“基础研究＋技术攻关＋成果转化＋科技金融”的全过程创新生态链。

2. 支持建设高水平产业创新平台

支持打造高水平的医疗卫生产业创新中心，建设重大传染性疾病防控与诊治山西重点实验室和健康医疗大数据中心，打通科研、临床、教学、生产全链条各环节，建立健全集“防、控、治、研、学、产”为一体的公共卫生防疫体系。支持建立区块链产业创新平台，以发展“区块链＋实体经济”为重点方向，以推动区块链与人工智能、大数据等前沿信息技术融合为重要手段，加强产业链上下游协同合作，建设具有领先水平的区块链创新引领区。支持山西与中国联通、中国移动合作建立5G产业创新平台，指引5G产业链企业技术改造，探索推进“5G＋VR”“5G＋AR”“5G＋AI”等的创新应用。

3. 支持建设国家产业创新中心

以制造业为主打方向，依托高端装备、轨道交通、新能源汽车、生物医药、现代煤化工、新材料等支柱性制造业集群，新一代信息技术、大数据、物联网、人工智能、增材制造、节能环保、通用航空等高成长性制造业集群，冶金、焦化、传统煤化工、建材、轻纺日用品、特色食品等传统制造业集群，进一步汇聚创新资源，着力建设国家产业创新中心，抓好面向行业的核心关键共性技术研发，促进创新成果转移转化，着力推进产业化示范应用，辐射带动产业发展。

4. 支持以先进标准抢占产业创新制高点

精准对接产业升级需求，围绕产业质量、安全、卫生和节能环保，探索制定具有先进水平的标准。实施新产业标准领航工程，加快建立制造业高端化标准体系，抢先制定智能制造装备、智能工厂、工业软件等标准，继续支持建设国家高端装备制造业标准化试点。建立标准研制与科技创新、产业发展融合机制，形成标准研制、实施和信息反馈闭环，完善标准化协同推进长效机制。指导开展山西标准化综合改革试点的总结评估，形成可复制、可推广的试点成果。

（三）支持山西加快传统产业数字化转型，突破重点领域核心关键技术，夯实数字技术基础

抢抓新一轮科技革命和产业变革机遇，瞄准关键技术“卡脖子”等深层次问题，“研磨”新技术、“嫁接”新智能，催生新业态、新模式，推动传统产业数字化转型。

1. 支持构建数字技术高效供给体系

针对高端装备制造业等重点产业领域涉及的数字化关键共性技术、前瞻引领技术和颠覆性技术研究，通过遴选给予一定比例的财政倾斜，支持原创技术和基础理论的创新提升。聚焦人工智能、大数据、云计算等重点开展基础研究，在省级和国家级层面申报一批数字化优势特色学科和专业。聚焦重大“卡脖子”技术攻关，加强科研合作，推进数字技术原创性研发和融合性创新。聚焦市场需求，增加开设数字化相关课程，培养既懂数字技术又熟悉产业的复杂性高端技术人才。支持建设具有行业影响力的企业数字技术中心。

2. 支持补齐数字化基础设施短板

以提高群众网络体验为导向，稳步推进构建连续覆盖的5G网络，大力提升信息通信基础设施服务能力，支持将太原市列为5G规模组网建设及应用示范工程。积极创新工业互联网、云计算等新型信息基础设施投融资模式，构建多元化投融资体系，加快新型基础设施布局。通过实施新一代信息

网络升级工程，拉动制造、电力、卫生、交通等物理基础设施的数字化改造，推动钢铁、焦化、建材等传统行业基础设施的智能化改造。

3. 支持促进新一代信息技术和传统产业融合创新发展

制定出台传统产业数字化专项政策，以智能制造为主攻方向持续深化两化融合，全面构筑工业数字经济新业态，以高铁轮轴等国家智能制造试点示范项目为依托，支持建设智能制造高新技术产业化基地。鼓励适合采取“线上复工”模式的企业开启线上办公，研究开发全链条“免见面”服务系统，加快数字化技术推广应用，促进产业要素跨界和跨时空聚合共享，加速产业数字化转型进程。支持建设“数字山西”中心，大力发展百度（山西）人工智能数据标注产业基地和百度云计算（阳泉）中心，积极发挥大数据资源优势，为新一代信息技术和传统产业融合创新发展提供数据支撑。

短论13　以产业生态化和生态产业化推动山西创建区域公用品牌

习近平总书记在《推动我国生态文明建设迈上新台阶》中指出，必须加快建立健全以产业生态化和生态产业化为主体的生态经济体系，探索政府主导、企业和社会各界参与、市场化运作、可持续的生态产品价值实现路径。浙江丽水品牌建设经验表明，赋能区域公用品牌是实现生态产品价值的重要途径。而从《中国农业品牌目录 2019 农产品区域公用品牌》可知，山西隰县玉露香梨、夏县西瓜、临猗县临晋江石榴、上党党参等 9 个品牌入选品牌榜，总占比为 3%。结合省政府于 2020 年 2 月 20 日印发的《关于加快推进农产品精深加工十大产业集群发展的意见》，山西要继续深化农业供给侧结构性改革，以产业生态化和生态产业化推动创建区域公用品牌，加快实现生态产品价值。

（一）制度化设计：制定“美丽山西 + 区域公用品牌”发展战略

实施生态经济战略，成立山西区域公用品牌建设领导小组，组织编制山

西区域公用品牌战略规划（2020～2030年）、山西生态精品现代农业发展规划纲要、推进山西生态精品现代农业发展的工作方案等规划和指导性文件，坚持全产业链开发、全价值链提升、全政策链扶持的原则，以市场化运作、平台化服务、标准化配套、金融化属性为目标，依托果品、中药材等特色农产品资源优势，在聚力推进农产品精深加工十大产业集群发展的基础上，加快创建省级区域公用品牌和知名产品品牌，着力打造具有地方特色的生态精品现代农业山西样板。

聘请专业团队对品牌命名、品牌标识、品牌营销等进行统筹策划，以"高品质、高科技含量、高附加值"为品牌定位，围绕以"山西清香白酒""山西陈醋""代县黄酒"等为代表的酿品、以"山西药茶"为代表的饮品、以"山西小米"等为代表的粮食、以"平遥牛肉""上党驴肉"等为代表的肉制品、以"隰县玉露香梨""吉县苹果"等为代表的果品、以"上党党参"等为代表的中医药品，在"美丽山西＋区域公用品牌"上下足功夫，探索形成"品牌政府所有＋农业协会注册＋农投公司运营"的发展模式，支持申报国家生态产品价值实现机制试点。

（二）市场化运作：政府主导多方合力推进品牌全产业链一体化

充分发挥政府主导作用，引领市场主体、社会组织协同发力，建议由省生态庄园经济协会负责农产品区域公用品牌商标注册申请工作，确保品牌的公益性；通过兼并山西农资集团成立省属企业山西农业投资运营有限公司，承担品牌运营和维护业务；通过整合省直涉农事业单位成立农民合作经济组织联合会，提供生产、质检和供销服务；在省农业农村厅成立农文旅融合发展办公室，以行政手段加强品牌推介，促使全省各农业主体各司其职、各尽所长，合力打造区域公用品牌，延伸和拓展品牌产业链，推进品牌全产业链一体化。

（三）平台化服务：整合农业信息化服务平台大力实施精准营销

探索成立山西农产品信息科技有限公司，以"科普中国·乡村e站"、山西农谷智慧农业信息化建设项目为基础，加快构建集质量追溯、品牌营销、产权交易、农企服务及监管追责为一体的农业信息化服务平台，努力实现从生产到使用环节的闭环式管理。推动省农产品质检中心加快市场化改制，破解专业人才瓶颈，提升质量检测能力。利用大数据、云计算、区块链等新一代信息技术，加强专利、价格、交易等数据信息的统计监测分析，为制定精准营销策略提供依据。用好快手、抖音等工具，同步开发农集 App，下更大气力做好广告宣传和线上营销，更好诠释品牌形象，提升品牌效益和影响力。

（四）标准化配套：以农业标准化为抓手着力加强区域品牌建设

以生产过程全产业链、生产技术全要素、农产品品类全覆盖为目标，围绕农产品产地环境、生产控制、收储运销、安全监测等关键环节，加大品牌标准研制和应用力度。针对生产控制领域，印发加快实施农药实名制购买的通知，在全省域推广落实农药实名制购买，探索试行农业投入化肥定额制，优先支持相对成熟的做法转化为标准。建立“标准化＋第三方认证”品牌发展模式，行业协会牵头制定产品生产标准，企业自主申报企业标准，批准第三方机构进行品牌认证，支持先进的地方标准和企业标准上升为国家标准。由省财政支持省市场监管局引进 GS1 全球统一标识系统，促进品牌和国际接轨，加快品牌“走出去”步伐，以标准化塑造山西区域公用品牌国际新形象。

（五）金融化属性：发挥基于自然资源产权交易的绿色金融作用

认真贯彻落实《关于统筹推进自然资源资产产权制度改革的指导意见》，在自然资源确权登记的前提下盘活自然资源有偿使用经营权，积极申报全民所有自然资源资产有偿使用试点。在农投公司下设立农资管理公司，对自然资源产权进行价值核算，通过股权投资、产权直抵、融资贴息、供应链金融等方式，为农业生产主体提供金融担保服务。构建“省—市—县—乡”四级自然资源交易平台，在一级市场上开展承包、租赁、拍卖等活动，二级市场上开展转让、抵质押、信托等活动，通过市场交易激发自然资源产权的金融属性，以绿色金融助力区域公用品牌建设。

短论14　积极争取国家支持山西中部盆地城市群一体化发展

城市群是新型城镇化的主体形态，也是高质量发展的重要载体。城市群一体化发展受到党中央的高度重视，习近平总书记关于城市群发展的一系列论述和指示为城市群一体化发展提供了根本遵循。山西省委省政府认真贯彻落实习近平总书记在推动中部地区崛起工作座谈会上的重要讲话精神，全面对标长江三角洲区域一体化发展，做出了强力推进山西中部盆地城市群一体化发展的重大战略部署：成立山西中部盆地城市群一体化发展领导小组，组织编制《山西中部盆地城市群一体化发展规划纲要（2019—2030年）》，并召开推进会议对规划纲要和相关重大问题进行审议，提出通过“六个着力”来打造山西新型城镇化和高质量转型发展的强大引擎。为进一步加快推进山西中部盆地城市群一体化发展，建议从国家层面给予山西一定程度的政策倾斜。

（一）支持山西中部盆地城市群一体化发展的重要依据

习近平总书记在推动中部地区崛起工作座谈会上的讲话充分肯定了中部地区城市群发展，并给予厚望。山西地处中部地区，中部盆地城市群是山西人口密度最大、发展水平最高、创新要素集聚最密、基础设施能力最强的区域，在全省经济社会发展中具有重要的战略地位，是中部地区发展的一个重要区域，也是促进中部地区崛起的重要支撑。

从“十三五”规划纲要看，明确提出要培育19个城市群，其中包括山西中部盆地城市群。山西省委省政府立足区域实际，丰富内涵实质，从推动形成优势互补、高质量发展的区域经济布局的高度，提出了强力推进山西中部盆地城市群一体化发展的重大战略，符合党中央按照客观经济规律调整完善区域政策体系，增强中心城市和城市群等经济发展优势区域的经济和人口承载能力的战略要求。

从城市群自身发展看，高质量推进城市群一体化发展，首先必须要明确抓手和载体。山西省委省政府对山西中部盆地城市群一体化发展做出了规划，从基础设施网络、现代产业体系、统一市场机制、协调发展格局、生态环境、公共服务六个方面着手，以建设一批跨区域的一体化项目为载体，逐步打破行政壁垒和利益分布格局，加快推进山西中部盆地城市群一体化发展。

（二）从国家层面支持山西中部盆地城市群一体化发展的政策建议

1. 将“山西中部盆地城市群一体化发展”纳入关于新时代推进中部地区高质量发展的指导意见

进一步发展壮大山西中部盆地城市群，促进各类要素向山西中部盆地城市群合理流动和高效集聚，推动山西城乡融合发展，打造区域高质量发展新的动力源。

2. 将“山西中部盆地城市群一体化发展”纳入国民经济和社会发展第十四个五年规划

以提升中部盆地城市群发展能级和水平为目标，以推进山西中部盆地城市群一体化发展为抓手，培育发展太原都市区，增强山西创新能力和竞争能力，促进中部地区崛起再上新台阶。

3. 出台具体举措支持山西中部盆地城市群一体化发展

建议国家参照支持长三角区域一体化发展的政策措施，从综合交通枢纽、基础社会、产业发展、科技创新、公共服务、生态环保等方面，给予山西规划、政策、项目和资金的多多倾斜和大力支持，让山西得到真金白银的实惠，共同打造城市群一体化发展的成功范式。

短论15　加力推进山西新基建建设

面对国内外复杂严峻的形势，为缓解经济下行压力、打造经济发展新动能，中央层面屡次提到新基建，使得新基建受到前所未有的关注。各地政府及时跟进，山西也着手部署新基建，发布《2020 年省级重点工程项目名单》，加速推进以 5G、人工智能、云计算等为代表的新基建建设。置于新时代的新基建浪潮中，山西必须抢抓新基建的新机遇，加力推进新基建，助力推动山西高质量转型发展。

（一）制度护航：提速建设“有为政府+有效市场”，激励弘扬企业家精神和契约精神

强调契约精神，让政府和市场之手协同发力。从政府层面看，尽快制定新基建专项规划，明晰政府在规范引导、监管监督、风险防范、营商环境等方面的主要职能，发挥数字政府的统筹作用。允许适当提高政府债务上限，为新基建制订专项投资计划。支持探索建立新基建收益共享机制，鼓励设立新基建产业投资基金，撬动社会资本参与新基建建设。重奖高端项目和人才。从市场层面看，通过项目混改、技术入股、知识产权入股等方式，调动中小企业特别是创新型、科技型企业的积极性。鼓励企业家立足新技术管理不断学习和创新，敢于抢占全球产业链主导地位，培育新的企业家创新精神。

（二）NQI 支撑：持续深化质量基础设施建设，有力促进新型基础设施高质量发展

NQI 是基础之基础。在制定国家层面 NQI 一体化建设的战略路线图和中长期规划时，给予山西一定的政策倾斜。依托山西国家标准化综合改革试点，大力推进新一代 NQI 技术体系建设，根据智能制造、5G 网络、人工智能、工业互联网等新兴产业发展需求，支持开展前瞻性的计量测试技术研究，在技术优势领域主导国家（国际）标准和合格评定规则的制定，提升山西新基建话语权和影响力。强化质量、安全等指标硬约束，以高水平 NQI 有效推动新基建技术成果转化。

（三）数字发展：加快实施传统基础设施信息化、智能化改造项目，大力推进新一代信息基础设施建设

实施新一代信息网络升级工程，充分发挥 5G、数据中心、工业互联

网等新型基础设施的头雁效应，推动“铁、公、机、岸、港、网”传统基础设施向数字化智能化转型。加大5G基础设施建设支持推进力度，加快构建连续覆盖的5G网络，大力提升信息通信基础设施服务能力，支持将太原市列为5G规模组网建设及应用示范工程。推进基于区块链的工业互联网基础设施建设，支持创建区块链产业创新平台，构建开放的数据报送体系，利用智能合约实现多人同时报送、多方全局确认，促进数字经济发展。

（四）产业融合：加强关键共性技术研发和应用，用新一代信息技术赋能新型基础设施

围绕产业发展集中攻克一批关键技术或重点产品，促进新基建的先进技术成果应用，推动企业上云用云。聚焦智能工厂、智能交通、智慧物流、智慧能源、智慧旅游等领域，加快推动新型基础设施建设，积极打造“新基建+”生态体系，不断催生新模式和新业态。借力百度（山西）人工智能数据标注产业基地和百度云计算（阳泉）中心，积极整合大数据资源优势，支持打造“数字山西”，加快建设山西省数据中心，建立关键数据采集分析体系，为新一代信息技术和产业融合发展提供数据支撑。

短论16　以产业化、标准化、数字化助力打造“山西药茶”品牌

药的功效，茶的味道，山西药茶历史悠久、功效显著。山西作为中药材资源大省，也是全国中药材重要产区，山西药茶以道地中药材为原料，经加工制作的单品或拼配品，采用类似茶叶泡、煮的方式，供人们饮用。目前山西药茶已开发出单品茶和拼配茶产品220余款，注册药茶品牌92个，初步形成六大产区。全力打造山西药茶不仅为中药材产业发展注入了新活力，更为山西农业高质量转型发展提供了新动能。2020年3月20日，山西药茶发

布省级区域公用品牌，全力培育山西药茶大品牌。结合省政府出台的《山西省饮品产业集群推进计划》，山西要聚力打造以药茶等产品为重点的农产品精深加工十大产业集群，推进药茶原料生产标准化基地建设，力求把“山西药茶”打造成第七茶系。

1. 支持培育山西药茶产业联盟，加快打造山西药茶产业集群

坚持“龙头带动、百企跟进”的思路，加快组建山西药茶龙头经营主体，积极培育现有药茶企业、中药企业。支持加强山西药茶产业联盟建设，加快建立完善联络运行机制，整合生产、加工、仓储、销售等环节，培育药茶、果汁全产业链。发挥联盟核心带动作用，以大联盟带动区域联盟，以区域联盟带动企业经营，强化纵向延伸，推动产业集群化发展。支持设立山西药茶产业发展基金，有效增加药茶产业资本供给。支持打造全国药茶产品研发中心，联合多领域专家组建技术专家委员会，加快产品研发、工艺优化、品牌打造。

2. 支持将“山西药茶”纳入新一批国家级农产品区域公用品牌，打造国家知名药茶子品牌

加强对山西药茶省级区域公用品牌建设，搭载“山西品牌行”“山西品牌丝路行”活动，与同系列知名品牌实行品牌联合推介。加强省级区域公用品牌授权管理，研究出台山西药茶农产品区域公用品牌暂行管理办法。支持将“山西药茶”纳入新一批国家级农产品区域公用品牌。在省级区域公用品牌上支持发展企业品牌和连翘叶茶、毛建草茶等国家知名药茶子品牌，积极构建药茶品牌联合体。加快打通“1+1+N”的线上营销模式即“1个山西药茶网+1个电商平台+N个网店、微商城”，强力打造一套完备的线上营销体系。支持在山西中药材电子交易市场上开通药茶交易窗口。

3. 支持山西创建药茶标准化生产示范基地，构建产业标准化体系

支持加快制定实施山西药茶食品安全系列标准和热销品种的团体标准，推动药茶企业逐步形成统一的质量标准体系。创建标准化药茶生产示范基地，围绕产地环境、生产控制、收储运销、安全监测等关键环节，建立统一

的标准化技术加工规范和质量控制标准。引导分散、小规模种植向标准化、集约化、规模化种植转变，努力打造全国药茶产品生产聚集地、加工企业孵化地和商品流通集散地。支持建立药茶质量追溯信息传统系统，开展质量可追溯体系试点工作。建立“标准化＋第三方认证”品牌发展模式，支持先进的企业标准上升为地方标准。

4. 支持打造“山西药茶＋”数字化产业生态，加快释放乡村经济新潜力

融合应用大数据、物联网、互联网等新一代信息技术打造智慧、品牌产业，加快药茶生产、加工、流通、销售等关键环节数字化改造，搭建一体化数字服务平台，实现产业全链条透明化集约。利用生态资源优势，挖掘深厚的晋茶文化底蕴，支持建设药茶文化体验基地，积极打造“美丽山西＋山西药茶”新名片。加快探索山西药茶与文旅产业、大健康产业深度融合，创新发展“山西药茶＋”产业生态。创新探索“山西药茶＋精准扶贫＋乡村振兴”发展新模式。

B.4.3　以高质量法治建设维护社会安全稳定

李志强[*]

法治是增强社会免疫力、提高整体战斗力的良方。聚焦推进高质量发展过程中暴露的瓶颈难题，运用法治思维和法治方式，及时增加法律供给，积极回应人民的法治需求，谋求民意最大公约数，使法治成为国家核心竞争力的重要标志。

（一）抓紧修订完善《中华人民共和国民法典（草案）》，为国家治理体系现代化提供基础性制度保障

1. 补充个体工商户依法享有其他市场主体享有的权利的规定

个体工商户是最便捷、成本最小，但同时又能大量解决就业、激发创造

* 李志强，山西大学中国中部发展研究中心主任，山西大学经济与管理学院、山西大学管理与决策研究所，山西大学资源型经济转型发展协同创新中心，博士、教授、博士生导师，主要从事制度理论与竞争力、资源型经济转型、战略与创新管理及标准化研究。

性和创业活力的形式之一。个体工商户和其他市场主体一样，承担依法纳税等义务，应该和其他市场主体一样依法享有权利。因此，《中华人民共和国民法典（草案）》第二章第四节第五十四条最后一句话建议改为“个体工商户可以起字号，依法享有其他市场主体享有的权利”。

2.《中华人民共和国民法典（草案）》第五章第一百一十条规定，自然人享有生命权、身体权、健康权、姓名权、肖像权、名誉权、荣誉权、隐私权、婚姻自主权等权利

法人、非法人组织享有名称权、名誉权、荣誉权等权利。该条只有权利类型，没有权利内容，比如什么叫隐私权？隐私权的边界在哪里？建议对该权利包括什么内容予以明确，减少执行实践中的纠纷。

3. 将数据财产和网络虚拟财产纳入物权的保护范围

随着信息技术的发展，物权的概念已不是传统意义上的不动产和动产，数据财产和网络虚拟财产大量出现，应被纳入物权保护范围，在《中华人民共和国民法典（草案）》第五章第一百一十五条中予以明确规定。

4. 增加运输者、仓储者等第三人直接赔偿受侵害人的规定

法律以定纷止争为要旨，现实中第三人直接赔偿受侵害人的现象普遍存在，如最常见的快递公司向网上购物的收件人直接赔偿，但《中华人民共和国民法典（草案）》中没有作出此类规定，这将造成这种行为在现实中无法可依。因此，在《中华人民共和国民法典（草案）》第七编第四章产品责任中的第一千二百零四条提到的运输者、仓储者等第三人造成他人受害后面，增加也可以由第三人直接赔偿受侵害人的规定，列出运输者、仓储者等第三人直接赔偿受侵害人的情形。相应的，第一千二百零三条规定的赔偿责任中还应增加第一千二百零四条提到的运输者、仓储者等第三人。

（二）抓紧修订完善《中华人民共和国产品质量法》，切实维护质量安全底线

1. 将产品质量风险监控制度入法

建议在第十五条中增加“国家同时推行产品质量安全风险监测、评估

和预警制度，具体办法由国务院规定”。这样，一方面体现我国已经形成了风险监管的理念，应当加快产品质量安全风险监控制度的构建；另一方面，由于目前仍缺乏成熟的技术支撑，在全国范围内推行产品质量安全风险监控存在阻碍，因此只能做原则性规定，具体办法由国务院规定，可授权各省区市在辖区范围内实行风险监控管理工作制度，或者选取几个省区市作为试点，再将实施成效好的产品质量风险监控制度推广至全国。

2. 在传统处罚方式的基础上予以信用惩戒

建议将第四十九条修改为“生产、销售不符合保障人体健康和人身、财产安全强制性标准产品的，责令停止生产、销售，没收违法生产、销售的产品，并处违法生产、销售产品（包括已售出和未售出的产品，下同）货值金额等值以上三倍以下的罚款，有违法所得的，并处没收违法所得，情节严重的，吊销营业执照；构成犯罪的，依法追究刑事责任。按照相关规定进行查处的应记入信用记录，并依照有关法律、行政法规的规定予以公示”。

3. 提高产品标识违法处罚力度

建议将第五十四条修改为“产品标识不符合本法第二十七条规定的，责令改正；有包装的产品标识不符合本法第二十七条第（四）项、第（五）项规定，情节严重的，责令停止生产、销售，并处 10 万元以上 50 万元以下的罚款，有违法所得的，没收违法所得，给消费者造成损失的，消费者有权要求所受损失二倍以下的惩罚性赔偿”。

4. 增加产品召回制度

执法机构进行产品召回相关工作主要以行政法规及部门规章为依据，立法层级较低，因此需要对产品召回进行进一步的规定，提高产品召回立法层级，为学生文具等产品的召回工作提供法律遵循。建议增加相关规定，即“国家市场监督管理总局负责全国消费品召回工作的指导、协调、监督和管理；省级及省级以下人民政府市场监督管理部门负责本行政区域内缺陷消费品信息收集、缺陷调查、召回实施与监督工作”。

（三）抓紧修订完善《中华人民共和国行政复议法》，更好保护和规范当事人依法行权

1. 现行《中华人民共和国行政复议法》仅规定了申请人不服行政复议决定的，可以向人民法院提起诉讼。被申请人若不服行政复议决定，却无任何救济途径。建议在第五章第三十二条中增加关于被申请人不服行政复议决定的救济途径。

2. 现行《中华人民共和国行政复议法》没有规定对被申请人的强制执行措施，建议增加这方面的规定。对申请人采取强制措施，是为了确保正确行政行为能够得以实施以及国家法律能够得以有效实行。对被申请人采取强制措施，是为了保护行政相对人的合法权益，纠正错误的行政行为。建议在第六章第三十七条后面增加：被申请人如果拒绝履行复议决定，复议机关可以申请同级人民法院采取相应的强制措施。

3. 在行政机关的复议实践中，所谓的“职业举报人”提起的各类复议每年都占很大比例。针对这一情况，建议增加依法制止滥用复议权等行为的法律条款。《关于进一步保护和规范当事人依法行使行政诉权的若干意见》明确规定，对于极个别当事人不以保护合法权益为目的，长期、反复提起大量诉讼，滋扰行政机关，扰乱诉讼秩序的，人民法院依法不予立案。行政复议法也应增加相应条款制止滥用复议权的行为。

4. 建议将现行《中华人民共和国行政复议法》中“公民、法人或者其他组织”的表述改为“自然人、法人或者其他组织”。

（四）抓紧修订完善《中华人民共和国传染病防治法》，补齐疫情防控短板和不足

1. 新冠肺炎属于突发性传染病，适用于现行《中华人民共和国传染病防治法》第一章第四条

从法条看，要及时上报国务院，但是，由于“及时”表述模糊，且新冠肺炎传染性强、危害大，因此，建议在第四条中将“传染性非典型肺炎、

炭疽中的肺炭疽和人感染高致病性禽流感”修改为“传染性非典型肺炎、新型冠状病毒、炭疽中的肺炭疽和人感染高致病性禽流感”；针对未来可能出现其他病毒感染的传染病，进一步明确“及时”的时间范围；同时增加关于传染病传播如何控制的措施。

2. 进一步完善传染病预警机制，防止信息发布预警失灵

建议将第二章第十九条“国家建立传染病预警制度”修改为“建立传染病预警制度”，在该法条下增加：针对重大突发传染病，政府未第一时间发布疫情预警时，经授权的医师协会、公益组织可以对社会发出预警。

3. 吸取新冠肺炎疫情教训，进一步下放传染病疫情信息公布权限

建议在第三章第三十八条增加：重大传染病暴发、流行时，可以授权设区的市人民政府第一时间向社会公布本辖区的传染病疫情信息，事后向上级政府报备。

此外，针对该法条“公布传染病疫情信息应当及时、准确”中的“及时、准确”给出司法解释，例如“当疫情变化复杂，及时性和准确性不可兼得时，及时性优于准确性”等，帮助政府正确理解和把握并做出行动。

4. 建议在第四章增加一条内容：建立传染病疫情防控信息公布制度

县级以上地方人民政府负责将辖区内传染病疫情防控信息上报上一级人民政府，同时第一时间向社会发布。

5.《中华人民共和国传染病法》规定信息发布要及时，这样就不可避免会出现误判

为此，建议在第八章增设一条免责条款，即传染病疫情信息预警和发布发生误判时，为发布机关免责。

（五）严格野生动物管控，从源头上防范重大公共卫生安全风险

1. 补充建立国家重点保护野生动物名录动态调整机制

以抓紧整合国家林业和草原局与农业农村部分别制定的重点保护野生动物名录为首要任务，加快制定国家统一名录。完善国家重点保护野生动物评估体系，考虑将评估周期缩短为三年，以评估结果为重要依据对名录进行动态更新。

2. 研究出台“三无”野生动物管理办法

主要参考正在修订的《中华人民共和国野生动物保护法》，结合这次疫情，针对“三无”野生动物抓紧制定相应的管理办法，补齐“三无”野生动物短板。建立“三无”野生动物的“正面清单”及“负面清单”制度，“正面清单”明确动物的范畴，“负面清单”作为处罚的依据，相关部门联合制定相应的操作标准。

3. 立法重罚野生动物非法食用、交易行为

适当扩大刑法保护的野生动物范围，增设捕猎、饲养、交易和食用野生动物罪。开展网络“黑话/暗语”排查行动，研究出台网络野生动物交易的禁止性规定，切实斩断野生动物非法交易链。

4. 设立野生动物疫源疫病监测机构

在野生动物集中分布区域、迁徙洄游通道、人工繁育场所、收容救护场所，以及其他野生动物疫病传播风险较大的场所，设立疫源疫病监测机构，组织开展野生动物疫源疫病监测、预测和预报等工作。

5. 大力支持野生动物研究，推动事后追溯处理向事前预测、预警、预防转变

加快出台进一步支持野生动物研究的办法，专设绿色通道，鼓励科研人员进行重大传染病防治研究。提出未来可能引发新发突发传染病疫情的微生物目录，深入研究其检测、诊断、治疗、预防控制的技术、方法和策略等，并以此为基础建立数据库，利用大数据手段加强预测、预警。

6. 下功夫加强宣传教育，提升公众对野生动物保护的理解和认知

针对市面上出版物中关于野生动物错误表述的行为，尽快开展大规模筛查行动，同步制定出台涉事书籍刊物处理办法。在最高人民检察院的官网首页开设破坏野生动物资源犯罪典型案例专栏，并安排专人不定期更新发布。同时，相关部门要第一时间联系最高人民检察院，整理筛选出重大事件，将其写入法律教材、司法考试等。

7. 开通针对野生动物全链条的举报专线

充分发动群众监督举报，除消费者投诉举报平台 12315 等已有渠道外，专门开通一条针对野生动物全链条的举报专线。

专题报告二：产业振兴　推动产业链现代化

B.5

智能化时代山西装备制造业高质量发展的路径选择与政策建议*

李志强　赵卫军**

摘　要： 装备制造业高质量发展是赢得竞争优势的必然选择。随着智能化时代的到来，智能化可以提升装备制造业的产品质量、技术含量、制造效率和企业效益，促进装备制造业实现高质量发展，智能化还是装备制造业有效化解“疫情”负面影响乃至推动“疫后”复苏的重要手段。本报告在对山西装备制造业高质量发展的内涵、意义以及智能化发展存在的问题进行分析的基础上，提出“加强技术创新、推进智能化转型、提升质量和品牌”三条高质量发展路径，并从政府层面提出“注重顶层设计、加强政策扶持、加大要素供给、优化政务服务、加强开放合作”五条推进山西装备制造业高质量发展的政策建议。

关键词： 智能化　装备制造业　智能制造

---

* 本报告为山西省社科联2019年至2020年重点课题研究项目“‘十四五’山西制造业高质量发展：阶段性判断、战略思路与战略任务”（课题编号：SSKLZDKT2019016）的阶段性研究成果。课题主持人，李志强。

** 李志强，山西大学中国中部发展研究中心主任，山西大学经济与管理学院、山西大学管理与决策研究所，山西大学资源型经济转型发展协同创新中心，博士、教授、博士生导师，主要从事制度理论与竞争力、资源型经济转型、战略与创新管理及标准化研究。赵卫军，太原重型机械集团有限公司经济运行部、山西大学中国中部发展研究中心，中级经济师，主要研究方向为企业竞争力。

装备制造业是国之重器，是现代制造业的基础。习近平总书记曾指出，制造业尤其是装备制造业高质量发展是我国经济高质量发展的重中之重。随着智能化时代的到来，装备制造业要主动与智能化结合，通过智能化推动质量变革、效率变革、效益变革、动力变革，实现高质量发展。

一　山西装备制造业高质量发展的内涵与意义

（一）高质量发展的提出与内涵

高质量发展是党的十九大提出的新表述，是体现新发展理念的发展，是既注重“量”又注重“质”的发展。第一，高质量发展要求“增长”，增长是高质量发展的基础，一定的增长速度和规模壮大依然重要，没有量的增长就无法谈及发展，因此要坚持稳中求进，确保经济实现量的合理增长。第二，高质量发展要求“质量”，要转变发展方式，摒弃粗放式发展模式，向集约化发展转变；要优化结构，推进城乡协调、区域协调和产业协调，实现均衡发展。第三，高质量发展要求“效率”，要提高资本效率、劳动效率、资源效率和环境效率，使全要素生产率维持较高水平，以较少的投入获得最大的产出和收益。第四，高质量发展要求“创新”，实现发展动能转换，从要素驱动向创新驱动转变，通过技术创新提高供给质量，通过制度创新提高资源配置效率效能。第五，高质量发展要求“可持续”，要求满足人民日益增长的美好生活需要，要求人与自然协调，实现绿色发展。因此，高质量发展是速度与质量协调、短期与长期兼顾，更有效率、更加公平、更可持续的发展。

（二）装备制造业高质量发展的内涵

对装备制造业来说，其高质量发展就是通过质量变革、效率变革、效益变革和动力变革来实现规模壮大、优化升级。质量是装备制造业生存和发展的根本，是其参与国际竞争、获取市场优势的基础。因此，产品质量提升是装备制造业高质量发展的基础与重要内容。效率和效益的提升是装备制造业高质量发展的根本要求，通过效率的提升以最少的资源消耗和投入成本获得最大的效益。动力变革就是从要素驱动转向创新驱动，通过创新不断提升产品质量、生产效率及产品附加价值，促进新产品、新模式、新业态的出现，提升产业竞争力，推动装备制造业向价值链高端迈进。而规模壮大、优化升级既是装备制造业高质量发展的目标，也是内在要求和重要内容，高质量发展要求装备制造业不断发展壮大，优化产品结构，向价值链高端攀升。

（三）山西装备制造业高质量发展的意义

装备制造业是山西的支柱产业之一，2019 年全省规模以上工业企业实现营业收入 21123.5 亿元，其中装备制造业为 2454.4 亿元[①]，占 11.6%。当前山西装备制造业面临自主创新能力不足、同质产品恶性竞争严重、产品附加值较低以及产业竞争力不强等问题，急需向高质量发展。一方面，高质量发展是山西装备制造业转型升级、参与国际竞争、赢得竞争优势的内在要求，只有从资本、资源等初级要素驱动转向创新驱动，通过创新推动产品质量提升、生产效率提升以及企业效益提升，推动装备制造业向全球价值链攀升，才能赢得竞争、赢得未来。另一方面，高质量发展是山西装备制造业紧抓新机遇、适应“新常态”、促进产业结构优化的必然选择。装备制造业是关联度高的基础产业，是各类资源要素最集中的领域，面对新一轮科技革命和产业变革以及“新常态”带来的机遇与挑战，山西装备制造业高质量发展可以吸引资金、人力资本等资源的集聚，从而抑制山西资源型产业的过度繁荣，提升新兴产业的比重，促进产业结构优化，推进山西资源型经济转型。

① 数据来源于山西省统计局。

二　智能化与装备制造业高质量发展的关系

随着大数据、物联网、云计算、人工智能等新兴技术与产业的孕育兴起，智能化正成为继机械化、电气化与自动化之后最为重要的技术特征，智能化时代已经到来。装备制造业急需抓住这一机遇，主动与智能化结合，主动融入新一轮科技革命和产业变革，通过智能化实现高质量发展。

（一）装备制造业的智能化

装备制造业是为各行各业提供生产装备的行业。因此，装备制造业的智能化包括两个方面。一是生产制造过程的智能化，即智能制造，将生产制造过程与大数据、云计算、人工智能等数字化技术、自动化技术、智能化技术融合，在制造过程中实现决策优化、数字化控制、柔性生产及产品需求的动态响应，提高传统制造的智能化和数字化水平，推进传统制造向智能制造转型。广义的智能制造还包含将信息化、智能化技术应用于装备制造业的设计、生产、管理和服务的全生命周期，并且通过制造网络与其他相关企业互联互通、协同制造，实现制造资源共享与优化配置。二是装备产品的智能化，即智能装备，通过开发核心工业软件，将感知、推理、监测、控制等功能模块植入装备产品，使装备产品拥有数据采集、数据分析、自主判断等智能化功能。

（二）智能化促进装备制造业高质量发展的作用机理

当前，欧美国家纷纷把智能制造作为发展重点，向智能化发展是装备制造业未来的发展趋势，这对于转变生产模式、获取竞争优势具有重要意义。智能化可以提升装备制造业的技术含量、产品质量、制造效率和企业效益（见图 1），促进装备制造业实现高质量发展。

1. 智能化是装备制造业创新的重要方向

对装备制造业来说，智能化既是其技术创新的重要方向和目标，也是实

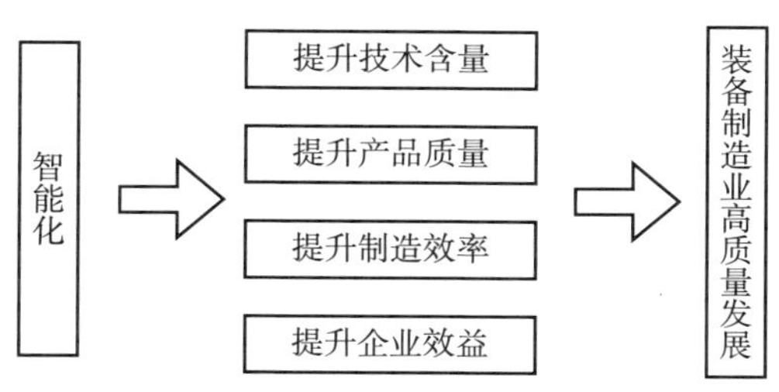

图1　智能化促进装备制造业高质量发展的作用机理

现创新的手段。一方面，现代制造技术与信息、智能技术的结合，可以不断提升装备产品的技术含量和智能化水平，创造出新的智能产品，实现产品创新。另一方面，以智能工厂为典型的智能制造技术的运用，可以实现装备制造业生产模式和业态的创新。

2. 智能化可以提升装备制造业的产品质量

装备制造业通过智能化提升产品质量的作用机理体现在以下几个方面。一是在设计环节，通过应用可靠性设计与仿真、质量波动分析等技术，可以有效提升装备制造业的产品质量设计和工艺控制能力。二是在生产制造环节，一方面通过与自动化、智能化技术的结合，增强生产系统的适应性和稳定性，提高产品的可靠性。另一方面通过应用全流程质量在线监测、诊断系统，实时监测和诊断生产流程，高效排查和修复错误漏洞，提升产品合格率。三是将信息技术运用于质量管理，建立以数字化、智能化为基础的质量管理体系，通过质量管理的提升促进产品质量提升。

3. 智能化可以提升装备制造业的制造效率

传统装备制造业的生产方式存在生产效率低的问题，尤其是重型装备制造业产品性能分散性较大，采用单件小批的定制化生产方式，提升制造效率一直是离散型制造行业的难题。而智能化能够提升装备制造业的制造效率。一是在设计环节，工艺仿真、生产仿真等智能化技术的运用，可以缩短技术研发时间。二是在生产制造环节，通过制造执行系统数字化控制、柔性制造等智能化技术和设备的运用，实现生产过程的实时管理和优化，能够大大地提高生产效率，缩短生产制造时间。三是智能制造网络的互联互通可以实现供应链的快速响应，可以提高生产灵活性，缩短对客户和市场需求的响应时间，有效实现定制化快速交付。

4. 智能化可以提升装备制造业的企业效益

智能化提升装备制造业企业的效益主要体现在两个方面。一是智能化技术的应用在提升生产效率的同时可以提高资源利用效率，减少制造过程的物耗和能耗，降低废品率，缩短生产周期，从而降低生产成本。二是智能化可以摆脱规模经济的限制，根据客户的个性化需求实现小批量快速生产，并且可以提升装备产品附加价值，使企业获得更多的利润，提升企业效益。

（三）智能化是装备制造业应对“疫情”的良策

2020 年，突如其来的新冠肺炎疫情对我国的经济造成了巨大的冲击。对装备制造业来说，受疫情影响，将会面对劳动力短缺、需求疲软、供应链断裂、生产波动等诸多挑战。而智能化是装备制造业有效化解“疫情”负面影响乃至推动“疫后”复苏的重要手段。第一，智能化能帮助装备制造业打好防疫阻击战和生产保卫战，大数据、人工智能、远程控制等智能制造技术的运用，能够实现“黑灯工厂”“不碰面生产”，还能通过在线远程操控减少或避免人员到厂工作，保障人与人之间的有效“隔离”，降低病毒传播概率，提升疫情防控水平，同时保障企业的正常生产运行，对装备制造业企业在疫情期间稳定运营、化解危机与风险具有重要意义。第二，智能化能帮助装备制造业打通产业链上下游，通过数据汇聚、数据分析优化资源调度和配置。一方面可以实现线上营销，精准对接客户；另一方面可以实时监测原材料物资供应状况，通过供应链大数据系统及时发现紧缺物资并进行采购，提升供应链协同能力，降低疫情带来的不利影响。第三，智能化能帮助装备制造业提升市场波动下的智能决策水平，在实时监测工厂运行、综合分析生产经营状况的基础上，利用基于工业互联网的决策优化功能，实现精益化的管理，提升决策效率和水平。

三　山西装备制造业智能化发展存在的问题

（一）智能化发展动力不足

目前，智能化可以提升装备制造业的生产效率、降低企业成本已经成为行业、企业的普遍共识。但从山西装备制造业企业的实际情况看，只有太重集团和大运汽车等省内相对规模较大和实力较强的企业布局了智能工厂、数字车间或智能化生产线。如太重风电整机智能化工厂、智能化高铁车轮生产线和大运汽车智能工厂。而中小型装备制造业企业在智能化发展上的布局有所不足。究其原因，智能化改造是系统工程，需要投入大量的资金用于购买先进软件系统和设备，企业的生产方式等都可能发生较大的变化，面对融资难、融资贵以及不确定性的市场波动等环境，一些装备制造业企业宁可维持现状，追求短期回报，也不愿意投资智能化改造升级。在发展智能化产品方面，企业也面临加大科技研发投入的问题，尤其是对于定制化的装备产品，如果客户不愿意因装备产品的智能化而增加购买成本，装备制造业企业将没有足够的动力进行智能化产品开发。

（二）智能化相关产业发展滞后

山西信息化、智能化相关产业基础薄弱，信息软件企业数量少、规模小，发展较为缓慢。江苏、山东等东部地区拥有软件企业近 5000 家，而山西不足百家。2019 年 1 ~ 11 月，全国完成软件业务收入 64616 亿元，其中信息技术服务实现收入 38395 亿元，中部地区完成软件业务收入 3289 亿元，而山西 2019 年软件业务收入目标才为 34 亿元，不仅远远落后于东部地区，在中部地区也垫底（见图 2）。由于投入不足，大数据分析、信息传输、信息服务、工业软件等信息软件服务产业发展落后，工业设计、智能化控制、智能集成管理、系统解决方案等智能化服务产业发展不足，这导致智能控制技术、在线分析技术等智能化技术自给率低，难以快速有效支撑山西装备制造业智能化发展。山西装备制造业智能化发展需要的先进工业控制系统、自动化成套控制系统、高端数控机床、关键智能制造设备等都严重依赖国外进口，一定程度上阻碍了智能化发展速度。

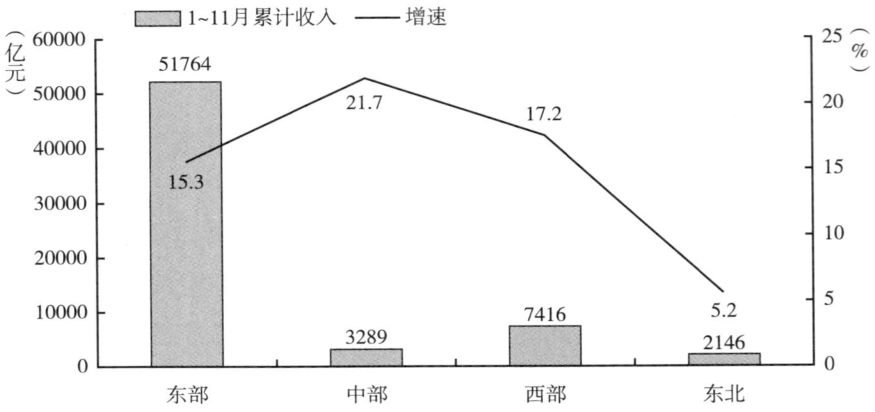

图2　2019年1~11月软件业务分地区收入增长情况

资料来源：中华人民共和国工业和信息化部网。

（三）智能化人才储备不足

装备制造业智能化发展需要高端研发人才、高级技能人才以及既懂智能化和数字化又懂装备制造的复合型专业人才的支撑，而山西面临智能化人才储备不足的困境。受沿海地区的虹吸效应影响，山西装备制造业高端人才流失，尖端型高层次研发人才和创新团队极为短缺，山西的经济水平、市场活力以及装备制造业企业的待遇水平很难吸引高端科研人员，研发设计、智能软件开发等方面的人才较少。随着智能制造以及数字车间、智能工厂等模式的逐步推广，现有的普通蓝领操作工人的知识和技能都不能适应智能制造技术的要求，而懂得数控机床、智能装备操作管理、维修保养的高技能人才却相对较少，难以支撑装备制造业企业智能化改造升级。另外，虽然智能化改造的市场潜力巨大，但山西信息化、智能化服务产业发展滞后，懂信息技术、工业控制等专业知识和技术的人才缺乏，难以有效支撑装备制造业智能化发展。

四　智能化时代山西装备制造业高质量发展的路径

装备制造业实现高质量发展主要有三个路径：一是通过提高产品质量、品牌及附加价值来实现高质量发展；二是通过提高效率和效益来实现高质量发展；三是通过发展动力转换来实现高质量发展。而这三个路径都可以通过智能化来实现，因此，装备制造业高质量发展的关键就是智能化。

（一）加强技术创新，激发高质量发展原动力

创新是高质量发展的动力，装备制造业高质量发展首先要加强技术创新，提升自主创新能力。一是完善技术创新体系，建立以企业为主体、市场为导向，政产学研用相结合的技术创新体系，以装备制造业企业技术中心、重点实验室、院士工作站等研发机构为核心，加强与高校、科研院所的合作，组建产业技术创新联盟，联合开展对智能制造技术与装备创新的研究。二是加强对智能制造关键技术和核心领域的研发创新，以工业软件、智能控制等关键技术以及工业机器人、智能装备等为重点，加大研发投入力度，引导创新资源集聚，攻克一批关键技术，补齐智能装备核心技术短板，努力形成更多拥有自主知识产权的技术和装备产品，逐步摆脱对国外核心技术和装备的依赖，提升产业发展质量和核心竞争力。三是优化科技成果转化机制，推进创新链和产业链精准对接，加快科研成果从“研究室”到产品的转化。

（二）推进智能化转型，注入高质量发展新动能

加快推进装备制造业智能化转型，实现设计借“云”、生产添“智”、产品加“芯”及服务融“产”。一是推进研发设计和营销的智能化，借助工业云平台，通过工业化和信息化的融合实现协同开发和供需精准对接，加快发展众包设计、分布式协同设计、个性化定制、精准营销等模式，通过网络协同集中资源和力量研发高端产品，满足客户个性需求，通过智能化不断向价值链高端攀升。二是推进生产制造过程的智能化，加强工业互联网、数字

平台、智能感知、自动控制、智能检测等技术的应用，构建智能化的高柔性工业制造系统，有序开展智能生产线、数字化车间、智能工厂建设，提升生产制造的智能化、数字化水平，提高生产效率和产品质量，降低生产成本，从“制造”向“智造”转变。三是加快发展智能装备，加快推进信息技术、智能技术与装备产品的结合，在装备产品上装载感知、推理、监测、控制等功能模或可交互智能终端，使装备产品拥有数据采集、数据分析、自主判断等智能化功能，提升产品竞争力。四是大力发展智能服务，装备制造业企业要根据自身实力和未来规划，开展在线监测、故障预警、远程诊断、远程维护等智能化增值服务。

（三）提升质量与品牌，打造高质量发展新形象

提升质量与品牌是装备制造业高质量发展的重要抓手。一是提升产品质量，对标国际先进装备制造业企业，从技术水平、产品研发、工艺设计、制造流程、管理水平等方面对标，查找差距，并进行改进提升。装备制造业企业要运用先进管理理念和方法，通过智能化改造，提升研发水平，优化制造流程工艺，提升装备产品质量和品质。二是加强品牌建设，品牌是产品质量和价值的凝结与抽象，是企业的象征和具有经济价值的无形资产。装备制造业企业要以提升产品质量和企业形象为核心加强品牌建设，加强知识产权保护，提升品牌层次和影响力，通过提升品牌向价值链高端攀升。

五　推进山西装备制造业高质量发展的政策建议

在政府层面，需要顶层设计、科学规划，优化政务服务，加大政策支持力度，加强开放与合作，提高技术、土地、资金、人才等要素供给水平，推进装备制造业高质量发展。

（一）注重顶层设计，强化高质量发展规划引领

强化顶层设计。深入分析全省装备制造业发展现状，科学统筹、前瞻规

划装备制造业高质量发展。注重规划引领，加快制定出台“装备制造业高质量发展规划”，引导全省及各地市根据资源禀赋、产业基础、发展定位等情况因地制宜地制定相关政策，优化装备制造业空间布局，积极引进信息化、智能化等高附加值的新兴产业，合理淘汰传统落后产能，鼓励装备制造业企业进行智能化改造，增强发展整体性、协调性、联动性，推动整个产业体系高质量发展。编制发布高端装备产业重点培育发展企业名录，引导全省各类资源要素向装备制造业高质量发展集聚。

（二）加强政策扶持，构建高质量发展政策支撑

加大财税金融政策支持力度。充分发挥财政资金引导作用，加大对智能制造重点企业、重点项目的财政扶持力度。提高工信技术改造专项资金扶持奖励标准，明确重点扶持方向，鼓励装备制造业企业向科技创新、智能制造方向高质量发展，支持企业围绕高质量发展进行柔性制造、在线监控、机器人集成系统等方面的技改升级，加大对装备制造业企业购置企业资源计划（ERP）、制造执行系统（MES）、集成过程控制系统（PCS）、产品全生命周期管理（PLM）等工控软件的补贴扶持。设立省级产业引导基金，重点扶持装备制造业智能化发展项目。加大对装备制造业龙头企业高质量发展的技改投入支持和奖励力度，打造一批智能制造龙头骨干企业。加大税费减免等政策扶持，鼓励太重集团等省内有意愿、有条件的装备制造业企业建设智能工厂。加大金融政策扶持力度，为重点装备制造业企业高质量发展项目提供担保、奖励融资费率、贷款贴息等政策支持。

（三）加大要素供给，强化高质量发展供给保障

大力发展智造服务产业。加快发展大数据分析、装备工业设计、智能控制系统、工业互联网、科技服务、信息技术服务等智造服务产业，加快推进信息服务产业与装备制造业的融合，推进装备制造业思维和模式转变，优化业务流程，提升定制营销、智能生产能力，实现协同发展。打造工业互联网

平台，推进数据互联互通，推动装备制造业产业链上下游企业实现生产协同、智能同步。

加大金融服务力度。鼓励金融机构增加对装备制造业智能化项目的信贷投放，加快贷款审批速度，增加中长期贷款，扩大高质量发展的信贷有效供给。鼓励装备制造业企业智能化项目通过发行公司债、中期票据等方式融资，支持山西省装备制造业企业上市融资，提高直接融资比重。鼓励金融机构创新服务模式，开展抵押物增信担保业务，推广应收账款质押融资，着力解决装备制造业企业融资难、融资贵问题。创新投贷联动模式，通过设备投资基金、股权投资等方式，加大对装备制造业企业高质量发展的资金支持力度。鼓励银行对装备制造业高质量发展进行的改造升级项目提前介入贷款调查和评审，在守住风险底线的基础上实施无缝续贷业务。

保障土地资源供给。高质量编制国土空间规划，强化落地指导。高效利用新增用地，优先保障装备制造业的重大智能制造项目用地。盘活存量土地，引导装备制造业企业优先利用存量土地，积极鼓励建设与使用高标准厂房。建立土地集约利用综合评价体系，强化对装备制造业高质量发展项目用地的评价审核，支持土地复合利用，鼓励合理利用地上地下空间，提高土地资源利用率。

加强人才引进与培养。建立人才需求分析预测体系，定期摸排装备制造业人才状况，科学预测装备制造业高质量发展的人才需求。加大招才引智力度，依托高层次人才引进计划，紧扣装备制造业智能化发展需求，重点引进一批懂信息化、智能化的高水平经营管理人才和科技创新人才。加大本土人才培养力度，组织装备制造业企业家赴名校名企学习培训，开阔视野，培养一批具有先进理念、前沿知识、管理理论的企业家队伍。鼓励装备制造业行业、企业、高等院校、职业院校紧密合作，探索联合培养模式，开展订单式、精准化人才培养。优化本地高校的专业设置，设置装备制造业高质量发展急需的工程控制、自动化、智能化、电子信息等相关理工科专业。大力推进职业教育，构建校企合作、工学一体培养模式，培养一批数量充足、技艺精湛、装备制造业高质量发展所需的高级技能人才和高品质工匠。弘扬企业家精神和工匠精神，厚植人才发展土壤，调动各类人才干事创业的积极性，用好的机制和环境留住人才。

（四）优化政务服务，营造高质量发展良好环境

创新政府服务。简政放权，推进“放管服效”改革，整合权责事项，简化审批流程，提高审批效率。推进“数字政府”建设，加强部门之间的数据共享和政务协同，建立完善政务服务平台，为装备制造业企业提供便利，不断提升服务效能。建立健全创新保护体系，保护装备制造业高质量发展中的创新成果。加强法治建设，严格保护市场主体经营自主权、财产权等合法权益，为装备制造业高质量发展创造宽松的舆论环境和良好的营商环境。

打造公共技术服务平台。围绕装备制造业智能化改造提升等关键环节和技术瓶颈，政府牵头联合高等院校、研究机构、行业协会，整合各类研发资源，开展关键技术联合攻关，解决高质量发展遇到的难题。发挥政府公共服务职能，建设装备制造业质量认证、检验检测等公共服务平台，为装备制造业高质量发展提供高质量的公共产品和服务。

（五）加强开放合作，拓展高质量发展空间

加强对外开放与合作。聚焦装备制造产业链重点环节，大力引进高质量发展急需的高端信息化和智能化技术、先进生产工艺、高端智能化生产装备，强化对国外先进技术和工艺的消化、吸收与再创新。鼓励轨道交通、煤矿机械、新能源等领域企业与国外先进企业开展技术合作，推进引资、引技、引智有机结合。鼓励太重集团等装备制造业企业与国内先进科研机构、制造企业合资合作，加强协同创新与协同制造，实现资源共享。大力推进对外开放，紧抓“一带一路”建设、国际产能合作等机遇，加大出口信贷、对外担保、补贴国际参展等支持，鼓励省内装备制造业企业加快“走出去”，布局全球研发、生产和营销机构，积极融入全球价值链分工，在国际竞争中加快高质量发展。

参考文献

［1］李志强、赵卫军：《新形势下山西装备制造业转型升级研究——以太重集团为例》，载李志强主编《山西资源型经济转型发展报告（2017）》，社会科学文献出版社，2017。

［2］李志强、赵卫军：《新时代山西装备制造业质量竞争力测度与提升建议》，载李志强主编《山西资源型经济转型发展报告（2018）》，社会科学文献出版社，2018。

［3］李志强、赵卫军：《改革开放视角下山西装备制造业服务化转型的政策建议》，载李志强主编《山西资源型经济转型发展报告（2019）》，社会科学文献出版社，2019。

［4］刘佳斌、王厚双：《我国装备制造业突破全球价值链“低端锁定”研究》，《技术经济与管理研究》2018 年第 1 期。

［5］万志远等：《智能制造背景下装备制造业产业升级研究》，《世界科技研究与发展》2018 年第 3 期。

［6］任继球：《推动装备制造业高质量发展》，《宏观经济管理》2019 年第 5 期。

［7］陈瑾、何宁：《高质量发展下中国制造业升级路径与对策——以装备制造业为例》，《企业经济》2018 年第 10 期。

［8］《2019 年 1～11 月软件业经济运行情况》，中华人民共和国工业和信息化部网，2020 年 1 月 3 日，http://www.miit.gov.cn/n1146285/n1146352/n3054355/n3057511/n3057518/c7595816/content.html。

［9］《山西软件和信息技术服务业 2019 年行动计划》。

B.6

山西制造业高质量发展的现状分析与对策研究*

赵建凤　王　珂　王煜宁**

摘　要： 随着科技发展，新能源、新材料的研发，山西煤炭、钢铁以及其他一些重工业的产能逐渐过剩，且越来越严重。同时，山西制造业与其他相关先进省区市对比，资源加工和传统产业仍占较大比重，企业自主创新能力相对不强，整体能源效率水平仍然较低。结合相关政策，本报告提出相应对策：培育制造业优势产业集群，聚焦打造一批战略性新兴产业集群与传统制造业产业集群；推动规模以上工业企业实现研发活动全覆盖，以提升制造业整体创新能力；等等。旨在通过一系列策略推动山西制造业高质量发展，以及确保山西经济继续健康高质量成长。

关键词： 山西　制造业　产业集群

制造业在实体经济中占有相当大比重，在中国金融和世界金融中都发挥巨大作用。所以，振兴我国制造业是经济的首要任务，直接影响国家安全等方方面面。从实际来看，我国制造业经过多年高速增长，基本实现了各种产品的从

* 本报告为山西省软科学研究一般项目计划相关成果（项目编号：2018041052 -1）。

** 赵建凤，山西大学经济与管理学院、山西大学中国中部发展研究中心，博士、讲师，主要从事财务管理、内部控制与创新研究。王珂、王煜宁，山西大学经济与管理学院，硕士研究生。

无到有，但是产品质量低等问题逐渐突出，主要表现在低端产品产量高但销量低，高端产品有需求但产量低，供给与需求没有精准匹配。无论是积极应对国际竞争，还是适应国内消费提高，都要求制造业更快完成向高质量发展转变。

山西的煤矿、铁矿及其他矿物丰富，是我国重要的矿产地。除此之外，其他一些有色金属行业在山西和全国也都占有重要的地位，如钢铁、机械、纺织等。随着近年来我国制造业经济的持续飞速发展，山西各市和地区的人民团结一致、携手共进、共同奋斗，在中央和全省各级人民政府领导的支持与带领下，目前已基本形成了现代化的制造业新兴产业发展体系。山西制造业正大步前进，迈向高质量发展的新阶段。但是，与其他省区市对比，山西制造业依然处于中下档次。因此，大力促进山西制造业高质量发展，对优化山西产业结构，保障山西经济持续健康高质量发展具有重要意义。

本报告借鉴李廉水等的研究，提出山西制造业高质量发展相关的五个主要社会经济指标，分别为：山西制造业能够贡献经济效益的综合能力（制造业创造经济效益的能力）；山西制造业高新技术研发和制造业产品技术创新的综合能力（工业化和科技创新能力）；制造业研发和生产的过程中合理地利用制造业能源的综合能力（制造业能源利用和节约的能力）；制造业研发和生产的过程中解决环境污染治理问题、协调制造业生产经营活动对制造业环境的直接影响、保持经济社会的可持续发展的环境维护能力（加强环境资源保护的能力）；山西制造业能够增加社会就业、提高工资和税收等保障和促进制造业与社会经济发展的公共服务能力（制造业为社会提供公共服务的能力）。从这五个方面入手，分析山西制造业高质量发展的现状，找出当今山西制造业发展存在的不足，并提出对应措施。

一　山西制造业高质量发展现状

（一）经济创造能力

2018 年，全省整年主要业务所产生的基本收入在 2000 万元以上的工业企业，主要业务所产生的基本收入总额为 19252.1 亿元，对比 2017 年增长 11.4%。日用消费品电子工业实现主要业务所产生的基本收入总额为 900.4 亿元，比 2017 年下降 2.4%；其他机械工业主要业务所产生的基本收入总额为 107.5 亿元，对比 2017 年增长 67.2%。

全年累计全省公司主营经济业务收入在 2000 万元以上的大型国有工业装备自动化制造企业 2018 年累计纳税贡献了企业税收 2657.3 亿元，对比 2017 年累计增长 24.3%；主要业务所产生的基本收入在 2000 万元以上的制造业企业公司利润总额 2018 年累计为 1355.9 亿元，同比 2017 年累计增长 34.0%，其中企业属于大型公有控股公司的利润总额 2018 年累计为 612 亿元。主要业务所产生的基本收入在 2000 万元以上的制造业企业每百元主营业务收入中的成本比 2017 年降低 0.99 元，为 79.18 元。

2019 年，山西制造业迅速发展，带动了现代化产业的飞速成长。全省上半年主要业务所产生的基本收入在 2000 万元以上的大型机械制造业企业增长规模比 2018 年上半年增长 5.3%，增长率比 2018 年上半年高 1.2 个百分点。其中，煤炭以外的产业对比增长 6.5%，全省主要业务所产生的基本收入在 2000 万元以上的大型工业企业对经济增长的直接贡献率高达 61.2%，比 2018 年的煤炭工业高 22.4 个百分点。

2019 年，全省企业的品牌质量和经济效益水平继续进步改善。全省企业销售收入每百元以上营业收入的销售成本平均水平为 81.1 元，比全国销售成本平均水平低 3.1 元。

（二）科技创新能力

2018 年，全省加工企业主营消费品业务收入在 2000 万元以上的大型制造业企业在消费品和科研领域的总投入为 98 亿元，占全省主要业务所产生的基本收入的 0.7%，在全国排第 17 位。高新技术信息化生产过程中新增加的价值为 236 亿元，占全国总工业生产过程中新增加的价值的 8.1%；山西综合实力及科技活动创新成果投入程度促进指数位居我国第 20，为 0.85%，比 2017 年的排名下滑了 3 位，跌落了 0.95 个百分点。

与 2017 年相比，2018 年山西科技创新活动产出投入水平促进指数和科技活动创新成果产出水平促进指数均没有太大变化，分别继续排在全国第 20 位和第 21 位。

2019 年，全省装备制造业生产过程中新增长的价值增长 7.2%，比所有制造业产业平均值的增长率高 1.9 个百分点；汽车制造业生产过程中新增加的价值增长 16.9%。其中，新能源汽车产业增长 61.6%；新能源装备制造业增长 18.6%。高新技术制造业生产过程中新增加的价值增长 5.9%，工业战略性新兴产业增长较快，增长了 7.4%。一些重点制造业新能源产品产量高速阶段性增长，光伏太阳能电池产量同比增长 41.2%，新能源电动汽车产量持续高速增长，增长了 31.9%。

对制造业技改的投资、基础设施的投资以及高技术产业的投资稳步快速增长。山西制造业技改的投资、基础设施的投资、高技术产业的投资分别增长 20.9%、13.9%、15.7%，均明显快于全省投资增速。

（三）能源节约能力

2017 年，全省单位工业生产过程中新增加的价值能源消耗量对比 2005 年下降了 44.4%；2016 年全省化学需氧量为 2300 万公斤、排出二氧化硫 38600 万公斤；2015 年全省化学需氧量为 6900 万公斤、排出二氧化硫 90100 万公斤，连续两年实现净减排。

2018 年，山西所有产业煤炭消耗总量在 21183000 万公斤标准煤以内，单位 GDP 煤炭消耗量下跌 3.2%，完成了 2018 年初制定的目标。

（四）环境保护能力

山西主要治理大气颗粒污染物（其中包括主要化学物质需氧量、二氧化硫、烟尘和各种放射性金属工业品所排放的生物粉尘），大气颗粒污染物综合排放治理总量已超额完成了多项国家及各级政府制定的节能减排综合治理目标任务。

生态环境的维护和生态功能修复工作得到了加强。全省共先后批复 700

余家大型煤炭企业实施生态环境保护与生态功能恢复综合治理的方案，划定了2个国家级生态功能恢复自然保护区，创建了16个国家级自然生态保护模范区、23个省级环保城市和模范乡镇。

环保意识和基础设施显著改善和增强。30万千伏安以上的利用煤炭发电的机组全部配套安装脱硝超低排放设备，启动建设并实施了利用煤炭发电机组的去除硫化物及氮氧化合物和烟气除尘超低排放技术改造；硅酸盐水泥有色化工行业的硅酸盐水泥生产设备和规模在400万千克每天以上的水泥生产线全部配套完成了脱硝超低排放改造；焦化、洗煤等有色化工行业基本全部实现了废水不外排。

太原锅炉集团由锅炉的生产商转变为煤的清洁高效燃烧集成体系解决方案提供商，供应特色的商品设计，同时着力发展线上咨询、专业维修等新型服务。经过技术改造，太原锅炉集团的循环流化床锅炉技术经历三个阶段，分别是“定态设计”、“留态重构”以及“流态二次重构”，实现了炉内氮氧化合物和硫氧化合物的超低排放，走在国内技术前列。

（五）社会服务能力

根据山西省统计年鉴数据，在此选取了2009～2017年山西制造业就业人数的数据以及在制造业企业中就业的人数占总就业人数的比例的相关数据，来体现山西劳动力总量的变化。2009～2017年山西制造业就业人数分别为158.5万人、161.7万人、160.9万人、165.0万人、176.4万人、172.2万人、168.1万人、187.2万人、200.67万人。山西制造业就业人数是呈波浪式上升态势的，虽然在2011年、2014年和2015年有所下降，但总体还是呈上升态势的。山西制造业就业人数占总就业人数的比重，2009年为9.72%，2010年为9.59%，2011年为9.25%，2012年为9.22%，2013年为9.57%，2014年为9.25%，2015年为8.98%，2016年为9.81%，2017年为10.48%。山西在制造业企业中就业的人数占总就业人数的比例与山西制造业就业人数的变化态势基本相同，都是呈波浪式上升态势的。

二　山西制造业高质量发展面临的问题

从五个经济能力研究中发现，山西制造业高质量发展过程中还存在诸多问题。

（一）经济创造方面

山西的制造业总体水平较低，受“一煤独大”产业结构的影响，资源加工和传统产业仍占较大比重；山西制造业从行业总量到具体产品、生产企业，规模都相对偏小，抵御风险能力较差，在行业内缺乏竞争力，再加上尚未形成规模化的新兴制造业，承接产业转移的配套能力也有限；在重要核心技术与顶端装备研发方面难以独立；高端人才少、难以引进和留住人才；产业集聚度较低，上下游企业供应链对接难以有序进行，导致专业协同发展配套能力不足等突出问题。

（二）科技创新方面

企业自主创新能力相对不强。山西企业拥有相关专业和技术人员的比例相对较小，重点学科的人才少，生产能力强但是技术支持弱，研发的能力弱，关键技术的自给率低。山西企业家在综合素质、企业经营管理、商业模式、经营理念和业态、市场风险应变能力等方面的水平有待进一步提高。这制约了山西企业对实体经济的创新能力，导致山西企业基本适应了市场需求，缺乏主动转型和可持续发展的意识，动力明显不足。初步统计表明，与江浙大型制造业企业相比，全省主要业务所产生的基本收入在2000万元以上的工业大型企业研究与开发（R&D）创新经费的总投入占实体经济主要业务所产生的基本收入的比重极小，仅为51%，在覆盖全国的范围内也普遍低于0.3%。截至2015年，全省仅为主要业务所产生的基本收入在2000万元以上的大型工业高新技术企业建立了243个研发生产管理机构，占高新技术企业销售收入的比重仅为6.3%，低于2014年全国的10%；2014年全省工业规模以上装备工业生产主营销售业务收入在2000万元以上的大型装备工业以及高新技术装备企业每亿元以上主营销售业务收入属于发明专利的授权申请受理案件数仅被认为低于全国同类发明专利申请平均水平（全国平均水平为40.2%），有效发明专利数低于全国平均值；工业研发技术就业人员数量占全省工业技术就业人员数量的比重远低于全国平均值（全国平均值为2.7%），仅为0.76%。

（三）能源节约方面

在2010年，山西的能源消耗量达到了2.4亿吨煤，煤炭的使用量增长了近10%，原油的消耗量增长了2%。自2012年以来，山西以发展重工业为主，又消耗了大量的钢铁和建材，山西的能源消耗进入新一轮的上升期。其能源消耗速度甚至比经济增长速度还要快。

近年来，随着天然气和水电行业的进步，煤炭消耗量开始降低。2018年，山西能源消耗总量控制在21183万吨标准煤以内，单位GDP能源消耗下降3.2%，山西能源消耗持续下降，发展态势良好，但整体能源效率水平仍然较低。工业结构问题是制约节能发展的关键性原因。

（四）环境保护方面

山西现代大型城市的快速前期建设和其中的地理布局以及规划往往远远跟不上现代重工业快速发展的时代步伐和环境变化，大型现代重工业工厂等选址不合理。即使大型现代重工业工厂地址的选择合理，近年来，山西的大型重工业城市经济的快速发展也导致许多大型工业城市的面积是以往的好几倍，这在一定程度上也直接导致了更多城市的大气污染，曾经远离市区的重工厂和矿区等，现在已经逐渐处于城市边缘甚至被城市群所包围。

（五）社会服务方面

城市难以吸引人才、留住人才，制造业行业收入较低，老国有企业分配制度不够完善，山西产业工人、科技研发人才等流失严重，许多关键岗位人才短缺。高层次人才明显不足，使山西制造业的自主创新能力得不到有效提升，制造业和科技融合出现较大障碍，产业队伍素质普遍得不到高效提高且不稳定，这最终导致产品技术含量低、趋同化的普遍现象。在全国来看，山西在制造业企业中就业的人数占总就业人数的比重仍然偏低。

三　山西制造业高质量发展对策

根据研究发现的问题，本报告给出以下几个方面的对策。

（一）制造业优势产业集群培育，打造一批战略性新兴产业集群与传统制造业产业集群

遵循装备制造产业规模和集群的形成与演化发展规则，以及产业集群合理布局的发展原则，通过产业集群协同、资源环境保护和生态环保，基于整个区域自然资源的禀赋、产业集群的优势与发展的特点，制定实施促进产业集群转型与发展的总体规划，建立产业集群经济公共服务体系和平台，做优做强产业集群的龙头企业，依托集群优势实施重大项目，实现产业集群的纽带效应。按照新型装备工业化的总体发展要求，以及转型和龙头制造业主导、链条布局、研发企业支撑和园区经济承载的发展思路，促进集群产业规模和集群经济协调发展。专注于促进装备制造业的转型和集群发展。以增强和提升装备制造产业综合竞争力和生态环境资源保护水平为战略出发点，重点发展钢铁、焦化、建材、食品等行业。积极推动传统制造业向集群化发展。

（二）提升制造业整体创新能力

推动规模以上工业企业实现研发活动全覆盖。支持企业开展研发活动，激发企业作为创新主体的创新动力。对研发投入强度大的规模以上企业，给予定额的财政资金奖励与补贴。支持建立共享的合作模式，支持大企业和中

小微企业合作建立产业链、供应链，加快推动协同创新与应用开发，使创新能力对接转化渠道畅通，实现大中小型企业协同创新发展。加大财政对研究与开发（R&D）的投入力度；大力培育创新创业聚集区等。

（三）进一步促进小微工业企业上规升级

积极指导和加强全省小微个体经营企业的基础设施信息和数据库的建设，选择一批有发展潜力的企业作为重点培育对象，加强政策扶持和指导，提供信息服务；鼓励支持省内一批影响范围大、综合实力强的个体中小工商户转为个体经营企业；积极鼓励省内同类型小微个体经营企业采用资产兼并、分立、出售等方式进行资产重组；积极促进省内引进大型高新技术企业，早开工、早资产整合。

（四）制定先进高技术人才保证机制，保证引进来、留得住

首先，需要进一步优化人才服务方式和环境，打破政府部门的标识和人文与地理的界限。特别是对于急需的相关专业高层次技术人才的市场化引进和专业化培养，必须要更多地在资金和政策上给予支持和照顾，减少环节。其次，要想进一步建立人才直接通道，必须有限度地降低人才进入门槛。制定正确的激励就业机制，创造一个开展激励就业工作的平台，在当前的形势下，引进和培养高技术优秀人才，关键之一就是必须制定正确的优秀人才就业和激励机制。指定一些公正、竞争、宽松的用人和激励机制，充分发挥高技术就业人才的优势。

（五）重污染企业通过技术以及设施改进、污染治理节省排污权，给予高新技术产业优先享用

对重度污染企业，政府主导进行技术改革，严格控制“三废”的排放以及无毒无害化处理；对于有污染性质的企业，要主动向政府部门备案，严格查处污染源，对超标排放的企业严格处理。着重发展新兴产业、新能源产业以及高新技术产业，对积极进行技术改革、产品创新的企业给予政策及资金支持等。

（六）重视重大项目，对能大力发展山西经济的项目，提前介入、专人负责、全程服务

坚决支持重大项目，不断加强与省发改委、省工信厅、省自然资源厅等联合行动、协调工作，专注于战略性新兴产业，如高端装备自动化制造、新材料研发、新能源技术推进、电子行业等。大力发展特色优势产业，如有色金属开采、绿色建材制造、特色轻工等。着重于绿色传统产业，如煤炭、电力、焦化、钢铁等，以及大大投资重大基础设施和民生项目，全面完成配套要素、服务保障、分析调度的全过程。启动高效服务项目的建设。

参考文献

[1]《中国制造2025蓝皮书（2017）》，电子工业出版社，2017。

[2]《波澜壮阔四十载　民族复兴展新篇——改革开放40年经济社会发展成就系列报告之一》，国家统计局网，2018年8月27日，http：//www. stats. gov. cn/ztjc/ztfx/ggkf40n/201808/t20180827_ 1619235. html。

[3]《山西统计年鉴2018》，中国统计出版社，2018。

[4]李廉水、程中华、刘军：《中国制造业“新型化”及其评价研究》，《中国工业经济》2015年第2期。

[5]《制造业发展环境系列调查　多措并举　挺起“山西制造”的脊梁》，《中国经济时报》2019年6月11日，https：//baijiahao. baidu. com/s? id = 1636018019610016721&wfr = spider&for = pc&isFailFlag = 1。

[6]《山西推动制造业高质量发展》，大同市人民政府网，2019年5月16日，http：//www. dt. gov. cn/dtzww/sxyw/201905/e670b1fb2fe942708dca02fee0fccdb6. shtml? from = singlemessage&isappinstalled = 0。

B.7

“十四五”时期山西煤炭产业绿色发展研究

顾 颖 尤会杰*

摘 要： 不管从全球范围内的能源发展趋势来看，还是从我国能源发展走势来看，煤炭在能源结构中的基础地位仍十分重要，“十四五”时期煤炭的生产和消费量仍会保持较高水平。但是，在高质量发展背景下，新发展理念的贯彻和落实对煤炭产业提出了巨大挑战，山西作为煤炭生产大省，是典型的资源型经济地区，如何在这种形势下继续推动煤炭产业实现绿色发展，是值得探讨和研究的重大课题。本报告在深入分析山西煤炭产业“十三五”时期绿色发展现状以及存在的问题的基础上，结合国内外宏观经济发展趋势和煤炭产业发展走势，立足山西实际，从理念、路径和措施等方面入手，提出了“124”战略发展模式。具体为秉持新发展理念，抓好存量与增量发展路径，通过坚持项目为王、坚持优化结构、坚持改革为要、坚持环境治理，提升绿色发展硬实力、竞争力、生命力和承载力。希望本报告能在高质量发展时期为山西煤炭产业绿色发展提供新的借鉴。

* 顾颖，太原师范学院经济系，教授、山西大学硕士生导师，山西大学中国中部发展研究中心特聘研究员，主要研究方向为制度理论与经济改革、资源型经济转型发展等。尤会杰，山西煤炭进出口集团有限公司战略研究中心、山西大学中国中部发展研究中心，高级经济师，主要研究方向为产业转型、企业发展战略与竞争力等。

关键词： 资源型经济　煤炭产业　绿色低碳

党的十八大以来，特别是十九届四中全会召开以后，我国针对转变经济发展方式所采取的政策和措施越来越严厉，转型发展的决心越发坚定。当前和今后较长一段时间内，走高质量发展之路成为必然，高质量成为经济社会发展的指挥棒和检测器。新的时代发展背景下，必然要对经济社会方方面面提出更高的发展要求，煤炭产业也不例外。居于基础能源地位的煤炭产业，在国家大力推行供给侧结构性改革、高质量发展等情况下，首先要打好转型牌，也就是煤炭产业必须摒弃以前传统的粗放式发展方式，尽快尽早实现集约式高效发展，只有这样才能适应当前及未来经济发展趋势，才能在能源体系中保持重要地位。面对当前的发展要求和发展压力，特别是在新发展理念大力倡导和推行的时代主旋律背景下，煤炭产业首先要加大力度破解的难题是绿色发展路径和模式等，提升煤炭产业发展竞争力和持续力，从而实现煤炭产业的健康、可持续和协调发展。

一　“十三五”时期山西煤炭产业绿色发展现状及问题

资源型地区经济转型难度大的最主要原因之一便是长期以来形成的路径依赖，这是山西经济转型发展面临的难题，也是全球范围内所有资源型地区经济转型发展的难题。山西经济高度依赖煤炭，在煤炭“黄金十年”内尤其明显，煤炭的易开采、价格优、高回报等，导致了省内诸多煤炭企业缺乏转型动力，使“一煤独大”的现象更加严重。在当前经济社会进入高质量发展阶段背景下，以往高耗能、粗放式的发展方式明显已经不能与现在的发展要求相匹配，转型的呼声越来越高、压力也越来越大。短时间内山西不会也不能完全放弃煤炭产业，为了更好地实现煤炭产业的绿色发展，有必要对山西煤炭产业目前绿色发展的现状以及发展中遇到的问题予以分析和研究。

（一）原煤生产情况

煤炭一直是山西经济发展的主力军，新中国成立之初山西原煤产量占地区能源总产量的比例几乎为百分之百，其他能源基本空白。随着经济社会发展，水电等陆续被引用，但占比一直非常低。同时，山西煤炭产量在全国排名也十分靠前，地区产量占全国总产量的比例也非常高。从表 1 也不难看出，山西原煤产量，一是在全国总产量中占到了 25% 左右；二是在地区能源总产量中占到了 97% 以上。从这两个数据指标来看，山西煤炭产业不管在地区还是全国能源结构中都占据重要地位，原煤产量非常大。除此之外，山西煤炭消费量占到能源消费总量的 80% 以上，也远高于全国平均水平。长时间形成的固定发展模式，造成了山西对资源经济的过度依赖，这无疑为山西煤炭经济转型发展、绿色发展及低碳发展带来了巨大压力。

表 1　2015～2019 年山西原煤产量占比及单位 GDP 原煤消耗量

指标	2015 年	2016 年	2017 年	2018 年	2019 年
原煤产量占全国总产量比例（%）	25.8	24.4	24.8	25.2	26.3
原煤产量占地区能源总产量比例（%）	98.76	98.21	97.94	97.63	97.25
单位 GDP 原煤消耗量（吨标准煤/万元）	2.29	2.33	2.15	1.92	2.07

资料来源：国家统计局网和山西统计局网。

高质量发展时代背景下，山西煤炭产业绿色发展的任务还十分艰巨，主要原因是地区经济对产业的过度依赖。如何在新时代下逐步降低经济发展对煤炭产业的依存度，早日闯出一条资源型经济转型发展之路，打造新样板模式，成为山西“十四五”时期乃至更长远时期的重大课题。

（二）单位 GDP 能源消耗情况

从表 1 不难看出山西单位 GDP 的原煤消耗量基本走势是下降的，说明经济发展对煤炭产业的依赖程度是呈整体降低趋势的，虽然比例不是太高，但经济指标走向是符合新时代发展要求的。我们再在中部六省范围内分析山西单位 GDP 能耗变化①情况，山西能源利用效率就显得过低，煤炭能源转型发展的力度明显低于中部其余五省。从表 2 可以看出，从“十二五”末期到“十三五”的前四年，山西单位 GDP 能耗降低的速度最慢，特别是 2017 年，与降速最快的河南相比，山西与之相差 4.53 个百分点，当年全国平均水平为 3.7%，山西也低于全国平均水平。

单位 GDP 能耗可以反映出一个地区的能源利用效率情况，也可以从侧面反映出该地区经济发展对能源的依赖程度。山西能源生产基数大，长期以来形成的发展模式难以在短时间内发生较大变化，这是由经济发展惯性决定的。所以在中部六省中山西单位 GDP 的能耗降低速度是最慢的，原因还是资源依赖、路径依赖。

表 2　2015～2019 年中部六省单位 GDP 能耗变化

单位：%

地区	2015 年	2016 年	2017 年	2018 年	2019 年
山西	-5.31	-4.22	-3.37	-3.23	-2.95
河南	-6.57	-7.64	-7.90	-5.01	-4.56
安徽	-5.58	-5.30	-5.28	-5.45	-5.33
江西	-3.92	-4.93	-5.54	-4.76	-5.14
湖南	-6.98	-5.34	-5.24	-4.32	-3.95
湖北	-7.66	-4.97	-5.54	-5.12	-4.59

资料来源：国家统计局网。

（三）产能退出和节能减排情况

2009 年以来，山西大力推进资源整合，实施兼并重组工作一直未间断，

① 单位 GDP 能耗变化（%）=〔（当年能源消费总量/当年 GDP）÷（上一年能源消费总量/上一年 GDP）-1〕×100%。

正在努力甩掉“煤老大”的帽子，争当“能源革命排头兵”。“十三五”前四年，即2016~2019年，山西累计退出煤炭产能1.2亿吨左右，煤炭去产能规模位列全国第一。值得指出的是，2017年底，全省煤炭先进产能达到近4亿吨，占到生产总能力的42%，同比2016年提高6个百分点；截至2018年底，山西煤炭先进产能绝对值同比增加近2亿吨，合计先进产能达到了5.8亿吨，占全地区煤炭生产总能力的57%，比上年提高了15个百分点，先进产能占比明显提高，为地区实现煤炭产业转型发展注入了信心和希望。同时，在之前出台的《关于推进煤矿减量重组的实施意见》中，明确指出了山西“十三五”末期的产能退出目标，该目标主要是基于煤矿生产建设规模提出的，具体为到2020年末力争将60万吨/年以下煤矿全部退出，每个独立的煤炭企业生产规模保底为300万吨/年。近些年山西煤炭产业坚持走“减、优、绿”之路，落后产能退出成效显著，阶段性目标也十分明确。

同时，自改革开放以来，尤其是党的十八大以来，山西陆续出台了一系列节能减排的规定和政策，致力于在保障经济发展速度和质量不变的前提下，加强环境保护与治理，为广大人民群众提供良好的生活环境和生态环境。制定了《山西省节能减排实施方案》，设定阶段目标，明确努力方向。《山西省节能减排实施方案》指出到2020年全地区单位GDP能耗要比2019年降低15个百分点，能源消费增加量不能超过3010万吨标准煤。为了这一节能减排目标，山西多措并举、持之以恒，毫不放松推进节能减排工作，2017年全省单位工业增加值能耗比2005年时下降了45%，降幅明显，表明工业对能源的消耗降低了很多。《山西省节能减排实施方案》为全地区各行业、各企业推进节能减排工作指明了方向、提供了纲领。2019年山西继续加足马力，推进各项节能减排工作落地见效。通过“十三五”前四年的不懈努力，山西节能减排成效显著，“青山绿水”的发展目标正加速实现。

（四）产业结构优化情况

山西煤炭产业结构调整和优化成效，可以从两个方面予以剖析。一是地区三次产业结构中第二产业占比变化，从中我们不光可以分析出山西三次产业结构调整效果，还可以估计煤炭工业在第二产业中的规模变化情况。二是工业中的煤炭工业与非煤工业发展规模变化情况，主要是分析煤炭工业与非煤工业分别在工业发展中的贡献率，从中我们可以分辨出煤炭工业与非煤工业的协调发展和融合程度以及山西工业转型发展的情况。

第一，山西三次产业结构逐步协调，但优化空间仍较大。从表3不难看出，山西三次产业结构优化的速度虽然不明显，但是方向是值得肯定的。三次产业对地区经济贡献的变化，第一产业增加值对地区生产总值的贡献呈下降趋势，第三产业呈整体上升趋势，这一点是符合地区经济转型发展要求的。换句话说，山西近些年的发展方向是值得肯定的，三次产业结构调整也在朝着有利于经济转型发展的方向演变。但是，也需要指出，在最近几年中，第一产业和第三产业占比均出现了下降，第二产业占比反而上升，这说明山西经济转型发展的根基还不牢，结构调整出现反复，同时也说明山西产业结构调整的空间非常之大。未来山西三次产业结构优化的目标是大幅提高第三产业的贡献度，大力降低地区经济对第二产业的依存度，只有这样才能保证更多、更优质的资源流向第三产业，从而倒逼煤炭产业向减量化、低碳化转变。

表3　2015～2019年山西三次产业占地区生产总值比例

单位：%

指标	2015年	2016年	2017年	2018年	2019年
第一产业	6.2	6.1	5.2	4.4	2.8
第二产业	40.8	38.1	41.3	42.2	42.8
第三产业	53.0	55.8	53.5	53.4	54.4

资料来源：《山西省国民经济和社会发展统计公报》（2015～2019年）。

第二，煤炭工业与非煤工业协同发展效应逐步显现。在“十三五”前几年，山西规模以上工业增长保持高位，但其中煤炭工业与非煤工业对工业增长的贡献率呈现越来越好的态势，即煤炭工业在工业增长中的占比呈下降趋势、非煤工业在工业增长中的占比呈上升趋势。2019 年全地区规模以上工业增加值累计增速为 5.3%，其中非煤工业增加值对工业增长贡献率达到 61.2%，煤炭工业贡献率为 38.8%，非煤工业超过煤炭工业 22.4 个百分点。从中可以明显看出，山西地区工业增加值中非煤工业的贡献度越来越大，煤炭工业占比越来越低，煤炭工业与非煤工业的发展呈现协调走势。

从以上可以看出，在规模以上工业增长中，煤炭工业的贡献率处于下降趋势，也就说明山西工业结构不断优化，非煤工业得到了长足发展。但是，从三次产业结构占比分布上看，第二产业占地区生产总值的比例仍比较高，今后第二产业转型发展的压力仍较大，所以推动煤炭产业转型发展的任务依然十分艰巨。

（五）技术应用情况

山西近些年在煤炭技术研发和应用上取得了一定成效，但相比国内先进企业仍有差距，在关键技术领域的创新方面依然存在障碍。近些年，山西在煤炭清洁、高效和低碳化利用技术上下足了功夫，加大了研发投入，能源革命在科技领域有所突破。截至目前，全省有 5 个国家级重点实验室和 1 个国家级工程技术研究中心，在煤炭转化、煤与煤层气共采等方面已初步形成一定研发优势，同时在清洁煤技术、超超临界、热电多联产等方面取得了一定成效。需要指出的是，太原能源低碳发展论坛为争当全国“能源革命排头兵”的山西再一次提高了知名度，提供了转型发展的澎湃动力。近两年来，山西深入、广泛推进“机械化换人、自动化减人”政策，使得全省诸多煤矿综合开采工作面实现了自动化和电液控升级改造，据不完全统计涉及煤矿 20 余座；近百个煤矿的井下变电所、水泵房实现了自动化无人值守，在提高技术应用水平的情况下，大幅提高了井下工作的安全性，安全生产形势由此得到强化；原有十多座“千人矿井”，通过提高机械化水平，将单班下井人数控制在了 900 以内，机械代替了 100 人的工作量，煤矿生产效率和安全生产水平均实现了较大提升。

但是，技术创新和应用过程中存在的问题我们也不能忽视。山西煤炭清洁技术在全球范围内落后，主要是因为国内的清洁煤使用核心技术仍依靠西方发达国家，在技术突破方面仍存在一定瓶颈，山西在煤炭热解、煤气化、煤化工与关联产业多元耦合、节能环保与废弃物资源化利用等技术方面还存在较大发展空间。与此同时，在大型风力设备制造、太阳能光电池设备和生物质能等新能源技术突破方面与国内领先地区还相差较多。

山西经济发展对煤炭的依赖程度不言而喻，“一煤独大”的现象毋庸置疑。随着山西近些年在产业结构优化方面所做出的努力，煤炭产业在地区经济生产总值中的占比以及在三次产业结构中的占比均有所改观，转型发展取得了一定成效。但是，从绝对值上来看，山西煤炭产量还是偏高，是全国平均水平的八倍左右；煤炭清洁技术应用水平偏低，特别是在煤炭热解、煤气化、煤化工与关联产业多元耦合、节能环保与废弃物资源化利用等技术方面还存在较大发展空间等。总之，山西煤炭产业绿色发展的压力仍然较大，转型发展的能力还不够强大，在高质量发展时代背景下依然需要用非常之力、下恒久之功，只有这样才能在全国范围内率先有所突破。

二 “十四五”时期山西煤炭产业面临的形势分析

（一）全球宏观经济及能源经济发展走势

国际经济形势错综复杂，增长仍将乏力。当前全球经济发展形势仍不乐观，仍旧处在2008年世界金融危机后的深度调整期，加之受到全球政治格局变换等因素影响，故在今后较长一段时间内，特别是“十四五”时期，全球经济发展下行压力依然较大，经济增长速度仍将持续放缓。同时，全球大变局加速演变的特征和趋势愈加明显，随之而来的是动荡源和风险点的增多，对经济发展的负面压力较大；从全球能源供需结构和体系来看，智能化发展步伐加快，使互联网技术与可再生能源深度融合，各国便更加青睐清洁能源的开发和利用，传统的化石能源逐步被取代，多元能源体系正在不断成熟，这使煤炭等基础能源的转型发展越发迫切。传统能源必须适应这种能源革命的形势和要求，及早开辟一条自身清洁发展之路，提高在能源结构和体系中的话语权。

我国经济发展趋势总体向好，但发展压力也不容忽视。随着我国各项改革工作不断深化，致力于解决发展过程中遇到的各种问题，所以我国经济稳中向好、长期向好的基本趋势在未来一段时间内不会有太大变化。但是由于我国正处在转变发展方式、优化经济结构、转换增长动力的关键时期，结构性、体制性、周期性等重大障碍和难题相互交织、互相影响，经济下行压力也比较大；从能源经济发展角度来看，我国能源革命对传统能源提出了较高要求，从消费、供给、技术、体制四个方面提出了具体措施，推动我国能源结构朝着更加清洁、高效、低碳的方向转变。自2014年国家提出能源革命之后，构建多元能源体系也成了题中之意，故煤炭产业未来发展的首项课题是打造低碳绿色发展模式，增强竞争力、适应新的发展要求。

（二）山西宏观经济发展及能源供需趋势

山西经济发展整体持续向好，但存在的问题也不容忽视。回顾近几年山西经济发展历程，面对复杂的国内外经济形势，通过贯彻新发展理念、落实高质量发展要求、力推“示范区”“排头兵”“新高地”发展任务，山西地区经济转型发展初显成效，宏观经济发展总体保持稳中向好的态势，为继续深化资源型经济转型发展注入了新动力。当前，山西经济转型发展进入关键阶段，发展中也不断暴露出一些体制性、结构性的矛盾和问题，诸如新兴产业发展不足、支撑转型发展的好项目不多、新动能不强、创新力不够、市场化改革不彻底、对外开放水平不高及环境保护不到位等。“十四五”时期是山西贯彻落实“四为四高两同步”总思路和要求的重要时期，在这一阶段要实现的目标是“转型出雏形”，排在第一位的就是绿色能源供应体系，到“十四五”末期山西要基本建立绿色能源供应体系，绿色生产成为发展的鲜明特征，能源综合改革试点取得重大突破。除此之外，打造战略性新兴支柱产业、形成创新生态、形成生态文明制度体系、形成对外开放局面等均是“十四五”时期山西经济发展的重点任务。

山西能源结构短期内仍以煤炭为主。自新中国成立以来煤炭作为支撑山西经济发展的重要产业，其在“十四五”时期仍将发挥不可替代的作用。山西是我国煤炭主产区，储量大、煤种全，目前每年煤炭产量在全国范围内保持前三位；煤炭工业目前对山西经济的贡献非常大，吸纳的就业人口占全省总人口的10%左右，对工业增长的贡献率在25%左右。因此，煤炭产业对于山西来说短期内还不能完全放弃，为了实现三大目标①，必须在煤炭产业绿色转型上下足功夫，调存量、控增量，持续加大对煤炭产业的技术研发投入，用创新的姿态推动煤炭产业发展，力争在能源综合改革试点的引领下率先在重点领域实现突破，为全国煤炭产业清洁、低碳、绿色发展提供样板，实现山西资源型经济早日转型。

通过以上的分析不难得出一个结论：无论从国际、国内的经济发展走势，还是从山西经济和煤炭产业发展态势来看，煤炭产业面临的转型发展任务依然繁重，已经到了刻不容缓的关键节点。煤炭产业在新时代背景下的发展重点仍是清洁化、高效化，能否实现快速的绿色转型发展在一定意义上讲决定了煤炭未来在能源体系中处于何种地位。全国各地，特别是对于一些资源型特征比较明显的地区，“十四五”时期的重点任务就是结合全国能源发展走势，立足我国能源革命要求和地区能源发展实际，制定自身的能源产业发展战略，力争到“十四五”末期实现能源产业，特别是煤炭产业的绿色低碳化发展，进一步提升煤炭产业发展竞争力和创新力。

---

① 三大目标是指建设“示范区”、打造“排头兵”和构建“新高地”。

（三）煤炭产业未来发展态势

首先，煤炭在我国及山西基础能源中的地位短时间内不会改变，特别是在"十四五"发展时期不会发生变化。因为从我国目前的能源供给结构来看，煤炭在已探明的化石能源储量中占比90%以上，远远高于石油和天然气，所以煤炭的较高储量也决定了它的基础地位在短时间内不可撼动。除此之外，我国能源资源禀赋问题，也导致我国的经济发展目前还不能完全摆脱煤炭，虽然从新中国成立以来我国就一直大力调整能源结构，着力降低煤炭在能源生产和消费中的占比，但实际情况不理想，截至目前煤炭生产量和消费量占比才分别下降了10%和20%左右，煤炭生产量和消费量在总能源的生产量和消费量中的占比均超过50%。

其次，煤炭绿色发展成为新时代急需破解的重大难题。自进入21世纪以来，环境问题日益成为世界各国关注的重大社会问题，日益恶化的环境使得煤炭成为众矢之的，各类清洁能源纷纷登场，煤炭产业发展面临较大的压力。虽然清洁能源被世界各地陆续使用，但煤炭的用量并未一落千丈，它仍是能源供给和消费中的主力军。鉴于煤炭的开采、生产和消费在短时间内难以被取代，加之国内外对环境保护越来越重视，如何在煤炭的开采、生产、运输及消费等环节中降低环境污染，就成为新时期各国研究的重要课题，由此新技术必然会被不断引入煤炭产业发展，必将推动煤炭产业加速转型发展。

最后，煤炭企业转型发展倒逼产业转型成为必然。在"十四五"时期乃至更长远的未来，我国将全面步入高质量发展轨道，煤炭企业同时也要面临高质量发展背景下的发展方向及产品结构调整等问题。为适应高质量发展要求，"十四五"时期煤炭企业必将在安全、集约、高效、绿色、智能等方面加足马力，继续深化企业改革，关注煤炭产业供需、新兴能源发展及煤炭产业市场竞争状况，根据自身条件调整煤炭发展战略，将煤炭绿色发展作为打造煤炭企业升级的必由之路，并将全产业链清洁高效利用作为落脚点和归宿，只有这样才能在新时代背景下走出一条出路。因此，煤炭企业加大煤炭产品和煤炭能源的绿色开发，必将使煤炭产业加速向绿色发展转型。

三 “十四五”时期山西煤炭产业绿色发展的对策建议

绿色低碳的发展模式是未来社会的必然选择，是任何一个行业、地区和国家都不可回避的话题，也是在现实工作中必须予以重视和贯彻落实的一项重大工程。对于山西这样资源型经济特征明显，煤炭在经济发展中占据重要地位的省来说，绿色发展任务更加繁重。为了在高质量发展背景下加速山西煤炭产业转型发展，需要在战略上采取“124”模式，“124”具体来说是指一个纲领、两条路径和四篇文章。再具体化就是秉持一个纲领，坚决贯彻落实新发展理念；把握住两条路径，做实做细存量与增量两项内容；做好四则运算，在加法、减法、乘法与除法上下足功夫，打造山西煤炭产业绿色发展新路径，在地区打造“能源革命排头兵”和“新高地”工作上做出应有的贡献。

（一）秉持“新发展理念”一个纲领

新发展理念是今后较长时间内我国经济发展的总纲领，对于全国各地区均具有一定指导意义，也是必须要在经济社会发展中予以贯彻执行的理念纲领。对于山西煤炭产业来说，虽然绿色发展是当前需要解决的最紧迫问题，但创新、协调、开放和共享的发展理念同样重要。绿色发展可以作为山西煤炭产业发展的短期目标，在5～10年内力争取得新的突破和成效；创新、协调、开放和共享可以作为长期发展目标，在20年内或者更长远的将来实现煤炭产业跨越式发展。

新发展理念必须坚定不移地贯彻落实。理念是一切工作的先导，新时代各地经济社会发展务必要突出并有效落实新发展理念，在经济社会发展的各个方面将创新、协调、绿色、开放和共享予以有机融合、有效落实，从而实现高质量发展的最终目标。山西作为能源大省，要尽快适应我国进入新发展阶段、经济社会发生较大变化这一特征，紧紧扭住新发展理念，推动煤炭产业走绿色发展道路，把主要精力放在能源结构调整上。树立全面、整体的哲学逻辑，遵循经济事务发展规律，切实抓好煤炭产业绿色发展的政策落实，同时要将绿色发展理念作为检验煤炭产业发展成效的一个重要指标。

（二）把握“存量与增量”两条路径

煤炭产业在实施绿色发展过程中要把握好存量与增量的关系，在存量上要继续做优、做细、做精；在增量上要采取改革创新的方式，保证新入煤炭产能符合绿色发展标准，坚决不允许低效、落后产能进入行业。具体来说，存量要采取缓和的方式，逐步推进低效、落后产能的退出。通过兼并重组的方式，采取“大鱼吃小鱼”“快鱼吃慢鱼”的策略，逐渐吸收小、散煤矿，形成集中度高的大型煤炭企业集团，提高煤炭产业在市场上的话语权。通过硬性淘汰的方式处理无效产能，制定标准化的制度流程，对市场上存在的煤炭企业进行摸排，严格按照标准处置低效、无效煤矿企业，助推煤炭产业的集约化发展。增量要采取果断的方式，用创新的手段把好入口关。有效利用互联网、大数据等智能化手段，严格禁止不符合产能和环保标准的煤炭企业进入市场。反之，对于智能化水平高、产能大、环保达标的企业要鼓励和支持，在税费、贷款等方面给予政策优惠，政策资源向优质产能倾斜，支持企业做大做强。

总之，山西煤炭产业要把握住存量和增量这两条路径。存量重在调整、增量重在控制；存量重在减少、增量重在优化。同时存量和增量要保持一定比例的动态平衡，不能急于求成，不能为了提高优质增量而过度削减存量，在煤炭存量和增量置换过程中要避免引起不必要的社会不和谐因素，保持存量和增量的缓慢动态平衡，从而最终实现煤炭产业的绿色发展、可持续发展。

（三）做好“加减乘除”四篇文章

1. 坚持项目为王做“加法”，提升绿色发展硬实力

项目是高质量发展的支撑和落脚点，山西煤炭产业要想实现绿色发展，必须坚持“项目为王”，始终要把项目建设作为绿色发展的“一号工程”，下大力抓、下全力推，力争更多优质煤炭绿色项目在山西落地生根。一要充分利用山西的各项优势，千方百计做好绿色项目引进工作。以前由于受制于地域、思想观念、资源禀赋等因素，山西煤炭产业项目多是立足本地，引进项目相对较少。今后应在把好绿色关口的基础上，着力开展定点、定向招商，发挥优势、弥补不足，在产业链条上做足文章，项目引进重点倾向于资源节约、环境保护、清洁高效等方面，力争在绿色清洁项目上取得重大突破。二是建立健全各项规章制度，全力建设好绿色项目。审核通过的煤炭绿色合作项目，要建立严密的项目建设路线图，倒排工期，抓好关键节点和重要步骤，通过制定奖惩办法等强化激励与考核，并建立全程监督检查和责任追究制度，争取建设项目早日见产达效。三是加强对外合作交流，加大绿色项目储备。充分利用国家优惠政策，挖掘科研院所、高等院校等科研机构的优势力量，超前谋划、论证和储备一批生态环保项目，力争更多项目入围国家项目计划，为地区煤炭产业绿色发展提供后续动力。

2. 坚持优化结构做“减法”，提高绿色发展竞争力

优化结构是高质量发展的关键，山西煤炭产业要想实现绿色发展，必须重视优化结构，包括对存量的结构调整以及存量与增量间的结构调整。要将减量化增长作为煤炭产业存量和增量发展的“指南针”，争取早日达到存量与增量的平衡点，走出一条绿色、低碳、智能、循环的可持续发展之路。一是提高煤炭产业集中度，继续推动产业内企业的兼并重组，打造大型煤炭龙头企业，在龙头企业成熟之后，逐渐推行基地模式，有序实现资源的集中调配，从而最终提高资源集中度，提升山西煤炭产业在国内乃至国际市场上的话语权。二是产业结构要向高端化迈进，大力发展新型煤

化工材料和高端精细化学产品，对老、旧、低的产业项目要严控规模，引导落后产业项目有序退出。三是同步抓好煤与非煤两个产业发展，重点在煤炭、煤层气、煤电化材循环经济产业链等方面下大气力，培育和孵化战略性新兴产业项目，逐步提高与煤相关的绿色能源供给。同时，大力发展煤层气、风电、光伏等新能源的供给，降低地区经济对煤炭产业的依赖度。

3. 坚持改革为要做“乘法”，激活绿色发展生命力

改革创新是高质量发展的动力源泉，山西煤炭产业要想实现绿色发展，离不开改革创新的保驾护航。山西要将改革创新贯穿于煤炭产业绿色发展全过程，通过改革创新激发煤炭产业绿色发展的活力和动力。一是坚持贯彻落实供给侧结构性改革政策，从供给端发力，努力做到按需提供产量，防止产量过剩带来的成本上升。利用大数据、云计算等智能化手段，充分发挥信息化和数字化在企业发展中的作用，推进精益化管理理念，早日实现点对点、户对户的供给和服务，提高供给的精准度，从而实现成本的降低与费用的减少。二是坚持科技创新引领煤炭企业发展，培育一批具有一定技术实力的煤炭企业使其做好技术攻关。加大政策引导和支持，鼓励煤炭企业，特别是技术实力较强的企业做大技术攻关，设立研发中心，推进企业技术创新。三是集聚全省力量，争取在煤炭技术创新上取得新突破，比如攻克高性能催化等一批关键共性技术，开发大规模煤气化、甲醇合成等现代工程技术，发展合成气制全降解材料等前沿技术，向绿色化学发起进攻。四是建立健全煤炭节能技术落地见效的指标体系，包括技术标准体系、考核评价体系及政策体系，力争早日形成充满活力的实施主体，满足产业升级和转型需要。

4. 坚持治理环境做“除法”，增强绿色发展承载力

环境保护是高质量发展的衡量标准，山西煤炭产业要想实现绿色发展，就必须做好煤炭开采、生产、运输、使用等过程中的环境保护。山西必须在煤炭产业绿色转型发展过程中坚持治理环境，争取实现产业转型与环境保护的“双赢”。一是着力降低煤炭使用量，严控燃煤发电、冶金炼焦和煤化工

三项生产的用煤量，争取到2030年末全省域能源消费总量的增幅低于全国平均水平。二是致力于降低煤炭能耗，要充分利用现代化的信息技术渠道，比如大数据、云计算等手段，特别是中国（太原）煤炭交易中心能源大数据平台，进一步挖掘和培育煤炭清洁利用的信息化途径，实现煤—电—数据链条的转换和延伸，加大对煤炭生产和消费数据的监控和处理。争取到2030年末单位GDP能耗达到全国先进水平，碳排放总量率先达到最高点。三是对落后产能和产业实施严格的总量排放控制，倒逼落后产业陆续退出，促使高耗能、高污染企业转型发展。四是推动煤炭产业与制造业及其他节能环保产业有机融合发展，与其他产业的融合发展使得更多绿色质量融入山西煤炭产业发展。

绿色发展这一命题无须再过分论证，无数事实已经说明这种发展模式是未来山西地区经济发展乃至全球经济发展的必然选择。面对这一重大历史课题，山西何时、如何破题就成为转型发展的关键，是地区经济能否持续长久健康发展的决定性因素。煤炭作为山西能源的主力军，短期内仍将占据重要地位，在高质量发展时代背景下，山西应在确保经济发展速度和质量不出现大波动的情况下，想方设法推动煤炭产业转型，逐步提高非煤产业在经济发展中的引领力，借助能源综合改革试点的东风争做“排头兵”、打造“新高地”，既要做到大力推动煤炭产业转型发展，又要打造新的战略性新兴支柱产业，从而形成地区经济发展的持久力、创新力。

参考文献

[1]《国务院关于支持山西省进一步深化改革促进资源型经济转型发展的意见》（国发〔2017〕42号），中央人民政府网，2017年9月11日，http：//www.gov.cn/zhengce/content/2017－09/11/content_5224274.htm。

[2]《中央经济工作会议在北京举行》，网易新闻网，2019年12月13日，http：//news.163.com/19/1213/09/F092S2T4000189FH.html。

[3]《2020 年山西省政府工作报告》，山西省人民政府网，2020 年 1 月 17 日，http：//www. shanxi. gov. cn/szf/zfgzbg/szfgzbg/202001/t20200117_761390. shtml。

[4] 李志强主编《山西资源型经济转型发展报告（2019）》，社会科学文献出版社，2019。

[5] 陈德铭：《“十四五”规划要充分评估未来世界大势》，中国储能网，2019 年 12 月 2 日，http：//www. escn. com. cn/news/show－789165. html。

B.8
高质量发展背景下山西建筑产业创新发展研究

李志强　李 泽*

摘　要： 在新时代发展背景下，在新发展理念的要求和引领下，各行各业都在谋求高质量发展之道，建筑产业也不例外。山西建筑业在“十三五”期间提出了明确的发展目标，即利用5～10年时间，实现弯道超车，推动建筑产业实现跨越式发展。为实现这些发展目标，山西必须在深刻认识地区建筑产业发展所存在的问题的基础上，抢抓机遇、规避风险，在商业模式、产品体系、技术研发、人才机制等方面持续改革创新，为建筑产业在新时期的发展增添活力和不竭动力。本报告重点从商业模式、产品、技术、人才四个方面指出山西建筑产业创新发展存在的问题，立足国内外发展形势，结合地区实际，提出山西要坚持以转型为纲、以项目为支撑、以改革为手段、以创新为根本，致力于实现山西建筑产业的高质量发展。

关键词： 山西　建筑产业　创新生态

---

* 李志强，山西大学中国中部发展研究中心主任，山西大学经济与管理学院、山西大学管理与决策研究所、山西大学资源型经济转型发展协同创新中心，博士、教授、博士生导师，主要研究方向为制度理论与竞争力、资源型经济转型、战略与创新管理及标准化研究。李泽，山西建筑工程集团有限公司投资管理公司、山西大学中国中部发展研究中心，高级经济师，主要研究方向为企业竞争力、国企改革改制。

作为能源大省，山西不光煤炭产业发展方式需要转变，山西建筑产业的发展方式也急需转变，在高质量发展背景下，新发展理念要求建筑产业必须走质量与效益并重的发展之路，原有的传统粗放式发展模式必须摒弃。为了未来山西建筑产业的持续健康发展，需要从山西建筑产业的商业模式、产品、技术、人才等方面寻找突破口，向转型要目标、向项目要支撑、向改革要活力、向创新要动力，开展和深入推进一系列的创新活动和工作，从而推动建筑产业的转型发展，助推地区经济的高质量发展。

一　山西建筑产业创新发展现状与存在的问题

创新可以为企业的持续发展提供不竭的动力和活力，是企业实现永续发展的动力源泉。特别是在当前错综复杂的国际环境下，要想实现企业的可持续发展，必须坚持创新，构建企业创新发展的生态体系，为应对新形势下的新挑战增加砝码。山西建筑产业长期以来从未停止过改革创新的步伐，为进一步提升产业竞争力和地区经济转型发展做出了应有贡献。山西建筑产业长期的发展模式也比较粗放，对资源的依赖程度高，对环境的污染影响大。为了更好地实现山西建筑产业在新时期的创新发展，有必要对山西目前建筑产业发展中存在的问题，特别是与新发展理念、新时代背景不相适宜的地方进行剖析，提高后续发展的针对性。

（一）商业模式创新不足，有待进一步做活

商业模式在任何行业中都由三个要素组成，分别是客户价值、企业资源和能力以及盈利方式，建筑产业也不例外。随着信息化、智能化发展步伐的不断加快，以及企业竞争的不断加剧，各行业企业在市场中的竞争形式发生了很大变化，竞争的焦点逐步由数量、速度向质量和效益、效率转变。传统的粗放式发展模式竞争力大减，目前企业间的竞争主要依靠全要素生产率、全产业链等方面，这导致企业间的竞争对象发生了较大变化。建筑产业也不例外，随着外部市场环境和经济发展要求的转变，建筑企业间的竞争已经不

再是简单的产品和服务的竞争，转而形成了企业商业模式的竞争。换句话说，建筑企业间的竞争更能考验企业的真正发展实力。以前建筑企业大多数都在以相似的组织形式和管理方式开展业务，企业间的发展模式高度雷同，没有明显的差异特色，也无从谈起经营方式、运行机制以及盈利模式的有效性。

商业模式创新要求行业内企业在满足客户需求的前提下，寻找盈利点，在此基础上运用企业资源和能力，为企业创造新的价值。从这一点出发我们来分析山西建筑产业商业模式创新现状。山西建筑产业目前的发展模式仍以传统的施工为主，产业链向上下游的延伸尚未完全形成，投融资建设运营一体化发展还处在初级阶段，设计、施工、验收与管理等环节基本都是独立运行的，几乎没有成熟的样板，所以建筑产业内部的上下游产业的相关多元化协同发展无从谈起，目标消费者即最终客户的需求与施工企业是脱离的，只与房地产开发商有关。因此，山西建筑产业的盈利模式也比较简单，就是靠工程项目施工赚取利润，方式单一且比较落后。同时，在全国范围内比较来看，山西建筑产业在商业模式创新发展方面与发达地区的发展相差较大，需要补足的短板还很多，需要做实的工作还不少。山西建筑产业必须提速加入全国建筑产业商业模式创新行列，顺应建筑产业发展趋势，为产业后续发展提供动力。

（二）产品创新不够，有待进一步做精

建筑产业的产品，从形态上可以分为有形和无形两种；从生产流程和程序上看，建筑产品从设计研发到投入使用，每个环节都会形成产品。产品的多样性和竞争性在一定程度上决定了企业在行业中的竞争力水平，建筑产业同样适用此发展规律。山西作为能源大省，不光煤炭资源丰富，钢铁资源也十分充足，在全国推进钢铁供给侧结构性改革的背景下，山西一直致力于推进钢铁产业转型发展，坚持去除过剩产能，同步推进钢铁的高效利用。钢铁主要影响建筑产业中钢结构装配式住宅的推广和研发，作为建筑的主要原材料，钢铁的利用效果在一定程度上也影响了建筑产品的质量。为适应建筑产品更新换代新常态，山西也积极加入对钢结构装配式住宅体系的研发和推广。一方面，

山西加大产学研结合力度，推动太原理工大学、山西建筑职业技术学院等优势专业院校与省属国有建筑企业技术力量相结合，加大对钢结构装配式住宅体系的研发；另一方面，按照住房和城乡建设部门的推广要求，积极在太原和大同进行试点，并逐年加大推广比例，但是目前进展相对全国还是缓慢。

同时，从表1中我们还可以发现山西建筑产业内部行业总产值分布情况。我们很容易就能看出，山西建筑产业总产值主要来源于房屋和土木工程建筑产业总产值，占行业生产总值92%以上，建筑安装业、建筑装饰业以及其他建筑产业总产值占比不足8%。需要指出的是，房屋和土木工程建筑产业生产总值从“十二五”末期到2018年间，数值一直处于上升趋势，在建筑产业总产值中的占比也是连年上升，2015~2018年占比依次为92.0%、92.2%、92.4%、92.2%。毫无疑问，山西建筑产业内部行业结构如此不平衡，那么行业内的产品必然不平衡，产品的多样性基本不存在，产品的竞争力过于集中和依赖于房屋和土木工程建筑产业。

表1　2015~2018年山西建筑产业内部行业总产值分布情况

单位：亿元

指标	2015年	2016年	2017年	2018年
建筑产业总产值	2931.26	3318.48	3566.57	4070.91
房屋和土木工程建筑产业总产值	2696.97	3059.24	3296.35	3755.09
建筑安装业总产值	139.82	155.25	162.59	189.5
建筑装饰业和其他建筑产业总产值	94.47	103.99	107.63	126.32

资料来源：国家统计局网。

（三）技术创新性不强，有待进一步做实

技术创新是任何一个企业保持永续发展的动力源泉，只有坚持技术创新，才能动态提升企业竞争力。山西建筑产业技术创新的步伐一直没有停下，历年来各届政府均非常重视建筑产业技术创新工作，从政策上十分支持，陆续出台诸多相关文件，针对地区住房和城乡建设部门，提出技术创新要求。近些年来，山西致力于增加行业技术研发投入，加快科技成果的推广应用和转移转化，推

动产业技术升级和实际应用，同时注重节约资源和保护环境。“十三五”时期，山西为适应新型城镇化建设要求，提出加强建筑产业技术研发力度，并于2019年11月专项印发《高层钢结构住宅工程建造指南》，力争“十三五”期末实现科技创新引领山西建筑产业发展。在实际的生产经营过程中，虽然山西众多高校及企事业单位均有对装配式技术、BIM技术、绿色建筑技术的研究，但是研究成果相对匮乏，且部分成果落地转化应用难度非常大。

同时，从表2中我们可以看出，山西建筑产业劳动生产率在全国的排名基本垫底，“十二五”末期和“十三五”前三年，排名虽然有所提前，但仍处在全国下游水平；从企业自有施工机械设备数量来看，保持在全国中游水平；从技术装备率和动力装备率来看，这两项指标在国内排名靠前。综合来看，可以得出这样的结论，山西建筑产业的技术装备水平比较高，但是目前来看还没有发挥出最高水平，设备的利用效率不高，导致劳动生产率低下，技术创新的效应还未显现，归根结底还是产业的技术水平不高，导致质量和效益水平低下。

表2 2015～2018年山西建筑产业劳动生产率和企业技术装备情况

		2015年			2016年			2017年			2018年		
		山西	全国均值	山西国内排名	山西	全国均值	山西国内排名	山西	全国均值	山西国内排名	山西	全国均值	山西国内排名
劳动生产率[①]〔单位：元/(人·年)〕		46372	61752	28	42777	62096	30	47213	61282	25	4071.46	7583.4	19
企业技术装备	自有施工机械设备年末总台数(台)	193051	311088	15	197334	309011	15	221735	329857	15	210382	352378	14
	技术装备率(元/人)	18189	13129	5	19473	13458	5	18643	12575	4	18935	14366	8
	动力装备率(千瓦/人)	9	5.75	4	9.2	5.64	2	9.1	5.6	2	9.4	5.6	3

注：①由于数据更新问题，2018年此项数据指标依据建筑产业总产值计算得出，其他年份依据产业增加值计算得出。

资料来源：根据国家统计局网数据计算得出。

（四）人才创新机制不畅，有待进一步做优

人才是产业发展的根本，人才在发展中占据重要核心地位。建筑产业作为山西的支柱型产业，是服务地区经济发展的重要分支，不仅人才数量要保障，而且人才种类和质量要跟得上。近些年来，山西特别重视建筑产业综合型、复合型人才的培养与引进，加大建设专业团队，致力于打造专家型队伍、高技能人才队伍、高技术人才队伍，大力传承、弘扬鲁班文化和工匠精神，加快建立“知识型、技能型、创新型”建筑人才队伍，为广大建筑行业人才成长搭建良好平台、营造良好成长氛围。为提升人才技术和技能水平，山西近些年着力创建建筑产业劳模工作室、技术创新工作室，举办建筑职业技能大赛等，为建筑行业内人才比武比赛提供了较高、较好平台，加快了人才成长速度。

但是，山西建筑产业要实现转型发展、跨越发展，仅仅停留在以上的工作方式和模式上显然是不够的，通过这样的方式培养出的人才远远不能满足建筑产业创新发展要求。从表 3 中我们也不难发现，从建筑产业职称指标来看，山西建筑产业高级职称职工人数占比虽然保持整体上升趋势，但占比依然过低；中级职称占 25% 左右，初级职称不足 20%。其他无职称的职工人数占比将近一半。这样的职称结构，从侧面也能反映出山西建筑产业人才严重匮乏的问题，支撑产业转型发展、创新发展的人力资本支持明显不足。

表 3　2015 ~ 2018 年山西建筑产业勘察设计机构专业技术人员分布情况

指标	2015 年	2016 年	2017 年	2018 年
年底职工人数(人)	83025	70156	52449	54525
高级职称职工人数比例(%)	8.0	10.1	14.2	13.6
中级职称职工人数比例(%)	14.8	17.8	24.6	25.2
初级职称职工人数比例(%)	14.1	15.9	20.1	19.5

资料来源：根据国家统计局网相关数据计算得出。

二　山西建筑产业发展面临的环境形势分析

众所周知，自2008年全球经济危机以来，世界经济在2018年缓慢筑底，2019年经济企稳信号强烈，但是正在中国进入2020年农历新年之际，又发生突发性新冠肺炎疫情，全国项目开工时间全部推迟，这不可避免地影响全年建筑产业增长态势，但是可以预见，为对冲这些不确定性和不利因素，国家将加大基建投资力度是必然的，房地产政策适度松绑是必然的，资本市场企业发债、再融资的尺度放宽也是必然的，这些都会对固定资产投资的增加起到积极作用。2020年的投资增长大概率会超过5%，固定资产投资的增加为建筑产业带来更好的市场机遇。

（一）质量成为全球建筑产业发展的终极目标

一方面，从国际综合经济发展形势来看，“十四五”时期乃至更长远的时期内，国际经济形势错综复杂，增长仍将乏力。当前全球经济发展形势仍不乐观，故在今后较长一段时间内，特别是“十四五”时期，全球经济发展下行压力依然较大，经济增长速度仍将持续放缓。同时，全球大变局加速演变的特征和趋势愈加明显，随之而来的是动荡源和风险点的增多，对经济发展的负面压力较大。

另一方面，国际发达国家的建筑产业进入快速发展通道，发展焦点由之前的追求数量转变为注重质量，代表性的国家和地区是美国、日本、欧美等。美国为促进建筑产业高质量发展，制定出台了一系列优惠政策，致力于发挥市场的基础性作用，政府的作用是纠正市场部分失灵，个人或企业真正参与到住宅投资建设中。建筑产业化在美国的发展非常迅速，市场需求也十分大。同时美国还注重出台建筑产业的标准体系，特别是在产业化建筑和安全生产方面；日本目前的建筑产业实现了质量与数量的同步协调发展。综观全球，日本的建筑产业首屈一指。在二战后的60年时间里，日本不仅满足了建筑市场上的数量需求，还不断提高住宅品质，形成了一套比较完备的发展体系。日本通过学习借鉴欧美国家的建筑产业化先进经验，大力推进本国建筑产业化，在较短时间内实现了跨越式发展。自1985年以来，日本就已经基本上摒弃了传统的建筑方式，当时的建筑产业化比例为25%以上；欧美国家，特别是法国，建筑产业的发展经历了由追求数量到追求高性能再到现在追求高品质的过程，建筑产业化的重心不断调整，形成了目前质量为上的发展模式。总之，世界发达国家建筑产业发展的重点是产业化，产业化的发展方向目前是节能环保，降低环境污染，从而实现建筑产业的可持续发展，进一步推动建筑产业化进入高级发展阶段。

（二）高质量发展对我国建筑产业提出新要求

一方面，我国宏观经济总体发展趋势将总体向好，但发展下行压力依然较大。随着我国各项改革工作不断深化，致力于解决发展过程中遇到的各种问题，所以我国经济稳中向好、长期向好的基本趋势在未来一段时间内不会有太大变化。但是由于我国正处在转变发展方式、优化经济结构、转换增长动力的关键时期，结构性、体制性、周期性等重大障碍和难题相互交织、互相影响，经济下行压力也比较大。

另一方面，新时期我国发展形势对建筑产业提出了较高发展要求。我国建筑产业自改革开放以来经历了复杂的发展历程，但在产业规模和管理方式以及技术创新方面都取得了长足发展，产业发展迈向了一个新台阶。但是，我国建筑产业的发展质量仍然不高，对投资拉动、规模增长的依赖度还比较高，与供给侧结构性改革的发展要求差距还比较大，传统粗放式的发展模式日益暴露出诸多发展问题，必须尽快步入集约高效的发展道路。随着我国经济进入高质量发展阶段，建筑产业也必须贯彻落实创新、协调、绿色、开放、共享五大发展新理念，进一步深化供给侧结构性改革，逐步放弃追求数量和速度的粗放式发展模式，向质量效益集约型转变。建筑产业的未来是通过提供更优质的产品，运用新技术、新业态、新模式实现产业升级，用科技创新促进行业升级，从而实现行业的高质量发展。

高质量发展背景下，建筑产业未来发展方向可以概括为以下几个方面：一是经营范围趋向全球化；二是经营理念趋向商品化；三是发展驱动力转向新型城镇化；四是品牌化成为产业发展新要求；五是生产方式转向工业化；六是施工理念趋向绿色低碳化。为了适应新时代高质量发展要求，建筑产业必须注重质量和效益的双面提升，构建现代化经济体系，推动产业的质量变革、效率变革和动力变革，力争实现产业向更高层级发展。

（三）“四为四高两同步”为山西建筑产业指明发展方向

2020 年山西省委经济工作会议上明确提出“四为四高两同步”的总体发展思路和要求，强调必须坚持转型为纲、项目为王、改革为要、创新为上，在推动高质量发展、高水平崛起、高标准保护、高品质生活上用非常之力、下恒久之功，确保到 2020 年与全国同步全面建成小康社会，到 2035 年与全国同步基本实现社会主义现代化。在后续的山西省政府多次重要会议中，“四为四高两同步”被多次加以解读和部署，成为“十四五”时期乃至更长远时期山西经济社会发展的总纲领。“四为”、“四高”和“两同步”具有战略性、纲领性、引领性作用，三者相互联系、相互依赖、相互影响、相互促进，其中“四为”作为重要组成部分，既是理念也是方法，更是发展路径，必须贯穿山西“十四五”时期乃至更长远时期高质量转型发展全过程，从而实现“四高”阶段性发展目标，最终与全国实现“两同步”。

在“四为四高两同步”总体发展思路的指引下，山西建筑产业转型发展方向已经十分明确。一是打造山西建筑产业集群，提高山西建筑产业在全国市场的占有率和竞争力；二是以项目为支撑，提高山西建筑产业项目落地见效；三是持续深入推进改革，向改革要活力，发展过程中的问题通过改革的手段加以解决；四是构建创新生态体系，向创新要动力，提升山西建筑产业发展的永续力；五是推进山西现代化基础设施建设，抢抓国家建设网络型基础设施机遇，在 2020 年以及“十四五”时期加快建设一批铁路、公路、机场、港口等基础设施，强化互联互通。总之，在中长期内，“四为四高两同步”成为山西建筑产业发展的总指引，为其在高质量发展时期指出了明确的发展方向。

三 山西建筑产业创新发展的对策建议

建筑产业创新发展不是新课题，但是在中国，尤其对山西来讲，攸关建筑产业的生死存亡，是箭在弦上不得不发，不仅要清理行业发展历史欠账，还要追赶建筑产业发展新趋势，不掉队、不落伍，甚至要实现弯道超车，可以说任务艰巨，责任重大。在研究分析了山西建筑产业面临的内外部环境后，结合山西建筑产业发展现状和存在的问题，借鉴国外发达国家及国内的相关经验，山西建筑产业创新发展应该重点抓好四个方面的工作：一是以转型为纲领，致力于实现建筑产业高质量发展；二是以项目为重点，致力于提升建筑产业创新发展竞争力；三是以改革为手段，致力于增强建筑产业创新发展活力；四是以创新为根本，致力于构建建筑产业创新发展生态体系。

（一）以转型为纲领，致力于实现建筑产业高质量发展

建筑产业高质量发展包含以下几个内涵。一是商业模式的高质量。一方面，从政府层面看，从 2008 年开始中国建筑产业商业模式实现了从 BT（Building Transfer）模式、BOT（Build-Operate-Transfer）模式、PPP（Public- Private Partnership）模式到政府专项债的逐步演变，政府投资周期拉长，政府、企业共同投资发展趋势明显。另一方面，从企业层面讲，为拓展发展空间，建筑企业都在积极实施投资拉动战略，与其他投资方实现战略合作，自己投资拉动自有施工，努力开展投资建设一体化，实现利润合并，扩大公司收益。同时也在尝试股权收购，兼并重组，以图实现适度多元，对冲未来建筑产业面临的不确定性风险。二是企业管理的高质量。这是建筑产业的基本功，一方面，要注重打造品牌，强化品牌意识，重塑自有产品优势，培育自有工匠，

提升产品质量；另一方面，要注重成本管控、技术创新、人才建设，通过这些举措，提升公司竞争实力和抗风险能力。三是企业文化的高质量。建筑企业都在形成自有文化，在制度完善、人员素质提升后，竞争的焦点转移到企业文化比拼，有好的企业文化，就能塑造更好的团队，就会有更好的凝聚力、执行力和战斗力。

具体到山西建筑产业转型发展，一定要把转型作为核心，深入贯彻新发展理念，以高质量发展为要求，瞄准弯道超车的目标，突出研究转型的方向，解决转向哪、如何转的问题。山西建筑产业要想走在全国建筑产业前列，必须进行自我革新，加大转型力度，重点是延伸产业链条和实现“建筑业+”。

产业链向上下游延伸，整合资源，实现业务一体化。将原有的施工业务，为向建筑安装、装饰装修、基础设施、市政、消防、钢结构、古建筑等专业领域公司扩展，开展设计咨询、物资采购、设备机具租赁、劳务、工程检测等业务，通过短时间的资源整合，横向联合、纵向打通，打造完善自有产业链条，实现建筑企业传统模式向总承包模式转变。尤其在投资建设领域，大力“织网捕鱼”，以房地产和PPP业务为引领，实现投资带动区域多元化和产业多元化的快速良性发展模式。目前山西省内大多数国有建筑企业和部分民营建筑企业，都在一定程度上实现了产业链的延伸和打通。

向关联业务拓展，实现业务多元化。参与顶层金融配套服务，参股基金公司、商业保理公司，打造专业金融平台；巩固多点支撑，着重在环境保护、水务治理、生态修复及地质灾害治理等领域培养核心竞争力；紧跟行业发展，积极参与建筑产业现代化园区建设，多元化综合发展。例如山西建设投资集团，近两年加大了对相关多元化企业的交叉持股和兼并重组，实现了自身经营的相关多元化。

（二）以项目为重点，致力于提升建筑产业创新发展竞争力

在2020年初新冠肺炎疫情的影响下，建筑产业未来发展存在不少挑战，比如工期推延的问题，建筑类项目开工时间至少比往年推迟一个月；成本加

大的问题；防护用品的购置；人工费的提升；材料费上涨的不确定性；等等。但是同时危中有机，比如前文讲到的，疫情过后国家将加大固定资产投资的力度，增加重点项目的上马，迅速对公共卫生场所等“补短板”，等等。这就要求，建筑企业必须以项目为抓手，在项目的选择、推进、服务等方面下功夫，找准提升企业创新发展竞争力的着力点。

要坚决贯彻山西省政府提出的项目为王的理念，找准项目这个切合点，以项目引领，融入创新理念、创新管理、创新技术，例如建筑产业化园区、钢结构装配式住宅、市政公路、污水处理、垃圾治理、地质灾害治理项目等，通过精准落地项目，研究总结建筑产业创新发展的路径，包括项目实施模式、项目融资渠道、项目技术革新、项目人才培养等一系列课题，真正依托项目、立足项目、围绕项目，挖掘建筑企业在新形势下提升竞争力的关键因素，要真正把建筑产业可持续发展能力作为一项重点工作去抓，步步为营、绵绵用力、久久为功，打造山西建筑产业的撒手锏。

（三）以改革为手段，致力于增强建筑产业创新发展活力

以改革为手段，凸显成本优势，激发建筑产业创新发展活力。第一，要改革管理方式，在日益激烈的市场竞争中，成本管理的战略性地位逐步凸显。以信息化手段带动成本管理创新，将项目管理的制度化、流程化、业务财务一体化与 BIM 技术、移动化管理、信息云共享、大数据分析相结合，提供动态监管能力。推动精细化管理改革，通过扁平化管理、标准化建设等手段，实现管理的集约化转型，提升管理的边际经济效益。第二，要改革工作机制，对企业转型规划、模式研究、市场布局调整、管理手段更新、技术创新转化、人才培养等加大激励，提倡鼓励大家踊跃参与创新发展工作。第三，要营造改革创新发展的环境氛围，借山西优化营商环境的东风，政府要牵头，政策上导向性扶持先行先试的企业，例如适度加大对新型建筑产业、新型商业模式、新型技术研发、新型成果转化等方面的奖励，通过政策引导，实现新旧动能转换，实现升级换代、转型升级，只有这样，山西建筑产业才能实现从“差等生”向“优等生”的突围。

（四）以创新为根本，致力于构建建筑产业创新发展生态体系

创新工程技术，提升核心能力。工程技术创新是影响企业竞争力的重要因素之一。建筑产业不同于其他行业，有其自身的特点，没有两个完全相同的工程项目，每个项目需要不同的技术支撑，例如深基坑支护技术、古建筑技术、钢结构大跨度吊装技术等，同时还要考虑这些新技术与项目所在地不同的气候、人员等客观因素，这也使得一些先进技术复制性不强，所以对建筑企业的自身创新能力、创新体系的完善提出了较高的要求。山西建筑产业要结合山西的客观条件，加大对钢结构装配式建筑、古建筑技术、BIM 技术等的研究力度。要深入研究建筑产业管理信息化的统一路径，是以广联达计价软件，还是以 BIM 软件，还是以智慧工地系统，来实现管理信息化的统一口径，这个口径统一的时间越久，建筑产业耗费的时间、经济成本就越大。要进一步推动企业施工工艺与信息科技的融合，要积极引进先进建筑装备，提高企业产品效果和整体效能，要积极借鉴吸收国内外先进的施工技术、手段、方法，推进环保施工、节能建筑、绿色建筑等。

建筑企业人才队伍建设至关重要。建筑企业人才队伍建设，包括复合型管理人才、专业型管理人才、研究型技术人才、高技能人才等，每类人才都是影响公司发展的重要因素，要分类建库、分类管理、分类培训、分类激励，通过分类来关注各类人才的发展需求，更大化激发各类人才的创新活力，通过各类人才的创新激情来带动公司整体创新生态体系的完善和提升。人才创新发展要做好“选、育、用、留”四个方面工作，打通人才选拔、培育、任用、留住各个方面的通道，切实将山西建筑产业发展所需的人才留在山西、扎根山西。

综上，山西建筑产业创新高质量发展，一是离不开政府的政策引导；二是离不开创新环境的营造；三是离不开企业自身创新积极性的激发；四是离不开技术的前瞻性研发和突破；五是离不开各类专业人才的创新工作。建筑产业创新发展，永远在路上，山西要走的路可能还很长，但是千里之行始于

足下，现在认识到差距还不晚，现在提速还有可能实现弯道超车。希望山西建筑产业创新高质量发展，有想法，有措施，有激励，有成效。

参考文献

[1]《国务院关于支持山西省进一步深化改革促进资源型经济转型发展的意见》（国发〔2017〕42 号），中央人民政府网，2017 年 9 月 1 日，http：//www.gov. cn/zhengce/content/2017 - 09/11/content_ 5224274. htm。

[2]《中央经济工作会议在北京举行》，网易新闻网，2019 年 12 月 13 日，http：//news. 163. com/19/1213/09/F092S2T4000189FH. html。

[3]《2020 年山西省政府工作报告》，山西省人民政府网，2020 年 1 月 17 日，http：//www. shanxi. gov. cn/szf/zfgzbg/szfgzbg/202001/t20200117_ 761390. shtml。

[4]《把打造创新生态作为战略之举　为高质量转型发展提供强大支撑》，《山西日报》2019 年 12 月 17 日，第 1 版。

[5] 李志强主编《山西资源型经济转型发展报告（2019）》，社会科学文献出版社，2019。

B.9
新形势下山西服务业高质量发展研究

顾 颖 赵守艳*

摘 要： 进入21世纪以来，山西进入新的发展阶段，服务业发展速度突飞猛进，但与全国乃至其他发达省区市仍存在差距，在当前形势下服务业未来的发展又有了新的挑战。本报告在通过阐述山西服务业现状、问题及产生的原因的根基上，得出山西服务业在发展环境、发展基础以及发展方式上有待改进的结论。并提出服务业应以对标高标准、建设集聚区、创新融合带、培养新人才、培育新骨干促使高质量发展，使山西服务业能够成为拉动国民经济增长的新动力。

关键词： 服务业 集聚区 创新融合

党的十九大报告指出："我国经济已由高速发展增长阶段转向高质量发展阶段。"中央经济工作会议上也强调："推动高质量发展是当前和今后一个时期确定发展思路、制定经济政策、实施宏观调控的根本要求"，而且中共中央、国务院也发布了相关意见，为推动高质量发展提供了行动指南。国家发展改革委、市场监管总局联合印发的《关于新时代服务业高质量发展的指导意见》（以下简称《指导意见》）指出在今后的发展中要寻找制约高

---

* 顾颖，太原师范学院经济系，教授、山西大学硕士生导师，山西大学中国中部发展研究中心特聘研究员，主要研究方向为制度理论与经济改革、资源型经济转型发展研究等。赵守艳，山煤国际能源集团朔州有限公司、山西大学中国中部发展研究中心，中级经济师，主要研究方向为产业转型、人力资源等。

质量发展的薄弱环节以及发展中的共性问题，然后进行逐个击破，并强调促进中国服务业高质量发展就需要从加强质量管理、健全完善服务标准，以及极力塑造服务品牌等着手。《指导意见》指出了服务业的发展方向，明确了任务的重点，努力打造出质量优良、布局合理且综合实力强的产业体系，进而满足转型升级需求和人民美好生活需要。在2020年山西省委经济工作会议上，楼阳生省长指出要以“三大品牌建设年”为主题，在省内建成“三大旅游板块”，紧扣“安顺诚特需愉”六字要诀，在做好项目规划以及项目建设的同时打造好景区，将文旅产业品牌化，将康养等产业专业化以及品质化。在新冠肺炎疫情期间，省委、省政府领导在省委常委会上指出，中医药大健康产业是大民生事业，对山西转型发展的战略举措具有重大意义。

一　山西服务业的发展现状

（一）服务业规模日益壮大

自新中国成立以来山西的经济发展在不断向好，尤其是服务业。这体现在1952年服务业增加值仅为3.9亿元，到了2019年则为8748.87亿元。1999～2019年统计数据显示，山西服务业增加值每年平均增长速度达13.44%，而山西GDP每年平均增长速度达12.69%，低于服务业每年平均增长速度近1个百分点。服务业增加值占GDP的比重在近20年来的趋势是稳步增长的，特别是在2000年以后服务业对山西经济增长的贡献率趋于整体上升态势，由1999年的43.3%增加到2019年的59.8%。

图1中显示出，1999～2019年山西服务业增加值呈现逐年上升的态势。中国经济发展进入新常态，以习近平同志为核心的党中央对民生高度关注，服务业被视为影响民生幸福的重要产业。山西省委、省政府在此期间出台了许多扶持服务业发展的政策文件，成为推动服务业发展的

引导力。2015 年后服务业增加值占 GDP 比重超过 50%，适应了山西转型发展战略总要求。

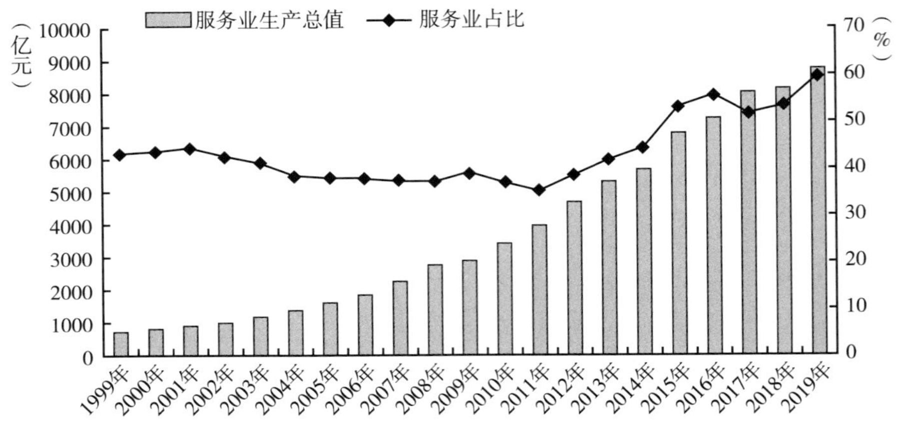

图 1　山西 1999～2019 年服务业增加值及占比

资料来源：山西省统计局网。

（二）服务业产业结构不断优化

随着国民经济高速发展以及中国特色社会主义经济体制不断完善，全国人民日益增长的物质需求，使人们的消费观念和消费方式不断发生变化，随之带动山西服务业生产性和生活性服务业结构发生变化，知识密集型的生产性服务业所占比重在不断提高，而传统行业在整个行业中的比例呈现下降趋势（见图 2，由于 2012 年以前数据与 2013 年之后数据统计口径有差异，特只截取 2013 年及 2013 年以后的数据）。与生活息息相关的传统服务业，如交通运输业、仓储业、邮政业、批发零售业及餐饮业等持续增长的同时，一些与增长的物质需求相适应的新兴行业如金融、房地产、信息技术服务和软件业等也不断地快速崛起。

虽然生产性服务业比重不断加大，但是拥有高技能人才的生产性服务业、满足发展享受型需求的消费性服务业增长速度还不够，在服务业的占比还需要提高，这样才能满足人们对美好生活的需求，才能为产业升级提供有力支撑。从图3我们可以看出，山西生活性服务业比重虽然大于生产性服务业比重，但是与生活相关的服务行业大而不强，不能支撑整个服务业发展的需要，生产性技术要求高的服务业发展速度缓慢，知识密集并且要求高技术含量的服务业行业规模还不大，不能带动整个服务业发展。

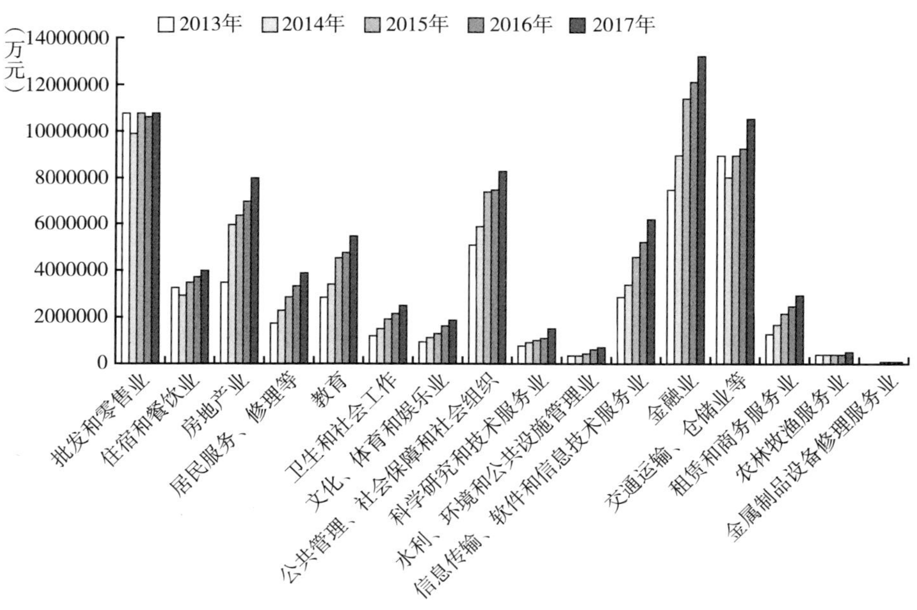

图2　山西2013～2017年各类服务业增加值

资料来源：山西省统计局网。

（三）服务业劳动生产率显著提高

著名管理学者彼得·德鲁克（Peter F. Drucker）在《新生产率的挑战》中指出："对大多数发达国家而言，最优先的经济课题必然是提高知识和服务工作的生产率"，因而提高服务业生产率将成为新世纪国民经济增长的主要路径。本报告中对服务业生产率的研究仅用其劳动生产率的值进行衡量。从图4我们可以看出，山西服务业劳动生产率呈现整体上升趋势，且增长速

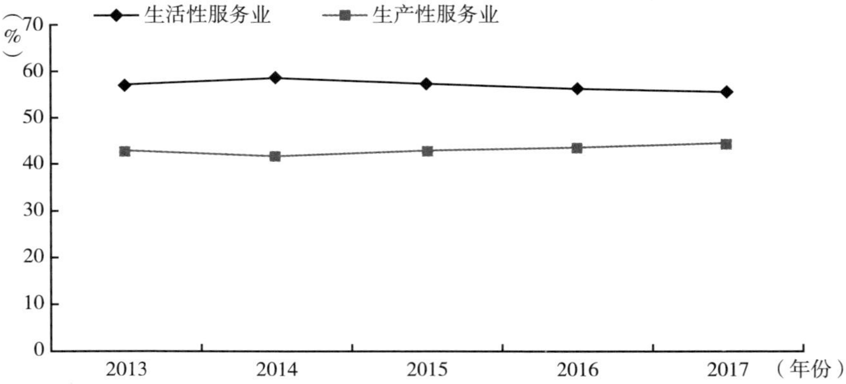

图 3　山西 2013～2017 年生产性服务业与生活性服务业发展趋势

资料来源：山西省统计局网。

度明显高于同期全社会劳动生产率。1952 年，山西服务业劳动生产率人均仅为 844 元，全社会劳动生产率人均仅为 246 元；到 2018 年，山西服务业劳动生产率达到人均 98735 元，全社会劳动生产率则相应提高到人均 88014 元。虽然山西的全社会劳动生产率在不断提高，但是没有服务业劳动生产率提高的速度快。

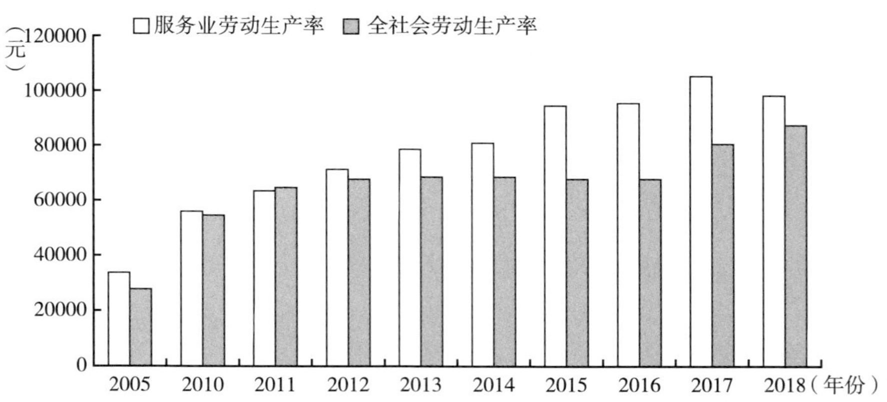

图 4　山西 2005～2018 年全社会劳动生产率与服务业劳动生产率

资料来源：山西省统计局网。

有效稳健地提高劳动生产率可以降低劳动生产成本，促进企业扩大规模，实施规模化生产，从而带动整个行业的提升以及国民经济的增长。有效提高全要素生产率，可以使山西服务业在促进经济稳固增长、调整产业结构、转变发展方式、促进产业转型、防控风险、保障民生等方面凸显其重要性，还可以进一步增强服务业活力。

二　山西服务业发展存在的问题和主要制约因素

经过多年的发展，山西服务业从改革开放前的最后产业一跃成为全省第一大产业，在优化产业结构、提高经济质量、增加就业人员、促使居民消费、提高人民生活质量等方面发挥了举足轻重的作用，逐渐成长为经济增长的助推器，但是相比其他地区，差距仍很明显。

（一）服务业发展环境仍需改善

我们知道服务业的企业受制度环境影响比较大，要想更好地发展服务业就需要有公平的竞争平台，并在强化过程监督上下功夫；同时为了应付服务业内部分工细、专业性强的特点，必须严格审核执法监督机构的监管能力，并提高执法人员的素质。

中国经济发展进入新常态，服务业成为影响人民生活幸福的主导产业。在这个背景下，新一轮山西服务业发展的出发点就成为改善人民生活并全面建成小康社会，为此山西出台了相关的助推服务业高质量发展的制度及政策，但是这些制度不健全，特别是在标准和体系的建设上还不完善。

（二）服务业发展基础仍需提升

发展服务业的关键要素是人力资本，而人力资本中的关键是优秀的专业人才，因此服务业的发展离不开大量专业人才。山西近五年来服务业就业人员所占比例虽然在不断提高，但就业人员同比增加最多的产业主要集中在金融业、租赁业以及交通运输业这三个行业，而一些知识密集、高技术含量的现代服务业的中高端专业人才缺口还比较大，供给仍然存在不足。在一些综合性人才方面，比如既懂农业生产又懂线上营销的人才更是少之又少。另外，各类院校对服务业人才的培养也有待于强化，各类职业学校及高等院校在培养人才上缺少计划安排，不能适应市场的需求。

（三）服务业发展方式仍需改进

2019 年，山西服务业增加值达到 8748.87 亿元，占全省 GDP 的 51.38%，对山西 GDP 增长的贡献率完成了 59.8%，但是相比于全国平均服务业占比仍低于 2 个百分点，相比于发达省区市更低。山西服务业在中部地区也相对落后，与国内其他发达省区市相比差距更加明显，从表 1 中可以看出，山西服务业增加值排在全国第 20 位左右。

山西是典型的不可再生资源型经济区，受限于地域经济的特点，服务业的发展有不少难题，而且多年来发展形成的产业结构存在刚性及路径依赖，也对服务业壮大有一定的阻碍。但是传统的服务业如交通运输业、仓储业、邮政业、批发零售业及餐饮业，这些产业的持续增长仍快于与现代服务业相适应的新兴服务业如金融保险业、房地产业、计算机服务业和软件业等。

表 1　2009～2018 年全国服务业增加值

单位：亿元

地区	2009 年	2010 年	2011 年	2012 年	2013 年
北京市	9179.19	10600.84	12363.18	13669.93	15348.61
天津市	3405.16	4238.65	5219.24	6058.46	6979.6
河北省	6068.31	7123.77	8483.17	9384.78	10279.12
山西省	2886.92	3412.38	3960.87	4682.95	5311.18
内蒙古自治区	3696.65	4209.03	5015.89	5630.5	6236.66
辽宁省	5891.25	6849.37	8158.98	9460.12	11033.12
吉林省	2756.26	3111.12	3679.91	4150.36	4707.7
黑龙江省	3371.95	4040.55	4918.09	5540.31	6134.12

续表

地区	2009 年	2010 年	2011 年	2012 年	2013 年
上海市	22842.96	21191.54	19662.9	17022.63	15275.72
江苏省	13629.07	17131.45	20842.21	23517.98	27197.43
浙江省	9918.78	12063.82	14180.23	15681.13	17948.72
安徽省	3662.15	4193.69	4975.96	5628.48	6572.14
福建省	5048.49	5850.62	6878.74	7737.13	8664.66
江西省	2637.07	3121.4	3921.2	4486.06	5108.66
山东省	11768.18	14343.14	17370.89	19995.81	23221.51
河南省	5700.91	6607.89	7991.72	9157.57	11475.7
湖北省	5127.12	6053.37	7247.02	8208.58	9974.92
湖南省	5402.81	6369.27	7539.54	8643.6	10077.39
广东省	18052.59	20711.55	24097.7	26519.69	30503.44
广西壮族自治区	2919.13	3383.11	3998.33	4615.3	5427.94
海南省	748.59	953.67	1148.93	1339.53	1644.14
重庆市	2474.44	2881.08	3623.81	4494.41	5968.29
四川省	5198.8	6030.41	7014.04	8242.31	9551.36
贵州省	1885.79	2177.07	2781.29	3282.75	3812.15
云南省	2519.62	2892.31	3701.79	4235.72	5032.3
西藏自治区	240.85	274.82	322.57	377.8	438.07
陕西省	3143.74	3688.93	4355.81	5009.65	5832.14
甘肃省	1363.27	1536.5	1963.79	2269.61	2740.65
青海省	398.54	470.88	540.18	624.29	766.06
宁夏回族自治区	563.74	702.45	861.92	982.52	1107.17
新疆维吾尔自治区	1587.72	1766.69	2245.12	2703.18	3434.13
地区	2014 年	2015 年	2016 年	2017 年	2018 年
北京市	16627.04	18331.74	20594.9	22567.76	24553.64
天津市	7795.18	8625.15	10093.82	10786.64	11027.12
河北省	10960.84	11979.79	13320.71	15040.13	16632.21
山西省	5678.69	6789.06	7236.64	8030.37	8988.28
内蒙古自治区	7022.55	7213.51	7937.08	8046.76	8728.1
辽宁省	11956.19	13243.02	11467.3	12307.16	13256.95
吉林省	4992.54	5461.14	6273.33	6850.66	7503.02
黑龙江省	6883.61	7652.09	8314.94	8876.83	9329.72
上海市	13785.45	12199.15	11142.86	9833.51	8930.85
江苏省	30599.49	34085.88	38691.6	43169.73	47205.16
浙江省	19220.79	21341.91	24091.57	27602.26	30724.26

续表

地区	2014 年	2015 年	2016 年	2017 年	2018 年
安徽省	7378.68	8602.11	10018.32	11597.45	13526.72
福建省	9525.6	10796.9	12353.89	14612.67	16191.86
江西省	5782.98	6539.23	7764.93	8543.07	9857.24
山东省	25840.12	28537.35	31751.69	34858.6	37877.43
河南省	12961.67	14875.23	16909.76	19308.02	21731.65
湖北省	11349.93	12736.79	14351.67	16507.38	18730.09
湖南省	11406.51	12759.77	14631.83	16759.07	18888.65
广东省	33223.28	36853.47	42050.88	48085.73	52751.18
广西壮族自治区	5934.49	6520.15	7247.18	8194.11	9260.2
海南省	1815.23	1972.22	2198.9	2503.35	2736.15
重庆市	6672.51	7497.75	8538.43	9564.03	10656.13
四川省	11043.2	13127.72	15556.29	18389.74	20928.75
贵州省	4128.5	4714.12	5261.01	6080.42	6891.37
云南省	5542.7	6147.27	6903.15	7833	8424.82
西藏自治区	492.35	552.16	606.46	674.55	719.01
陕西省	6547.76	7342.1	8215.02	9274.48	10450.65
甘肃省	3009.61	3341.46	3701.42	4038.36	4530.1
青海省	853.08	1000.81	1101.32	1224.01	1350.07
宁夏回族自治区	1193.87	1294.41	1438.55	1612.37	1775.07
新疆维吾尔自治区	3785.9	4169.32	4353.72	4999.23	5584.02

资料来源：国家数据网。

三　推进山西服务业高质量发展的政策建议

（一）高质量发展，对标高标准，寻求新体制

建立服务业高质量发展标准体系，需要新的监管政策、监管方式以及监管队伍，才能与新经济、新服务相适应。坚持底线思维，创新监督管理思路，从而提高制度文件的时效性以及灵活性。以“政府管理平台，平台制

定细则”为基本原则，在风险可控前提下，在一些方面实施一体化管理，比如质量控制、税收征管以及消费维权等方面。

放宽服务业准入机制，改变服务业部分垄断经营现象，建立规范、公平、透明的准入制度，形成与之相配套的政策体系；在服务业的重点领域建立安全预警机制，建立健全司法保障体系，完善商事争议解决体系；健全和完善鼓励金融行业发展的政策，增强信贷扶持功能，支持企业信贷产品；探索优化中小企业银行账户服务，解析新技术和新方法。为更好地满足中小企业筹集资金的要求，支持金融机构依靠线上网络技术，打通企业筹集资金“最后一公里”。加大金融机构对中小微企业、民营企业、科创企业等的金融支持力度，为经营困难或资金短缺的企业提供金融政策扶持，重点加强对疫情防控重点企业复工复产的支持力度。

（二）高质量发展，建设集聚区，寻求新布局

山西中部生产性服务业密集区以提升产业能级为重点，重点发展金融行业、研发设计、信息技术业、现代物流业、商务咨询、人力资源、检验检测、煤炭焦炭物流、融资租赁等现代高端服务业。深入推进太原市和晋中市成为产业集聚、品牌汇集、功能完善的我国中西部地区生产性服务业发展先导区和示范区。引导阳泉市和吕梁市构筑太原—晋中生产性服务业核心区域，横向承接产业转移示范区和功能拓展区。

促进山西北部生产性服务业特色发展，充分发挥雁北地区煤炭资源优势，结合雁门关生态畜牧经济区的发展，推动煤炭现代化物流、节能环保服务等技术密集型生产性服务业发展，依托大秦线及北同蒲线等交通轴线，加快促进晋北现代煤化工园区转型升级，将雁北地区打造成中西部地区生产性服务业大省的重要支撑。

强化山西南部重点生产性服务业集聚区示范引领，结合南部区域自身发展的基础和优势，构建辐射整个南部区域的格局，黄河金三角示范区重点发展金融服务、信息技术服务、电子商务、康养产业、人力资源等，打造经济活跃增长极，成为山西服务业对外开放的新引擎。

（三）高质量发展，创新融合带，寻求新契点

山西正处于发展最为关键的窗口期，也是转型综改至关重要的攻坚期，面临的主要任务是调整优化产业结构，加快构建现代服务业产业体系，达到山西转型综改的要求，要极力发挥服务业对经济增长的带动作用。把产业链的延伸作为产业融合的突破口，推动制造业衍生服务项目，促进传统农业生产与技术密集的服务业相融合。

一是推动农业生产与现代技术密集型服务业融合，以产品到产业，再到园区建设为推进融合的路径，促进传统手工方式的农业向现代技术型农业转变。结合农业市场需求，努力构建和完善农业发展综合服务体系，以发展农村科技、农村旅游、农产品线上营销、农村金融、涉农物流等产业。二是促进制造业服务化，主要是在面向服务的制造上，例如根据市场需求快速做出反应，实施高效、精准的生产。这样的生产性服务业与第二产业中的制造业的融合，与传统制造业的模式相比，既有利于制造业向后延伸，将服务业融合于制造业发展，发挥服务业的作用，又有利于制造业企业自身适应全省转型综改的方向，找到合适的发展方向。形成服务业与制造业相互协调、相互支撑的格局，推动传统制造业向研发、现代物流、营销等上下游延伸。三是创建适合三次产业融合发展的有利市场环境，全面落实营业税变为增值税会计政策，贯通服务业内部以及与第二产业之间的抵扣链条，切实消除企业经营过程中的重复征税，在税收上不给企业增加额外负担。

（四）高质量发展，培养新人才，寻求新突破

服务业是一个以“人”为本的行业，人才是服务业高质量发展的基本点，提高企业竞争力的节点是要引进或者内部培养出技术高、知识广的人才。近年来，虽然山西服务业人才结构在不断改善，但是也要看到，山西服务业对高层次、高技能人才的需求仍然较大，特别是当前形势下，技能型人才的缺口尤为显著。

首先，要顺应疫情后行业发展的新态势，以人为本的重点行业如医药行

业、大健康行业、餐饮业等面临更大的需求。生物制药行业需要强化生产与教学相融合、各种供给与需求相对接，开展工作与学习两不误、学校与企业互相合作的人才培养模式，促进急需人才在该领域内有序调度。疫情期间餐饮业需要更高要求的人才，这些人才需要具备基本的餐饮服务技能，同时更需要有良好的自身防护能力，这样才能符合这个特殊时期的人才要求。其次就是满足生活需求的电子信息业、电子商务业及物流服务业，疫情过后这些行业将会蓬勃发展，一些“线下”的发展不断向“线上”转化，带动这些产业实施“创新化发展”，这时就要寻求与前进过程中的需要相匹配的人才。最后就是在人力资本投资上，投资方向要适应实际需求，以方向性的倾斜、方向性的激励，培育复合型人才。

（五）高质量发展，培育新骨干，寻求新品牌

一个产业要实现高质量发展，就要从壮大企业出发，培育龙头企业以及激活中小企业，因为企业是产业发展的载体，也是产业发展的推动者。山西服务业的龙头企业中，有影响力的品牌企业还不够多。

壮大山西服务业企业，首先要培育龙头企业，将一些经营效果不佳但不符合退出的企业通过并购、联合或者控股等多种方式进行资产重组，使其成为一个龙头企业，再通过龙头企业对整个行业进行辐射带动，推动整个行业健康良好发展；还可以引导重点企业“走出去”，与其他地区的大企业联合发展，进一步壮大企业。培育壮大山西现代金融业、现代物流业、通航产业及数字创意产业等战略性新兴产业。其次要激活中小企业的活力，中小企业的发展活力通过各种手段融合后，催生新的发展模式，使中小企业壮大，充实该行业的力量。再次政府要给予良好的金融政策环境，缓解中小企业在疫情过后经营上的资本短缺，或者筹集资金困难的问题。最后重点发展山西的新品牌即康养产业，疫情后健康养生将成为人们的关注重点，山西作为康养产业的试点要在政策及资金力度上倾斜，推进大同、忻州面向京津，中部晋中市、南部长治市和晋城市面向河北、河南的度夏康养产业发展。

（六）高质量发展，打开新路子，寻求新优势

高质量发展，就不能闭门造车，需要吸收新经验、新方法，吸收发达国家的资金及其先进的技术、管理方法和营商模式，集聚资源要素，提升山西服务业整体水平和在国际市场上的占有率。

首先“走出去”就要引入资金和技能型人才，发展高层次的技能人才，加大资本投入，将资本和先进技术引入知识密集型生产性服务业如金融业、信息技术业、服务业等领域，特别是目前山西发展速度尤为缓慢的生产技术性服务业中的某些行业，将这些领域开放有助于吸收外来的资本和人才以及管理方法，提升自身发展竞争力，打造出有规模、有影响力的主导产业。积极对接科技发达国家和外贸市场，利用网络信息等技术，使用线上经营，建设好中国（太原）跨境电子商务综合试验区。其次，建立起“走出去”的服务平台，农业上打造省级“南果、中粮、北肉”出口平台，建立山西在科技、人才、医疗、文化旅游等方面与京津冀、长三角、粤港澳大湾区深度合作的具体方案，发展服务外包，支持企业参与分销、零售等服务业，支持有条件的企业进行跨国研发、营销，提升企业资金有效利用的能力和资源有效配置的能力。

参考文献

［1］Peter. F. Drucker, “The New Productivity Challenge,” *Harvard Business Review* 1991 (11): 70 –77.

［2］《国家发展改革委、市场监管总局联合印发〈关于新时代服务业高质量发展的指导意见〉》，发展改革委网，2019 年 10 月 21 日，http://www.gov.cn/xinwen/2019 –10/21/content_ 5442894.htm。

［3］夏杰长：《服务业高质量发展助力中国经济行稳致远》，《光明日报》2019 年 6 月 4 日，第 16 版。

B.10 山西推进能源革命综合改革试点的政策研究

常 涛　陈思彤*

摘　要： 深入开展能源革命综合改革试点是党中央赋予山西的重大使命，更是推动山西资源型经济转型发展的历史机遇。本报告深入剖析了山西能源革命的发展现状，发现近年来山西在政策支持、能源供给、能源消费、能源技术、体制机制、对外开放等方面取得了较大进展。但在山西能源革命发展过程中，仍存在优质能源供给、科技创新与人才支撑和对外合作亟待加强，能源消费结构相对不均衡，体制机制相对落后等问题。针对山西能源革命发展过程中的各种问题，本报告提出坚定不移提高能源供给体系质量效益，构建清洁低碳用能模式，推进能源科技创新和相关体制变革，扩大能源对外开放等政策建议，为山西推进能源革命综合改革试点提供突破性路径，充分发挥山西在推进全国能源革命中的示范引领作用。

关键词： 资源型经济转型　能源革命　山西能源革命综合改革试点

* 常涛，山西大学经济与管理学院、山西大学中国中部发展研究中心，博士、教授、硕士生导师，主要研究方向为科技创新、知识管理与人力资源管理。陈思彤，山西大学经济与管理学院，硕士研究生。

能源是国家强盛的动力，是人类赖以生存和发展的物质基础，国民经济的发展离不开能源革命。能源革命是一场跨行业、跨领域的改革，它并不是指对能源进行简单代替，而是意味着整个能源领域的全局性变革。开展能源革命综合改革试点，对破解深层次矛盾具有关键作用。作为全国首个能源革命综合改革试点，山西肩负引领全国能源革命的责任。坚定不移地推进能源革命综合改革试点，是国家战略层面的要求，更是实现山西产业转型升级、经济高质量发展的重要支撑。

目前，山西围绕能源革命综合改革试点提出了多项任务举措，能源革命取得了较大成绩。但是，与打造全国“能源革命排头兵”的要求相比，山西在优质能源供给、能源消费结构、科技创新与人才支撑、体制机制改革、对外合作等方面还存在一些问题，仍有待进一步完善。因此，山西以打造全国“能源革命排头兵”为战略定位，以服务全省经济转型为战略目标，破解能源供给、消费、技术与体制革命以及对外合作等方面的难点，加快建设现代化能源体系。

一　山西能源革命发展现状

（一）近年来取得的进展

近年来，山西省政府高度重视推进能源革命的工作，在政策支持、能源供给、能源消费、能源技术、体制机制、对外开放等方面取得了一定进展。

1. 政策支持得到加强

在政策支持方面，山西在国务院印发的《关于支持山西省进一步深化改革促进资源型经济转型发展的意见》的指导下，成立了山西省打造全国“能源革命排头兵”领导小组，并结合山西省情出台了《山西打造全国能源革命排头兵行动方案》《贯彻落实国务院支持山西省进一步深化改革促进资源型经济转型发展意见行动计划》等纲领性文件，对山西能源革命工作统筹部署。随后，山西省委在中央全面深化改革委员会第八次会议审议通过的《关于在山西开展能源革命综合改革试点的意见》的指导下，颁布了《山西省人民政府办公厅关于加快推进和全面深化国家标准化综合改革试点工作的通知》《山西能源革命综合改革试点行动方案》《山西能源革命综合改革试点2019—2020年工作任务清单》等相关政策性文件，旨在深入推进能源革命，从而推动全省高质量转型发展。此外，《山西能源革命综合改革试点变革性、牵引性、标志性重大举措》明确指出，要变革新能源发展模式、推动能源消费方式变革、加快科技创新能力建设与能源领域国有企业改革等举措。这些政策的制定与出台都体现了山西省政府对开展能源革命的强有力的政策扶持。

2. 能源供给革命成效显著

一是煤炭行业集约化水平显著提高。目前，山西煤矿企业集团已达到一定规模，亿吨级的煤矿企业集团数量达到了4个，5000万吨级以上的煤矿企业集团数量达到了3个，煤矿数量由最多时的1万多座减少到现在的978座，煤炭最大矿井规模达到了2000万吨，平均单井规模达到了157万吨/年。二是煤炭去产能成效明显。2016～2019年，山西三年共退出过剩产能11556万吨，先进产能占比达到了68%，退出落后产能和发展先进产能居全国领先水平。三是清洁能源供给不断加大。山西大力开展“弃风电力制氢能源互联网的研究与示范”等重大科技项目，积极成立山西省氢能源及燃料电池产业战略联盟，持续推进氢能产业布局，同时不断加大对新能源的投入，全省风电、光电、水电等新能源装机占比持续上升，光伏发电领跑者基地规模位居全国第一。

3. 能源消费革命成效显著

一是能源消费总量快速增长。2005～2017年，山西能源消费总量不断增长，由原来的12311.92万吨增长为20057.23万吨，增长了62.9%。二是能源消费结构不断优化。2018年山西能源消费构成中，煤品消费占84.05%，与2005年相比，下降了9.78个百分点；天然气消费占4.35%，提高了4个百分点；油品消费占5.57%，与2005年相比，提高了1.2个百分点；清洁能源占9.59%，与2005年相比，提高了8.65个百分点。三是能耗强度显著下降。单

位 GDP 能耗显著下降，2016～2018 年，山西该项指标累计降低 10.44%，已完成“十三五”下降目标（15%）的 67.8%；工业节能降耗成效突出，与 2005 年相比，2017 年山西该项指标下降 44.38%，其中年均下降 4.41%，年均节能 900 万吨标准煤，在全社会节能量中，工业节能量占到了 80%。

4. 能源技术革命成效显著

一是积极打造能源领域科技创新平台。目前，山西在能源领域已经拥有 10 个重点实验室和 12 个省级工程技术研究中心，同时还发展了一批国内知名的先进能源企业，具备了较强的技术支撑能力，并开发出一批新技术、新工艺。二是积极推动能源技术创新。重点围绕智能电网、风光发电、氢能、碳纤维等能源相关产业开展前沿技术攻关，加强推广清洁高效锅炉、柔性电力等先进适用技术。例如，成功实施碳燃料电池关键技术与装备开发项目，实现了煤经气化再通过固体氧化物燃料电池发电的全流程工业示范。三是科技成果和产品不断涌现。山西能源领域相继涌现了具有国内领先水平的成果和产品，例如 T1000 碳纤维、晋华炉等。其中，名列全球前 5% 最具技术和成本竞争力的光伏电池是由晋能集团清洁能源科技股份公司生产的，该公司还是首批通过国家“领跑者”认证的光伏电池、组件制造的企业。

5. 能源体制革命成效显著

一是深化电力体制改革。山西作为第一个推行现货市场交易试点模拟运行和结算试运行的省，积极号召省内能源领域相关企业出资，成立了山西电力交易中心，推动电力现货市场建设进入实操阶段，同时积极扩大电力直接交易，全面放开煤炭等电力市场，市场放开比例位于全国前列。二是深化能源领域国企改革。山西省委与省属煤炭类国企根据山西转型发展目标签订了“军令状”，明确提出了省属国企要率先实现结构反转的目标。以标杆企业为依托，推动能源领域各企业进行兼并重组，同时对产业上游资源、中游业务、下游市场各类主体分类、分层整合重组，促使企业全产业链一体化发展。

6. 能源对外开放成效显著

一是大力开展电力跨省跨区交易。山西与兄弟省份积极探索燃煤机组和新能源机组按比例打捆外送，共同开展省外电力市场新模式，同时山西全面落实省间交易计划，不断加强晋电外送通道建设，积极与受电省市进行沟通交流，组织新能源企业开展跨省替代燃煤火电交易，丰富晋电外送的品种。二是积极构建能源信息平台。山西成功举办了太原能源低碳发展论坛和2019能源革命展，吸取了能源领域的先进理念和成功经验。三是加大能源企业合作力度。山西省内一大批煤焦及装备制造领域的企业不断加强与全球能源领军企业的合作，积极参与“一带一路”建设，在装备制造、煤化工等领域与相关国家进行了对接。

（二）发展中存在的问题

1. 优质能源供给有待提升

虽然山西不断推进能源供给革命，但是优质能源供给占比仍有待提升。首先，需要严格控制焦化产能。山西将核定产能和建成产能差额作为新建、扩建焦化项目产能置换指标，但是一些地方和部门不作为，没有制定减量置换、锁定挂钩的实施细则，导致焦化产能仍在扩张。其次，需要破除新能源发电的限制因素。建厂选址、地域、季节、原材料等因素对新能源发电有很大的影响。例如，在建厂选址上，山区或海边比较适合风力发电，因为它们具有丰富的风能资源；较大规模的空地有利于太阳能发电；在地域、季节上，光照强弱和风力大小会影响太阳能发电及风能发电，而季节、设备、原料等多种因素都会影响生物质发电。以上各种限制因素均会使发电不稳定，最终导致山西新能源供给占比低。最后，需要加大对新能源行业的投入。新能源发电运行的技术和设备要求高，而且建设风力、太阳能、生物质电厂的投入相当于建设同等规模火电厂的数倍，然而山西相关设备与生产技术滞后，过度依赖进口生产设备，这导致生产成本较高，对新能源行业投入较少。

2. 能源消费结构相对不均衡

虽然山西能源消费已经走向了“清洁化”“低碳化”，但是仍存在能源消费结构相对不均衡的问题。首先，能源消费依赖煤矿。由于山西地理位置特殊，具有丰富的煤炭资源，“一煤独大”的特征尤为明显，长期以来，煤炭都是山西能源消费的主体。尤其是在农村地区，居民煤炭消费总量已达到很高的水平，而大规模的煤炭燃烧导致了较高的大气污染物排放量，进而使环境污染严重。其次，第二产业能源消费结构不合理。从三次产业结构看，山西能源消费大户来自第二产业，重工业在第二产业中占很大的比重，轻工业占比却很小，而高耗能行业又是重工业能源消费的主力军，导致过多的能源被消耗。最后，能源利用效率低下。不当的开采利用方式，使能源开采和利用过程中采易弃难、采厚弃薄等现象较为严重，最终导致资源被严重破坏和浪费。

3. 科技创新与人才支撑有待加强

虽然山西一直在大力推进能源技术革命，但是科技创新与人才支撑仍有待加强。首先，科技产出能力有待加强。与沿海发达城市相比，山西缺乏区位优势，导致信息和技术相对滞后，无法及时吸取同行业的先进技术经验，科技产出能力得不到提升。其次，成果转化力度有待加强。高校是科技创新的主力军，企业是科技成果的主要完成单位，高校和科研机构主要通过技术转让、科技成果展览会等方式与企业进行合作，然而高校科技成果大多不够成熟，不太适用于科技成果展览会等方式，导致两者之间对接不流畅，科技成果转化不及时。最后，人才吸纳和培养有待加强。能源行业人才激励机制和政策不完善，存在晋升空间小、待遇偏低等问题，以致人才流失严重、高层次人才匮乏；能源类高校学科专业建设薄弱，办学经费投入不足，影响了能源类人才的培养质量。

4. 能源体制机制相对滞后

虽然山西一直在努力破除体制机制障碍，但是，仍存在体制机制改革相对滞后的问题。首先，政府和市场的边界界定不清晰。政府对生态环保、市场配置、价格机制过度管控，对微观经济干预过多，导致企业未能在能源领域掌握主动权。同时相关企业和管理体制机制未能及时调整自身角色与定位，影响了煤炭资源配置与整合、企业兼并与重组、行政力量的展现与推动，导致能源产业转型升级缓慢。其次，能源市场未能大幅度放开。例如，电力生产销售市场放开程度不足，导致了资源浪费。最后，能源投资项目核准方式创新不足。能源投资项目核准流程不科学，缺乏动态灵活的调整性，而且核准时存在“所有权歧视”“区域性歧视”现象，导致国有能源企业一股独大，投资主体较为单一，进而引致能源项目配置低效率。

5. 对外合作亟待加强

虽然山西近年来在能源领域加强了对外合作，但对外合作仍亟待加强。首先，对外开放意识有待加强。“引进来”意识有待加强，山西在引进国际先进能源项目、设备和优秀科技人才方面的意识还不够强，严重制约了新能源产业的快速发展；“走出去”意识有待加强，部分企业未能充分了解国际市场，对自身参与国际竞争没有清晰的认识，同时缺乏对潜在的市场空间、商业模式的整体研判，导致企业对外开放程度不足。其次，有待建立统一的制度。由于缺乏有效的国内国际联动机制，企业在应对突发情况、整体统筹方面仍有欠缺，同时由于缺乏有效的协调和纠纷解决机制，合作双方无法迅速解决能源合作项目中出现的矛盾与问题，从而影响能源合作的推进。

二　山西能源革命综合改革试点的基本思路及对策建议

（一）基本思路

全面贯彻落实《关于在山西开展能源革命综合改革试点的意见》中提出的关于推进山西能源革命的各项要求，充分发挥能源革命在推动产业优化发展、促进经济转型升级等方面的重要作用，为我国能源转型升级提供经验。坚持以改革为要，有效破解制约山西能源革命发展的难点，坚定不移推进能源供给侧结构性改革，着力构建清洁低碳用能模式，推进能源科技创新和相关体制变革，不断提高能源革命对外交流合作水平，最大限度地激发全省能源领域各类主体的内生动力，通过改革焕发出加快能源高质量发展的强大创造力，促进经济高质量转型发展。

（二）对策建议

1. 提高能源供给体系质量效益

依据山西资源优势和经济发展规模，要不断优化能源供应结构，完善能源输配网络，以绿色低碳为发展方向，推进能源供给清洁低碳转型升级，使能源供给稳定化、网络化、多元化发展。

优化能源供应结构。以智能化改造为引领，深入开展分质分级梯级利用和多举措探索废弃矿山再利用，推进煤矿开采方式变革。稳步开展“三气”共采，加快“采煤采气一体化”，重点推进致密气区块、已有煤层气开发区块稳产增产，积极建设国家非常规天然气基地。加快建设风电、光伏基地，推动风电、光伏平价、竞价上网。着力开展“氢能+”产业集群，在氢能布局上实现氢能创新链和产业链。

完善能源输配网络。强化城市电网建设，加强对农村电网改造升级的资金补贴支持，稳步推进农村电网改造升级工程，开展覆盖城乡的智能、高效、绿色变电站建设。加快建设“互联网+智慧能源”，打造山西能源云、能源大数据和能源互联网。推进微网系统建设，鼓励社会资本积极参与建设循环经济园区分布式能源，构建多种能源形态协同转化的供能新模式。

2. 构建清洁低碳用能模式

根据山西经济发展规划和用能预期，要坚持调整优化能源消费结构，提高三大重点领域能效，从根本上扼制不合理消费，提高能源消费领域的节能降耗，加快建设能源节约型社会。

调整优化能源消费结构。重点关注高耗能产业与产能过剩行业，控制约束能源消费总量，建立健全能源消费强度和消费总量“双控”机制，积极开展煤炭消费等量、减量替代行动。实行散煤治理，完善管网、储气调峰设施，加大天然气管网建设力度，积极扩大天然气利用规模，完善太阳能、风能、生物质等清洁能源的送出和消纳途径。

提高三大重点领域能效。大力实施工业能效提升行动计划，推广应用先进工艺技术和装备，推行能效对标达标考核制度，建设工业企业能源管控中心。大力推动新能源建筑建设，推广应用新型节能环保材料。以新能源公交车应用为重点，在公交、出租、环卫、邮政、公安、物流等领域扩大新能源汽车应用比例，鼓励公交出行和非机动车出行。

3. 强化能源科技创新与人才支撑

能源革命的发展离不开科技创新和人才支撑。山西要加快先进能源技术研发创新，加快研发新型能源装备，奋力抢占能源领域科技制高点，将其打造成能源科技创新策源地。同时，要大力培养高层次能源人才，为能源转型提供智力载体。

加快先进能源技术研发创新。依托山西转型综改示范区内的山西华仕低碳技术研究院、清华大学山西清洁能源研究院等新型研发机构，聚焦煤基资源高端转化、先进储能、氢能等前沿技术，开展储层三维精细地质建模及软件研发等关键技术攻关。

加快研发新型能源装备。大力发展清洁能源装备、智能装备等装备制造业，积极打造“能源装备制造商”。依托龙头企业集团，加快建设煤化工装备、光伏风电装备制造业等新型能源基地。

大力培养高层次能源人才。加强对能源领域科技创新人才团队的支持力度，尽快完善能源行业人才激励机制和政策，解决晋升空间和待遇偏低问题。推进校园和企业共同合作，创新能源领域人才合作培养机制。引进能源类高科技人才，建立专家服务团队，完善专家工作体系。

4. 深化能源体制改革

能源体制改革是能源革命的基石。山西要努力破除制约本省能源发展的体制机制核心症结，加强能源市场建设，推进能源价格改革，充分激发能源发展活力，提高能源市场化水平。

加强能源市场建设。进一步放开能源竞争性领域，健全能源商品现货交易，发展能源金融服务。积极稳妥推进中长期交易、现货交易、电力辅助服务市场协调发展，大力开展电力现货市场试运行，全面实行煤层气矿业权退出机制。加大政策倾斜力度，鼓励民间投资积极参与能源领域项目建设。

推进能源价格改革。理顺煤层气价格机制，落实煤层气发电价格政策，持续推进阶梯式能源价格改革。规范政府对输配电、天然气管网的管制，制订配套电改方案，降低电网环节收费，全面放开电力、石油等领域的市场交易。

5. 扩大能源对外开放

国际交流合作是能源科技创新的助推器。山西要以开放的心态推动能源转型发展，构建能源信息平台，加强能源互联互通，加快构建内陆地区对外开放新高地，以更高水平的开放促进改革发展，激活转型综改。

构建能源信息平台。以建设具有国际影响力的科教融合学院为宗旨，加快建设中国科学院大学太原能源材料学院。以太原能源低碳发展论坛和中国（太原）国际能源产业博览会为桥梁，积极塑造知名会展品牌。加快构建能源信息互联平台，实现能源信息实时交互。

加强能源互联互通。加快管网互联互通和储气能力建设，不断增强包括河北雄安新区在内的京津冀地区清洁能源供应能力。加大与“一带一路”沿线国家的合作，加快推动与中东欧、独联体国家能源合作项目建设，积极引进国外先进的能源技术和高端人才，拓展山西与世界能源体系融合的广度和深度。

参考文献

[1] 韩健、孙飞：《能源领域“放管服”改革：进展、问题与出路》，《理论探索》2018 年第 1 期。

[2] 王雅秋、李桂平：《山西打造全国能源革命排头兵的内在逻辑、现实困境与突破路径》，《经济问题》2020 年第 1 期。

[3] 魏楚、王丹、吴宛忆、谢伦裕：《中国农村居民煤炭消费及影响因素研究》，《中国人口·资源与环境》2017 年第 9 期。

[4] 蒋钦云、刘建国、朱跃中：《改革开放 40 年能源国际合作回顾及新时代推进建议》，《宏观经济管理》2018 年第 12 期。

[5] 《“山西煤炭工业巨变 70 年奋进新时代”座谈会召开》，山西省能源局网，2019 年 12 月 27 日。

[6]《2020 年山西省政府工作报告》，山西省人民政府网，2020 年 1 月 17 日。
[7] 山西省统计局、国家统计局山西调查总队编《山西统计年鉴 2006》，中国统计出版社，2006。
[8]《能源工业成就瞩目　节能降耗成效显著——新中国成立 70 年山西经济社会发展成就系列报告之五》，山西省统计局网，2019 年 9 月 4 日。
[9]《能源工业谱新篇　节能降耗显成效——改革开放 40 周年山西经济社会发展成就系列报告之六》，山西省统计局网，2018 年 10 月 30 日。
[10]《科技创新激起能源革命层层浪》，《山西经济日报》2019 年 11 月 28 日，第 1 版。
[11]《能源革命　探路领跑》，《山西日报》2019 年 12 月 24 日，第 6 版。

B.11
山西战略性新兴产业创新政策研究*

李智俊**

摘　要： 战略性新兴产业是山西资源型经济转型的重要支柱，有针对性地对战略性新兴产业政策进行本土化顶层设计，有助于提升科技政策的有效性。本报告分析了山西战略性新兴产业政策的现状及存在的问题，认为政策能够引领战略性新兴产业的发展方向，构筑战略性新兴产业的保障体系，提升战略性新兴产业的竞争能力，主要的问题在于政策缺乏科学性、系统性和可持续性。最后结合地方实际，本报告认为应该科学制定产业发展政策，优化战略性新兴产业发展的竞争环境，培育和壮大民营经济，加强政府部门间的协调沟通。

关键词： 山西　战略性新兴产业　创新政策

一　山西促进战略性新兴产业发展政策概述

自2010年正式确立了战略性新兴产业的发展方向以来，山西战略性新兴产业逐渐形成了良好的发展基础，成为带动地方经济由疲转兴的中坚力

---

* 本报告为山西省软科学项目（项目编号：2017041001－2、项目编号：2018041049－3）、山西省高校哲学社科研究项目（项目编号：201803006）、山西省教育科学规划项目（项目编号：GH－13009）及山西大学人文社科科研项目（项目编号：115533801001）的阶段性研究成果。

** 李智俊，山西大学经济与管理学院、山西大学中国中部发展研究中心，博士、讲师、硕士生导师，主要研究方向为技术创新管理与创业管理。

量。能够取得如此突破性的发展需要市场机制和政府干预的“双管齐下”。山西省政府是发展地方战略性新兴产业的政策制定者和制度提供者，通过增强金融信贷支持、加大科研经费投入、培育创新型人才、培育“专精特新”中小企业、强化产业基础设施建设等诸多举措，扮演十分重要的角色。

（一）制定规划引领战略性新兴产业的发展方向

山西省政府非常重视对战略性新兴产业进行规划引领，制定了《山西省战略性新兴产业发展“十二五”规划》，正式确立了“7+2”重点产业的发展。随后为主动适应经济新常态，又制定了《山西省“十三五”战略性新兴产业发展规划》，以破解“一煤独大”的经济困局。通过这些政策，山西战略性新兴产业的目标、布局、作用等方面有了全面的、清晰的、准确的整体定位，有助于进一步优化山西本土的经济结构，推进现有产业转型升级，提升地方经济发展的质量和效益。

1. 明确战略性新兴产业发展目标，凝聚产业发展动力

《山西省战略性新兴产业发展“十二五”规划》中明确提出要加快培育和发展九大重点产业，通过“看得见的手”和“看不见的手”的协同推动，建立政府干预与市场机制有机结合的培育机制，进而实施创新驱动发展战略，推动战略性新兴产业有序发展。从山西战略性新兴产业整体发展情况来看，2018 年前三季度工业战略性新兴产业的增速为 14.3%，10 月增速为 15.7%，产业发展态势良好，逐步达到战略性新兴产业的发展目标，逐渐成为引领和支撑全省转型发展的重要力量。

面对九大战略性新兴产业的发展，山西省政府针对各自特点，通过明确不同目标，取得了较好的阶段性成果。装备制造业 2018 年前三季度的同比增速达 15.1%，重点领域发展态势良好，“山西制造”开始向“山西智造”转变。新能源产业在风电、太阳能、煤层气发电、生物质能、地热能、智能电网等几大领域的发展较为显著，迈上新的历史发展台阶。新材料产业领域主要是要推进高端化、规模化和集约化水平，而且从 2018 年前五个月的税收增长速度来看，新材料产业同比增长 84.94%，产业发展迅猛，成为新兴

产业发展的新引擎，带动全省经济提质增效。节能环保产业在2018年前三季度增长20.6%，山西在推广节能环保产品、深入实施节能环保重点工程、释放节能环保产品的消费和投资需求、拉动节能环保产业发展等方面做出了新的成绩。2017年生物产业的增速达11.1%，全面提高了“晋药”影响力。煤层气产业发展迅速，开发利用规模稳步增长，燃气使用人口达到2000万人，逐步实现了传统产业转型升级。新一代信息技术产业以电子信息制造、软件服务业、云计算和物联网为代表，在推进产业化和信息化相融合方面，高新企业如雨后春笋般大量涌现。新能源汽车产业的发展非常具有典型性和代表性，从最初的零起步到2017年全年推广量达36217辆，山西新能源汽车产业正在逐步实现配套设施健全完备、产业化水平高、市场应用规模大的发展格局。

山西迈入了新的发展阶段，逐步实现汽车产业的腾达。此外，现代煤化工在煤制油等重点领域已经实现关键核心技术和重大专项的突破，为现代煤炭工业升级起到了示范作用。

2. 精细化支撑体系，确保战略性新兴产业茁壮成长

在我国经济转向高质量发展的阶段，山西需要以产业高质量发展为基础，进而需要人力资源、科技投入、融资渠道、创新平台等多方面的建设来支撑战略性新兴产业的发展。

山西省政府为促进战略性新兴产业的快速发展，出台了相关支撑产业发展的扶持政策，精细化支撑体系，加强支撑体系建设，确保战略性新兴产业茁壮成长。在人才方面，通过“百人计划”工程、“131”领军人才工程、优秀人才科技创新项目等系列人才引进和人才培育工程，以及《山西省深化人才发展体制机制改革财政支持政策》《山西省新兴产业领军人才培育工程实施意见》等文件来完善人才管理体系；在创新平台方面，下发了《山西省科技企业孵化器认定和管理办法》和《关于发展众创空间推进大众创新创业的实施意见》等文件，对现有的47家科技企业孵化器和184家众创空间扶持发展；在科技投入方面，《山西省鼓励投资政策（2017年版）》《山西省科研项目经费和科技活动经费管理办法（试行）》的出台使各个科

研主体在政策支持下加大科研经费的投入，促进科技资源整合；在融资渠道方面，以《关于创新机制推进科技与金融结合的实施意见》为蓝本构建多元化投融资体系；在创新体制方面，通过《山西省科技项目招标投标管理暂行办法》等文件健全战略性新兴产业发展的组织体系和统计监测评估体系。

（二）政策引领构筑战略性新兴产业发展的保障体系

为大力发展战略性新兴产业，山西省政府因地制宜，优化营商环境，积极推出政策措施并在实践中加以落实，全省经济取得了显著提升。总体来看，山西鼓励战略性新兴产业发展的政策主要着眼于以下四个方面。

第一，以财政扶持来引导战略性新兴产业发展。山西省政府充分发挥财政资金的扶持、引导作用，通过各种财政补贴和减税等一系列优惠政策，扶持战略性新兴产业的发展。以新能源汽车产业为例，山西对于列入工信部发布的《新能源汽车推广应用推荐车型目录》的企业给予省级补助，同时鼓励各级政府、公共机关、国有单位在新增、更新车辆时，优先选用新能源汽车，以此来降低新兴产业生产运营者的成本。除了创新战略性新兴产业财政资金支持方式外，山西省政府还有序推广新型商业模式助推战略性新兴产业成长，通过 PPP 模式、配额制度等模式保障战略性新兴产业发展。

第二，以招商引资来推动战略性新兴产业发展。山西雄厚的资源基础和优越的区位优势为招商引资创造了良好的条件，招商引资也成为山西战略性新兴产业发展的重要推动力。“十三五”以来，山西大量重点项目向战略性新兴产业集中，资金投入也向这一领域倾斜，从而为战略性新兴产业激发了新的动力。据统计，2017 年山西共签约战略性新兴产业项目 351 个，总投资额 2817.83 亿元，二者均占当年签约项目总量的 1/3 以上，效应显著、影响深远。从各地市的招商引资情况来看，长治市签订了绿色建材装配式建筑生产基地项目、太阳能光伏屋顶电站项目、墙体保温材料项目，新能源、新材料产业的本土化有了新的立足点和着力点；大同市签约了中关村软件园山西孵化创新平台，为促进山西各市与中关村高端资源要素、人才、技术、资本的互动连接开辟了更宽阔的通道。此外，山西还引进了一大批龙头外资项目，与匈牙利索尔诺克州签署了务实合作框架协议、与蒙古中戈壁省签署了友好合作备忘录；与美国雪佛龙石油公司、美国空气化工公司（AP 公司）、德国西门子公司、捷克诺曼公司、瑞士 ABB 集团、意大利 SIM2 公司等境外重点企业达成合作。除与国外的牵手交流，在国内与长三角、珠三角、京津冀地区以及中部地区其他省均建立了合作交流和产业互动；与格力、美的、台湾瑞智、深圳立讯等国内知名企业建立了合作项目，通过学习借鉴这些企业先进的管理技术与管理理念，激发地方的内生性经济活力，保障了战略性新兴产业的整体发展。

第三，以科技创新政策来提高战略性新兴产业发展水平。“十三五”以来，山西相继出台了《山西省“十三五”科技创新规划》（2016）、《山西省支持科技创新若干政策的通知》（2017）等政策，逐步完善了政策体系，为战略性新兴产业提供了发展保障，全省研发主体进一步充实壮大，巩固了知识创新和技术创新的基础作用。数据显示，2017 年全省有 517 家企业开展 R&D 活动，其中有 25 家企业被认定为国家企业技术中心，涵盖了传统支柱行业和战略性新兴产业；科研机构和高等院校的不可替代作用不断强化，共投入 R&D 经费 23.2 亿元，对全省基础研究经费的贡献达到 99.9%，成为战略性新兴产业建设的原动力。

第四，鼓励科技成果转化提升战略性新兴产业核心竞争力。在加大科研经费投入和推动产学研协同发展的同时，实现经济转型的另一个关键环节是科技成果转化和产业化。2018 年山西出台了《扶持科技成果转化项目实施方案》，设立科技成果转化专项扶持资金，专项扶持资金重点支持新一代信息技术等领域。对于企业、高校及科研机构实施的科技成果转化项目，或者个人拥有的科技成果，转型综改示范区扶持资金按科技成果转化项目投资总额给予 300 万 ~2000 万元的支持。

（三）完善配套政策提升战略性新兴产业竞争能力

为克服“一煤独大”的经济发展困局，山西省政府近几年大力完善战略性新兴产业配套政策，加强咨询服务等生产性服务业发展，积极培育和引进人才，制定更加完善的土地规划，提供配套支持，以提升竞争能力。

1. 金融创新培育战略性新兴产业内的企业发展

为培育行业龙头企业的发展，降低中小企业的融资成本，解决民营企业融资难题，提升山西战略性新兴产业的竞争力，各级政府通过各类规划和举措，创新融资方式，拓展融资渠道，提供了良好的金融环境。

从融资方式来看，在“互联网＋金融”的背景下，创新发展众筹、P2P、第三方支付等类型多样的互联网金融业务模式，为山西现代金融业发展提供了新动能。从融资渠道来看，拓宽战略性新兴产业融资渠道，综合运用直接融资和间接融资渠道，减免金融机构服务收费，改善融资难、融资贵的问题，构建金融合作开放新格局。

2. 人才支持为战略性新兴产业发展提供有力支撑

山西省政府从人才引进与培养两个方面将山西打造成为人才强省。第一，通过“一人一策”“一事一议”的引进政策，大力引进经济转型和高质量发展所需的领军人才。对于入选山西“百人计划”的高层次人才给予资金支持等优惠，并鼓励各类企事业单位调动科研人员的积极性，完善人才引进体系。

第二，加大领军人才培养力度，组织青年骨干和主管干部开展专题培训，鼓励省内高校与企业通过各种方式培养战略性新兴产业专业技术人才，鼓励高校开设战略性新兴产业相关专业，推动企业建立创新实践基地，以培养适应市场需求、熟悉国际规则、具有创新能力的复合型人才。

二　山西战略性新兴产业政策存在的问题

（一）产业政策规划缺乏科学性

山西虽然已经对自身经济结构有了明确认识，但是出台的《山西省“十三五”战略性新兴产业发展规划》中更多侧重于发展九大产业的规模、重点基地、配套工程，缺乏区域间具体的协调机制，对产业本身生命周期发展的客观性认识不充分，政府主导的“大跃进”式发展形态明显，市场化程度不足。针对产业内企业发展的不同阶段，政策扶持上应该更加层次分明、定向明确、区别对待、精准发力。虽然目前在规划中强调要形成“一核两带四板块”的空间布局，但是缺乏具体科学的单个地区规划，未能有效推进布局成型。从目前山西各地区高新技术企业发展现状看（见图1、图2），依旧存在地区不平衡的状况。

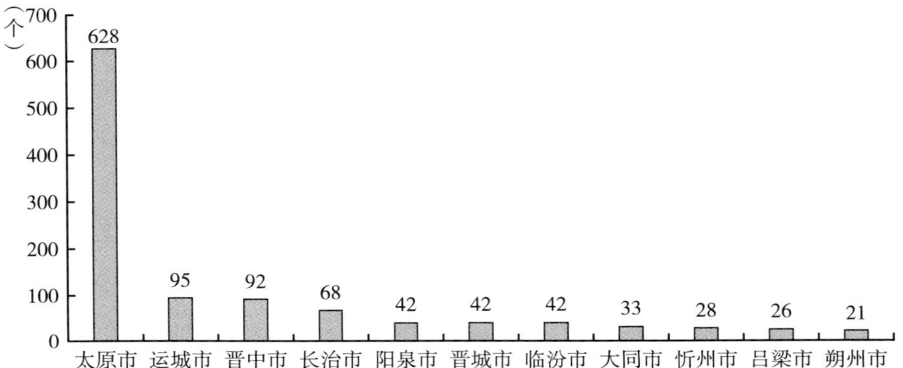

图1 2017年末山西高新技术企业各地区分布数量

资料来源：《山西统计年鉴2018》。

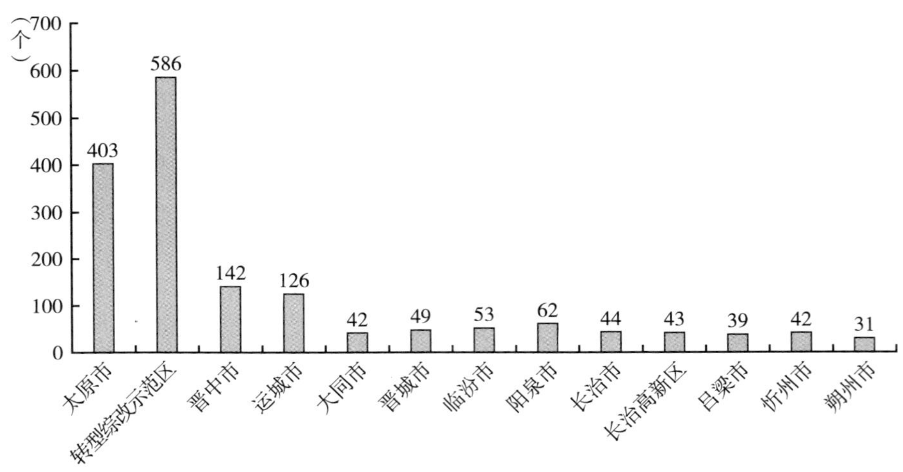

图2 2018年山西高新技术企业地区分布情况

资料来源：山西省高新技术创业中心。

（二）产业扶持政策缺乏系统性

战略性新兴产业有其客观的发展规律，需要健康合理的产业生态，以及针对性强的全方位政策体系，但是山西现有的许多配套政策，大多被包含于“创新创业”“资源转型”等政策中，缺乏针对性。并且山西本土封闭狭隘的思想氛围、传统工业为主的市场环境，以及由此衍生的政策与战略性新兴产业的客观发展规律不能兼容。山西产业政策的不足主要表现在以下三个方面。

第一，财税政策的支持力度不足。山西 R&D 经费投入强度偏弱，科技支出占财政支出的比重增长与全国水平和中部其他省仍有差距。2017 年我国科技支出占财政支出的平均比重达到 4.13%，山西仅为 1.81%，不足平均比重的一半，更不用说与东部沿海省市的巨大差距，情况堪忧。在此不利局面下，R&D 经费投入强度也呈现下降趋势，2016 年 R&D 经费投入强度为 1.03%，2017 年则降为 0.95%，远低于全国同期 2.11%、2.13% 的平均水平，可见这一趋势与全国稳中有涨的趋势完全背离，不利于产业的长期可持续发展。不仅如此，山西 R&D 经费投入也在中部六省中位于末位（见图 3），凸显了山西创新型经济发展的后劲不足，已被其他省份远远甩在身后，未来的发展不容乐观。

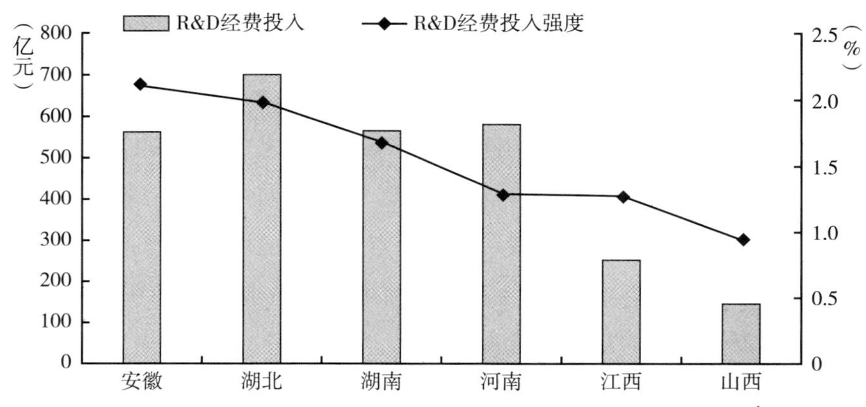

图 3　2017 年中部六省 R&D 经费投入及投入强度

资料来源：中部六省统计局网。

第二，金融政策的扶持力度有待进一步加强，金融环境未能推动战略性新兴产业根本性发展。从金融环境来看，山西的各种利益垄断尚未打破，地方财政机制尚未根本转变，完善的征信机制远未建立，加上信贷审批环节多、时间长，适用于山西资源转型的金融服务体系环境还在探索之中，战略性新兴产业融资占比过低。而企业融资成本高，金融效率低下，存在资金浪费、金融模式创新不足的问题，又反向制约了融资需求。

第三，人才“引得进、留得下、能干事”的创新创业制度体系有待完善。在山西的人才政策中，对人才居住地、人才教育培育长期机制、人才办公场所等配套服务政策仍不够详尽完善，山西虽然出台的相关人才政策数量较多，但是还没有形成系统的体系，政策比较分散，覆盖面仍需提高。同时，很多人才政策涉及的部门、领域较广，需要部门之间密切配合，才能保证这些政策的落实，如果部门合力尚未形成，有可能在政策的执行上出现困难。另外政府部门在发布人才政策时，宣传方式比较单一，许多企业里的员工和全国各地的相关人才不会主动地去了解，无法形成很强的吸引力。

（三）部分产业政策缺乏可持续性，存在短视行为

目前山西战略性新兴产业的部分财政金融政策的支持方式以采用资金和物质激励为主，这种方式可能导致科技型企业对政府资金形成依赖，对市场的配置功能造成负面影响。政府应该是战略性新兴产业发展的支持者，支持政策应该通过优化市场的要素条件、创新条件、需求条件和制度条件来实现间接支持，不能代替市场机制来配置资源。政府应该在可持续发展的理念下，致力于营造适合企业长期发展的符合自然规律的营商环境，使战略性新兴产业的发展行稳致远，而不能为了达到指标，追求“短平快”的经济效益，忽视了事关长远的软环境建设。

（四）产业政策中对政府职能转变重视不足

山西长期以来的“一煤独大”的产业结构和山西企业国有股“一股独

大”的股权结构，导致出现民营成分太弱、私营企业数量过少等一系列的严重后果（见图4）。除煤产业之外的产业配套空心化，缺少多元的承接人才载体，使引进人才成为空话，没有新鲜血液的注入，缺乏创新的主体，致使山西陷入科研投入太少、创新能力不足的“螺旋式下降”的恶性循环中（见图5）。山西高新技术创业中心的调查数据同样显示，2017 年山西创新能力排名继续下滑，排全国第 30 位。分领域看，知识创造提升 2 位，居全国第 27 位；知识获取提升 2 位，居全国第 19 位；企业创新下降 4 位，居全国第 30 位；创新环境提升 4 位，居全国第 27 位；创新绩效下降 7 位，居全国第 30 位。总体上看，导致山西排名下降的指标主要是企业创新和创新绩效，即政府注重科技创新的投入，但是企业的投入在下降，企业创新能力相比较而言也在下降。其本质是政府仍扮演主导者的角色，政府职能没有从管理转向创新服务，让企业成为创新的主体，充分发挥市场机制的作用。政府除了出台具体的指导措施外，更多地应该发挥舆论引领作用，积极营造双创氛围，使市场成为资源配置的主导力量。在这一理念下，对民营经济和国有经济一视同仁，对大中小企业平等对待，进一步放宽市场准入标准，鼓励民营企业发展战略性新兴产业。

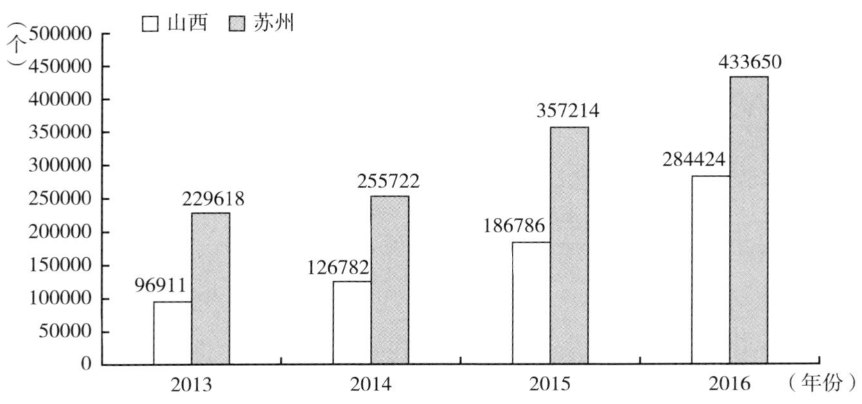

图 4　山西与苏州私营企业数量对比

资料来源：《山西统计年鉴 2017》。

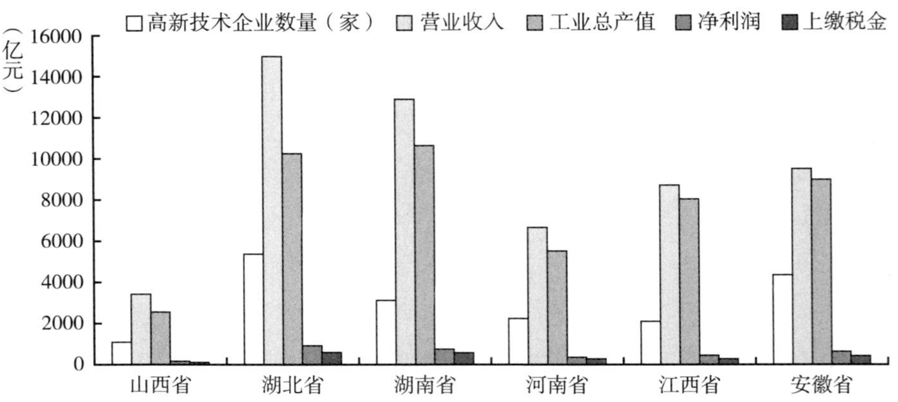

图5　2017年中部六省高新技术企业数量和部分经济指标

资料来源：中部六省统计局网。

三　完善山西战略性新兴产业发展创新政策的建议

当前，山西已经进入深化转型发展的关键时期，总结过去战略性新兴产业的发展经验，面向改革开放再出发，山西应着眼于未来经济发展大趋势，与时俱进，继续坚定不移地对战略性新兴产业进行全面深化改革，将改革进行到底，以高质量发展为目标，完善战略性新兴产业的创新政策。

（一）更新思想观念，遵循科学的原则制定产业发展政策

积极贯彻经济发展新观念，结合山西本土环境，把市场机制和政府政策相结合，推动经济转型发展。在市场经济中，企业是主角，而政府要为主角搭建舞台，政府要激发市场活力，重点在合理规划、产业政策、规范运作、提供服务等方面进行引导和推动，充分做好服务者和监管者的角色，不缺位、不越位，牢记使命，恪尽职守。

政府要坚持以统筹规划与长远布局为原则制定产业发展政策，立足山西经济发展现状和发展条件，协调区域间的资源和能力，以战略性新兴产业的

发展状况为基础，以市场环境的变化为信号，持续完善产业规划，引导产业发展；强化服务意识，营造良好的政务环境，打破利益垄断，提高对价值高、前景好的项目识别能力，减少项目审批流程，降低市场准入门槛；营造双创氛围，激发社会全员的创造力和原动力，打造山西本土的新优势、新形象，实现经济的高质量发展并促进产业良性发展。

（二）增强政策系统性，优化战略性新兴产业发展的竞争环境

加大基础科研投入力度。建立科研投入稳定增长机制，扩大 R&D 经费投入总量，对于不同的财政资助对象，要综合考虑它们在创新研发中的各自优势，发挥其各自所长，增加 R&D 经费投入，确保全省有 R&D 活动的企业和科技研究机构稳定增加和改善升级。

重视人才的重要作用。结合山西实际情况，总结以往改革开放的经验，顺应时代发展，紧跟时代潮流，积极引进人才，注重培养人才，为人才提供良好的工作学习环境。做好人才全方位宣传工作，借助学术交流、招聘会场宣传山西人才政策，不仅要充分利用线下宣传，还要结合新媒体和网络平台全面宣传。在引进优秀人才的基础上，山西还要加大对内部优秀人才的培养，坚持实施以人为本的人才管理模式，切实关注人才的物质需求及精神需求，实施安家补助、奖金津贴、专项资金等合理的激励措施，为人才提供优质的工作及生活环境，以此提高人才的积极性和主观能动性，为山西战略性新兴产业的发展创造出更多的价值。

完善政策措施。改变金融机构的理念，优化金融工具。要把目光放长远，认识到虽然该产业风险较高，但是潜在的市场需求巨大而且符合国家未来发展战略，打破传统企业盈利能力以及规模的标准评价观念，建立政策性担保机构，完善多层次风险补偿与激励机制；创新金融工具，发展投资基金，增加金融总量，提高金融效率，充分发挥金融对山西经济转型、高质量发展的支持作用。发挥资本市场的作用，构建多元化的融资渠道，发展小额贷款，降低和缓解金融机构的融资压力和风险。

（三）培育和壮大民营经济，激发战略性新兴产业经济活力

民营经济的发展已成为山西转型发展道路上的根本动力，山西省政府应明确自身在培育和壮大民营经济发展上的职能定位，做好中小企业发展的服务工作，起到服务型政府的作用，使其在山西转型发展过程中向更加快速、更高质量方向发展。

山西应从三个方面激发民营经济活力。首先，政府要加强宣传和舆论引导，使全社会认识到中小企业发展的重要性，从而吸引更多的社会投资和更优秀的人才集聚山西民营企业当中。其次，做好中小企业的信用制度建设工作，建立科学的信用评价指标体系，提供科学的工具来加强投资者和金融机构对民营企业的了解，实现资金供需双方的有效沟通。最后，政府要完善促进民营企业发展的社会人文软环境建设和专项政策的制定。降低战略性新兴产业的企业准入门槛，适当审核准入机制，简化行政审批流程，减轻企业发展负担。此外，要加强实施民营企业创新驱动发展战略，鼓励在细分产业领域中的中小企业集聚创新，在产品与服务市场中与龙头企业的合作创新，借助集体的力量、龙头企业的广阔发展市场与发展机会，打造出更多“领跑者”型中小企业，激发战略性新兴产业的经济活力。

（四）加强政府部门间的协调沟通，实现战略性新兴产业转型升级

加大各级政府部门之间的协调配合是为了使人才资源得到有效开发和利用，山西各级政府部门应该加强相互之间的协调配合，保障产业政策落实。针对山西各级政府部门间协调合作不完善的现状，应从文化建设、制度建设、组织建设以及技术建设四个方面突破合作的障碍。

各级政府部门间应加强人员沟通，及时反馈交流，提高整体的效能和协调合作效果；明确各级政府部门间协调合作流程和程序，做到依法协调、依法合作，进而形成完善的法律体系，要不断地跟随改革进程构建山西新型的协调机制；建立权威跨部门管理机构，避免各自为政，明确各级政府部门的职能，高新技术和战略性新兴产业的相关管理部门要与时俱进；要构建信息

共享机制，建立部门间定期协调会议制度，改善信息交流手段，利用现代通信工具实现扁平化交流，降低沟通交流的成本。通过改进各级政府部门间的协调合作，形成合力，加强政府与企业之间的联系的便捷性，实现战略性新兴产业转型升级。

参考文献

[1] 王儒林：《金融与山西经济振兴》，《中国金融》2015 年第 12 期。

[2] 高见、邬晓霞：《山西资源型经济转型突破发展的支持政策研究》，《经济问题》2018 年第 9 期。

[3] 梁正华：《山西战略性新兴产业发展中的问题及对策建议》，《山西科技》2018 年第 1 期。

[4] 逯东、朱丽：《市场化程度、战略性新兴产业政策与企业创新》，《产业经济研究》2018 年第 2 期。

[5] 盛朝迅：《发达国家新兴产业政策的新动向与启示》，《经济纵横》2016 年第 11 期。

B.12 创新视域下山西新型研发机构发展的基础、障碍与对策*

景保峰**

摘　要： 本研究报告在创新视域下，首先分析了山西新型研发机构发展的基础：财政科技投入基本呈增长趋势；已出台相关联的政策；拥有一定数量的科技创新平台；企业的技术创新主体地位增强；企业的创新合作对象多样。其次，分析了山西新型研发机构发展面临的障碍：培育意识较薄弱；支持政策不完善；研发资源投入较低；产学研合作程度不高；研发资源分布不均。最后，提出促进新型研发机构在山西发展的对策建议：做好顶层设计和规划布局；尽快制定支持新型研发机构发展的政策；创新新型研发机构发展模式；创新新型研发机构管理运行机制；加强科技计划和人才计划的支持；加强财政和金融支持；落实税收优惠政策；加大科技成果转化支持力度；科学评价新型研发机构绩效；优化新型研发机构人才管理机制；强化优质新型研发机构的引领示范效应。

关键词： 新型研发机构　创新生态　产学研合作　科技成果转化

* 本报告为山西省软科学研究重点项目“新型研发机构发展模式及发展对策研究”（项目编号：2018042025－2）的研究成果。项目负责人为景保峰。

** 景保峰，山西大学经济与管理学院、山西大学中国中部发展研究中心，博士、讲师、硕士生导师，主要研究方向为人力资源管理、技术创新管理。

《2020 年山西省政府工作报告》提出“大力发展新型研发机构，创建能源革命、机器人、高铁装备等创新研究院”。可见，大力发展新型研发机构这一类重要创新平台，是山西 2020 年实施创新驱动战略、提升创新能力的主要任务之一。新型研发机构是聚焦科技创新需求，主要从事科学研究、技术创新和研发服务，投资主体多元化、管理制度现代化、运行机制市场化、用人机制灵活的独立法人机构。大力发展新型研发机构，有助于山西构建高质量的创新体系，优化创新生态，增强创新驱动力，有助于推动科技与经济深度融合，加快资源型经济转型发展。

2019 年 9 月 12 日，科技部发布《关于促进新型研发机构发展的指导意见》（国科发政〔2019〕313 号）。新型研发机构在广东、福建、江苏、北京、上海等省区市得到长足的发展。相比之下，尽管山西高等创新研究院、清华大学山西清洁能源研究院等机构在晋落地成立，但是新型研发机构在山西的发展相对滞后，尚处于起步探索阶段，存在缺乏顶层规划设计、政策措施分散且不完善、数量少、规模小、体制机制创新不足、高层次人才集聚能力不强、创新能力不高、科技创新绩效较低、空间分布不均衡、对产业发展的支撑作用较弱等问题。当然，换个角度看，这预示新型研发机构在山西有很大的发展空间，后劲十足。

本研究报告以新型研发机构为研究对象，在创新视域下分析山西新型研发机构发展的基础及障碍，提出促进新型研发机构发展的对策建议，为完善山西新型研发机构发展的政策体系提供理论依据和决策参考。

一 新型研发机构发展的基础

（一）财政科技投入基本呈增长趋势

新型研发机构的培育需要大量投入财政资金。2015～2018 年，山西税收收入、一般公共预算科学技术支出基本呈增长态势，为山西新型研发机构发展奠定了坚实的经济基础（见图 1、图 2）。

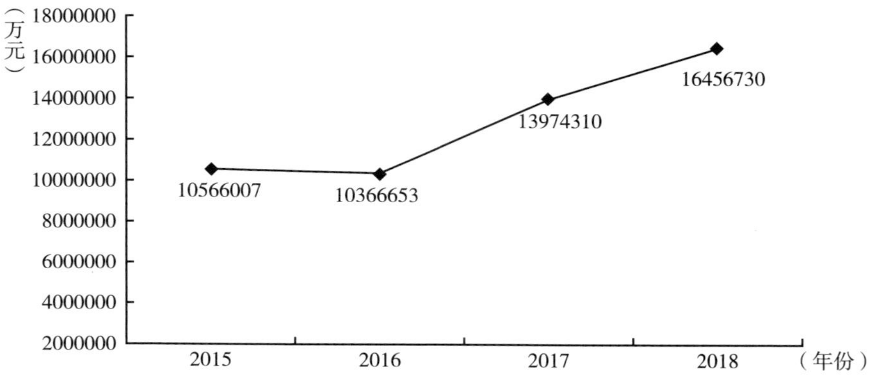

图 1　2015～2018 年山西税收收入情况

资料来源：《山西统计年鉴》（2016～2019 年）。

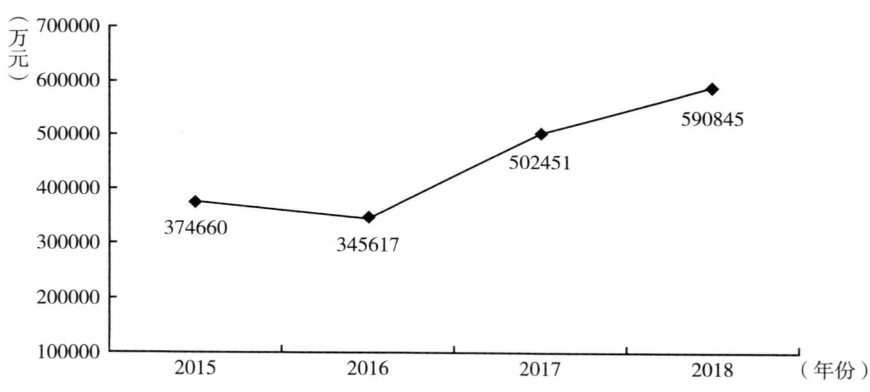

图 2　2015～2018 年山西一般公共预算科学技术支出情况

资料来源：《山西统计年鉴》（2016～2019 年）。

（二）已出台相关联的政策

为了深入实施创新驱动发展战略和建设创新型省份，山西省市政府及相关部门出台了一系列支持科技创新、促进科技成果转化的政策文件。这些政策文件有的提及加强产学研合作、积极组建新型研发机构，有的明确了新型研发机构科技创新绩效评价指标体系。另外，太原市科技局专门出台了《新型研发机构建设资助办法（试行）》（见表1）。

表1　山西省出台的与新型研发机构发展相关的政策汇总

时间	政策文件名称	相关内容
2017年	《山西省科技创新促进条例》	县级以上人民政府应当鼓励和引导企业、高等学校、研究开发机构以及其他组织，通过共建新型研发机构、协同创新中心和产业技术创新战略联盟等方式，开展产学研合作
2017年	《山西省产业技术创新战略联盟管理办法（试行）》	研究制定支持和规范联盟发展的政策措施，加大对联盟的支持力度，引导联盟发展成为新型研发和科技成果转移转化组织
2017年	《山西省支持科技创新的若干政策》	对高校、科研院所与企业联合设立的股份制科技型企业，高校、科研院所以技术入股且股权占比不低于30%的，按该企业科技研发、成果转化和企业产品（技术）销量（营业额）增长等绩效情况，一次性最高奖励50万元
2018年	《山西省促进科技成果转移转化行动方案》	推动企业等技术需求方深度参与高校和科研院所承担项目的过程管理、验收评估等组织实施全过程，联合设立研发机构或技术转移机构。依托山西"农谷"组建山西功能食品研究院。以中北大学为依托成立"山西省军民融合研究院"
2018年	《山西省省级科研院所、高等院校、国有企业科技创新绩效评价办法（试行）》	构建了新型研发机构科技创新绩效评价指标体系，一级指标包括创新投入和创新产出；二级指标包括基础设施、人力投入、资金投入、知识产出、技术产出、项目产出、创新成果、社会效益；三级指标若干。科研诚信作为特设评价指标
2019年	山西转型综合改革示范区管理委员会出台《关于加强基础研究、应用基础研究和技术创新工作的实施意见》	鼓励山西纳安生物科技有限公司、山西东辉新能源动力研究院有限公司、山西见声科技有限公司等企业建立跨区域、跨国界的新型研发机构。积极引进国内外重点高校、科研机构和人才团队等，与转型综改示范区共建以技术输出为主要运营模式的独立法人新型研发机构

续表

时间	政策文件名称	相关内容
2019 年	太原市科技局制定《新型研发机构建设资助办法(试行)》	对我市发展重点产业急需、由市政府牵头引进的国内知名高校院所、行业龙头企业、国家级科研平台,或境外知名高校院所、知名跨国公司等在我市设立的重大新型研发机构,经市政府批准,采取"一事一议"的方式,给予经费资助。对于符合条件的新型研发机构,根据创新水平、投资规模等,经申报、专家评估论证等程序,按非财政资金购入科研仪器、设备和软件购置经费的 20%,一次性给予建设经费补助,最高不超过 1000 万元

资料来源:根据山西省相关政策文件整理。

(三)拥有一定数量的科技创新平台

区域新型研发机构的发展与高校、科研机构、企业的发展息息相关。山西拥有一定数量的科技创新平台，有利支撑新型研发机构的培育。根据《山西统计年鉴 2018》，2017 年山西普通高等学校有 80 所，县级以上自然科学研究与技术开发机构为 124 个，其中中国科学院直属的机构有 1 个，有 R&D 活动的规模以上工业企业为 468 个，规模以上工业企业举办的 R&D 机构为 378 个。山西 2018 年末共有国家级企业技术中心 28 家，省级企业技术中心 300 家。按照国家高新技术企业认定管理办法，山西 2018 年年末累计有高新技术企业 1630 家。2010 ~2018 年，山西科技厅认定的产业技术创新战略联盟共计 46 家，如山西健康大数据产业技术创新战略联盟、山西医院中药制剂产业技术创新战略联盟等。

(四)企业的技术创新主体地位增强

企业的技术创新主体地位不断增强。企业成为山西 R&D 投入的主要力量。根据《山西统计年鉴 2019》，2018 年山西全社会 R&D 经费内部支出总额为 1757822 万元。按执行部门分，企业 R&D 经费内部支出占全社会总额的 82.59%，科研机构的占比为 10.05%，高等院校的占比为 6.89%，其他部门的占比为 0.47%。专利是企业 R&D 活动的主要产出成果。山西规模以上工业企业的专利产出实现数量和质量齐升。从数量上看，2018 年山西规模以上工业企业专利申请量达到 5423 件，其中发明专利申请量是 2416 件，分别比 2013 年增长 6.69% 和 33.70%。从质量上看，2018 年山西规模以上工业企业发明专利数量占专利申请总量的 44.55%，比 2013 年提高 9 个百分点。综上可见，山西企业开展 R&D 活动的积极性不断提升，企业的技术创新能力不断提高。两者的提升有利于增强企业的吸收能力，有利于增强企业参与新型研发机构建设的能力。

（五）企业的创新合作对象多样

新型研发机构是产学研深度合作的一种新探索。山西企业的创新合作对象比较丰富。在山西规模以上企业中，开展创新合作的企业为 890 个，所占比重为 9.9%。在开展创新合作的企业中，42.2% 的企业与高等学校开展合作，33.3% 的企业与供应商开展合作，29.4% 的企业与集团内其他企业开展合作，28.8% 的企业与客户开展合作，27.2% 的企业与研究机构开展合作，15.1% 的企业与行业协会开展合作，11.9% 的企业与竞争对手或同行业企业开展合作，11.2% 的企业与政府部门开展合作，7.3% 的企业与市场咨询机构开展合作，1.1% 的企业与风险投资机构开展合作，17.9% 的企业与其他合作对象开展合作（见图 3）。推进以上合作关系走向深入，大力培育新型研发机构。

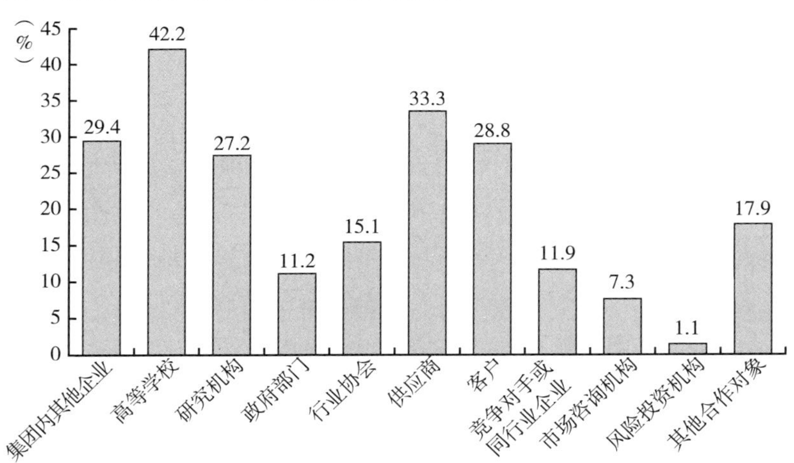

图 3　山西规模以上企业开展创新合作的对象及其占比情况

资料来源：《中国科技统计年鉴 2018》。

二　新型研发机构发展的障碍

（一）培育意识较薄弱

山西的发展长期依赖煤炭资源，形成了资源依赖的思想观念，一定程度上造成思想认识保守、改革意识不强、开放合作水平较低等问题。新型研发机构是完善科技创新体系的新探索，与传统的科研事业单位相比存在诸多新特征。政府相关部门、企业、高校和科研院所对新型研发机构在实施创新驱动发展战略、资源型经济转型发展中的作用缺乏深刻认识，对新型研发机构的特征、建设模式、治理机制和运行机制缺乏深刻认识，存在培育和建设意识较薄弱的问题。其结果直接导致发展新型研发机构的战略决策迟缓、行动缓慢。

（二）支持政策不完善

为了推动新型研发机构健康有序发展，广东、福建、江苏、重庆等多个省区市已出台相关管理办法或政策措施。山西已出台的多个政策文件提及“加强产学研合作，积极建立新型研发机构”，山西省工业和信息化厅将“发展新型研发机构”列为2020年一项重点工作，太原市科技局制定了《新型研发机构建设资助办法（试行）》。可见，山西在支持新型研发机构发展方面已做出些许努力，但是缺乏顶层设计和规划布局，尚未出台专门的法规、管理办法和支持措施。已有的与新型研发机构发展相关的政策举措比较分散，缺乏系统性，尚未形成合力，作用效果不明显。另外，这些政策出台较晚，尚未发挥作用。

（三）研发资源投入较低

山西R&D经费投入较低。2018年山西投入R&D经费175.8亿元，R&D经费投入强度（R&D经费与地区生产总值之比）仅为1.05%。从全国

31 个省区市（港、澳、台除外）看，山西 R&D 经费投入强度排第 22 位。与中部其他五省相比，山西规模以上工业企业与高技术产业的 R&D 人员折合金时当量和 R&D 经费内部支出最少（见表 2）。企业 R&D 人员折合金时当量和 R&D 经费内部支出低致使企业的技术创新能力弱、承接和吸收能力弱。根据《中国科技统计年鉴 2018》，2017 年山西拥有研发机构的规模以上工业企业 364 个，拥有 R&D 活动的规模以上工业企业 468 个，高技术产业拥有研发机构 66 个。与中部其他五省相比，山西的这三项指标均为最低。研发机构数量少和 R&D 活动不活跃导致企业技术需求预判、中试熟化、科技成果二次开发的能力不足。

表 2　2017 年我国中部地区六省 R&D 投入情况比较

省份	规模以上工业企业 R&D 人员折合全时当量（人年）	规模以上工业企业 R&D 经费内部支出（万元）	规模以上工业企业新产品开发经费支出（万元）	高技术产业 R&D 人员折合全时当量（人年）	高技术产业 R&D 经费内部支出（万元）
山西	31757	1122323	895493	5741	112246
安徽	103598	4361175	5117102	20598	797670
江西	45082	2216865	2949584	12608	419568
河南	123619	4722542	3982301	19676	758373
湖北	94241	4689377	4640613	21000	1136648
湖南	94228	4617716	4857534	27266	787755

资料来源：《中国科技统计年鉴 2018》。

（四）产学研合作程度不高

山西的产学研合作程度不高，高校、科研院所的大量科研成果被束之高阁，而企业又在到处寻找有用的科研成果。据《中国科技统计年鉴 2018》，2017 年山西高校科技产出较多，发表科技论文 19763 篇，专利申请 2567 件，有效发明专利 3375 件，但是科技成果转化不容乐观，专利所有权转让及许可的数量和收入分别为 26 件和 206 万元，形成国家或行业标准 2 项。2017 年山西科研院所发表科技论文 2562 篇，专利申请 841 件，有效发明专利1423件，但是科技成果转化能力不高，专利所有权转让及许可的数量和收入分别是4件和641万元，形成国家或行业标准48项。高校和科研院所科技成果转化效率低，说明高校、科研院所的研发与市场需求脱节，从侧面反映出产学研合作程度不高。山西部分企业与高校、科研院所协同创新的数量少、层次低，缺乏彼此深度合作的长效机制。据《中国科技统计年鉴2018》，2017年山西规模以上工业企业R&D经费外部支出额为92743万元，仅占中部地区支出总额的9.61%，其中对境内科研院所支出44799万元，占支出额的48.30%，对境内高校支出11410万元，占支出额的12.30%。产学研合作程度不高制约新型研发机构的发展；反过来，新型研发机构建设可以推动科技与经济融合。

（五）研发资源分布不均

科技、教育、人才等资源在山西各地级市的分布不均衡。例如对于科研院所，据《山西统计年鉴2018》，2017年县级以上自然科学研究与技术开发机构太原市属有70家，占全省机构总数的56.91%。各类型R&D活动经费投入分布不均。2018年山西基础研究、应用研究、试验发展经费投入所占比重分别为5.4%、12.1%和82.5%。

三　创新视域下新型研发机构发展的对策建议

当前，山西处于资源型经济转型发展的关键时期，更加需要科技创新的支撑。要清楚地认识到发展新型研发机构对于山西深入实施创新驱动发展战略和资源型经济转型发展的必要性和重要性。要增强做好新型研发机构建设工作的责任感、紧迫感和使命感，推动山西新型研发机构快速、健康、有序发展。全省要积极行动起来，在“十四五”时期争取建设一大批面向产业科技创新需求、发展模式多样、功能定位明确、体制机制创新、科技创新绩效突出的新型研发机构。为了促进新型研发机构在山西区域大发展，在创新视域下提出以下有针对性的对策建议。

（一）做好顶层设计和规划布局

新型研发机构相比传统科研事业单位具有新特征、新优势，表现在资源配置市场化、研发方向需求化、服务区域产业和经济发展上。坚持创新为上，充分发挥山西省国家资源型经济转型综合配套改革试验区和山西省能源革命综合改革试点的先行先试作用，在调查研究的基础上做好顶层设计，科学统筹规划，谋划新型研发机构在山西大发展。将“大力发展新型研发机构”列入“山西省‘十四五’科技创新规划”，使其成为“十四五”时期科技创新领域的重点工作。在创新视域下，立足于区域特色优势，面向资源型经济转型发展需求，对标一流标准，利用好国内外科技资源，科学规划和布局新型研发机构在山西区域的发展。着力围绕战略性新兴产业、特色优势产业、传统产业转型升级，面向产业科技创新需求，建设一批区域特色鲜明、投资主体多元化、功能定位明确、运行机制市场化、管理制度现代化、用人机制灵活、在全国具有一定影响力的新型研发机构。在山西转型综改示范区、高新技术产业开发区、经济技术开发区、农业科技园区布局新型研发机构，使其更好地服务于区域产业发展与升级。

（二）尽快研制支持新型研发机构发展的政策

贯彻落实国家相关科技政策，借鉴国内外的先进实践经验，以创新驱动为引领，加快制定和出台山西支持新型研发机构发展的管理办法、法规和政策措施，明确新型研发机构的内涵、申报、认定、支持措施、运行评价及监督管理等相关事项，消除新型研发机构享受现有支持性政策的障碍，为其发展营造良好的政策环境。由省政府印发相关政策文件，并建立一套相关政府部门之间协调和联动的长效推进机制，落实好政策的宣讲、配套和兑现。从机构的性质、职能、科研设备和场地、人才团队、研发经费支出、管理体制、运行机制等方面设置省级新型研发机构遴选的条件。加强政策引导和保障，调动社会各方参与，注重激励与约束并举。依据新出台的政策文件，组建评审专家团队，尽快开展新型研发机构的申报和认定工作，培育和认定一批省级新型研发机构。

（三）创新新型研发机构发展模式

积极推进政府、企业、高校、科研院所、高端人才团队、行业协会及金融机构深度合作，发挥各方优势共建新型研发机构，形成其发展模式多样并存的良好局面。鼓励政府采取校地合作、院地合作、政企合作等形式，与国内外知名高校和科研院所、行业领先企业在晋共建新型研发机构。鼓励山西省内行业领先企业与知名高校和科研院所联合共建新型研发机构。支持国内外知名创新型企业、高端新型研发机构在晋设立研发分支机构。引导和支持产业技术创新战略联盟法人化经营转变为新型研发机构。鼓励现有科研机构通过引进高层次创新人才和团队及其科技成果升级创建新型研发机构。

（四）创新新型研发机构管理运行机制

新型研发机构是独立法人机构，可依法注册为科技类民办非企业单位、事业单位和企业。在新型研发机构建设初期，应该明确机构的使命、发展战略、组织文化、组织结构、人员配置、规章制度、管理流程等。鼓励新型研发机构实行理事会决策制和院所长负责制，并设立评估、咨询、审计等专门委员会。明确理事会、院所长、专门委员会及各部门的职责和权利，编制岗位说明书，建立公平公正的绩效考核、奖惩制度。按照相关规定，在新型研发机构设立党组织。

（五）加强科技计划和人才计划的支持

山西新型研发机构在申报、承担国家和省市级财政科技计划项目时，可享受与传统科研事业单位同等的资格待遇。通过各类科技计划项目支持新型研发机构开展科学研究、技术开发、科研成果转化、产业孵化等活动。按照相关政策给予新型研发机构组建的国家级或省级重点实验室、工程（技术）研究中心、企业技术中心、科技企业孵化器等科技创新平台基地一定的资金奖励。支持企业类新型研发机构申报高新技术企业。支持企业申领科技创新券，向新型研发机构购买研发创新服务。用好“山西省科技资源开放共享网络管理服务平台”，支持大型科研设施与仪器等科技资源向新型研发机构开放。加大山西各类人才计划对新型研发机构人才的支持力度。对于新型研发机构引进的高层次人才及创新团队，及时兑现有关人才引进奖励政策。优先推荐和支持新型研发机构优秀人才申报国家、省市级人才计划，加速人才成长和人才梯队建设。

（六）加强财政和金融支持

加大财政资金对新型研发机构的支持力度，引导非财政资金参与山西新型研发机构建设。对重点产业发展急需、能够引领区域产业发展、带动区域产业结构调整和产生重大经济效益的重大新型研发机构，经政府批准，采取“一院一策、一事一议、特事特办”的方式予以重点支持。政府应当设立新型研发机构发展专项资金，主要对处于发展初期的新型研发机构予以资助。对于创业投资机构投资新型研发机构的，政府财政可以根据实际的投资额给予其一定比例的风险补助金。鼓励各类担保基金给予新型研发机构科技担保服务支持。鼓励省内金融机构为新型研发机构提供知识产权质押融资服务。鼓励和支持企业类新型研发机构积极对接资本市场，在科技创新板挂牌上市。

（七）落实税收优惠政策

基于广东省的调研数据，研究发现政府税收减免和专项补贴政策会促进新型研发机构的创新绩效。依照相关规定，支持企业类新型研发机构享受税前加计扣除政策。支持企业类新型研发机构申请高新技术企业认定，享受相应的税收优惠政策。对符合条件的新型研发机构进口的用于科研活动的仪器设备，免征进口关税和进口环节增值税。

（八）加大科技成果转化支持力度

加大政府引导基金、省财政科技计划对重大科技成果转化项目及产业化项目的支持，加速新型研发机构科研成果在晋落地转化及产业化。鼓励和支持新型研发机构组建创业投资基金、科技企业孵化器和专业化众创空间，搭建公共技术服务平台，构建产业技术创新战略联盟，开展技术入股创业。鼓励通过股权出售、股权奖励、股票期权、项目收益分红、岗位分红等方式，激励科技人员开展科技成果转化。

（九）科学评价新型研发机构绩效

把握新型研发机构发展的阶段特征、科研活动的规律，构建科学合理的新型研发机构绩效评价指标体系。评价体系应该涵盖创新环境、创新投入、运行机制、创新产出、科技成果转化、科研诚信等定性与定量指标，突出创新质量和实际贡献，对与其相关的指标赋予较高的权重。采取新型研发机构自评、主管部门审查、第三方评价相结合的方式，定期开展绩效评价。考核结果及时向社会公布。根据绩效评价结果等级，实施有差别的管理措施。对优秀的新型研发机构给予一定额度的运行经费后补助支持；对不合格的机构，命令其限期整改，从而优化新型研发机构生态。

（十）优化新型研发机构人才管理机制

鼓励和支持新型研发机构采用市场化的用人机制，实施合同制、聘用制，根据研发需求公开招聘研发创新人才，将新型研发机构打造为高层次人才集聚高地。建立科学合理的人才绩效考核和收入分配评价机制，重视员工的品德、能力、业绩和贡献。根据绩效考核结果，对标市场化薪酬水平合理确定职工工资，引导人才良性有序竞争，激发员工的干事创业热情。新型研发机构专业技术人员可依照相关规定参与专业技术资格评审，支持有条件的机构开展职称自主评审试点。弘扬科学精神、工匠精神，营造宽容失败、合理容错、尊重多样的包容氛围，培育创新文化，给予人才充足的生活和工作保障，增强机构成员的获得感、幸福感和安全感。以项目合作等方式在新型研发机构兼职开展技术研发和服务的高校、科研院所人员，按照双方签订的合同进行管理。支持新型研发机构引进具有国际一流、国内顶尖水平的科研创新领军人才及创新团队。对于引进的科研创新领军人才及创新团队，应该参照其他省区市引进同类人才的最高标准给予科研经费、安家费和生活津贴补助，增强新型研发机构人才引进的竞争力，加速高层次人才在山西集聚。对于急需引进的高精尖缺人才可以采取“一事一议”“一人一策”“特事特办”的引进办法。打破学科分隔，组建跨专业科研团队，坚持学科交叉布局研究方向，开展交叉学科研究，解决山西转型发展急需的关键核心技术问题。

（十一）强化优质新型研发机构的引领示范效应

以山西经济转型战略需求为导向，创新体制机制，加大人、财、物支持，创建一批专业化的优质新型研发机构作为典型，例如能源革命、机器人、高铁装备、文化旅游、特色农业等创新研究院，充分展示其在科学研究、技术创新、研发服务和高端人才培育等方面的显著优势。发挥好一流典型的引领示范作用，提高社会各界对新型研发机构的认知、接受和支持力度。不断总结、宣传和推广新型研发机构建设的好模式、好经验、好做法，推动山西新型研发机构全面创新发展。

参考文献

［1］唐朝永：《美国新型研发组织的经验及其对山西的启示》，《山西高等学校社会科学学报》2019 年第 1 期。

［2］韩笑、范文虎：《我国新型研发组织发展现状与政策建议》，《创新科技》2018 年第 2 期。

［3］周恩德、刘国新：《我国新型研发机构创新绩效影响因素实证研究——以广东省为例》，《科技进步与对策》2018 年第 9 期。

［4］景保峰：《发展新型研发机构　推动科技与经济融合》，《山西日报》2020 年 2 月 3 日，第 10 版。

［5］陈雪、龙云凤：《广东新型研发机构科技成果转化的主要模式及建议》，《科技管理研究》2017 年第 4 期。

[6] 山西省统计局：《山西省 2018 年国民经济和社会发展统计公报》。

[7]《山西省第四次全国经济普查公报解读之九：工业企业 R&D 活动取得新进展》，山西省统计局网，2020 年 1 月 23 日，http：//tjj. shanxi. gov. cn/sjjd/zxfbsjyjd/202001/t20200123 - 105567. shtml。

[8]《2018 年山西省科技经费投入统计公报》，山西省统计局网，2019 年 9 月 26 日，http：//tjj. shanxi. gov. cn/tjsj/tjgb/201909/t20190926 - 103339. shtml。

B.13

山西高新技术产业发展的金融支持研究

李志伟　赵月凡　王百媚*

摘　要： 当前山西正处于加快资源型经济转型发展的关键时期，加快高新技术产业的发展是促进产业结构优化调整的重要路径。然而，促进山西高新技术产业的发展离不开一个良好的金融体制给予的资金方面的支持。因此，本报告在整理归纳山西高新技术产业融资情况的基础上，从融资途径、贷款机制、资本市场、风险投资、民间资本等方面深入分析了制约高新技术产业发展的金融因素，并结合对太钢不锈的案例分析，针对制约因素提出了相应的政策建议，通过加快金融创新，以期能进一步促进山西高新技术产业的发展。

关键词： 山西高新技术产业　金融支持　山西太钢不锈钢股份有限公司

科技作为一个国家的第一生产力，一直都是一个国家和区域经济发展的核心动力源泉。高新技术产业和企业的发展在国民经济持续稳定增长的过程中发挥主导性作用。高新技术产业的科技创新研发需要大量的资金支持，将科技创新研发成果转变为实际生产力有更多的资金需求。因此，在高新技术产业成长中的每一个环节都需要大量资金的支持，稳定的融资对高新

* 李志伟，山西大学经济与管理学院、山西大学中国中部发展研究中心，讲师，主要研究方向为产业经济发展。赵月凡、王百媚，山东大学，硕士研究生。

技术产业的持续发展起着关键性作用。山西作为我国的资源大省，其传统产业在经济中占有主导地位，为了加快产业结构的优化升级，加大发展高新技术产业成为山西完成经济转型的重中之重。近年来，山西关注并加大发展高新技术产业，取得了不小的成绩，但在全国范围内的竞争力仍然较弱。所以，本报告就山西高新技术产业发展中金融支持存在的问题进行深入研究，并针对制约因素提出优化金融支持以促进山西高新技术产业发展的对策及建议。

一 山西高新技术产业发展的金融支持概况

（一）山西高新技术产业的发展历程和现状

改革开放后，我国在1985年启动了第一个国家高新技术园区——深圳高新区，从此高新技术产业建设在全国展开。然而，由于受到传统产业的约束，山西高新技术产业的发展极为缓慢，直到1992年太原高新区才被国务院认定为国家级高新技术开发区，自此，高新技术产业建设在山西拉开了序幕。在省政府的大力扶持下，各地高新技术园区得到了快速发展。自“十二五”以来，山西省政府开始高度重视高新技术产业的发展，《国家创新驱动发展战略山西行动计划（2014—2020年）》提出，山西高新技术企业的数量在2020年将至少达到1000家，高新技术产业增加值占山西GDP的比重将达到全国平均水平。2017年，山西省政府制定了《山西省支持科技创新的若干政策》，加大了对科技创新的支持力量；2018年，山西出台了《山西省支持创新相关改革措施推广清单》，提升了科技金融创新软实力；2019年，山西省科技厅发布了关于“2019年度山西省重点研发计划（高新技术领域、国际科技合作）”的重要通知。这些政策措施的颁布有力地促进了山西高新技术产业的发展，但是在全国范围内，山西高新技术产业仍处于较弱的地位。

近三年来，山西不仅着重于对传统产业的改造升级，而且重视高新技术产业的发展，努力调整经济结构转型。一方面，高新技术企业的数量呈现不

断增长的良好态势。另一方面，高新技术企业的自主创新能力也在不断增强。相关统计数据显示，高新技术产业在国民经济中的地位不断提高，高新技术产业的发展正在成为实现山西经济结构转型的关键动力。

1. 高新技术企业数量呈现不断增加的趋势

近十年来，山西高新技术企业发展较快，最具代表性的表现就是被认定的高新技术企业的数量迅速增加。经山西省科技厅认定的高新技术企业由2010 年的 174 家增长为 2017 年的 1117 家，增加了约 6 倍。与全国范围内的高新技术企业数量相比而言，山西高新技术企业的数量呈现逐步递增的良好态势（见图 1）。

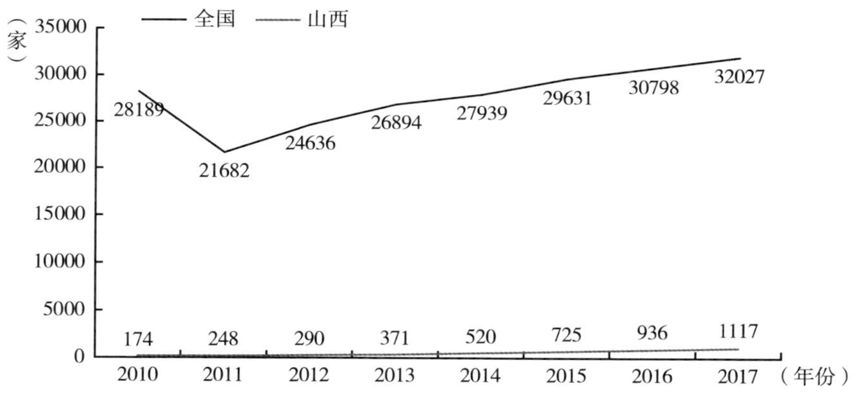

图 1　2010 ~ 2017 年山西与全国高新技术企业数量对比

资料来源：山西省科技厅、《中国科技统计年鉴》（2010 ~ 2017 年）。

2. 高新技术企业的自主研发能力不断增强，但仍有待提升

近年来，山西高新技术企业自主研发能力不断增强，首先表现在全省 R&D 人员数量的增长上，其次表现在 R&D 经费内部支出的增长上。如表 1 所示，在 R&D 人员总数量上，2015 年、2016 年、2017 年的人员数量分别为 42873 人、44147 人、47694 人；在研究人员数量上，2015 年、2016 年、2017 年的人员数量分别为 21629 人、21786 人、22294 人。如表 2 所示，在 R&D 经费内部支出上，2015 年、2016 年、2017 年的经费内部总支出分别为

132.53亿元、132.62亿元、148.23亿元；在政府资金来源方面，2015年、2016年、2017年的经费内部支出分别为24.29亿元、25.13亿元、21.84亿元。全省R&D人员数量和R&D经费内部支出均表现为2010～2014年不断增加，以2015年这一年为分界点，2015年为低谷期，2015～2017年继续增加。从R&D经费内部支出的资金来源来看，R&D经费主要来源于企业资金，政府资金和国外资金需要进一步引进提升。

从上述分析中可知，山西高新技术企业加大对自主研发能力的重视，加强了对科研研究人员人才的培养力度，在R&D经费支出和R&D人员数量上都有所体现。至此，高新技术企业的自主研发能力已经能够成为山西科技研究中的支撑力量。

表1　2010～2017年山西R&D人员数量

单位：人

时间	R&D人员(总)	研究人员	基础研究	应用研究
2010年	46279	26069	2782	7894
2011年	47355	27142	3348	8780
2012年	47029	25895	3399	8622
2013年	49035	28232	3511	7400
2014年	48955	26443	3391	6520
2015年	42873	21629	4063	6349
2016年	44147	21786	4096	7867
2017年	47694	22294	4573	10472

资料来源：《中国科技统计年鉴》（2010～2017年）。

表2　2010～2017年山西按资金来源划分R&D经费内部支出

单位：亿元

时间	R&D经费(总)	政府资金	企业资金	国外资金
2010年	89.88	13.16	74.87	0.09
2011年	113.39	15.65	93.46	0.11
2012年	132.35	18.16	110.18	0.07
2013年	154.98	24.80	126.37	0.01
2014年	152.19	20.33	128.86	0.05

续表

时间	R&D 经费(总)	政府资金	企业资金	国外资金
2015 年	132. 53	24. 29	104. 28	0. 18
2016 年	132. 62	25. 13	103. 92	0. 04
2017 年	148. 23	21. 84	122. 45	0. 06

资料来源:《中国科技统计年鉴》(2010 ~ 2017 年)。

现将三个具有代表性的省，即代表东部发达产业的江苏、代表中部领先地位的湖北和代表西部并与山西相邻的陕西同山西进行横向比较。如表 3 所示，2018 年，位于东部沿海地区的江苏的 R&D 经费达到了 2504. 4 亿元，R&D 投入强度为 2. 70% ，高于全国平均水平。其中，湖北的 R&D 经费为 822. 1 亿元，R&D 投入强度为 2. 09% ，尽管落后于江苏，但是依然比山西高出很多。对于陕西来说，其 R&D 经费并不高，仅为 532. 4 亿元，低于湖北的经费投入。但其 R&D 投入强度达到了 2. 18% ，高于湖北的 R&D 投入强度。

表 3　2018 年四省高新技术产业 R&D 经费和 R&D 投入强度

地区	山西	陕西	湖北	江苏
R&D 经费(亿元)	175. 80	532. 40	822. 10	2504. 40
R&D 投入强度(%)	1. 05	2. 18	2. 09	2. 70

资料来源:《中国科技统计年鉴 2018》。

由此可见，山西和其他较发达省之间的差距较大，R&D 经费投入明显不足，仅约为陕西的 1/3，不足湖北的 1/4，与江苏相比更是仅约占其 1/14。山西 R&D 经费投入的不足反映了其落后的经济发展现状，可以进一步想到，其高新技术产业的发展水平比较落后。

3. 高新技术产业在经济中的地位日益提高

近些年，山西高新技术产业的新产品收入不断提高，其所占总产值的比重也在不断增加。高新技术产业对全省 GDP 的贡献率不断增加。高新技术产业正在不断努力成为山西经济持续增长的中坚力量。

如图 2 所示，2017 年山西省级以上经济技术开发区和高新技术开发区共完成工业企业新产品销售收入为1543.48 亿元，比上年增长42.3%；2016年山西省级以上经济技术开发区和高新技术开发区工业企业新产品销售收入为 1085.01 亿元，比上年增长 30.2%。

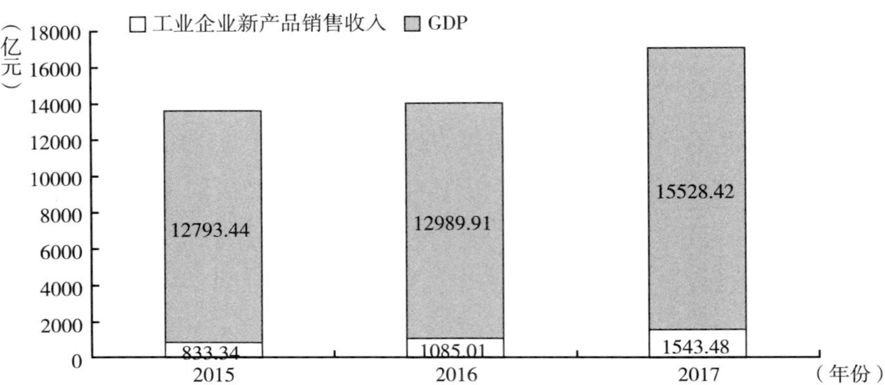

图 2　2015～2017 年山西省级以上经济技术开发区和高新技术开发区工业企业新产品销售收入占 GDP 的比重

资料来源：《山西省统计年鉴》（2015～2017 年）。

（二）山西金融支持高新技术产业发展存在的问题

山西高新技术企业主要通过政府、银行贷款、资本市场、风险投资以及民间资本等渠道进行外部融资，以此来获得发展所需的资金，但这些获取资金的方法存在一些不足。

1. 金融支持途径比较单一，政府支持力度有限

通过分析山西高新技术产业近些年 R&D 经费投入的来源可知，90% 以上的资金来自高新技术企业自身，只有很小一部分的资金是通过外部融资获取的，这意味着山西高新技术产业在发展过程中缺乏有效的金融支持途径。很小一部分的外部资金中绝大部分来自政府，政府提供资金帮助高新技术产业发展的方法一般包括设立帮扶性贷款基金或者财政拨款，但是近几年来，山西对高新技术产业甚至整个科技领域的资金投入力度有所降

低。财政收入的多少决定政府资金支持的强度，而经济发展状况的好坏决定财政收入的高低，这表明政府的支持强度很容易受到经济发展水平的影响，所以说，高新技术产业这种过于单一的融资渠道是极其脆弱和不稳定的。

高新技术产业获得的投入资金主要来自地方财政科技拨款、国家给予的R&D经费等，根据表4的统计数据可以看出，山西投资本省高新技术产业的力度不强，在全国范围内比较落后。参照中国科技部2017年R&D经费投入强度的统计数据，山西为0.99%，安徽为2.05%，山西在中部六省中排第6位；2016年山西R&D经费投入强度为1.03%，在中部六省中排名依然是最后一位；2015年山西R&D经费投入强度为1.04%，在中部六省排名中依然是最后一位。投入不足的原因主要有以下两个方面。一方面是社会资金投入不足。社会资金作为高新技术产业发展过程中投入资金的重要来源之一，其对促进高新技术产业的发展具有不容忽视的作用。近年来，由于煤炭等原材料市场向好，社会资金纷纷投向煤炭、钢铁、电、铝等行业，从而投入高新技术产业的社会资金有限。这就使社会资金对高新技术产业R&D经费的贡献减少，无形之中使高新技术产业的发展受到了阻碍。另一方面是政府投资引导力度不够。目前全国大部分省区市都将高新技术产业资金投入纳入财政预算，重视高新技术产业的发展。此外，在风险投资方面，山西起步较晚，在2004年才成立了首家省级风险投资公司，而且资金规模小，远远低于深圳、上海、北京等发达地区，对发展高新技术产业的支持作用十分有限。

表4　2010～2017年中部六省R&D经费的投入强度

单位：%

省份	2010年	2011年	2012年	2013年	2014年	2015年	2016年	2017年
山西	0.98	1.01	1.09	1.22	1.19	1.04	1.03	0.99
安徽	1.32	1.40	1.64	1.83	1.89	1.96	1.97	2.05
江西	0.92	0.83	0.88	0.94	0.97	1.04	1.13	1.23

续表

省份	2010 年	2011 年	2012 年	2013 年	2014 年	2015 年	2016 年	2017 年
河南	0. 91	0. 98	1. 05	1. 10	1. 14	1. 18	1. 23	1. 29
湖北	1. 65	1. 65	1. 73	1. 80	1. 87	1. 90	1. 86	1. 92
湖南	1. 16	1. 19	1. 30	1. 33	1. 36	1. 43	1. 50	1. 64

资料来源：《中国科技统计年鉴》（2010～2017 年）。

所以全省应一方面加大对高新技术产业的地方财政科技拨款，提高其在国民经济中所占的份额；另一方面应有效地抑制社会资金对能源行业、基础设施建设的投资，引导这些资金转移到对高新技术产业的投入上来，这是提高对高新技术产业资金投入的关键措施。除此之外，继续完善促进高新技术产业发展的相关制度，努力提高高新技术企业的收益率也是高新技术产业顺利获得社会资金支持的关键。

2. 银行贷款机制不完善

商业银行经营发展考虑的首要因素是安全性，由于高新技术企业具有投资大、风险高、轻资产、重成长的特点，并且其最有价值的资产是所拥有的技术和专利等无形资产，所以商业银行不愿为高新技术企业提供融资服务。除此之外，山西的银行体系主要是以大型的国有银行为主，成熟中小银行的数量比较少，这在无形中加大了高新技术企业的融资难度。

企业主要的外部融资方法就是向银行借款。山西银行的存款余额从 2010 年的 18575. 65 亿元增长到 2017 年的 32480. 55 亿元，近十年间增长了 13904. 9 亿元；2010 年的贷款余额为 9634. 32 亿元，2017 年的贷款余额为 22463. 90 亿元，这期间增长了 12829. 58 亿元；存贷差额由 2010 年的 8941. 33 亿元增长为 2017 年的 10016. 65 亿元。2010～2017 年山西金融机构存贷款情况走势如图 3 所示。

通过上述分析可得，本省银行拥有的资金充足，具备较大的供给能力，可以充当高新技术企业开展技术创新活动的资金池，发挥有效的融通资金的作用。但是实际情况通常是，银行机构供给高新技术企业的资金有限，从而导致供需不平衡的问题出现。这主要原因是保障资金安全是银行发放贷款的

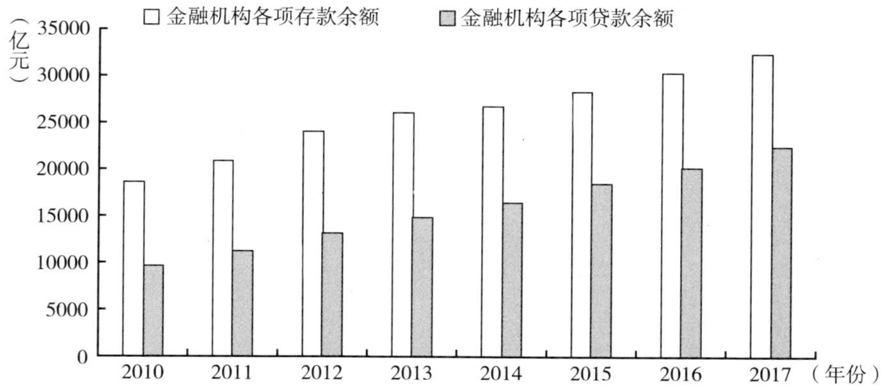

图 3 2010～2017 年山西金融机构存贷款情况走势

资料来源：《山西统计年鉴》（2010～2017 年）。

先决条件，再加上科技贷款市场存在信息不对称的问题以及目前不完善的科技金融外部环境，商业银行基于防范风险的本能，不愿意将贷款提供给高新技术企业。

3. 资本市场进入门槛高

资本市场通过资金流动有效解决资金供求的问题，资本市场是高新技术企业成长的重要摇篮，帮助高新技术企业获得发展所需的资金。运行良好的资本市场对高新技术产业的快速发展具有推进作用，然而山西省内绝大多数高新技术企业具有发展时间短、综合实力不够的特征，根本达不到上市的要求，所以无法通过资本市场进行上市融资。Choice 金融终端显示，目前山西在创业板上市的高新技术企业只有三家，分别是山西仟源医药集团股份有限公司、永泰能源股份有限公司和山西振东制药股份有限公司。据此可以看出，山西高新技术企业借助资本市场来获取发展所需的资金具有一定的难度。

根据表 5 显示的数据可知，截至 2017 年底，全省累计上市公司有 38 家，占全国总数的 1.09%；股票筹资额 1556 亿元，占全国总数的 10.02%。可见，山西上市、挂牌公司企业规模偏小。高新技术企业进入证券市场主要借助创业板、中小板和新三板，但受到资本规模、盈利状况等条件的限制，山西许多高新技术企业无法借助资本市场获取发展所需的资金。

表 5　2017 年山西上市公司基本数据与全国对比

项目		山西	全国	山西占全国比例(%)
境内上市公司数(A、B 股)(家)	上交所	20	1396	1.43
	深交所	18	2089	0.86
	合计	38	3485	1.09
股票筹资额(亿元)		1556	15536	10.02

资料来源：国家统计局统计数据、《山西统计年鉴（2017）》。

4. 风险投资制度不成熟

风险投资这种融资渠道与高新技术产业比较匹配，但是风险投资在山西的发展比较落后。目前，山西的风险投资机构屈指可数，比如山西金丰汇智创业投资公司、山西省科技基金发展总公司以及山西省创业风险投资引导基金有限责任公司。

山西省科技基金发展总公司于 1993 年成立，注册资金为 2 亿元。该公司是专门从事促进本省科技成果转化工作的国有投资公司，也是国内最早运用政府资金进行创业风险投资实践的机构之一。

由上文可知，山西的风险投资机构的建立大多离不开政府的扶持，这从一定程度上反映出山西风险投资机构具有一些政府色彩。

和其他省区市相比，山西风险投资机构具有较小的资金规模，风险投资从业人员综合素质不高，没有发挥出政府资金所具有的引导作用，没有建立起成熟的风险投资发展模式。除了上述原因，山西保守封闭的文化观念也是山西风险投资发展落后的原因。

5. 民间资本利用不充分

我国民间资本的投资方向主要分为民间资本投资的产业和行业两个部分，这是由我国经济发展阶段决定的，同时受我国产业政策、准入制度等方面的影响。受计划经济体制的影响，山西经济体制改革起步较晚，国有经济成分比重较高，民间资本投资起步晚，所投资行业和产业范围狭窄。

随着我国经济的飞速发展，居民拥有的闲置资金越来越多，这使得其投资倾向增加。民间资本有很多优点，比如转移的成本低、转移的时间短，这些对高新技术企业来说具有巨大的吸引力。但是民间资本也有缺点，其借款利率较高，使许多刚起步的高新技术企业望而却步。近几年，山西出台了一些鼓励民间资本参与投资的政策，这些政策虽然能够促进民间资本发挥它的作用，但是未能使这些资金流向高新技术企业。这表明山西民间资本没有得到充分利用，并且存在浪费资金的现象。

二　山西金融支持高新技术产业发展的案例分析

（一）太钢不锈公司介绍与经营分析

太原钢铁集团有限公司（以下简称为“太钢集团”，英文简称“TISCO”），于1934年成立。2014年，该公司经山西高新技术企业认定管理机构评审被认定为高新技术企业。太钢集团是一家特大型钢铁联合生产企业，它集铁矿山开采挖掘及钢铁生产、加工、配送、贸易为一体，同时也是全球最大的能够生产质量最优、规格最全、工艺技术装备水平最高的不锈钢产品的企业。

山西太钢不锈钢股份有限公司（以下简称“太钢不锈公司”）作为太钢集团的分公司，其长期坚持特钢发展方向，是全球不锈钢行业的领军企业，以不锈钢为主的品种、质量、研发、环保、节能、服务、效率等各项指标均达到国际一流水平，多个品种市场占有率位居全国第一。全球权威财经杂志《财富》公布的2018年中国企业500强排行榜中，该公司排第119位，位列入围钢铁企业第6。

太钢不锈公司2019年度报告显示，伴随国家深入推进供给侧结构性改革，国内钢铁行业的运行状况总体保持平稳状态。公司经营管理层能够准确地掌握市场方向、努力抓住机会，尽全力解决各种不确定性问题，以此为公司生产经营活动的稳健运行提供支持。2019年前六个月，公司生产粗钢539.33万吨，产销率达到100.2%。

1. 产品结构得到优化提升。秉持用创新来驱动发展的理念，研究新产品的力度不断加大，开发量同比增加 39.7 个百分点，众多关键性产品的研发在技术方面取得突破性进步。

2. 产品的质量管理逐渐精细化，品牌影响范围不断扩大。在使用过程中不断改进提升质量的方法，为重点品种建设数字化服务平台，这样能够及时掌握质量控制过程的具体情况，提升质量管控的精确水平。

3. 降低成本，提高效率。公司“去杠杆”成效显著，与 2018 年末相比资产负债率降低了 2.56%。公司更加注重资金的管理，融资方式更加丰富多元，相比 2018 年本期财务费用下降了 17.88 个百分点，总的生产成本比 2018 年降低许多。

4. 树立绿色发展的企业形象。对党和国家出台的保护生态环境的方针政策，要认真领悟和解读，主动自觉地贯彻绿色发展的基本理念，确保进出厂的物料实现清洁运输，减少排放污染物。努力推动公司环境保护工作由优秀向卓越升级，建设更高水平的绿色太钢。①

（二）太钢不锈公司的研发投入与产品创新

作为山西著名的高新技术企业，太钢不锈公司注重研发投入和产品创新。公司重点围绕首创、首发、首位实施产品开发，体现公司品种特色与优势。加快创新驱动发展步伐，坚持技术研发与市场开拓并重，紧跟国家政策变化和消费升级步伐，聚焦“新材料、新工艺、新领域”，着眼“首创、首发、首位”，开发新品种，创造新需求；加强与高校、科研院所、下游用户的技术合作，持续推动产学研用深度融合。实施品种差异化战略，不锈钢中高端用途产品实现精品生产，提高市场占有率，特色产品快速实现规模化。如表 6 所示，2014 年，公司研发人员数量占比为 12.89%，研发投入占营业收入的比例为 2.64%；2018 年，公司研发人员数量占比为 13.90%，研发投入占营业收入的比例为 3.04%。由此可见，近五年来，公司的研发人员数量和研发投入均呈整体增加趋势。

---

① 关于太钢不锈公司介绍里的内容和数据均来自该公司 2019 年年度报告。

表 6　2014～2018 年太钢不锈公司的研发投入情况

时间	研发人员数量(人)	研发人员数量占比(%)	研发投入金额(亿元)	研发投入占营业收入比例(%)
2014 年	2448	12.89	22.94	2.64
2015 年	2501	13.44	15.20	2.24
2016 年	2590	13.57	20.17	3.55
2017 年	2646	13.30	19.08	2.81
2018 年	2706	13.90	22.17	3.04

资料来源：《太钢不锈公司年度报告》（2014～2018 年）。

（三）太钢不锈公司的金融支持、融资情况

2019 年以来，太钢不锈公司的融资融券余额呈整体减少趋势，意味着许多的投资者并不看好市场的发展，出现抛售的情况较多。因此，市场交易往往会不够活跃，股票处于阴跌或者横盘震荡的情况比较多，这代表此时处于弱势市场。如表 7 所示，2019 年 1 月 31 日，融资融券余额为 106080.05 万元；2020 年 1 月 13 日，融资融券余额为 73246.67 万元。融资融券余额减少。

表 7　2019 年太钢不锈融资融券月数据

截止时间	融资融券余额（万元）	融资		融券	
		融资余额（万元）	融资强度（%）	融券余额（万元）	融券强度（%）
2020 年 1 月 13 日	73246.67	73151.50	-33.17	95.17	-89.88
2019 年 12 月 31 日	72487.86	72297.96	-28.69	189.90	100.00
2019 年 11 月 29 日	75289.99	75243.18	-29.89	46.81	0.00
2019 年 10 月 31 日	80426.20	80405.97	-26.15	20.23	0.00
2019 年 9 月 30 日	82645.88	82625.22	-30.95	20.66	0.00
2019 年 8 月 30 日	85545.71	85500.07	-22.00	45.64	0.00
2019 年 7 月 31 日	91161.89	91158.67	2.72	3.22	0.00
2019 年 6 月 28 日	96327.66	96325.42	-1.03	2.24	-100.00

续表

截止时间	融资融券余额（万元）	融资		融券	
		融资余额（万元）	融资强度（%）	融券余额（万元）	融券强度（%）
2019 年 5 月 31 日	104424.98	104421.39	-18.98	3.59	-100.00
2019 年 4 月 30 日	113282.15	113278.51	-10.75	3.64	-100.00
2019 年 3 月 29 日	109415.89	109250.41	18.95	165.48	92.19
2019 年 2 月 28 日	114825.85	114787.43	12.35	38.42	100.00
2019 年 1 月 31 日	106080.05	106027.17	-38.41	52.88	-100.00

资料来源：东方财富 Choice 数据。

此外，2018 年公司年度报告表明，2019 年，公司将采取以下措施，确保维持当前业务并完成在建设投资项目的资金需求。

1. 继续发挥竞争力优势，全面落实降本增效措施，盈利能力提升，保证自有资金持续增加。

2. 加强现金流管理，加快公司内部资金周转效率，合理高效使用资金，不断降低存货、应收账款等资金占用。

3. 拓宽低成本融资渠道，加大直接融资力度，有效降低资产负债率。

4. 发挥资本市场融资功能，不断优化资产结构，加快推进资产证券化进程，满足公司高质量发展对资本的需求。

三　优化山西金融支持高新技术产业发展的对策及建议

“山西——中国晋商之地”之称，已被国内外各界人士所认同。然而，目前山西全省的高新技术产业发展状况比较落后，甚至处在全国排名的末端，原因有很多，但主要与山西整体经济发展落后、政府重视程度不足、金融支持力度不够等原因分不开。其中，金融支持力度不够的原因可以一分为二，一方面是高新技术企业自身存在问题，另一方面则与山西金融行业发展落后有关。“科技+金融”成为当今高新技术产业发展一个势不可当的趋势，引领当今时代潮流，这样的布局可以更好地为经济社会的发展服务。为了促进山西高新技术产业的快速发展，助力山西经济转型升级，本报告提出以下对策与建议，为山西金融业更好地支持高新技术产业的发展提供帮助。

（一）完善相关法律制度

一是针对风险投资、科技金融、高新技术企业贷款和担保体系制定更具实用性的相关法律法规，依据现实案例完善现有的规章制度，始终保持实用性是第一位的。

二是针对山西本地的金融支持发展现状，相关管理部门应出台符合当地实际情况的法律法规，进一步建立健全与金融支持相关的激励约束制度，做到和国家相关制度相辅相成，从而促进山西高新技术产业的发展。比如可以出台一些能够帮助企业产品去库存的采购政策，制定相关政策扶持山西高新技术产业的发展。

（二）完善银行贷款体系

一是以商业银行为核心，同时整合与科技相关的信贷结构。各银行可以整合各类担保公司、小额信贷机构等地方性金融机构，优化新型银行贷款体系，为高新技术产业的发展提供银行联合地方性金融机构的全方位金融支持。

二是建立区域性的特定科技型金融机构，为高新技术企业提供专业的金融服务。现阶段山西已有的商业银行科技支行数量较少，并且覆盖范围有限，很难满足高新技术企业的融资需要。因此，政府可以引导建立一个面向高新技术产业的区域性金融机构，同时可以将机构建立在高新区，以便高效地为高新技术企业提供信贷服务。

（三）优化资本市场体系

一是要拓宽多方位直接融资方式。从市场的角度来看，债券市场可以给高新技术企业的融资提供支持力量，政府可以鼓励满足条件的高新技术企业发行公司债券、商业票据和融资券等各类别债券。引导证券市场及其相关金融机构充分发挥主观能动性作用，协助高新技术企业一起发行债券；从政府角度来看，政府可以充分利用创业板市场，鼓励符合上市条件的高新技术企业上市融资。此外在相关政策上，山西省政府应该给予有实力上市的高新技术企业优惠。政府还可以吸引社会闲散资金和民间投资来补充财政的不足，成立专门的科技创新基金来防止、控制风险问题。

二是要优化发展间接融资渠道。有针对性地面向国内外招商引资是高新技术企业自身和政府之后可以努力的方向。此外，相对于大型银行来说，本省的中小型银行等金融机构虽然是地区性金融机构，但是正是这种地理优势使这些中小银行能够充分地评估当地的高新技术企业，从而能够实现对企业的贷款支持。

（四）加大发展风险投资

一是努力完善风险投资市场的退出机制。依靠山西高新技术产业交易所，开展科研经费投入和企业融资等活动，帮助高新技术企业进入多层次资本市场，通过允许风险资本顺利退出并可以继续参与融资形成良性循环。

二是加大风险投资资金。在政府的引导下，使得山西省内证券市场上的相关投资机构和拥有大量闲置资金的投资者成为风险投资的主体。与风险投资特征相一致，这些金融机构和个体通常具有丰富的投资经验和一定的承受风险的能力，从而为高新技术产业的发展提供充足的风险投资资金支持。

（五）充分利用民间资本

一是政府吸引并引导民间资本和社会闲散资金，出台相关优惠政策，从而加大民间资本的利用度。同时，可以鼓励优秀的高新技术企业对其他企业提供资金帮助。

二是通过出台相关政策措施，使资金来源多为民间资本的小额贷款公司加大对高新技术企业的资金支持力度，同时对贷款给高新技术企业的小额贷款公司减免税收，以此来降低其经营成本。当然，为了避免道德风险的发生，相应的制度保障必不可少。

（六）加快金融创新进程

一是加强金融支持高新技术产业自主创新的合作设计。山西省政府应该在国家实施创新驱动发展战略的背景下，出台金融多方位支持自主创新和科研研发的政策，完善现有的制度体系，在金融政策方面推陈出新，服务于高新技术产业。此外，政府可以积极引导创设信用评级和资本资产评估定价等机构，并鼓励这些机构建设在省级高新技术园区内，为高新技术企业的发展助力。

二是加快商业银行的投融资创新性联动业务的建设。作为一个专业性很强的行业，金融业需要探索国内外优秀人才引进机制，在吸收省外人才的同时，对本省金融人才也要留住并加大培养力度。重视本省商业银行的研发部门，加快商业银行业务的金融创新进程。

参考文献

[1] 胡海青、魏薇、张丹、张琅：《金融支持战略性新兴产业发展研究——以陕西省高新技术上市企业为例》，《未来与发展》2019 年第 7 期。

[2] 陈柳钦：《高新技术产业发展的金融支持研究》，《当代经济管理》2008 年第 5 期。

[3] 陈晓芳、程宇：《福建省高新技术企业发展的金融支持研究》，《福建金融管理干部学院学报》2017 年第 3 期。

[4] 章涛：《山西省高新技术产业发展的金融支持研究》，硕士学位论文，山西财经大学，2017。

[5] 冯燕妮、沈沛龙：《山西高新技术产业开发区科技金融创新研究》，《经济问题》2019 年第 1 期。

[6] 林海平：《高新技术产业发展的金融支持》，《学术界》2015 年第 3 期。

[7]《太钢不锈公司年度报告》(2010～2019 年), https://www.eastmoney.com/。

[8] 朱晓露:《关于高新技术制造企业融资问题的几点探讨》,《现代商业》2019 年第 20 期。

[9] 凌泽华:《高新技术产业发展的财政金融支持研究》,《产业创新研究》2019 年第 12 期。

[10] 山西省统计局:《山西省 2018 年国民经济和社会发展统计公报》。

[11]《山西省第四次全国经济普查公报解读之九:工业企业 R&D 活动取得新进展》,山西省统计局网,2020 年 1 月 23 日,http://tjj.shanxi.gov.cn/sjjd/zxfbsjyjd/202001/t20200123－105567.shtml。

[12]《2018 年山西省科技经费投入统计公报》,山西省统计局网,2019 年 9 月 26 日,http://tjj.shanxi.gov.cn/tjsj/tjgb/201909/t20190926－103339.shtml。

专题报告四：创优环境　强化民生托底保障

B.14

“后脱贫时代”山西相对贫困识别与治理对策

高　帅　吴艺渊*

摘　要：　2020年，我国大部分省区市进入“后脱贫时代”，贫困的主要矛盾也将发生变化，由绝对贫困向相对贫困转变，相对贫困的识别与治理成为我国后续扶贫工作的重点。与绝对贫困不同，相对贫困更关注社会群体之间财富、权利和能力的分配不公问题，主要体现在教育、医疗和住房等社会公共服务方面，具有多维性、流动性和长期性等特点。在相对贫困的识别中，一般都与社会平均收入的比例有关，我国可将居民收入中位数的40%作为相对贫困线，并随经济实力动态调整。山西在“后脱贫时代”的工作部署安排中，需有效精准识别相对贫困人口，从社会公共服务均等化着手，促进贫困人口持续增收，不断激发贫困人口内生动力，缩小城乡差距，逐步建立完善缓解相对贫困的长效机制。

关键词：　脱贫攻坚　相对贫困　多维贫困　全面建成小康社会

* 高帅，山西大学经济与管理学院、山西大学中国中部发展研究中心，博士、副教授，主要从事多维贫困、精准扶贫与绿色发展研究。吴艺渊，山西大学经济与管理学院，硕士研究生。

一 山西减贫现状

2020 年是全面建成小康社会和脱贫攻坚的收官之年，是第一个一百年奋斗目标的实现之年，也是一个不平凡之年。随着新冠肺炎疫情的暴发，我国的脱贫攻坚工作面临新的挑战。面对新冠肺炎疫情的影响，我国一手抓疫情攻防战，一手抓脱贫攻坚战，全面确保如期完成脱贫攻坚任务。脱贫攻坚战是实现全面建成小康社会的重要目标，也是“十三五”规划的重点工作。我国将在 2020 年消除绝对贫困，但这并不意味着我国的减贫工作已经结束。2020 年也是“十四五”规划的准备之年，站在新的历史节点上，我国的脱贫攻坚战略部署从消除绝对贫困转变为缓解相对贫困。

全国 14 个集中连片特困地区中的吕梁山区和燕山—太行山区均位于山西。截至 2019 年底，山西农村贫困人口从 329 万人减少到 2.1 万人，所有贫困县均已申请退出。由图 1 可知，山西无论在 1.9 美元、2300 元，还是 3.2 美元的贫困标准下，年均贫困人口变化率都比较居中。山西聚焦“两不愁三保障”的绝对贫困问题即将消除，但随之而来的相对贫困现象也不容忽视。山西有 12.4 万边缘化人群，人均收入低于 5000 元，有较高陷入贫困的风险。新冠肺炎疫情可能会对这部分群体产生影响，相对贫困群体大多为边缘群体或者脆弱群体，他们面临这种突发状况返贫风险更高，且这部分群体人口基数大，更注重于收入分配不平衡和社会服务不均等问题，解决这类群体的贫困问题更为棘手。在脱贫攻坚和乡村振兴的战略部署下，有效解决相对贫困，建立缓解相对贫困机制刻不容缓。

二 相对贫困的内涵、特点与识别

（一）相对贫困的内涵

贫困问题始终存在于经济社会中，随着社会的不断发展，贫困问题的侧

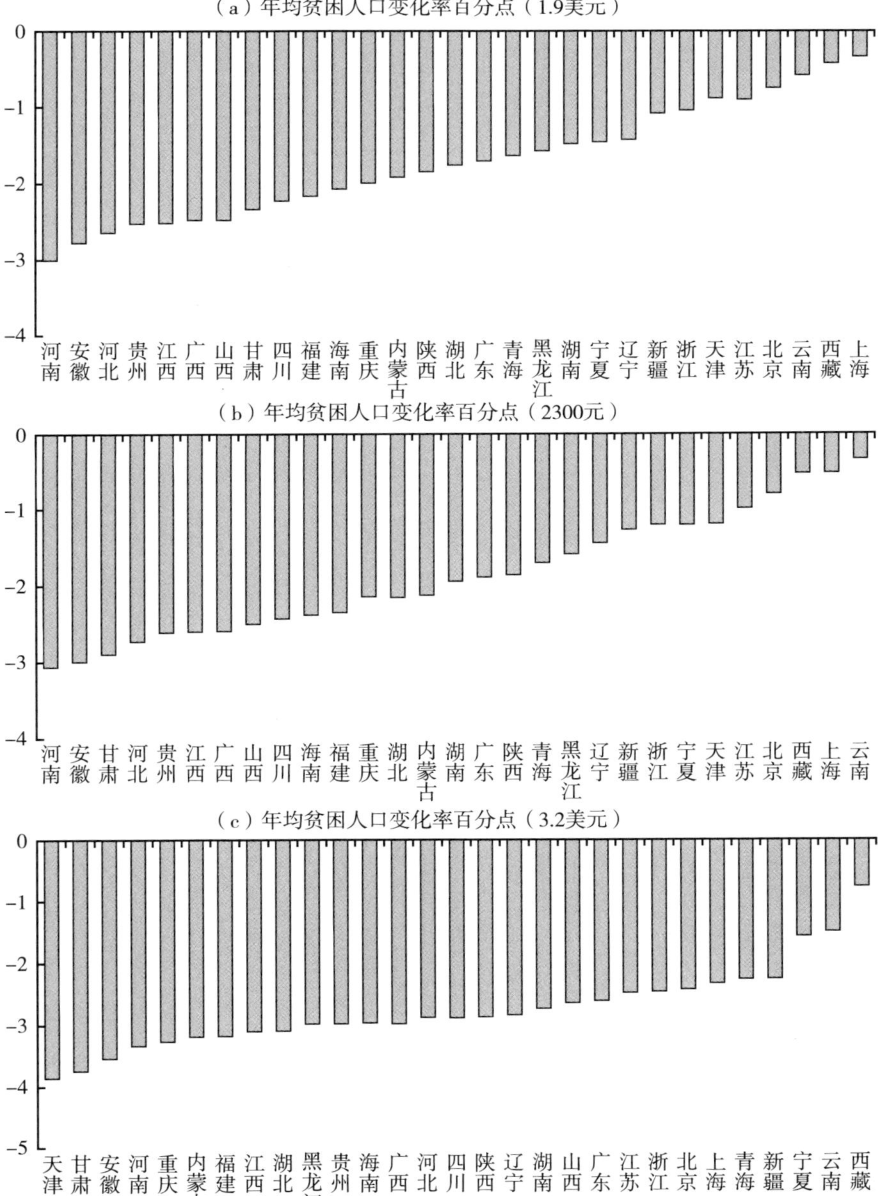

图1　各省区市年均减贫状况（绝对贫困）

资料来源：汪晨、万广华、吴万宗《中国减贫战略转型及其面临的挑战》，《中国工业经济》2020年第1期。

重点也会不同。学界公认贫困是一个多维问题，不仅是收入和消费不足的问题，而且是缺少医疗和教育等机会和能力的问题。根据贫困的多维内涵，可分为绝对贫困和相对贫困，二者相互作用、相互影响。绝对贫困更关注人们是否能满足最基本的生活保障，与人类基本的生理需求有关；相对贫困则更关注社会群体之间的分配不公问题，包含财富、权利和能力等。

相对贫困产生的一个重要原因是贫富差距的拉大，特别是在城市中，贫富两极分化尤为严重，这需要我们在关注农村相对贫困人口即贫困边缘户的同时，不可忽视城市相对贫困人口。更或者说，城市中的相对贫困群体占据了相对贫困人口的绝大多数，而农民工就是城市中最具代表性的相对贫困群体。

相对贫困是指个人或家庭的收入虽能满足基本保障，但不能满足当地条件下的其他公认的生活需要的情况。由于人是一种社会动物，故一个人不仅仅关注自身的收入水平，当周围人的收入水平都在增加，而他的收入水平不变时，他会感觉到比以前更穷。这意味着相对贫困是侧重于脆弱性、无发言权、社会排斥等方面的一种“相对剥夺感”，与社会财富收入的分配不均有关。

（二）相对贫困的特点

2020 年后，随着绝对贫困的全面消除，相对贫困将取代绝对贫困成为我国“后脱贫时代”的主要贫困表现形式。与绝对贫困不同，相对贫困具有多维性、流动性和长期性的特征。

1. 多维性

多维贫困是相对贫困的突出特点，在“后脱贫时代”，贫困已经从一维贫困转变为多维贫困。人们不仅关注收入水平和基本的生活需求，对民主、法治、公平、环境等方面的要求也日益增长。正如阿马蒂亚·森所指出的，贫困不仅是一个人收入水平低下，更是一种包含由个人环境和社会限制所造成的机会和可行性能力缺失的表现。

相对贫困的多维性，是指脱贫攻坚工作虽然对多层面的贫困有所缓解，但从整体上看，贫困人口在教育、医疗、住房和发展机会等方面仍处于相对匮乏的状态。相对贫困的着力点不再是简单的最低生活需求，而是能力剥夺和机会权利丧失的多维层面，即更关注收入和社会公共服务分配的不平等。多维贫困集中分布于弱势群体和经济发展程度低的区域，同时经济发展程度高的区域也存在深度多维贫困群体，这说明新时代下相对贫困的多维识别至关重要。同一国家的不同地区，相对贫困的标准也会不一样，同时相对贫困会随着人们所参照的比较物的不同而发生改变。相对贫困的这一特点决定了它无法用统一的标准来衡量不同地区的相对贫困。

2. 流动性

随着城镇化进程的加快，农村劳动力不断流入城镇，如图 2 所示，我国农民工的数量正在与日俱增。在进入新的空间后，由原来的非贫困人口变成新生的贫困人口，导致城镇流动性贫困群体数量增加。这些以进城农民工为主的流动性贫困人口是相对贫困群体的一个主要来源，他们大多数是城市中的低收入群体，无法享受与城市居民在教育、医疗等方面所享有的相同的社会公共服务。同时，由于无法融入城市文化生活，加剧了他们的“相对剥夺感”。在测算城市居民平均收入的50%时，2015 年中国城市贫困发生率是 11. 8%，而农民工的贫困发生率是 26. 3%。

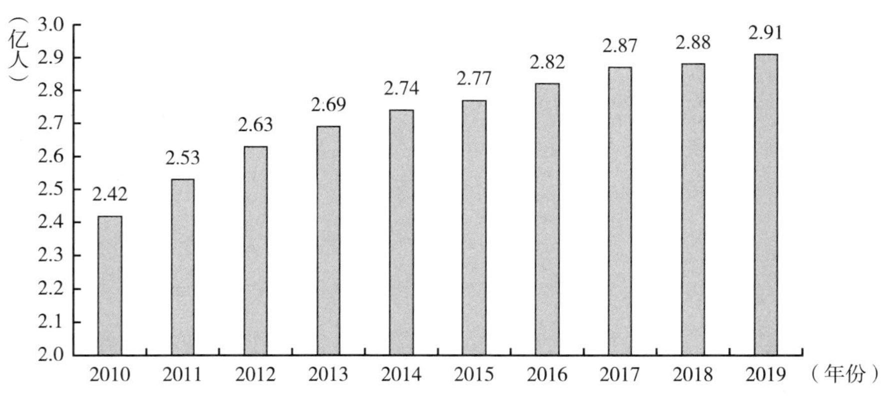

图 2　全国农民工数量变化

资料来源：国家统计局网。

3. 长期性

贫困的本质含义是匮乏，不仅包含日常生活所需物质的匮乏，还包含可行能力、机会和权利的匮乏。如果说精准脱贫是解决人类的物质匮乏问题，“后脱贫时代”面临的则是看不见、摸不着的能力、机会和权利的匮乏问题。由于相对贫困更多地表现为社会的不平衡、不充分，社会很难做到资源、机会和财富的公平分配，故相对贫困在社会发展过程中贯穿始终。这类贫困群体贫困状态持续时间长，无法通过简单的救助和帮扶摆脱贫困。

相对贫困的相对性决定它的长期性，只要一个经济社会中还存在明显的收入分配差距，相对贫困就会一直存在。无论发达国家或 GDP 处于世界前列的发展中国家的经济发展有多快，都存在相对贫困。一个国家的相对贫困与经济发展水平无关，在一些发达国家，相对贫困的问题更为严重。相对贫困的长期性决定了反贫困行动的长期性，政府需采取可持续长效发展机制来解决相对贫困问题。

（三）相对贫困的识别

“后脱贫时代”的贫困由绝对贫困向相对贫困转变，相对的贫困特征也发生改变，对应的 2020 年后的减贫思路也需要进行调整。首先需要研究制定具有中国特色的相对贫困标准，制定符合中国现阶段贫困特点的相对贫困识别标准，是解决相对贫困问题的前提。相对贫困线通常与平均社会收入的一定比例相关。英国确定的相对贫困线是全国家庭收入中位数的 60%，日本相对贫困线是中等收入家庭收入的 50%，欧盟成员国的相对贫困线是居民收入中位数的 50% 或者 60%，新加坡确定收入最低的 20% 的家庭为相对贫困人口。中国的相对贫困线则与居民收入中位数有关，有学者将农村居民收入中位数的 40% 用作相对贫困线。随着国家综合实力的提高，相对贫困线可以相应增加。也有学者使用收入中位数的 60% 作为相对贫困线，并使用 40% 和 50% 作为参考标准。由表 1 和图 3 可知，一方面，我国的相对贫困发生率正在上升，近几年才有所缓解；另一方面，我国的相对贫困线正在上升，且增长率加快。考虑到我国经济发展的实力，将居民收入的 40% 用

作相对贫困线是合理的。另外需要建立一个完善的长效机制来解决相对贫困问题，其关键在于两个一体化，即城乡一体化和社会公共服务一体化。

表 1　中国扶贫四个阶段相对贫困的变化

阶段	中位数的 60%	中位数的 40%	中位数的 50%
	年均贫困百分点变化		
1978～1985 年	0.29	0.08	0.18
1986～2000 年	0.47	0.41	0.48
2001～2012 年	0.25	0.34	0.33
2013～2017 年	0.18	-0.02	0.09
	年均贫困人口变化率(%)		
1978～1985 年	1.88	1.86	2.06
1986～2000 年	2.46	6.40	4.03
2001～2012 年	0.95	2.63	1.67
2013～2017 年	0.64	-0.14	0.41

资料来源：汪晨、万广华、吴万宗《中国减贫战略转型及其面临的挑战》，《中国工业经济》2020 年第 1 期。

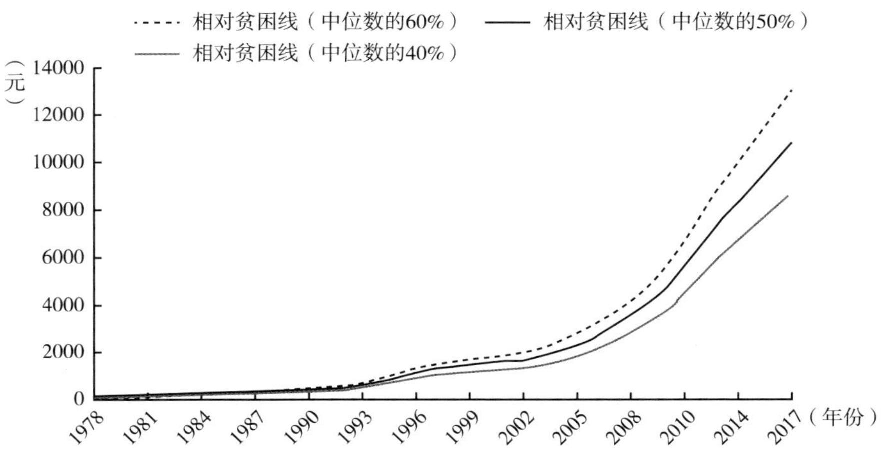

图 3　基于收入中位数的相对贫困线

资料来源：汪晨、万广华、吴万宗《中国减贫战略转型及其面临的挑战》，《中国工业经济》2020 年第 1 期。

三　山西“后脱贫时代”相对贫困的治理对策

由于人类在不同时期表现出的各种需要的迫切程度不同，因此相对收入已成为人们在消除极端温饱的基础上的行为决定因素，并且相对贫困已日益成为各种社会矛盾的催化剂。这意味着山西需在进入“后脱贫时代”时，为“十四五”规划做准备，在脱贫攻坚和乡村振兴两大发展战略部署下，充分考虑社会发展中的不平衡和不充分，建立一套解决相对贫困的长效体制机制，从基本社会公共服务出发，促进贫困人口持续增收，激发贫困人口内生动力，缩小城乡差距，实现城乡公共服务均等化。同时，需要重点关注受新冠肺炎疫情影响的相对贫困群体。

（一）低收入群体持续增收机制

针对相对贫困的多维性，一方面需要促进低收入群体持续增收，可有效防止返贫和缓解相对贫困；另一方面需要保障公共服务均等化，减缓人们的“相对剥夺感”。建立低收入群体持续增收机制是有效防止返贫和缓解相对贫困的有效途径。一是大力发展农业。农业是农民赖以生存的基础，加强农业支持，创造独特的农产品品牌，改善联系产业利益的机制。二是鼓励低收入群体就业。多措施支持劳动密集型企业发展，鼓励雇用低技术型劳动力，同时加大自主创业的支持力度，鼓励低收入群体自主创业。针对易地搬迁群体的持续收入问题，可通过提供公益性岗位、就地就业等方式，保证易地搬迁群众有持续的收入来源。三是抓好扶贫与乡村振兴产业挂钩。促进脱贫攻坚产业升级，充分发挥资源环境、品牌特色等优势，把扶贫产业归入乡村振兴产业，壮大乡村产业，实现长效增收。

（二）公共服务均等化机制

针对相对贫困的流动性，需建立公共服务的等效机制，以确保为城市农民工提供基本的公共社会服务。构建完善的公共服务体系，有助于缓解低收入群体的生活负担，增强他们的社会融入感，进而缓解相对贫困问题。按照世界银行或OECD国家等较为流行的贫困标准，我国应当至少有20%的人口划为相对贫困群体，应当促进公共服务均等化。从地域上讲，欠发达地区与发达国家之间公共服务的差距必须缩小。一方面，在欠发达地区增加对公共服务的财政投资，并提高这些地区的教育和医疗水平；另一方面，在欠发达地区促进公共服务人才的建设和公共资源的共享。从贫困群体来说，一方面需要加大对贫困“边缘户”的帮扶力度，缩小农村收入差距；另一方面加大对进城农民工的扶持帮助，调节不同群体之间的分配问题，同时推进城乡要素自由流动、制度并轨。

（三）激发内生动力机制

针对相对贫困的长期性，甚至可以说是永恒性，这更需要依靠贫困人口自身的发展动力来摆脱长期贫困。贫困需要“内生动力”和“外生动力”共同发挥作用才能实现长效可持续脱贫。通过激发相对贫困者的内生力量，可以有效缓解相对贫困并实现可持续发展。一是树立相对贫困人口正确的劳动观和荣辱观，克服贫困群体“等靠要”的思想，形成奋发向上的社会风气。二是通过多种培训方式提高贫困群体的自我发展能力，着力扩大就业培训覆盖面，增加贫困群体的基本技能，走上稳定致富的道路。三是鼓励贫困群体带头致富，激发贫困群体摆脱贫困的动力。贫困群体之间存在一种内部力量，这种力量能更好地激发群体的内生动力。

（四）社会保障机制

健全的社会保障体系可以促进社会公平，缓解相对贫困。现有的农村社会保障基本上属于补充性的保障，还达不到真正的支付性保障。针对特殊群体，继续发挥社会资助体系中低保、特困人员救助供养等制度的兜底作用。针对孤儿、城乡贫困老年人、零就业家庭、单亲家庭等特殊脆弱群体，扩大专项性社会救助制度的覆盖面。同时，可以加快建立长期护理保险体系，并可以探索面向服务人群的生计保险体系，例如护理服务、康复护理和心理护理。针对农村人口的低保工作，可建立动态化管理机制，实现低保对象和扶贫对象紧密衔接、社会救助政策和扶贫政策相互覆盖。

参考文献

[1] 冯怡琳、邸建亮：《对中国多维贫困状况的初步测算——基于全球多维贫困指数方法》，《调研世界》2017 年第 12 期。

[2] 邢成举、李小云：《相对贫困与新时代贫困治理机制的构建》，《改革》2019 年第 12 期。

[3] 郭熙保：《论贫困概念的内涵》，《山东社会科学》2005 年第 12 期。

[4] 沈扬扬、詹鹏、李实：《扶贫政策演进下的中国农村多维贫困》，《经济学动态》2018 年第 7 期。

[5] 王锴：《以相对贫困来看城市贫困：理念辨析与中国实证》，《北京社会科学》2019 年第 7 期。

[6] 欧阳煌：《精准扶贫战略落实与综合减贫体系构建思考》，《财政研究》2017 年第 7 期。

[7] 陈志钢、毕洁颖、吴国宝等：《中国扶贫现状与演进以及 2020 年后的扶贫愿景和战略重点》，《浙江国土资源》2019 年第 2 期。

[8] 唐任伍、肖彦博、唐常：《后精准扶贫时代的贫困治理——制度安排和路径选择》，《北京师范大学学报》（社会科学版）2020 年第 1 期。

[9] 王卓：《论暂时贫困、长期贫困与代际传递》，《社会科学研究》2017 年第 2 期。

[10] 关信平：《论现阶段我国贫困的复杂性及反贫困行动的长期性》，《社会科学辑刊》2018 年第 1 期。

[11] 孙久文、夏添：《中国扶贫战略与 2020 年后相对贫困线划定——基于理论、政策和数据的分析》，《中国农村经济》2019 年第 10 期。

[12] 汪晨、万广华、吴万宗：《中国减贫战略转型及其面临的挑战》，《中国工业经济》2020 年第 1 期。

[13] 袁金辉：《构建解决相对贫困的长效机制》，《中国党政干部论坛》2019 年第 12 期。

[14] 江治强：《全面建成小康社会后相对贫困及其治理》，《中国党政干部论坛》2020 年第 1 期。

[15] 叶兴庆、殷浩栋：《从消除绝对贫困到缓解相对贫困：中国减贫历程与2020年后的减贫战略》，《改革》2019年第12期。

[16] 李小云、许汉泽：《2020年后扶贫工作的若干思考》，《国家行政学院学报》2018年第1期。

[17] 左停：《十八大以来农村脱贫攻坚政策体系的完善与创新》，《人民论坛》2017年第30期。

B.15
山西产业生态化评价指标体系构建及对策建议

郭沛　渠雨潇　黄燕梅　刘丁衔　焦靖婷*

摘　要： 随着我国社会经济的快速发展，出现了一系列有关生态环境衰退且污染加剧的问题，这使得经济发展的资源、环境成本过大。在经济转型发展的关键时期，产业与生态和谐发展是解决当下难题的首要条件，即产业向生态化发展，有效减少能源消耗，保证自然、经济、社会的协调统一发展。本报告根据山西11个地级市的相关数据，采用熵值法评价山西产业生态化的情况，结合山西产业发展现状，从能源工业可持续发展、能源产品多元发展以及科技创新高质量转型等方面提出了对策建议。

关键词： 产业生态化　评价指标　熵值法

2018年5月，在全国生态环境保护大会上习近平总书记发表了重要讲话，会议表明：生态环境是关系党的使命宗旨的重大政治问题，也是关系民生的重大社会问题，因此加速构建和完善“以产业生态化和生态产业化为主体的生态经济体系”这一行动是十分必要的，这对推进新时代生态文明

* 郭沛，山西大学经济与管理学院、山西大学中国中部发展研究中心，博士、副教授、硕士生导师，主要研究方向为低碳经济、国际贸易。渠雨潇、黄燕梅、刘丁衔、焦靖婷，山西大学经济与管理学院，本科生。

建设、不断满足人民日益增长的优美生态环境需要有重大意义。自人类进入工业文明时代以来，对自然资源的不断掠夺使得地球生态系统遭受严重破坏，近一个世纪以来，人们终于从发生的多起环境公害事件中认识到“人与自然是生命共同体”，生态文明观继而成为重要的发展理念，推动产业生态化转型是我国经济高质量转型发展的重要突破口。长期以来，山西仅靠煤炭等资源发展高碳经济，产业结构急需从“二三一”结构进入以第三产业为主的“三二一”更高阶段，产业生态化势在必行。

一 山西产业生态化评价

近年来，关于产业生态化的研究逐渐增多，指标体系的构建也呈现标准化趋势，本报告借鉴郭付友等的产业生态化指标，即从产业系统与生态环境系统两个方面构建综合指标体系。其中，产业系统的评价既关注产业发展的总量与规模，同时也关注产业增长的质量与效益；生态环境系统的评价既关注生态环境的存量保育水平，同时重视产业发展过程中生态化水平的提升能力。

（一）产业生态化绩效评价指标体系的构建

1. 指标的选择

产业生态化指标选择工业化发展程度、产业规模化发展水平、产业外部依赖水平来反映产业系统的发展情况；选择生态环境保育水平、生态环境污染压力、资源环境利用效率来反映生态环境系统的发展情况。综合产业系统和生态环境系统的指标评分得出产业生态化的发展水平。

2. 指标体系的构建

产业系统的评价选择第二产业增加值与第三产业增加值比重，第二、三产业增加值总额，人均利用外资直接投资额。由于产业发展过程中生态化水平包括源头上的资源利用水平、中间过程的清洁生产水平以及末端治理的废弃物排放水平，对于生态环境系统的综合考量可以说是非常全面的，将会综合考虑多方因素，在综合衡量之后做出评价，具体指标和变量选择见表1。

表1　山西产业生态化绩效评价指标体系

目标层	准则层	指标层	指标意义
产业生态化	产业系统	第二产业增加值与第三产业增加值比重	反映工业化发展程度
		第二、三产业增加值总额	反映产业规模化发展水平
		人均利用外资直接投资额	反映产业外部依赖水平
	生态环境系统	人均公共绿地面积	反映生态环境保育水平
		细颗粒物年平均污染浓度	反映生态环境污染压力
		万元 GDP 能耗	反映资源环境利用效率

（二）产业生态化评价原理

本报告采用熵值法来评价产业生态化，熵值法作为应用广泛与相对成熟的研究方法，由于其可以有效避免指标间信息杂糅与人为主观性影响，效果较为突出，因此在很多领域中都得到了广泛而深入的采用，并且都取得了一定的成果。本报告也是在此背景下，来聚焦山西这一具体地区，进行科学的研究和计算，从而据此得到以下结果。

二　山西产业生态化情况分析

本报告采用软件 Matlab2018a，利用熵值法代码完成，所有数据均来源于 2015～2018 年《山西省统计年鉴》。主要变量的统计和权重如表 2 所示，从中可以看出各项指标中人均利用外商直接投资额所占权重最高，约为 26.6%，说明山西生态化发展更多的是体现在对外招商引资这个维度上。其次是第三产业增加值、第二产业增加值，这从侧面反映出山西正在逐步进行经济转型，转变以煤为支柱的工业为主型产业结构。

表 2　主要变量的统计和权重

	熵值	差异系数	权重
第二产业增加值(万元)	0.995522	0.004478	0.137856
第三产业增加值(万元)	0.995507	0.004493	0.138309
第二、三产业增加值总额(万元)	0.995947	0.004053	0.124769
细颗粒物年平均污染浓度(ug/m^3)	0.99691	0.00309	0.095116
人均公共绿地面积(米^2/人)	0.995608	0.004392	0.135186
人均利用外商直接投资额(美元)	0.99136	0.00864	0.265943
万元 GDP 能耗(吨标准煤/万元)	0.99666	0.00334	0.102821

资料来源：《山西省统计年鉴》(2015～2018 年)。

2015～2017 年山西各地区产业生态化测算结果如表 3 所示，从中可以看出：排名靠前的城市分别为太原市、长治市和晋中市，运城市、临汾市和朔州市排名较为靠后，其原因分析如下。

太原市产业生态化发展较好的原因可能有以下几个方面。第一，太原市传统产业转型发展成效凸显。太原钢铁集团、阳泉煤业集团等传统污染较重的产业转向研发双相不锈钢筋、碳纤维、镍基合金、化工新材料等新产品，新的科研成果不断产生并应用，与生态环境协同发展的优势逐渐体现。第二，太原的战略性新兴产业发展速度较快。比亚迪、江铃重汽、威马等新能源汽车产业以及太原重型机械集团、太原东杰装备有限公司、明豪集团等高端装备制造业发展势头良好，其对环境的污染程度相较传统煤炭、钢铁等产业而言更清洁。第三，太原市产业结构不断调整，第三产业占地区生产总值比重大于第二产业，第三产业主要依靠文化以及旅游业的发展，其对地区生产总值的贡献率明显提升。第三产业对生态环境的污染相对较低，因此生态化水平较高。根据“文化 + 旅游”的思路，太原市开发了多处文化旅游项目，晋祠景区、青龙古镇、清徐陈醋等特色文化产业园形成了拉动经济增长的新引擎，这也对太原市生态化转型发展起到积极作用。

长治市近年来不断推进产业转型升级，进而推动产业生态化发展。第一，新兴产业投资占工业投资的比重超过一半，光伏产业、生物制药产业等取得较大成效，这些新兴产业都对产业生态化发展做出贡献。第二，长治市

是中原经济区的金三角，并且拥有长治玉林机场，物资调运、商品贸易极为便捷、通畅，这样优越的条件对外商有很大的吸引力，外商投资额位居全省第一，这对长治市的产业生态化发展也起到重要作用。第三，丰富的旅游资源为长治市的产业结构转型发展提供了先决条件。长治市依托独特的地方文化开发了诸如红色太行旅游区、山水太行旅游区、古韵太行旅游区、休闲太岳旅游区等，同时长治市还拥有壶关、武乡、平顺和黎城 4 个全域旅游示范县，旅游资源得到充分开发，旅游服务业收入大幅提高，这更使得长治市在产业与生态融合发展中占有优势。

晋中市交通方便快捷，近年来不断加大技术创新投资、搭建科研平台、构建创新系统，积极推动制造业高质量发展，全力推进制造业向环境友好型发展。在一系列强有力的政策与资金支持下，新能源汽车产业、高端装备制造业、光伏产业、新能源发电产业等新兴产业飞速发展，诸如吉利新能源汽车、台湾青田氢燃料电动客车、晋能光伏电池组件、北达新能源发动机等项目取得巨大成效，对资源尽可能地充分利用，产业生态化成绩斐然。晋中市旅游资源极为丰富，拥有全省数量最多、品级最高的旅游景区，旅游对环境的负面影响很小而且旅游能为环境保护提供资金，所以旅游等第三产业发展也进一步推动了产业生态化的进程。除此之外，晋中市加快文化产业的开发，文化产业与农业、旅游产业等相互融合，产生了“1 +1 >2”的产业叠加效应。

临汾市发展较差可能有以下原因。尽管煤、焦、冶、电等传统产业整体素质进一步提升，但依旧属于技术优势不大的地区，对矿产资源消耗大，发展质量和效益不高，导致万元 GDP 能耗比太原市的两倍还多，直接后果就是环境污染严重，细颗粒物年平均污染浓度明显增加。因此，产业生态化水平低，在评价中排名靠后。

运城市是山西唯一一个煤炭资源匮乏的城市，也是山西重要的农产品产区，产业结构存在第一产业比重较大、第二产业整体实力不强、第三产业较为落后的问题，总体上工业基础十分薄弱、产业集聚程度不高、技术和附加值含量低，产业生态化转型升级刚刚起步。此外，运城市虽然拥有大量旅游资源，但保护和开发力度不够，未能实现良好的经济效益，这也是运城市产业生态化水平较低的原因之一。

朔州市近年来相较于其他地级市发展缓慢，虽然煤炭产业转型步调加快，取得了阶段性成果，同时非煤产业发展快速，但总量不大，总体上来说还处于发展初期。新兴产业发展较为缓慢，短时间内无法替代煤炭产业，而煤炭产业“三废”排放量多，生态环境污染较为严重，因此产业生态化水平低。另外，对外开放水平不高，招商引资难度大，基础设施建设滞后，城市的吸引力、辐射力、带动力不强，所以人均利用外商直接投资额远远落后于其他地区，这些都是阻碍朔州市生态化发展的因素。

表 3　2015～2017 年山西各地区产业生态化测算结果

城市	2015 年	排名	2016 年	排名	2017 年	排名
太原市	66.4754	1	64.821	1	54.6115	2
大同市	36.5622	6	36.0603	6	32.5257	5
阳泉市	40.8743	5	40.1273	5	26.8626	7
长治市	53.5719	2	54.0669	2	45.515	3
晋城市	51.3918	4	42.804	4	43.5176	4
朔州市	29.3098	7	24.3848	9	20.6292	10
晋中市	53.265	3	53.4524	3	54.7642	1
运城市	20.8216	11	24.2715	10	23.8722	8
忻州市	24.2671	9	24.6362	8	23.8711	9
临汾市	21.3419	10	18.2798	11	15.1442	11
吕梁市	25.81	8	29.7952	7	27.8396	6

资料来源：《山西省统计年鉴》（2015～2017 年）。

三　山西产业生态化发展存在的问题

（一）企业方面

1. 企业生态环保意识缺失

企业为了追求更高的利润，经济效益便成为企业生存发展的关键。

然而，大多数公司在争取最大利润的同时，顾忌不到环境这一因素，使得经济利益在和环境保护博弈的过程中取得了完全的胜利，也使得环境急剧恶化。目前，山西煤矿开采仍是主要的工业生产产业，这就是其规模远远大于能源工业的原因，而高污染和高消耗是能源工业生产和经营的主要方式。同时，一些公司严重缺乏环境保护意识。此外，企业在生产过程中，仅仅考虑了原材料、交通运输、生产销售等有形成本，却从未将产业运行对环境造成的消极影响计算到成本中，因而无法清楚意识到环境成本的大小，难以形成正确的环境保护、生态保护理念。因此，由于传统观念的影响，山西企业依旧为用资源过度消耗提高经济利益的生产经营方式，结果，严重影响了全省生态环境，严重阻碍了工业生态的进程。

2. 企业缺乏科学的环境管理制度

如果公司想要实现其生产和运营目标，就必须加强其生产和运营各个方面的管理。除了为公司建立内部监控和管理机制，还要严格检查企业经营过程，及时发现对生态环境的不利因素，发现其中的原因并给予纠正，以维持整个企业的良好运行。目前，山西各企业主要重视对产业生产经营的管理，但是，没有强调公司生产对环境的负面影响。由于公司缺乏验证清洁生产的机制，即使有相关的内部机构，也缺乏相关激励措施，不利于监督管理机制的运行。与此同时，企业规定的相关保护生态环境的举措由于可操作性的缺失，经常与企业当前的监督管理制度相违背，它们无法相互补充和协同工作，这使公司难以有效地监控自己的清洁生产，从而严重影响了公司一级的工业绿化进程。

3. 企业缺少技术创新

山西目前主要以煤炭、焦化厂和其他能源产业为主，这也是大量的废水、废气和固体废物产生严重影响生态环境的原因。尽管山西采用多种方法处理“三废”，并且相对容易使用且技术成熟，但公司目前缺乏正确的环保意识，能源行业也发展缓慢，因此，没有足够的技术支持来升级和重组有机生产，从而使公司的内部生产过程继续以传统的、广泛的、高消耗和高污染的生产方式进行，不利于实现企业的绿色化发展，进而影响了山西企业层面的生态化发展步伐。

（二）产业方面

1. 产业结构单一

众所周知，山西是我国重要的能源重工业基地，长期以来，依赖资源的产业在产业结构中所占的比例一直超重。从山西的实际情况来看，产业之间的差距较大，存在较大程度的产业失衡现象。如图 1 所示，2017 年山西三大产业所占比例为 3. 5∶59. 2∶37. 3，总体上呈现“一弱两大”的状态。

由于山西的工业主要是原材料的提取和加工，因此在产业结构上对煤的沉积物过于依赖。如图 2 所示，2017 年山西规模以上工业增加值增长 7%，其中煤炭工业的增加值增长 3. 6%，占比 51. 4%。

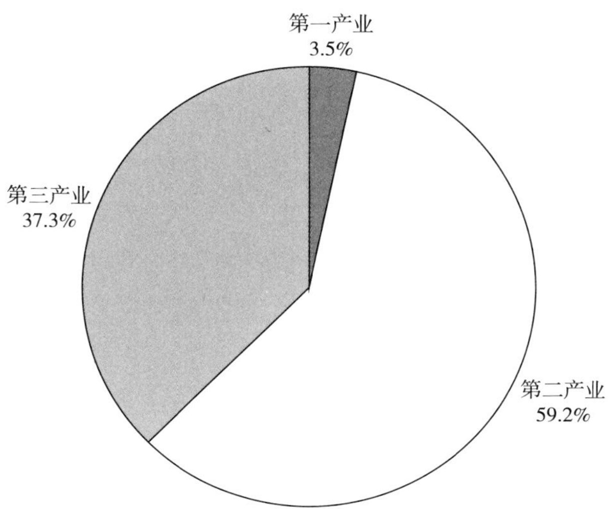

图 1　2017 年山西三大产业占比

资料来源：山西统计局网。

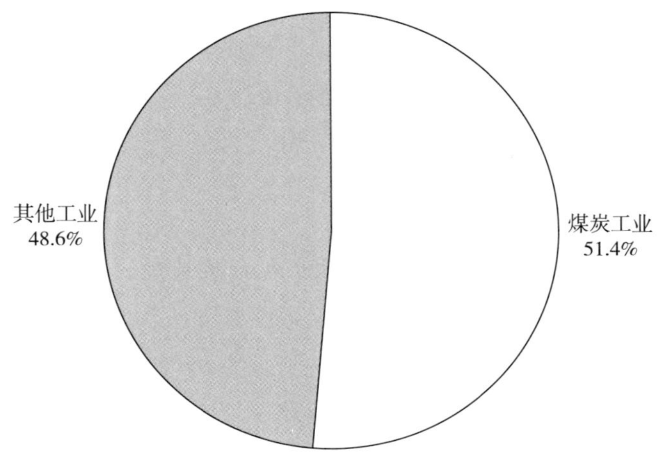

图 2　2017 年山西规模以上工业增加值占比

资料来源：山西统计局网。

此外，原煤开采在山西产业结构中的份额再次增加，不仅如此，在其他指标上也出现了增长，分别是冶金指标以及化学工业指标。由于山西过于依赖能源产业，因此产业体系中的转型部门和终端部门不足。工业体系缺乏许多可以在相互支持中发挥作用的行业，因此很难将主导产业提供的各种副产品转换为新产品，这使得产品之间的流通较为不畅，下游的产业因此受到很大程度的影响，影响了下游整体的稳定性。不可否认的是，产业规模难以实现，产品之间的交换能力大大减弱，使得内容处理能力不能得到很好的提升，系统的可持续性受到损害。山西重工业结构不仅限制了山西经济发展，更为直观的是，整个省的工业生态也因此出现了整体性问题，很难实现良性发展，从而使得产业经济发展出现了大滑坡，整体发展形势堪忧。新华网统计数据显示，2015 年 12 月煤炭售价与 2012 年 5 月煤炭售价对比可看出，在价格上已经出现了很大的颓势，市场反响也日渐低迷，甚至下降幅度一度高达 66%，从而导致了山西 GDP 的增速放缓。由于在产业结构上出现大的失衡，整个省的经济发展速度都受到了较大的影响，这一影响不仅是直观的，更是持续的，影响了山西整体经济发展和各项工作的开展。山西在全国省区市中 GDP 增长速度较低、经济发展较为低迷，以煤炭产业为主导产业是导致山西经济发展不景气的主要原因之一。

2. 产业空间布局不合理

山西一直是中国重工业的能源基地。煤炭、钢铁等行业也增进了山西经济发展。由于山西煤炭和焦炭资源的储藏相对分散，山西的能源工业主要独立于不同地区运作，并且相对分散。这些领域大部分都是小型企业，因此较难发挥产业集群的作用。由于难以实现规模经济和缺乏现代环保意识，能源公司已在各地开采煤炭、焦炭和其他资源，而缺乏合理的资源整合已导致资源严重浪费。而且，公司在不同地点使用广泛的开发方法，浪费资源的同时，造成的影响也是多重的，在无形之中给环境带来了很大的压力。从这个意义上来讲，产业空间的布局是非常重要的，会带来一系列的动态影响。

（三）宏观方面

1. 经济因素

产业生态的成长必须以壮大经济为根本。但是，山西 GDP 远远落后于其他中部省。山西的 GDP 增长率自 2011 年以来迅速放慢，过去几年的增长率数值也较低。由于经济发展不景气和整体经济总量不大，山西产业结构向生态方向的转变和转型受到了限制。

随着金融危机影响的淡化，全国经济逐渐恢复，原有不景气的煤炭产业又有一定程度的复苏，这将进一步限定山西将来的经济发展，并使山西堕入恶性循环。由于山西经济表现不佳，因此缺乏对高科技、节能和环境保护的投资力量。这将拖延相关产业的发展，导致山西生态变化的技术和资金支持不足。

2. 科技因素

产业生态化的成绩取决于科学技术进步，因此，产业生态化的技术基础离不开科学技术产业的发展。产业生态化的实现，不仅可以通过科技手段促进产业本身的生态发展，并且可以通过技术的联结更好地加深上下游产业之间的互动，从而使产业发展走向更加和谐的发展之路。由此可见，产业生态化本身就是高科技发展的产物，没有科学技术的进步，产业生态化就无法发挥作用。但是，目前山西产业结构仍以能源工业为主导，科学技术研发以及自主创新的价值极低，经济增长也是传统的经济增长方式，其中大部分能源消耗都被交换为经济利益。

四　对策建议

山西可以通过产业结构优化升级、能源工业可持续发展以及能源产品多元化发展、科技创新高质量转型等战略实现产业生态化，从而真正实现山西跨越式发展。

（一）多渠道实现产业升级

明确产业发展方向。第一产业：农业由单一种植业为主的传统农业转型到第一产业与第二、三产业融合。第二产业：工业发展向中高端迈进，着重发展新能源汽车产业以及高端装备制造业，并逐渐延展上下游产业。第三产业：提升服务业档次，顺应当今居民升级消费的观念，在发展旅游、文化、体育、健康、养老等幸福产业的同时，也要大力发展互联网及以相关服务、信息技术等产业为代表的新兴营利性服务业。

协调产业协同发展。改善和升级需求结构，增强居民的中高端消费以及服务需求，依靠消费、投资协同拉动经济增长。与此同时，投资结构也需要不断升级，增加第三产业营利性服务以及高技术产业的投资占比。最后推进新型城镇化，以人为核心，注重提升城镇化质量，执行各类引进人才的政策，促进农业转移人口市民化进程。

（二）传统煤炭产业低碳化发展

增加可使用的能源产品。扩大煤层的地面开发和井下抽采，继续使用机械化开采，提高回采率；加大风能、太阳能、生物能（秸秆、粪便、垃圾、木材能源等）等可再生能源的开发力度；加大氢能等清洁能源的开发利用，特别是氢能燃料电池汽车和氢能燃料电池发电，更多使用清洁能源发电，减少煤炭发电的使用，并且增加风电、光电能源的使用占比。

升级打造煤炭工业。在煤炭的勘探、开发、消费利用过程中，改进工艺技术，改造更新用能设备，提高能源利用率，并且淘汰落后产能和高耗能行业。不断加强煤炭高效利用的技术攻关，在煤炭高效利用方面占领新高地。

（三）科技创新推动经济向高质量转型

顺应新产业技术革命浪潮，大力发展战略性新兴产业。推动产业价值链走向中高端，大力支持新能源产业、高端装备制造业、新一代信息技术产业、新材料产业、新能源产业、生物产业及节能环保产业，全力发展以信息化、智能化、互联网化为主导和新型企业集聚的新兴产业，使其成为带动山西经济发展的主要驱动力。

加大科技研发投入，促进绿色发展。在生态环境保护、水污染防治、煤炭清洁高效利用、大气污染防治等领域，加大科技研发投入，实现经济绿色发展。

深化“互联网 +”运用，转变经济增长模式。以“互联网 +”技术升级消费模式，快速发展网络零售新业态，进一步推动零售业态、购物消费方式的多元化。政府高层利用互联网技术推进企业新型化战略，全面改变传统产业和传统企业，坚决淘汰转移正在被新产业技术革命严重颠覆的传统产业和传统企业。

参考文献

[1]《习近平总书记在全国生态环境保护大会上的讲话全文》，搜狐网，2019 年 1 月 31 日，http：//m. sohu. com/a/292718724_ 99911373？strategyid =00014. htm。

[2] 邱跃华：《科学发展观视域下我国产业生态化发展研究》，博士学位论文，湖南大学，2013。

[3] 张欲非：《区域产业生态化系统构建研究》，博士学位论文，哈尔滨工业大学，2007。

[4] 李鹏梅：《我国工业生态化路径研究》，博士学位论文，南开大学，2012。

[5] 陈晓峰：《产业生态化视角下传统产业集群的转型升级研究——以江苏苏中地区为例》，《企业经济》2010 年第 4 期。

[6] 欧阳佳妮：《武汉城市圈产业发展模式的生态化转型》，《湖北大学学报》（哲学社会科学版）2009 年第 1 期。

[7] 季凯文、裴亮、余前广：《加快江西产业生态化转型的路径探索》，《宏观经济管理》2014 年第 2 期。

[8] 廖昭文：《贵州资源型企业产业生态化转型制约因素探析》，《合作经济与科技》2014 年第 17 期。

B.16 山西线上线下零售深度融合路径研究

孟慧霞　薛娟娟*

摘　要： 本报告从零售质量拉动最终消费从而经济增长、适应城乡居民消费结构升级趋势、助推零售从疫情中复苏的作用，分析了以线上线下融合发展提升零售质量的必要性；通过比较中部六省零售规模、线上线下零售结构、城乡零售结构，梳理了山西零售发展中存在的问题。在此基础上，提出山西线上线下零售深度融合的路径是：奉行零售竞合观念，有序强化线上线下整合优势；应用零售创新技术，精准满足线上线下消费需求；推进零售产业发展，有效降低线上线下零售成本。

关键词： 消费结构升级　零售质量　新零售　线上线下渠道

实体零售与线上零售是零售业的有机组成部分。在大数据与互联网等新技术驱动下，2016 年，马云首先提出“新零售”概念，并催生了盒马鲜生、京东到家等众多新零售实践模式。尽管新零售模式不断丰富和衍生，但从本质上看，均为以数据为中心，通过线上线下零售渠道、消费需求刻画、物流环节等相关产业链深度融合，重构“人货场”等商业要素，解决零售整体效率的商业模式。2020 年初的疫情几乎导致全国零售全面停摆，线上线下渠道融合的诸多企业却得以在逆境中发展，凸显了其独有的竞争优势，这为我国尤其是发展相对滞后的山西零售提供了新的发展思路。

---

* 孟慧霞，山西大学经济与管理学院、山西大学中国中部发展研究中心，博士、副教授，主要研究方向为服务营销、消费经济。薛娟娟，山西大学经济与管理学院，硕士研究生。

一　以线上线下融合发展提升零售质量的动因

（一）零售质量是拉动最终消费从而经济增长的重要动力

最终消费、投资与出口是拉动经济发展的三驾马车。2018 年，我国社会消费品零售总额达到 38.1 万亿元，比上年增长 9.0%，最终消费支出对 GDP 增长贡献率为 65.9%，比 2017 年提高 8.4 个百分点。至此，按照需求支出法计算，最终消费支出已经连续 5 年成为助推我国经济增长的第一动力（见表 1、图 1）。

表 1　2013～2018 年我国三大需求对 GDP 增长的贡献率

单位：%

时间	最终消费支出贡献率	资本形成总额贡献率	货物和服务净出口贡献率
2013 年	50.2	53.1	-3.3
2014 年	56.3	45	-1.3
2015 年	69	22.6	8.4
2016 年	66.5	45	-11.6
2017 年	57.5	37.7	4.8
2018 年	65.9	41.5	-7.4

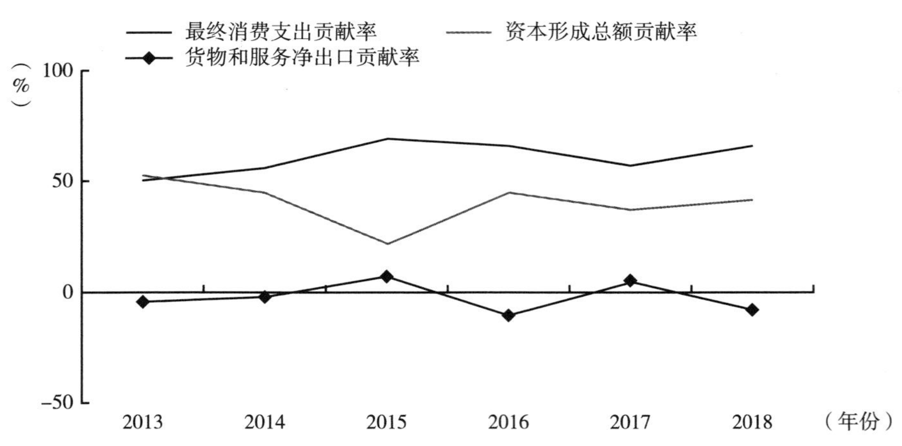

图 1　2013～2018 年我国三大需求对 GDP 增长的贡献率

资料来源：《中国统计年鉴》各年度相关数据。

最终消费由居民消费和政府消费构成，其中政府消费相对稳定，且占比较低，如2018年，山西居民消费占最终消费的76.45%。因此，居民消费是拉动最终消费从而促进经济增长的主要动力。正因如此，2019年，商务部在消费领域主抓的三件大事为：提升城市消费，促进消费升级；扩大乡村消费，推动“农产品进城、工业品下乡”；发展服务消费、优化服务供给。

伴随收入增加与消费结构升级，零售在我国居民消费中的作用日益超越批发。2016年11月，国务院办公厅印发《关于推动实体零售创新转型的意见》，指出零售业是商品流通的重要基础，是引导生产、扩大消费的重要载体，是繁荣市场、保障就业的重要渠道。因而，提升零售质量，对于在经济增速放缓的新常态下，释放居民消费潜力，从而提升最终消费对经济增长的拉动质量具有不可或缺的作用。

（二）线上线下零售融合发展是适应消费结构升级趋势的必然选择

收入是影响消费的主要因素之一，随着山西城乡居民收入水平由千元级提高到万元级，消费总量不断攀升。2005～2018年，山西城镇居民的人均消费支出由6342.63元增加到19789.8元，同期，农村居民的人均消费支出由1877.70元增长到9172.2元（见图2）。

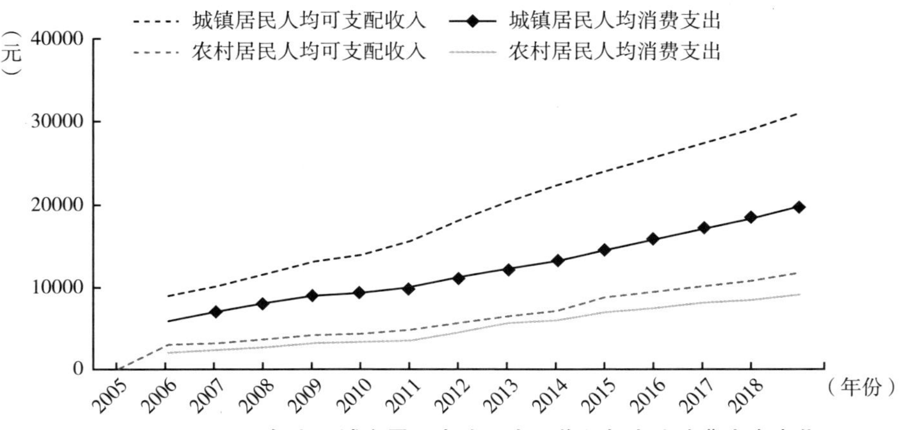

图2　2005～2018年山西城乡居民人均可支配收入与人均消费支出变化

资料来源：《中国统计年鉴》各年度相关数据。

随着收入水平的提高，一般居民消费呈现“改良性的消费结构升级”和“革命性的消费结构升级”趋势。前者即消费的“从有到精”，后者则是消费的“从无到有”。与此规律相契合，山西城镇居民恩格尔系数由2005年的32.43%下降到2018年的23.76%；同期，农村居民恩格尔系数也由44.23%下降到27.69%。这表明，随着收入提高，一方面城乡居民对食品、服装等实物的消费“从有到精”，不再局限于果腹、保暖等基本需求的满足，同时重视产品品牌、服务质量、消费环境、时间效率等零售要素；另一方面原先受制于收入的诸多潜在需求，诸如旅游、教育、健康等发展享受型消费“从无到有”，支出比例不断上升。

这两类消费结构升级在不同消费群体渐次产生，既表明不同消费群体消费的产品类别各不相同，也意味着他们在消费同一产品时，对消费地点、购物方式、服务体验等的选择有所差异。既有日益增多的消费者青睐快速便捷的线上购买，亦有消费者对环境怡然的线下体验情有独钟；既有越来越多的消费者退出低质低价式消费，转向体验独特的品牌零售店完成购买，但将价格低廉的线上平台视为首选的消费群体也不鲜见；更有消费者不时在线上线下两种渠道中灵活选择、动态转换。可见，收入的增加，提高了消费渠道选择的自由度，同质化的实体店消费正在被差异化、个性化、动态化的渠道选择取代。消费需求趋势是企业策略选择的出发点，因此，放弃单一渠道，转而寻求线上线下融合发展的全新商业模式，是零售企业转型的必然选择。

（三）线上线下零售融合发展是助推零售从疫情中复苏的有力保障

《2018年国民经济和社会发展统计公报》数据显示，2018年，我国固定互联网宽带接入用户40738万户，比上年增加5884万户；移动互联网用户接入流量711亿GB，比上年增长189.1%。这为消费者在碎片化时间完成购物提供了充分的设施保障，尤其对年轻一代的消费模式产生革命性影响。加之线上零售突破了消费者产品选择的时间与空间限制，价格优势显著，线上零售总体规模持续上升的趋势毋庸置疑。但不容忽视的是，由于入门门槛低，线上零售竞争日益加剧，随之而来的是流量等获客成本越来越高，增速逐渐放缓。薄利局面之下，一些线上零售商面临退出市场的尴尬局面。

与此同时，传统线下的零售虽然具有线上购物难以实现的可感受、可融入、可触摸、可体验等独特的场景优势，但受制于居高难下的店铺成本与有限的商品种类，价格劣势显著，购买时间与购买空间的局限难以突破，面临曲高和寡的清冷局面。

已经成功构建线上线下全渠道融合发展模式的企业，则因其具有全渠道自由调动商品、全供应链信息共享及全数据精准定位的独有优势，虽不能完全幸免于疫情波及，但所受冲击较少，一些主营生鲜配送、线上教学用品的零售店甚至因竞争者骤减而获得了异乎寻常的利润增长。

基于此，在市场常态下，线上线下长期的竞争对立，不仅难以满足消费者差异化的零售需求，也会滋生窜货等伤及各自利益的零售困境，在兵刃相对中，两败俱伤。融合地发展线上线下零售渠道，一方面将有效避开针锋相对的竞争，另一方面将减少二者重复设置带来的成本损耗，提高流通效率与零售业利润。而在特定市场环境下，线上线下的优势互补，规避风险的特点更为突出，不但对满足居民消费需求的作用显著，而且有助于零售商保持从业信心。考虑到疫情之后一些消费者对实体消费的诸多顾虑，线上线下的整合发展，是我国零售从疫情中复苏并持续发展的有力保障。

二　山西零售发展的现状与问题

（一）山西零售发展的现状

1. 消费率稳步上升

作为一个资源型省，主导产业结构决定了山西经济增长呈现高投资、低消费模式，自 1990 年以来，尤其是 2010 年到 2016 年，山西投资率一直持续上升。但是随着全国消费主导模式的雏形渐显，山西消费率在经历了 2000 年以来的整体下降后，在 2014 年开始呈现整体上升趋势（见图 3）。

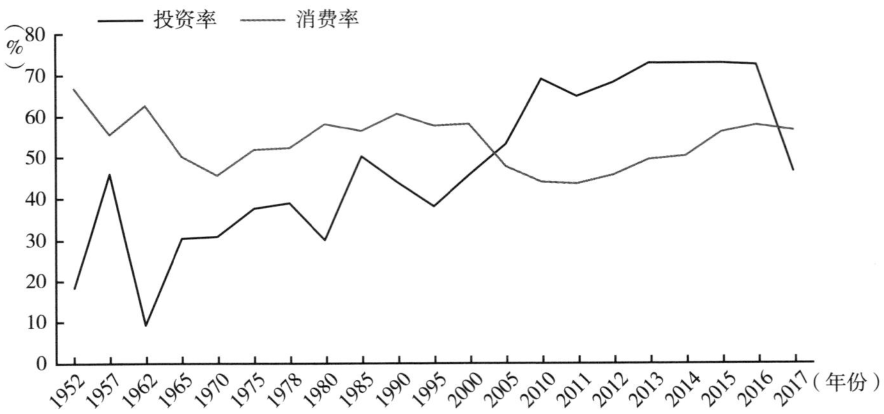

图 3　1952～2017 年山西投资率与消费率

资料来源：《山西统计年鉴》各年度相关数据。

2. 社会零售总额持续增长

伴随消费率的提升，山西零售保持持续增长势头。在全国最终消费作为经济增长主动力的 2014 年到 2018 年，山西社会零售总额由 5139 亿元增长至 7338 亿元（见图 4）。

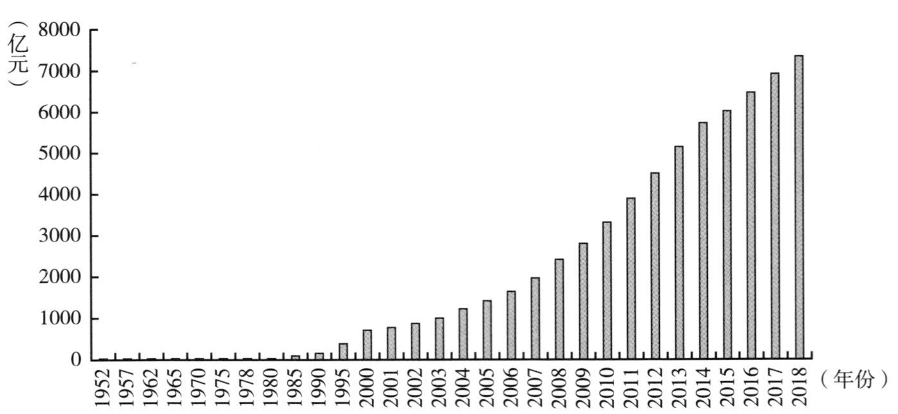

图 4　1952～2018 年山西社会零售总额

资料来源：《山西统计年鉴》各年度相关数据。

（二）山西零售存在的问题

在总趋势之外，对比中部六省2018年的零售数据（见表2、图5），山西零售存在明显问题，整体发展处于落后地位。

表2　2018年中部六省零售业发展相关指标比较

指标	限额以上零售业			连锁零售业			亿元以上商品交易	
	法人企业数（个）	年末从业人员数（人）	商品销售额（亿元）	总店数（个）	门店总数（个）	商品销售额（亿元）	市场数量（个）	零售市场成交额（亿元）
山西	1996	141734	2055.9	63	5136	475.7	31	33.2
安徽	5000	255570	4320.2	75	11603	1690.9	124	339.1
江西	3134	148933	2101.2	75	5744	1025.7	105	283.7
河南	6012	365318	4517.5	117	6127	886.0	138	415.7
湖北	4904	325998	6409.1	144	10667	2196.6	129	620.4
湖南	5883	293885	4773.1	121	10766	1364.5	309	917.3

资料来源：《中国统计年鉴2019》。

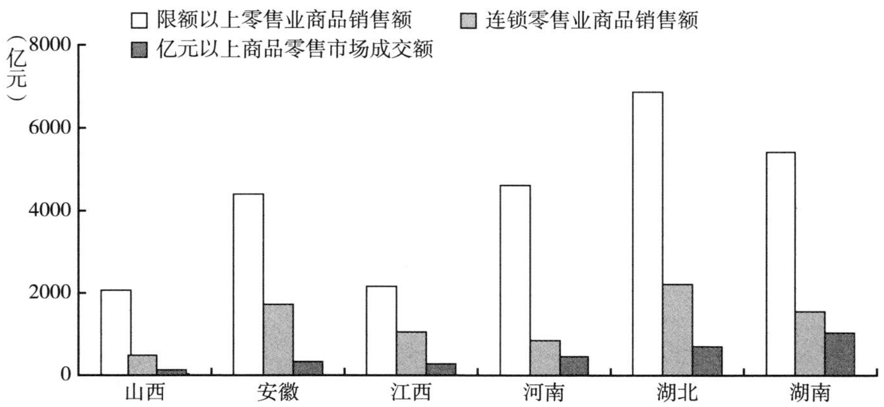

图5　2018年中部六省零售业发展相关指标比较

资料来源：《中国统计年鉴2019》。

1. 各类零售门店少、规模小、零售额低

从总体情况看，2018年，山西限额以上零售业的法人企业数、年末从

业人员数以及商品销额均处于中部六省末位，差距显著。与中部六省中的最高值相比较，山西法人企业数不足河南的1/3；年末从业人员数为河南的38.80%；商品销售额仅占湖北省的32.08%。即使将人口总量的差异考虑在内，山西全省零售总体规模依旧偏低。

大规模的商品交易市场，可以满足消费者一站式购买的需求，提高购买效率。然而，山西亿元以上商品交易市场数量不仅处于中部六省最末位，同时，数量远远低于各个省，尚不足其他五省中最低值江西的1/3，与最高值湖南相比，则仅约占其1/10。亿元以上商品交易市场的缺乏，导致零售市场成交额极低，仅为33.2亿元，分别占中部其他五省中最高值湖南零售市场成交额的3.62%，最低值江西零售市场成交额的11.70%。

从零售业态的管理模式看，连锁经营在商品结构、价格策略、进货模式等方面高度标准化，具有明显的规模成本优势。尽管2018年，山西唐久便利再次以455424万元的销售收入入选“2018年中国连锁百强”，但是从全省整体来看，仅有63家连锁经营零售总店，门店总数、商品销售额均为中部六省最低。尤其值得关注的是，山西与江西的连锁经营门店总数接近，但是连锁零售业商品销售额尚不足江西的1/2。

此外，山西零售业所有制类型相对单一。尽管自21世纪初美国沃尔玛进入山西，即开启了内外资竞争的零售格局，但是直至2018年，在山西限额以上零售业的1996个法人企业中，内资企业依然占到了1984个，高达99.40%，外资企业的比例不足1%。而在内资企业中，74.80%为私营企业，其平均年末从业人员不到58人，平均零售额仅为7129.30万元，平均每天零售额不足20万元；即使是国有企业，平均年末从业人员也不过约41人，平均零售额仅比私营企业高出约1000万元。可见，山西整体零售企业规模偏小，小型的零售业依然是山西零售业的主要形态。同时，在内资法人企业中，以公司制等现代企业制度经营的企业尚不足1/3（见表3）。

表 3　2018 年山西限额以上零售业内资所有制类型

指标	法人企业数（个）	年末从业人员数(人)	法人企业平均年末从业人员（人）	零售额（万元）	法人企业平均零售额(万元)
内资企业	1984	138936	70. 03	18767883	9459. 62
国有企业	40	1667	41. 68	326461	8161. 53
集体企业	68	2311	33. 99	269821	3967. 96
股份合作企业	1	36	36	11074	11074
联营企业	1	20	20	538	538
有限责任公司	342	40305	117. 85	4801985	14040. 89
股份有限公司	44	9032	205. 27	2770431	62964. 34
私营企业	1484	85505	57. 62	10579894	7129. 30
其他企业	4	60	15	7680	1920

资料来源：法人企业数、年末从业人员、零售额来自《山西统计年鉴 2019》，其他数据由相关数据计算所得，保留两位小数。

2. 线上零售规模小，新零售发展缓慢

2018 年，全国实物商品网上零售总额 70198 亿元，比上年增长 25. 4%，占社会消费品零售总额的比重为 18. 4%，比上年提高 3. 4 个百分点。与此趋势相对应，山西网上零售规模从 2015 年的 95. 1 亿元增长到了 2018 年的 532. 0 亿元，增幅高达 459. 4%。

然而，不容乐观的是，2018 年，在山西社会零售总额中，网上零售仅占 7. 25%，远不及全国平均值。在全国实物商品网上零售总额中山西仅占 0. 076%。可见，山西零售依然以传统的线下零售为主渠道，线上零售发展滞后。

相较于中部各省，从有网络零售年鉴统计数据的 2015 年到 2018 年，山西网上零售总额始终处于中部六省末位。2018 年，山西网上零售总额仅约占中部六省中第一位湖北的 1/5，不及中部六省中第五位江西的 1/2（见图 6）。

与网络零售规模微小、发展缓慢的特点相对应，自线上线下深度融合的新零售模式兴起，山西一些零售企业也进行了积极的尝试。如早在 2015 年，美特好集团就开启了全球蛙 App，2017 年采用线上线下融合、“五通五达五在线”的零售模式，创新开设生鲜云厨店、美特好优鲜店等本土新零售样

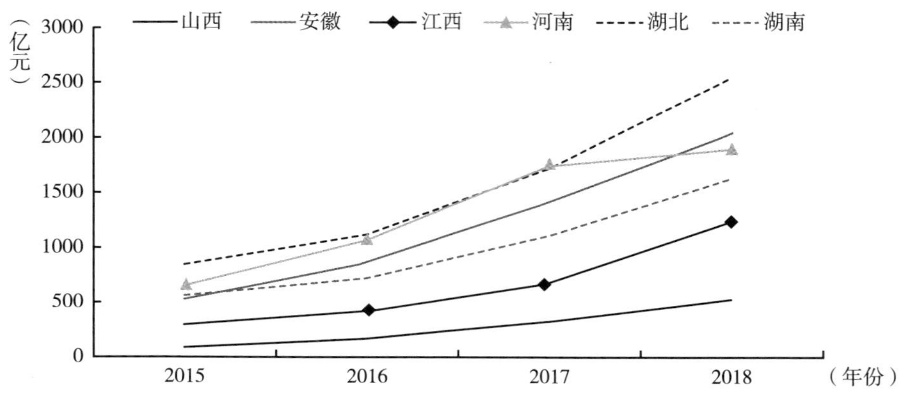

图 6　2015～2018 年中部六省网上零售总额

资料来源：《中国统计年鉴》各年度相关数据。

板店，为稳固区域市场领导者地位夯实了基础；“贡天下”于 2017 年开启新零售转型，打通了实体店与互联网购物的天然屏障，为山西特产销售及全国特产购买提供了有效渠道；同城酒库融合了官网、闪送、手机 App 等多消费场景，形成酒类新零售平台。但是整体来看，一方面以线上线下融合发展的零售企业为数不多；另一方面众多的制造企业依旧保持传统的渠道建设，自建线上官网、App 及入驻网购平台的山西企业较少。同时，线上线下零售策略尚存在一定的误区，如产品种类少、线上价格高于网购平台、线下配送仅限于特定距离等问题，有待进一步在实践中加以改进完善。

3. 城乡零售发展不均衡，城镇零售增速快于乡村

由城乡二元化经济特征所致，山西城乡零售发展差距显著。对比 2010 年和 2018 年的数据，在中部六省中，无论是城镇还是乡村，山西社会零售总额的增长率均为最低，城乡零售总额的差额由 2021.4 亿元扩大到 4574.8 亿元。2010 年，乡村零售总额占城镇零售总额的 24.29%，2018 年，这一比例则缩小为 23.20%。

有别于全国城镇消费品零售增长率慢于乡村的趋势，在中部六省中，湖南、安徽与山西三省，城镇零售增长速度快于乡村。但有所不同的是，湖南、安徽两省的城乡零售增速差距仅在 2% 左右，但是山西城乡零售增速差

高达9.99%，由此可见，山西城乡零售发展差距在进一步拉大，呈现不均衡的发展态势。

三　线上线下零售深度融合发展路径

由以上分析可知，山西零售发展相对落后，处于中部六省末位，尤为突出的是，山西零售仍以传统的线下零售为主，这与城乡居民差异化渠道选择的趋势格格不入，不利于释放居民消费。因此，以线上线下深度融合发展突破零售桎梏，是提升零售质量，拉动民民消费增长，从而驱动未来山西经济持续增长的必然选择。

（一）奉行零售竞合观念，有序强化线上线下整合优势

随着一线城市零售空间的日趋饱和，大型零售企业将扩张目标转向二三线城市，可以预期山西零售竞争将进一步加剧。为了在竞争中持续发展，山西零售企业应摈弃线上线下“红海血拼”的竞争理念，以竞合的战略思维重构零售渠道，全面提升零售质量。

1. 全方位积极探索新零售本土化模式

在新零售实践中，尽管融菜场、饭店、超市为一体的盒马鲜生被视为新零售发展的典范，但亦出现了因选址不当、线下配货不及时而关门大吉的先例。同样，以会员制为特点的全美最大仓储式零售超市 Costco，在上海市开业之后，也面临了从“Costco 开业首日被挤爆”到“Costco 会员排队退卡”的话题窘境。

几乎与 Costco 进入中国的时间点同步，山西一些超市、生鲜店试行线上线下同步的付费会员制，每个产品均明确标明会员价与普通价格。付费会员制，对习惯于一次性大量购买大包装产品、私家车普及度高的美国消费者具有明确的成本优势，但是对于倾向于小量多次购买生鲜食品的中国消费者，尤其是私家车普及度低的山西居民而言，短期之内不仅起不到吸引消费的作用，反而可能使消费者心生抱怨甚至放弃购买，抑制消费。

因而，山西零售企业在发展新零售时，一方面要参考国内外成功的新零售模式，借鉴其拉动消费的战略思维与具体策略；另一方面应放弃盲目照搬，全方位考虑影响新零售绩效的宏观、微观环境，立足山西产业结构特点、线上线下基础设施、城乡消费差异、不同世代消费习惯等本土化特点，打造既有助于产业联动，又有助于消费刺激的山西本土新零售模式。

2. 多渠道渐次完成线上线下零售合作

新零售战略导向与竞争优势明确，但这并不意味着山西企业均具有实力与能力在短期内完成渠道整合。线上线下零售融合战略不可一蹴而就，如专注于做实体商超的 Costco，其在中国市场的线上线下零售发展，是经由天猫旗舰店 4 年多市场数据的跟踪与分析，才将华东地区尤其是上海锁定为线下开拓的主市场；美特好的线上线下融合转型，也是经历了 2015 年到 2018 年的市场检验，才全面推广。

因此，在线上线下零售深度融合发展过程中，山西企业不应盲目跟风从众，更不可一次性地将多个零售模式同时进入市场，这样会给消费者留下行事浮躁的印象，影响其品牌形象认知与零售模式接受度，而应以谨慎的态度和严谨的调研，综合考虑企业的特点，科学分析配货、物流等配套设施的可得性与成本性，深度分析产品特点和目标市场的渠道偏好，有选择地设计线上线下融合发展模式。如对于产品价值低、消费体验不重要的日用消费品，可选择线上线下渠道同步合作模式，开展全渠道同步营销；对于产品价值高、消费体验要求高的选购品，可将线下实体店作为体验店，以氛围、场景营造独特的品牌体验感，而将线上作为交易的主渠道，以功能、价格等吸引消费者完成交易；对于技术含量高、服务要求高的工业产品，线上平台只作为信息共享与服务咨询平台，更多的零售环节需在线下由专业人员一对一定制完成。

3. 一体化构建制造零售深度合作模式

自建线上线下零售平台，具有明显的成本压力，企业可利用市场分工的效率优势，寻求多方位的一体化合作模式。

其一，零售企业应寻求与知名线上平台合作，形成水平一体化零售渠道。在我国，京东、天猫、当当、唯品会等诸多电商平台，已经经受了市场竞争的历练，形成了庞大的消费群体，具有精准刻画消费者的分析能力。山西零售企业除自建线上平台之外，可积极寻求与这些电商平台的合作，借助其具有的市场信任优势，展开线上产品销售。一方面，有助于山西本土产品跨越时空局限，促成山西线上零售实质性发展；另一方面，也有助于山西城乡居民以更快捷可靠的方式获得心怡产品，刺激消费者增加产品购买，提高整体消费规模。

其二，零售企业应寻求与制造企业深度合作，形成垂直一体化零售渠道。新零售并非仅局限于诸如美特好等零售企业，在全供应链环节上，制造企业及时可靠的供货及市场对其品牌的认同，是消费完成的必备条件。因而，零售制造双方作为消费不可或缺的主体，应加大合作力度。通过全面评估，选择实力强大的一方，作为渠道建设的主控方，实现供产销深度融合，节约双方在交易撮合方面的成本，共享双方的品牌效应和市场优势，稳步提高线上线下零售效率。

4. 同步化开展线上线下营销传播

传统之中，线上线下零售采用差别化营销策略，产品结构、价格水平、促销策略等的不同，既造成了线上线下两种零售渠道的对立竞争，也增加了消费者选择同一品牌的时间成本，并因线上线下价格不一等问题而影响消费体验，甚至引发消费者对品牌的诸多抱怨，不利于忠诚顾客的锁定与消费规模的提高。

为此，企业应改变线上线下各自为战的传统思维，对两类渠道的产品、价格、服务、促销等在多策略上进行整合式同步设计，尽可能减少双渠道策略带来的销售效果的此消彼长。为达到最优效果，企业可借鉴诸多企业的成功经验。如优衣库，既在核心商圈设置大型的销售与库存一体店，又开辟众多线上零售渠道。这些多元化的零售渠道，采用完全同步化的营销策略，新品在实体店与 App 及官方旗舰店同步发布，线上线下促销活动同步开展，线上线下同步化价格设计，同时，线上可以领取线下优惠券，线下亦可自提或退换线上购买的产品，有效提升了品牌的市场认同度与美誉度，强化了线上线下消费黏性。同理，每年的“6·18”天猫购物节，天猫、银泰、盒马鲜生、大润发以及线下商圈与品牌门店，均同步参与购物活动，大大提高了居民消费选择的灵活性，零售质量得到保证。

（二）应用零售创新技术，精准满足线上线下消费需求

1. 厘清科技对新零售发展的作用

零售效率的提升是满足消费升级需求的保障。线上线下零售融合发展，正是得益于微信、支付宝等移动支付的普及，云数据、大数据技术的快速发展，VR、AR 等模拟技术的推进。涉足新零售领域的企业，应在加大科技投入的同时，持续跟踪、了解和预测新技术对零售领域的革命性影响，借由先进的智能化、网络化等数据技术，打通线上支付、线下体验、会员信息与库存信息等数据的屏障，真正促成线上线下购物多场景交互环境的构建，以深度实现线上线下在商业维度上的升级与优化。

同时，也应警惕，科技只是以更快捷便利的方式连接了线上线下零售，并不能完全替代人在零售中的作用。如智能机器作为客服主力军，虽然在时间、速度及对共性问题的回答方面明显优于人工客服，但对于个性化的服务问题，往往难以给出令人信服的答案，更因冷冰冰的交流而影响消费认知；AR 与 VR 虽然可以虚拟线下购物的情境体验，但眩晕的技术缺陷却大大降低了消费者的体验感。因此，广泛应用零售科技的同时，并不能排斥人工服务的情感，“线上加线下，店内加店外”的新零售发展，需要科技创新与人工服务双管齐下。

2. 充分挖掘大数据开展精准营销

在线上线下深度融合的新零售模式中，大数据被视为主要的生产资料。企业应积极搭建大数据商业智能平台、O2O 全渠道零售终端等平台工具。利用大数据工具，深入挖掘与追踪消费轨迹和消费偏好，通过消费数据，分析收入水平、教育层次不同的消费群体对品牌、价格、产品属性的需求特点，为每一名消费者精准画像，并为其提供精准的功能搭配、货品推荐和消费周期预期，这将不仅有利于以定制服务精准满足顾客的个性化需求，也将

大幅提升其消费体验感与消费满意度，为扩大消费夯实基础。

同时，依据大数据分析，可精选每个品牌位居前列的产品直接上线，促使零售企业形成少而精的高质低价商品结构，在产品结构上构建差异化优势，同时降低企业库存成本和消费推介成本，构建区隔竞争者的成本优势。

（三）推进零售产业发展，有效降低线上线下零售成本

新零售的效率优势来源于电商、物流及相关互动环节等全产业链的整合发展，因而相关产业的同步发展，是线上线下零售得以深度融合不可或缺的条件。

1. 增加知名电商平台的线下仓库与实体体验店

线下仓库是线上产品快速流通到消费者手中的保证。然而，无论是天猫、唯品会还是当当、京东等大型电商平台，在山西境内都缺少当地仓库，这大大增加了消费者等候时间，影响城乡居民消费质量。即使是在省会太原市，也鲜少可见京东等知名电商的线下实体店，即使有，店内产品种类也不够丰富，对于急于使用产品、体验产品的消费者造成了极大困扰，消费体验不佳。因此，山西应积极寻求知名电商平台的合作，有选择地在山西主要城市建立电商仓库，多渠道增加线下实体体验店，增加店内的配货类别，进一步减少城乡居民消费时间，降低零售经营成本，提升零售利润率。

2. 完善零售配套基础设施，发展农村物流配货市场

线上线下零售深度融合发展，需要以高效率的交通运输、高效度的物流配送和高速流畅的互联网为支撑。而山西省内公路、铁路交通等基础设施相对落后，物流产业发展缓慢，城乡互联网及物流配送发展极不均衡，不可避免地增加了居民消费的时间成本与配送成本，阻碍了山西线上线下零售深度融合发展的效率。因此，山西一方面应加大交通、物流、互联网等零售基础设施的建设与完善；另一方面，考虑到一些偏远地区居住分散、货品量低的特点，可积极探索无人机、无人车等灵活高效的新型配送方式，以提升运输收派效率、降低人力成本，减少配送货不及时、配货差异率高等零售发展硬伤。

新零售以畅通的全供应链为基础，而在分散生产条件下，诸如农产品“卖难买贵”等产销脱节的问题尚未得到很好的解决，因此，零售企业应积极探索农商对接模式，通过农村自建仓储、冷链物流等，实现超市与农产品产销对接。一方面为山西丰富的农产品资源提供有效的市场渠道；另一方面解决物流成本高这一零售业发展的痼疾，实现双赢。同时，城乡零售发展的差距拉大，与农村物流建设缓慢不无关联，因而，推动各物流企业向农村下沉，对扩大农村居民的消费大有裨益。

综上所述，在移动互联网时代，单一采用线上或线下零售，不利于满足消费结构升级背景下差异化、个性化的消费需求，唯有通过多渠道实现线上线下的深度融合，才可打通山西城乡居民消费的诸多屏障，大幅提升整体消费体验，促成零售高质量发展。同时，不论市场如何发展、科技如何发达，商誉永远是企业在竞争中立足的后盾。消费者虽然出于安全的考量，会弱化对价格的敏感性，但诸如价格高涨等零售行径，势必会丧失消费者的信任，一旦市场常态化，此类零售企业发展将举步维艰。因而，在积极探索以新零售持续激活消费潜力的同时，应秉承从消费者需求出发，服务消费者、满足消费者的商业初衷，唯有如此，才能弥补未实现的消费，真正激发消费提质扩容，发挥居民消费对经济增长的有力带动作用。

参考文献

［1］陈启杰、曹泽洲、孟慧霞、王平：《中国后工业社会消费结构研究》，上海财经大学出版社，2011。

［2］王大国：《新零售——重新定义零售模式》，天津人民出版社，2018。

［3］〔美〕杰弗里·科隆：《颠覆性营销：大互联时代下的营销新思维与新技能》，邱凯生译，化学工业出版社，2018。

［4］《2018 年国民经济和社会发展统计公报》，国家统计局网，2019 年 2 月 28 日，http：//www. stats. gov. cn/tjsj/zxfb/201902/t20190228_ 1651265. html。

［5］《2019 科特勒未来营销峰会北京开幕》，美通社网，2019 年 10 月 16 日，https：//www. 360kuai. com/pc/9543446aabc42c0d9？cota = 3&kuai_ so = 1&sign =

360_ 57c3bbd1&refer_ scene = so_ 1。
［6］罗兰贝格管理咨询公司：《2020 年的黑天鹅事件带给零售消费行业的反思》，https：//www. rolandberger. com/zh/Publications/2020。
［7］《消费者需求更加多元，零售实体与电商界限越来越模糊》，搜狐网，2019 年 9 月 7 日，https：//www. sohu. com/a/339399518_ 393779？ scm = 1002. 0. 0. 0 – 0。
［8］《2019 中国零售业十大事件：巨头围猎下沉市场，自有品牌成杀手锏》，新零售经济网，2020 年 1 月 6 日，http：//www. nreone. com/html/latoutiao/2020 – 01 – 06/1281. html。
［9］《闫小兵谈全场景无界零售新趋势　智能供应链成焦点》，PChome 网，2019 年 3 月 15 日，https：//article. pchome. net/content – 2091039. html。
［10］《朱武祥：疫情中的中小企业如何自救?》，新浪财经网，2020 年 2 月 21 日，https：//finance. sina. cn/2020 – 02 – 21/detail – iimxyqvz4756590. d. html。

B.17

山西居民消费质量现状分析与提升对策研究*

崔海燕　都雅丽**

摘　要： 2020年是全面建成小康社会和“十三五”规划的收官之年，关注和提高居民消费质量，挖掘居民消费潜力，促进经济实现高质量发展具有重要的现实意义。由于山西地处中部地区，经济欠发达，居民的消费质量与其他省区市相比还存在较大差距，主要表现在山西城乡居民人均收入偏低，且城乡居民收入差距较大、消费环境不佳、居民看病就医比较困难等。因此，为了进一步提高山西居民消费质量，本报告提出了应该提高山西居民收入，缩小城乡收入差距；加强市场监管，营造良好的消费环境；加大新医改力度，改善居民看病就医困难问题；开展居民素质教育，引导居民健康消费等一些相应的对策建议。

关键词： 消费质量　居民收入　消费环境

党的十九大报告明确提出：中国经济已由高速增长阶段转向高质量发展

---

* 本报告为山西省哲学社会科学规划课题（课题编号：2019B003）的阶段性研究成果。

** 崔海燕，山西大学经济与管理学院、山西大学中国中部发展研究中心，博士、副教授，主要研究方向为消费经济、数量经济。都雅丽，山西大学经济与管理学院，硕士研究生。

阶段，正处在转变发展方式、优化经济结构、转换增长动力的攻关期。“高质量发展”引起了社会各界的关注。由于消费、投资与出口是拉动经济增长的三驾马车，所以经济要实现高质量发展，居民消费质量提高是极其重要的一个方面。《中华人民共和国国民经济和社会发展第十三个五年规划纲要》也提出：要加大消费对经济增长的贡献，人民生活水平和质量普遍提高。据《中国统计年鉴 2019》中的统计数据可知：消费对 GDP 的贡献率从 2017 年的 57.6% 增加到 2018 年的 76.2%。此外，2016 年国务院办公厅印发的《消费品标准和质量提升规划（2016—2020 年）》提出：要紧紧围绕推进供给侧结构性改革，以先进标准引领消费品质量的提升。可见，“消费质量”对经济发展的作用是举足轻重的，而且提高消费质量问题也得到了国家的重视。

当今社会主要矛盾已经转化为“人民日益增长的美好生活需要和不平衡不充分的发展之间的矛盾”。迈入新时代，山西经济要加快实现高质量发展，居民消费质量也要提高，因为消费质量的高低直接影响山西居民的生活，影响居民的幸福指数，影响居民创造财富的能力。而消费质量与人民的生活质量息息相关，所以提高山西居民的消费质量，改善山西居民的生活状况，促进山西经济的高质量发展，具有重要的意义。

一　居民消费质量提高的重要性

（一）消费质量的提高有利于促进人的发展

人的生活离不开消费，消费质量与我们自身的满足感、幸福感息息相关。以前，人们为解决自己的温饱问题而奋斗，如今，人们的收入大幅增加，根据马斯洛的需求层次理论，人们的生存需求得到了满足，不用再担心自己会被饿死或冻死，因此开始追逐更高层次的需求。以前市场不够发达，商品不够丰富，人们的收入也有限，因而消费也非常单一，没有可供挑选的余地。而今天，市场上的商品层出不穷、琳琅满目，消费的商品形式也变得多种多样，如实物商品、服务商品、虚拟商品等，人们有了可以选择比较的对象，生活状况改善了。随着更多商品形式的出现，消费的方式也变得更加复杂，有了高级与低级的消费方式。一些低级的消费，如赌博、夜总会等会将人们的生活搅得一塌糊涂，甚至导致一个原本幸福的家庭妻离子散，不利于人的生存发展；而高级的正能量的消费，如健身、旅游等，会使人们身体更加强健，有利于人的发展，提高居民各方面的素质。

（二）消费质量的提高有利于推动经济的高质量发展

消费作为拉动经济发展的三驾马车之一，对经济发展的贡献不可小觑，《中国统计年鉴2019》中的数据显示：最近这几年消费对经济增长的贡献越来越大，2018年消费对GDP增长的贡献率已达到76.2%（见表1）。因此，经济发展的质量与消费质量密切相关，人们的消费质量提高，经济才有可能高质量发展。若经济发展很快，而消费及其他方面的发展跟不上，这样的经济繁荣背后必定有隐患，会威胁一国的经济发展。所以，消费质量的提高会使得人发展得更好，人们整体素质得到提升，从而就有了更多的能力去分辨是否应该去消费某种商品，这样一来，好的商品即使不宣传也会促使人们去购买，不好的商品则会被人们逐渐遗弃，好的商品占领了市场，避免了“柠檬市场”的出现，商品市场也实现了高质量发展，从而推动经济的高质量发展。

表1　2013～2018年消费对GDP增长的贡献率和拉动

单位：%

年份	贡献率	拉动
2013	47.0	3.6
2014	48.8	3.6
2015	59.7	4.1

续表

年份	贡献率	拉动
2016	66.5	4.5
2017	57.6	3.9
2018	76.2	5.0

资料来源：《中国统计年鉴 2019》。

（三）消费质量的提高有利于山西经济的转型发展

近年来，山西不仅在追求经济的高质量发展，也不断地提出要实现经济的转型发展。山西是全国公认的煤炭大省，过去，山西仅依靠煤炭交易来发展经济，但在提倡可持续绿色发展的今天，煤炭带给我们的收入受限，山西也在尝试各种转型发展。居民消费质量的提高可以促进山西消费结构和产业结构的升级优化，这些结构的升级优化可以为山西的经济转型发展提供方向与思路，又因为消费结构的变化可以反映出山西居民特有的消费偏好和特征，进而发展适合山西居民消费的商品，增加相应的高质量商品供给，加快山西经济的转型发展。

二　山西居民消费质量的现状

（一）消费质量的测度方法

消费质量是指社会提供国民消费生活的充分程度和国民对于消费需求的满足程度，是消费过程中消费主体、消费客体和消费环境三者相结合所产生的消费的质的规定性。它很难用某个具体指标来衡量，因此，要分析山西居民消费质量的现状，需要先建立一套适合于山西居民消费质量的评价指标体系。

根据消费质量的概念可知，消费质量主要包括三个内容：消费主体质量、消费客体质量和消费环境质量。消费主体就是指消费者，在本报告中就是山西居民。消费客体则是人们日常购买交换的商品或服务，可以是有形的，也可以是无形的。消费环境则有两个方面的含义：一个是实实在在存在的，居民生活的自然环境；另一个是人们进行商品交易的市场环境。

消费质量的高低不是由某一部分的单一因素决定的，而是由消费主体质量、消费客体质量以及消费环境质量三部分共同决定的。消费主体质量是指作为消费者的消费素养，即人的素质品行、人的身心发展以及人的消费能力。本报告在朱玲构建的居民消费质量评价指标体系的基础上，根据数据的可得性和可比性，选择用人均可支配收入反映居民的消费能力，用文盲人口占15岁及以上人口的比重、死亡率、失业率这三个指标来反映居民的素养及身心发展。选择以下6个指标来反映消费客体质量：恩格尔系数、居住支出比重、交通通信支出比重、生活用品及服务支出比重、娱乐教育文化服务支出比重和医疗保健支出比重。消费环境质量分为自然环境质量和市场环境质量，用森林覆盖率来反映自然环境质量，用居民消费价格指数、亿元以上商品交易市场数量来反映市场环境质量（见表2）。

表2　山西居民消费质量评价指标体系

<table>
<tr><td rowspan="13">山西居民消费质量评价指标体系</td><td rowspan="4">消费主体质量</td><td>人均可支配收入</td></tr>
<tr><td>文盲人口占15岁及以上人口的比重</td></tr>
<tr><td>死亡率</td></tr>
<tr><td>失业率</td></tr>
<tr><td rowspan="6">消费客体质量</td><td>恩格尔系数</td></tr>
<tr><td>居住支出比重</td></tr>
<tr><td>交通通信支出比重</td></tr>
<tr><td>生活用品及服务支出比重</td></tr>
<tr><td>娱乐教育文化服务支出比重</td></tr>
<tr><td>医疗保健支出比重</td></tr>
<tr><td rowspan="3">消费环境质量</td><td>森林覆盖率</td></tr>
<tr><td>居民消费价格指数</td></tr>
<tr><td>亿元以上商品交易市场数量</td></tr>
</table>

（二）山西居民消费质量的现状分析

1. 消费主体质量的现状分析

人均可支配收入是居民进行消费的前提，没有收入，就谈不上消费，更谈不上消费质量，因此收入是考察消费质量的最重要指标之一。从中部各省10月的进度数据中可以得知（见表3），2019年前三季度，全国城镇居民人均可支配收入为31939元，比2018年同期增长了7.9%，全国农村居民人均可支配收入则为11622元，比2018年同期增长了9.2%；同时，山西城镇居民人均可支配收入为24519元，农村居民人均可支配收入为9023元，分别比2018年同期增长了7.2%和9.7%。目前城乡居民的人均可支配收入呈现了良好的增长势头，生活水平有了很明显的提高。尽管2019年山西城乡居民人均可支配收入有了明显提高，但是和全国以及中部其他省的城乡居民人均可支配收入相比，山西城乡居民人均可支配收入都较低（见图1），所以山西仍要加快发展经济，提高山西居民的收入和消费质量，改善居民的经济状况。

表3　2019年前三季度全国及中部六省城镇和农村居民人均可支配收入及增长率

地区	城镇居民人均可支配收入（元）	比上年同期增长（%）	农村居民人均可支配收入（元）	比上年同期增长（%）
全国	31939	7.9	11622	9.2
山西	24519	7.2	9023	9.7
安徽	28025	9.2	11725	10.1
江西	26577	8.2	10625	9.1
河南	25122	7.4	10398	9.6
湖北	28117	8.7	11040	9.0
湖南	28403	8.6	10791	9.1

资料来源：安徽统计局的2019年10月进度数据。

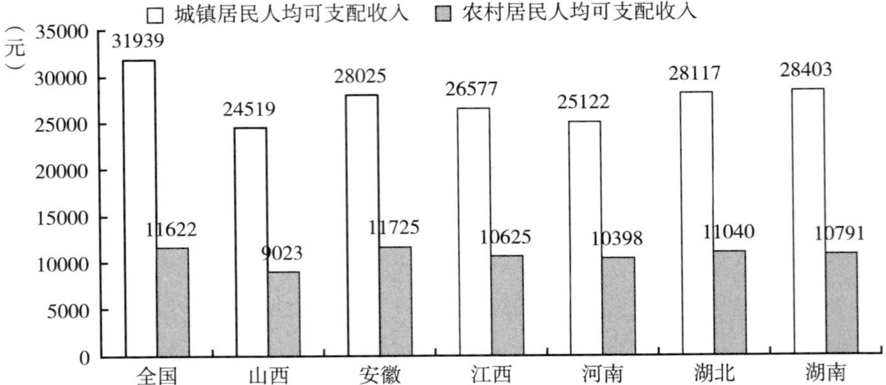

图1　2019年前三季度全国及中部六省城镇和农村居民人均可支配收入比较

资料来源：安徽统计局的2019年10月进度数据。

根据表4中的数据可知，山西15岁及以上的人群中，文盲所占比例为2.47%，低于全国平均水平4.94%，与中部其他省相比，山西文盲比例也是最低的，所以山西居民的文化素养整体较好。不仅如此，山西死亡率也是最低的，为5.32%；失业率为3.3%，也低于全国平均水平。由此可见，山西消费主体质量是较好的。

表4　2018年全国及中部六省的文盲比重、死亡率和失业率

单位：%

地区	文盲人口占15岁及以上人口的比重	死亡率	失业率
全国	4.94	7.13	3.8
山西	2.47	5.32	3.3
安徽	6.75	6.80	2.8
江西	4.13	5.96	3.4
河南	4.83	6.06	3.0
湖北	4.81	7.00	2.6
湖南	3.12	7.08	3.6

资料来源：《中国统计年鉴2019》。

2. 消费客体质量的现状分析

消费客体质量的评价指标较多，例如恩格尔系数、人均住房面积、基尼系数、交通通信支出比重、娱乐教育文化服务支出比重、医疗保健支出比重、居住支出比重、电视机普及率等，本报告结合山西特点以及数据的可得性，仅选取了其中部分指标进行比较分析。

据《中国统计年鉴2019》可知：2018 年全国城镇居民人均消费支出为 26112. 3 元，比上一年增长 6. 8%，其中在食品烟酒、居住和生活用品及服务上的人均消费支出分别为 7239 元、6255 元和 1629. 4 元，这三项最基本消费的比重为 57. 92%；人均交通通信支出为 3473. 5 元；人均娱乐教育文化服务支出为 2974. 1 元；人均医疗保健支出为 2045. 7 元。而 2018 年山西城镇居民的人均消费支出为 19789. 8 元，比上一年增长 7. 5%，在食品烟酒、居住和生活用品及服务上的人均消费支出分别为 4702. 6、4246. 8 和 1219. 5 元，总占比为 51. 38%；人均交通通信支出为 2497. 4 元；人均娱乐教育文化服务支出为 2638. 2 元；人均医疗保健支出为 2138. 4 元（见表 5）。具体每项所占比重如图 2 所示。从各项比重来看，山西城镇居民在食品烟酒、居住、交通通信方面的人均消费支出低于全国平均水平，在娱乐教育文化服务、医疗保健方面的人均消费支出则要高于全国平均水平。

2018 年全国农村居民人均消费支出为 12124. 3 元，比上一年增长了 10. 7%；山西农村居民人均消费支出则为 9172. 2 元，比上一年增长了 8. 9%（见表 5）。山西农村居民人均娱乐教育文化服务支出和人均医疗保健支出比重高于全国平均水平，人均交通通信支出比重低于全国平均水平，人均居住支出比重则大致持平（见图 3）。山西城镇和农村居民在娱乐教育文化服务上的开支要高于全国平均水平，表明山西居民比较重视教育与生活品质；在医疗保健方面，山西城镇和农村居民的支出比重都较高，且在医疗保健方面的开支是增长最快的，说明山西居民越来越重视个人身体健康，同时省政府仍要多关注居民看病就医的问题，不仅是山西人民，全国人民在医疗保健上的开支都是增长最多的，看病难是全国人民共同面临的问题。

表5　2018年全国和山西城镇及农村居民消费支出与增长率

单位：元/人；%

名称	全国				山西			
	农村	增长率	城镇	增长率	农村	增长率	城镇	增长率
人均消费支出	12124.3	10.7	26112.3	6.8	9172.2	8.9	19789.8	7.5
人均食品烟酒支出	3645.6	6.8	7239.0	3.4	2539.8	10.0	4702.6	10.8
人均居住支出	2660.6	13.0	6255.0	12.4	2075.7	9.1	4246.8	9.8
人均生活用品及服务支出	720.5	13.6	1629.4	6.8	443.7	12.9	1219.5	11.5
人均交通通信支出	1690.0	12.0	3473.5	4.6	1106.9	7.7	2497.4	-6.1
人均娱乐教育文化服务支出	1301.6	11.2	2974.1	4.5	1149.6	2.0	2638.2	3.1
人均医疗保健支出	1240.1	17.1	2045.7	15.1	1065.2	13.6	2138.4	22.8

资料来源：《中国统计年鉴2019》。

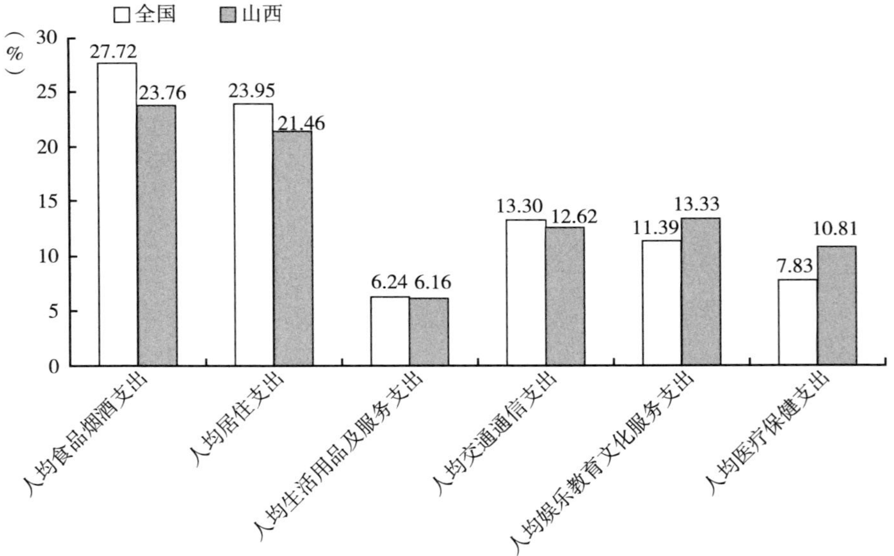

图2　2018年全国和山西城镇居民消费支出构成比例

资料来源：《中国统计年鉴2019》。

恩格尔系数是指食品支出总额占个人消费支出总额的比重。由表5中数据计算可得：2018年，山西城镇居民的恩格尔系数为23.8%，农村居民的恩格尔系数为27.7%；全国城镇居民恩格尔系数为27.7%，全国农村居民的恩格尔系数为30.1%，山西城镇及农村居民的恩格尔系数都低于全国水平。图4展示了

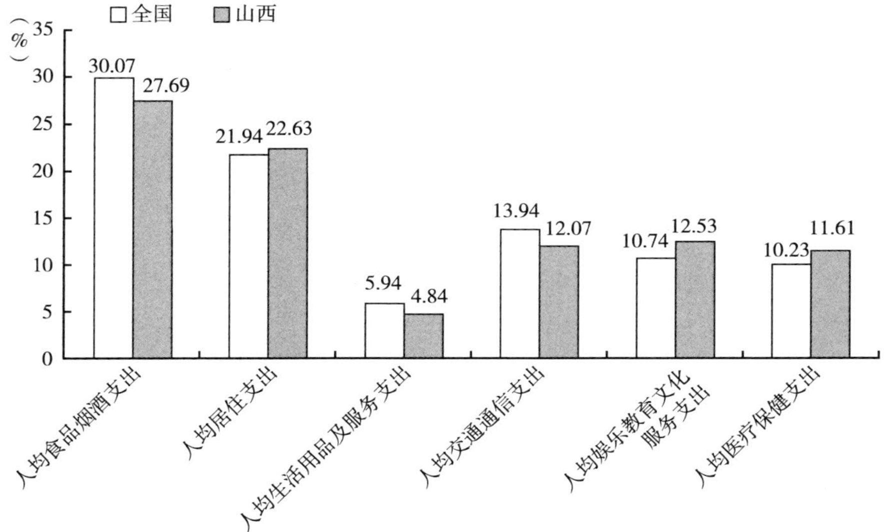

图 3　2018 年全国和山西农村居民消费支出构成比例

资料来源：《中国统计年鉴 2019》。

2013～2018 年山西城镇和农村居民的恩格尔系数，农村居民恩格尔系数一直维持在 25%～30%，城镇居民的恩格尔系数近三年降低到 25% 以下。这几年农村居民的恩格尔系数尽管变化不大，但整体呈下降趋势，城镇居民的恩格尔系数则有明显的下降，表明近几年山西经济发展较好，城乡居民生活均有所改善。

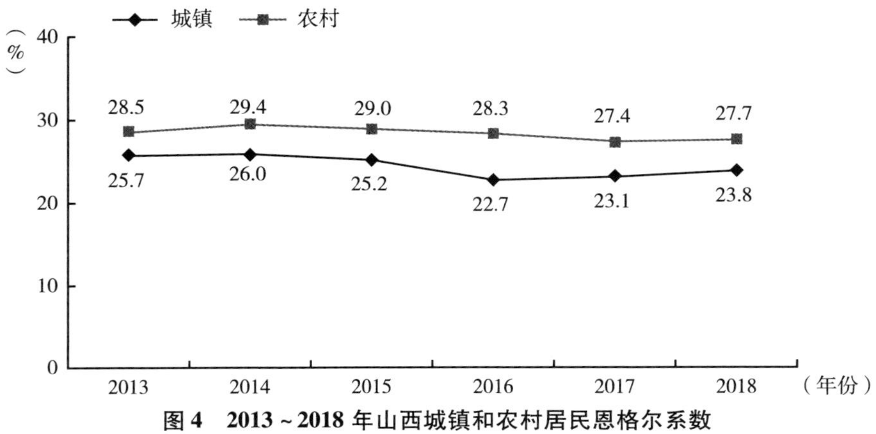

图 4　2013～2018 年山西城镇和农村居民恩格尔系数

资料来源：《中国统计年鉴 2019》。

3. 消费环境质量的现状分析

2018 年全国的森林覆盖率为 22.96%，山西森林覆盖率为 20.50%，山西低于全国的平均水平，并且远远低于中部其他省（见表 6）。山西一直靠煤炭发展，极大地破坏了本地的自然环境，大自然被破坏是很快的，但修复起来却非常艰难。因此，在自然环境修复方面，山西需要比其他地区做出更多的努力，花费更大的人力、物力、财力，要有更多的耐心去修复它。根据《环境空气质量指数（AQI）技术规定（试行）（HJ633－2012）》进行评价，2018 年山西 11 个地级城市环境空气达标天数全部在 138～288 天，临汾市的达标天数为 138 天，大同市的达标天数为 288 天。临汾市的达标天数是全省中最少的，所以，临汾市及一些表现较差的城市的环境治理工作仍要抓紧进行并不断加强。

2018 年全国亿元以上商品交易市场数量共有 4296 个，亿元以上商品成交额为 109373.3 亿元，而山西亿元以上商品交易市场数量只有 31 个，亿元以上商品成交额为 615.9 亿元，仅占全国亿元以上商品成交额的 0.56%，且远远小于中部其他五省的交易量（见表 6）。山西经济仍需要大力发展，市场环境和交易氛围较差，政府需要在这方面多加支持。

山西近几年的居民消费价格指数（CPI）比较稳定，除 2013 年 CPI 较高一些，之后的几年都较平稳（见表 7、图 5）。另外，2019 年前三季度全国及中部六省的居民消费价格指数如表 8 所示，全国居民消费价格指数为 102.5，比上年同期增长 2.5%，山西居民消费价格指数为 102.4，比上年同期增长 2.4%，比全国平均水平低 0.1 个百分点。这些数据都表明这几年山西物价水平较为稳定，与全国平均水平基本持平。

表 6　2018 年全国及中部六省的森林覆盖率、亿元以上商品交易市场数量和成交额

地区	森林覆盖率(%)	亿元以上商品交易市场数量(个)	亿元以上商品成交额(亿元)
全国	22.96	4296	109373.3
山西	20.50	31	615.9
安徽	28.65	124	3023.0

续表

地区	森林覆盖率(%)	亿元以上商品交易市场数量(个)	亿元以上商品成交额(亿元)
江西	61.16	105	2083.1
河南	24.14	138	3280.8
湖北	39.61	129	2080.6
湖南	49.69	309	4030.9

资料来源:《中国统计年鉴 2019》。

表 7　2013～2018 年山西居民消费价格指数

年份	全省居民消费价格指数	城镇居民消费价格指数	农村居民消费价格指数
2013	103.1	103.0	103.2
2014	101.7	101.8	101.4
2015	100.6	100.6	100.7
2016	101.1	101.1	101.1
2017	101.1	101.4	100.5
2018	101.8	101.8	101.8

资料来源:《中国统计年鉴 2019》《山西统计年鉴 2018》。

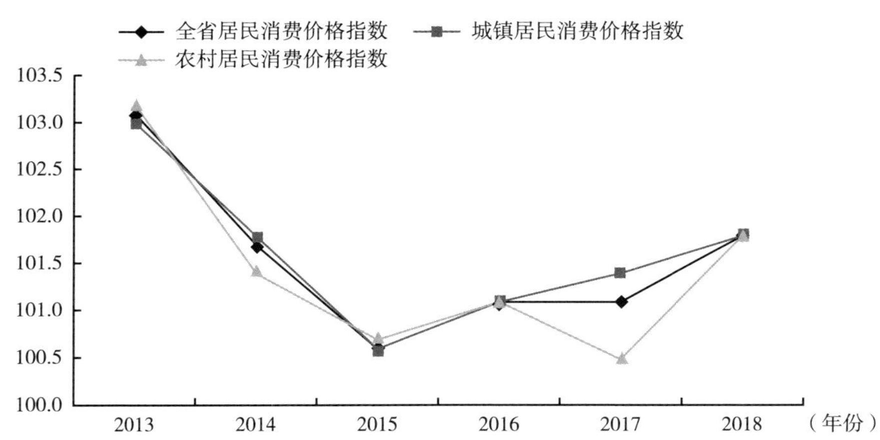

图 5　2013～2018 年山西居民消费价格指数变动趋势

资料来源:《中国统计年鉴 2019》《山西统计年鉴 2018》。

表 8　2019 年前三季度全国及中部六省的居民消费价格指数

地区	居民消费价格指数	比上年同期增长(%)
全国	102.5	2.5
山西	102.4	2.4
安徽	102.3	2.3
江西	102.5	2.5
河南	102.5	2.5
湖北	102.6	2.6
湖南	102.5	2.5

资料来源：中部六省统计局网。

三　山西居民消费质量存在的问题及原因分析

从以上对山西居民消费质量的现状分析，可以看出山西居民在消费质量方面与中部其他省还存在较大差距，这些都需要加以关注并尽力改善。

（一）居民收入水平比较低，且城乡居民收入差距较大

收入是影响居民消费的决定性因素，没有收入或收入过低，就无法谈及消费与消费质量。而从表 3 中的数据可知，山西城乡居民收入都低于中部其他省，更是远低于全国平均水平；农村居民的人均收入不及城镇居民人均收入的一半，这样易引起部分居民的不满，成为全面建成小康社会进程中不断提高居民消费质量的最大“拦路虎”，也会对山西经济的发展形成阻碍，不利于山西全面建成小康社会的实现，不利于社会的和谐与安定，不利于山西居民消费质量的提高。

造成山西居民收入较低的主要原因是，山西是闻名全国的煤炭大省，素有“乌金之乡”之称。煤炭行业一度是山西支柱产业，在全国经济高速发展时期，山西仅仅依靠煤炭交易便能获得很多收入，许多人因此发家致富，甚至现在很多地方的人们提起山西想到的便是煤老板。煤炭行业带动山西经济发展，带动居民的就业问题。而目前经济进入高质量发展时期，提倡绿色

可持续发展，寻找更多的新能源来代替会对环境造成破坏的旧能源。在大部分城市，煤炭已被新能源所取代。近几年，煤炭价格不断下跌，山西煤炭行业持续低迷，影响山西经济发展，原本靠山吃山的山西，现在这个“山”突然靠不住了。山西正在致力于经济转型发展升级，因为山西是全国唯一的全省域资源型经济转型综合改革试验区、能源革命综合改革试点省。但是和其他省区市相比，山西城乡居民收入还是比较低。

山西城乡居民收入差距较大，主要有以下几个原因。第一，城乡二元经济结构。山西长期发展以煤炭行业为主的能源业，以及着重发展重工业，这导致了山西城镇经济发展主要以现代化能源业、重工业为主，但农村经济却依然停留在小农经济，农村生产效率低下，从而造成了山西城乡居民收入存在较大差距。与此同时，山西城镇的基本建设比农村的基本建设要完善得多，包括道路、通信等，更加拉大了山西城乡居民收入差距。第二，分配制度方面。山西整体分配制度更加偏向于城镇居民。这尤其体现在社会保障上，比如医疗保险、养老保险等。另外，教育资源分配也极不公平，阻碍了农村劳动力素质的提高和农村人才的培养发展，这些都会导致城乡居民收入的差距扩大。第三，金融发展方面。山西金融资源配置存在城乡配置失衡，这也就直接导致山西城乡之间金融发展的不均衡，从而导致城乡居民收入差距的扩大。

（二）消费环境不佳，不利于消费质量的提高

由于山西是全国的煤炭大省，过去的经济快速发展是以自然环境为代价的。近年来，山西环境治理虽有了很大成效，但还需要投入更多的人力、物力、财力去改善。

除了自然环境外，山西市场环境也并不乐观。据表 6 中数据计算可知，山西大额交易很少，2018 年亿元以上商品成交额仅占全国 0.56% 的比例，市场活力不足。而且交易市场上存在许多假冒伪劣产品，威胁消费者的正常权益和安全；还有很多欺骗消费者的不良商家，市场上的商品及服务好坏混杂，使得消费者对市场缺乏信心，不敢也不愿过多消费。

另外，消费市场上还存在很多不健康、不合理的消费，比如黄色消费、

灰色消费、传销等。一些骗子利用老年人文化程度不高、有点封建迷信且子女们无暇陪伴的特点，将老年人组织起来举行集会给他们洗脑推销自己的产品，然后等着老年人砸大把的钱进来。像这样的市场乱象，若管制较松，就会助长他们的气焰，把消费市场环境搞得一团糟，致使居民的消费质量难以提高。

（三）医疗保健支出比重增长，居民看病就医或成问题

山西城镇居民在医疗保健方面的支出比重略高于全国平均水平，并且医疗保健支出比重的增长率是所有支出中增长最快的。山西居民在看病上面的消费这些年越来越多，吃药看病的费用逐年增加，由图 6 可以看出。以城镇居民为例，2013 ~2018 年在医疗保健方面的支出逐年增加，山西更是在全国平均线之上。山西在 2009 年启动新医改，用“山西处方”“山西办法”解决老百姓的看病就医难题，医改十年，取得了一些成效。但从统计数据来看，山西居民看病就医问题仍未彻底解决，每年在这方面的支出仍有增长的趋势，导致其他方面的可用开支减少，进而也减少了居民的享受型消费体验，从而降低了居民的消费质量。

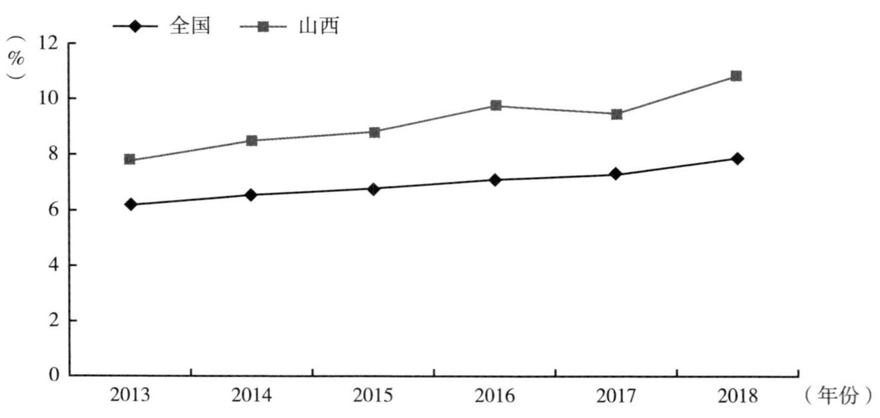

图 6　2013 ~2018 年全国和山西城镇居民的医疗保健支出比重

资料来源：《中国统计年鉴》（2014 ~2019 年）。

四 提高山西居民消费质量的对策建议

山西与中部其他省及全国相比，居民消费质量比较低，在一定程度上会影响山西经济的高质量发展和全面建成小康社会的实现，因此，为了进一步提高山西居民消费质量，提出以下对策建议。

（一）提高山西居民收入，缩小城乡收入差距

山西要持续深化收入分配制度改革，增加低收入群体收入，扩大中等收入群体，增强居民的消费能力，提高居民消费质量。要缩小城乡居民收入差距，必须注重农业的发展，提高农业生产效率，促进农村剩余劳动力向城镇进行合理流动。政府应当扶持高科技新型农业科技，并将其有效地投入农业生产。政府还应加强市场监管体制，保证农产品的价格维持在一定水平，保证农民的收入；加大对农村的教育投资，扶持农村教育的发展。此外，针对农村的需要，大力开展技术性教育，提高农业劳动力的整体素质。政府还应当加大农村的社会福利，全面覆盖农村合作医疗制度，切实提高低收入农民的生活水平。另外，应当完善农村的金融机构，提高农村金融的服务水平，扩大农村金融的业务范围，根据农村的具体情况，增加多种信贷业务，银行部门要积极发放农业扶持贷款。

（二）加强市场监管，营造良好的市场环境

山西消费市场上存在许多危害消费者权益的事情，使得消费者不敢、不愿去消费，导致市场活力不足、经济发展动力不足，更无法提高居民的消费质量。对于市场上的假冒伪劣产品及一些不良商家，政府应当建立健全相关的法律法规，并严格执行，杜绝官商相护，使得市场上的不良风气望而却步，为山西经济发展营造一个良好的市场环境。不断加强对市场秩序的管控，将相关信息透明化，让消费者感受到政府是支持正能量的一方，帮助他们实现自己的正当合法权益，从而增强消费者的信心，使消费者愿意在本地

消费，避免消费外流。质检部门应对市场上的产品严加筛选，不符合标准的不准入市，帮助消费者把控好产品质量关，进而提高居民消费质量。

（三）走可持续发展之路，将责任具体化

为了实现经济的高质量发展，提高居民消费质量，山西应当探寻可持续发展路线，不再走以破坏生态环境为代价发展经济的老路子。将各种社会责任具体化，分配到具体的人或企业身上，奖罚分明。例如，工厂应该对它附近的水质负责，若水质出了问题，就去找这家工厂负责人，对工厂进行处罚或整顿；若工厂对水质保护得当，也适当给予奖励。这样将责任具体化，工厂在经营时就会将水质考虑到经营成本中，从而自发地改善自己的生产流程，对水质进行保护同时提高自己的产品质量，并且工厂也会阻止其他想要损害水质的人或企业。这样自然而然地将可持续理念传递给每个人和企业，并使全员都参与进来，每个人都有一种归属感，更愿意去为山西的经济发展贡献自己的力量，从而形成一个良性循环。

（四）新医改不断发力，改善居民看病就医问题

近年来，山西居民的医疗保健支出增长较快，居民看病就医尽管有了改善，但“看病难、看病贵”的问题依旧存在，看病依然是居民的心头旧疾，严重影响居民的消费质量。为此，山西应该加大力度进行新医改，始终把居民看病就医问题放在重要位置上，加大对医疗方面的投资，使得农村居民和城镇居民都能看得起病、不怕看病，减少居民医疗保健支出比重，尽快建立健全覆盖全体城乡居民的医疗保障制度，使居民看病无后顾之忧，可以享受更多其他的消费服务，提升居民的消费质量。

（五）开展居民素质教育，引导居民健康消费

没有高素质的人，就不可能进行高层次的消费，不可能提高消费质量。由于山西不少居民消费观念陈旧落后，缺乏消费质量意识，缺乏提高消费质量所必需的消费知识和消费技能。所以，要对这些居民自身进行素质教育，

比如，各个社区或者村部可以定期开展居民大会，尤其是对于中老年人，可以平常交流聊天的方式教给他们如何对各种消费进行判断，分辨哪些可以消费、哪些是不健康不文明的消费，不给骗子任何可乘之机。培养他们要有科学的消费观念、合理的消费方式，帮助他们掌握丰富的消费知识和必要的消费技能，以确保在提高消费质量的各个环节上不出差错。让居民明白消费者权益受到合理合法的保护，教育居民在权益受到侵害时正确快速地维护自己的权益，增强居民的维权意识，提高居民的消费素养，引导居民健康合理消费，提高居民的消费质量。

参考文献

［1］刘长庚、张磊：《新时代消费发展需推动消费量质齐升》，《消费经济》2018年第4期。

［2］杜逸冬：《消费性服务业发展对居民消费质量影响路径探讨》，《商业经济研究》2017年第14期。

［3］李瑢：《优化消费环境在提高消费质量中的作用分析》，《湘潮：理论版》2009年第12期。

［4］戴林送：《我国城镇居民消费质量状况的实证研究》，《技术经济》2008年第3期。

［5］朱玲：《我国居民消费质量评价体系构建与测度》，《商业经济研究》2018年第5期。

［6］张立：《基于顾客消费价值的消费质量问题探讨》，《湘潭大学学报》（哲学社会科学版）2007年第2期。

［7］尹世杰：《不断提高消费质量，加速构建社会主义和谐社会》，《消费经济》2005年第4期。

［8］何昀：《全面小康进程中提高居民消费质量的路径思考》，《南方经济》2005年第5期。

［9］朱雨可、赵佳、邹红：《新时代人民美好生活消费需要的内涵及维度》，《消费经济》2018年第4期。

案例研究

Case Study

B.18

山西省试点县（市、区）转型综改工作进展报告（2019）*

顾颖　张琴清　袁小亚　李鑫**

摘　要： 本报告从经济实力、民生保障、人居环境和体制机制四个方面总结了山西省试点县（市、区）2019年的工作进展情况，并进一步提出了完善山西省试点县（市、区）转型综改工作的措施：加快体制机制创新，增强内生发展动力；提速建设开放型经济新体制，增强营商政策执行力；持续开展环境治理，营造美丽和谐人居环境；统筹推进民生工程，增进人民

* 本报告为山西省社科联2019年至2020年重点课题研究项目“山西转型综改试点县（市、区）高质量发展的对策研究”（课题编号：SSKLZDKT2019079）的阶段性研究成果。课题主持人，顾颖。

** 顾颖，太原师范学院经济系教授、山西大学硕士生导师，山西大学中国中部发展研究中心特聘研究员，主要研究方向为制度理论与经济改革、资源型经济转型发展研究等。张琴清，山西大学经济与管理学院、山西大学中国中部发展研究中心，博士研究生。袁小亚、李鑫，山西大学经济与管理学院、山西大学中国中部发展研究中心，硕士研究生。

福祉。通过以上措施，以期更好地推进试点县（市、区）建设，打造经济转型升级版。

关键词： 转型综改　试点县（市、区）　扩权强县

“先行先试”是推进山西省国家资源型经济转型综合配套改革试验区（以下简称“转型综改试验区”）建设的灵魂，县（市、区）是推进转型综改试验区建设的主战场。2019 年，山西省在“两转”基础上探索新的发展道路，各试点县（市、区）先行先试，认真学习中央和国际的先进做法，在实践中形成了特色鲜明、效果良好的转型发展新举措，并取得了阶段性的发展成果，转型综改工作呈现良好发展态势。

一　山西省试点县（市、区）转型综改工作进展情况

2019 年，山西省试点县（市、区）的转型综改工作扎实稳步推进，一批典型的县（市、区），在经济实力、民生保障、人居环境和体制机制等方面均取得了较大突破。

（一）稳中求进，经济实力实现新发展

当下宏观环境不断发展，改革发展稳定任务艰巨繁重，各试点县（市、区）把供给侧结构性改革作为主线，使产业结构得到调整升级，经济实力实现新发展。侯马市狠抓领导包联、加快服务发展，形成了多管齐下、各项事业全面进步的优良局面。民营经济健康发展，为支持其有序运行，侯马市出台了 34 条相关举措，增加了就业机会，支撑了全市经济发展。重点领域改革有力推进，鼓励农民工回乡就业创业，“走出去、引进来”工作良好开展，侯马市发展状况稳定良好。

阳泉市郊区矿产资源和旅游资源丰富，近年来，郊区新动能和旧动能之

间的转换速度加快，产业结构得到优化，经济总量稳定增长，煤炭产业占比下降，第三产业的增长速度达到 6.9%，增加值实现 35.4 亿元。项目建设得到重点发展，招商引资步伐加快，转型发展动力增强，投资结构得到优化，财政收入增长较快，国内增值税、企业和个人所得税都较以前有所增长。文化、旅游、健康、养老产业发展平稳，社会事业稳步推进，阳煤集团三矿成功入选第二批国家工业遗产名单，助推郊区经济转型升级。

尖草坪区旅游业飞快发展。它的目标为建设“强富美旺”北部新城，并且以新发展理念推动高质量发展，实现尖草坪区高质量崛起。把“三园共建”作为发展格局，把生态、人文和农游等元素融合起来，把主题和特色作为西山城郊森林公园的发展重点，发展速度不断加快，全力打造“大美尖草坪”。并且，尖草坪区继续推进不锈钢特色产业，加快军民融合发展，园区发展实力不断增强，位于太原市北部的现代农业产业园建设项目，投入 5000 多万元，目前已经得到一定程度的发展，全力打造“实力尖草坪”。此外，尖草坪区举办助力第二届全国青年运动会的相关体育活动，如“迎青运、健身跑”活动等，这在一定程度上提升了尖草坪区的区域知名度，带动了尖草坪区经济发展。

原平市紧抓山西省转型综改和扩权强县双试点的战略机遇，依托工业园区，壮大产业集群规模，转型升级初见成效。原平市利用 2019 年的“改革创新、奋发有为”活动带来的发展机遇，开启新时代的新征程。成功举办招商活动，2019 年全年共签约 13 个项目，投资额可达 159.2 亿元。并且继续发挥“搭台唱戏”的精神，让原平人勇闯勇干、先行先试，激发广大干部和人民的工作热情，新培育“小升规”企业 6 户、高新技术企业 6 户、“专精特新”中小企业 5 户。进一步推行解放思想工作，原平市学习先进、学习典型、对标中央要求、勇攀高峰，努力写好新时代的“原平故事”。

（二）以民为本，民生保障实现新突破

面对就业、教育、医疗和脱贫攻坚等民生工程，各试点县（市、区）

以保障和改善民生为重点，着力补齐县域经济发展短板，以人为本，民生保障取得新突破。原平市通过多渠道提高脱贫攻坚质量，以“贫困户 + 合作社”作为产业帮扶的道路，大规模发展养殖业，组建专业合作社 1680 个。同时，使牧原集团的项目落地建设，利用特色产业优势，让贫困户和企业都得到盈利，让贫困户的收入稳定增长。此外，原平市积极发展旅游业，发挥传统文化优势，积极申报旅游扶贫项目，每年给当地农民带来了持续稳定的收入，在一定程度上提高了当地的脱贫质量。并且，原平市利用电商和区位优势，在网上销售白酒、红枣、小杂粮和莜麦等特色产品，2019 年的网络销售额可达 8382 万元，原平市民生工程持续稳步发展。

平鲁区扎实推进“九大工程”“三大行动”，以人为本，用心做好做实脱贫攻坚工作。全区有 80 个贫困村，在 2017 年底全部实现贫困退出，贫困发生率低至 0. 02% 。优先发展教育，深化校长和教师的队伍管理机制改革，建立公开透明的考核评价管理体系，强化校长和教师的队伍管理工作，与山西大学附属中学的第三轮合作工作扎实推进，教育事业发展步伐加快。持续发展医疗保障事业，如期完成区乡医疗卫生信息一体化项目一期工程，总投资达 3000 万元，并且公开招聘医疗方面专业人才 32 人，平鲁区卫生健康事业持续推进。深入开展“环境革命”，对各种环境问题“零容忍”，对不达标的地方不留死角、分类推进，对道路进行绿化和补植绿植等，使平鲁区美丽宜居。

侯马市扎实推进民生工程建设，增进了民生福祉。实施“六个全覆盖”工程，即垃圾集中处理、城市自来水、生活污水综合利用、集中供热、集中供水和旱厕改造，城市功能进一步完善。山西省有 8 个农村生活污水治理试点县（市、区），侯马市是其中之一。在 2018 年 7 月，侯马市政府投资 5000 多万元，开展农村生活污水处理工程项目，建设污水处理站，这些工程项目预计在 2020 年全面竣工，到时，侯马市人民的生活质量将会得到进一步提高。脱贫攻坚工作有力推进，脱贫攻坚工作责任持续完善，有关责任人每周开一次例会，积极认真学习现行扶贫政策，确保扶贫工作正常开展，并且同时完善动态管理机制，帮扶责任人、驻村干部、村干部等通过入户核查，召开会议进行研判，确保不出现返贫现象，保证脱贫质量。认真落实就业优先政策，创业就业扶持力度继续加大，各项补助资金发放到位，保障了困难群体的基本生活，确保了社会的和谐稳定。

（三）绿色发展，人居环境实现新跨越

面对转型改革发展中严重的环境问题，各试点县（市、区）持续开展生态保护和环境治理，构建地域特色鲜明的绿色低碳产业发展体系，营造美丽和谐的人居环境。尖草坪区以打造“绿色生态宜居环境”为发展目标，以“建一条路就绿化一条路”为行动方向，以“崛围增红、全域增绿”为工作思路，全力开展植被恢复和植树造林。坚持绿色发展理念，加强工作人员对河湖的日常巡查工作，切实落实河长、湖长制度，使其成为长效机制。同时，加强顶层设计，制定与打赢蓝天、碧水、净土三大保卫战有关的条例，助力打赢三大保卫战，使尖草坪区的城乡面貌实现大改观。

平鲁区认真践行绿色发展理念，以“绿水青山就是金山银山”作为行动指南，扎实推进生态文明建设，使全区的生态环境在一定程度上得到改善。通过实施三大保卫战，全区的土壤环境、水质和空气质量等状况明显得到改善，全区的135万亩林地绿化率达到35%，全年有2/3的天气状况为优良。开展城乡人居环境治理工程，以“三清三治三提升”为工作理念，7条主路得到拓宽，10多条断路得到打通，总长为85公里的24条城区主街道，绿化覆盖率接近一半，给人们的出行带来了很大的舒适与便利。大力发展绿色工业，充分利用好工业绿色转型发展试点建设和国家级工业固废综合利用基地的发展机会，通过调整产业结构、转变生产方式、淘汰落后产能等举措，主打“绿色”建设牌。平鲁区呈现人与自然和谐相处、绿色发展的美丽新面貌。

侯马市多部门联动，坚定有力地打好蓝天、碧水和净土三大保卫战，生态环境得到改善。相关政策有序出台，如《关于深入推进2019年生态环境治理“八大工程”的实施方案》，通过有关条文，明确有关单位责任

义务，强化具体事项督办落实。如在 2019 年秋冬季期间，通过对企业集体约谈的方式，大约 120 家企业强化了主体责任，并进一步完善了污染减排方面的清单，大气防治工作得到有力推进。切实推进浍河水环境治理，浍河作为侯马市的一条主要河流，贯穿侯马市东西。2019 年，侯马市水环境工程如期启动，这一工程对浍河的水质改善有很大的帮助。此外，侯马市扎实推进土壤污染防治工作，通过调查监测和核实，确定重点土壤污染企业，并定期组织这些企业参加土壤污染防治的有关培训，让其强化责任，减少对土壤方面的污染，做好做实防治工作。同时，创新环保宣传工作，组织相关人员定期对群众发放政策宣传资料，并且利用微信公众号和微博等现代工具推送有关信息，打造全民参与、全民共治的良好氛围。

（四）创新改革，体制机制实现新变革

面对新时代新的发展环境，各试点县（市、区）以重点领域和关键环节改革为突破口，推进政府职能转变，实现体制机制新变革，发展动力得到增强。尖草坪区抓住“改革创新攻坚年”的发展机遇，采取“互联网 + 政务服务”的办公方式，深化“放管服效”改革，实现“最多跑一次”的办事效率，在一定程度上提高了办事效率，激发了市场活力。同时机构改革各项配套工作有序推进，实施“红色引擎”工程，不断推进共建、共治、共享的社会治理体系，基层的社会治理能力不断增强，党建工作不断创新发展。

孝义市以开展“不忘初心、牢记使命”主题教育活动为契机，使政务服务环境不断得到优化，政府职能转变步伐加快，促进孝义市高质量转型发展。加大力度，“放”出活力，孝义市通过多种方式让权力不断瘦身，使企业的商事成本得到降低，同时给企业提供完善的服务，并且动态完善权责清单，持续优化审批流程、减少审批环节。2019 年，孝义市的审批效率整体得到提升，增速约为 55%。创新方式，“管”出公平，孝义市采取有效措施让政府的宏观调控得到加强，使治理能力得到

提高。此外，政务公开工作得到有序推进，2019 年孝义市公开 989 项公共事务，信息的透明度和群众的知情权得到提高。提高效率，“服”出便利，孝义市成立常态化服务企业办公室，同时出台有关政策，其中支持民营企业快速发展的政策居多，这些政策措施提供的服务优质、高效并且便捷，给中小微企业的发展带来很大便利，助力很多中小微企业渡过难关。

原平市以高质量转型发展为目标，整治了许多痼疾，这些痼疾大多集中在体制机制和思想等方面，因此原平市在体制创新方面取得了一定成果。创新改革思路，推出有效改革举措，落实改革事项并且很多工作先行先试，如“民企 100 急诊平台”、改建城投公司等，形成以点带面和全面推进的工作思路。成立“原平市科技创新公共服务平台”，让创新驱动得到有效发展。坚持“走出去”和“引进来”，与韩国和德国进行合作，让利用外资和进出口为“零”的情况得到突破，助力原平市高质量转型发展。

高平市率先在全省实现“一枚印章管审批”。通过多方面举措激发全市企业和群众的创新和创业活力，如举办创新创业大赛和企业家培训班，这些措施一方面激发了人们的创新创业热情，另一方面使企业的发展活力得到增强。加强产业支撑，让高平市的农业、林业、文化、旅游和健康等产业得到了有效的融合发展。扎实推进改革项目，并且注重总结经验，让这些经验在全省得到推广。

二　深入推进山西省试点县（市、区）转型综改工作的建议

加快试点县（市、区）建设是全面推进山西转型综改的重要举措。坚持目标导向、问题导向、攻坚导向、变革导向，通过总结探索实践、积累成功经验，充分挖掘试点县（市、区）经济发展优势，培育山西区域经济增长极。

（一）以重点领域和关键环节改革为突破口，推进政府职能转变，加快体制机制创新，增强内生发展动力

深化财政金融体制改革。实施更加积极的财政政策，助力山西试点县（市、区）经济高质量发展。全面落实减税降费政策，完善预算绩效管理制度，努力实现预算和绩效管理一体化。在教育、科技、交通运输领域，高水平推进财政事权和支出责任划分改革。健全政府举债融资机制，用足用好国家债券支持政策。完善风险防控机制，加快出台有关防范化解债务风险的政策，加大政策宣传和监督力度，让政府的各项政策得到有效执行，使试点县（市、区）的债务风险总体可控。合理安排财政支出，加大教育、医疗、脱贫等重点领域的投资力度，把有限的资金投入真正需要的地方。出台缓解中小微企业融资难、经营难等问题的相关政策，助力中小微企业渡过难关。

完善国资国企治理体系。按直接授权“品字架构”，健全以管资本为主的国资监管体制，探索形成智慧监管、穿透式监管和阳光监管模式。探索出台国有企业的投资管理办法，鼓励新增投资向关键核心产业、产业链与价值链高端等集聚，国资向重点优势企业集团集聚。加快改革步伐，鼓励各类资本参与，扩大员工持股比例，解决国有企业结构单一的不利问题。推进混改试点和国企改革“双百行动”，抓住发展机遇，完善和出台有关措施，让国有企业改革的各类试点在县（市、区）先行先试。靠依法、合规、诚信经营的方式有效化解各类风险，健全企业合规管理体系，增强国有经济抗风险能力。建立信息披露的管理制度，利用现代网络技术，扎实推进“互联网＋”工作模式，推动国资监管和国有企业信息公开化、透明化，加速国资国企智能化转型。

深化农村综合制度改革。推进农村集体产权制度改革，开展集体资产清产核资工作，明确集体资产所有权，有效实行所有权、承包权、经营权“三权分置”，建立农村产权交易平台，有序引导农村土地经营权等产权交易。努力在规范“三资”管理、深化股份改革、做强集体经济上下功夫，

为集体经济的良好发展打下坚实基础，用法律保护好农民的承包权和经营权，为农村经营主体提供良好保障。深化供销合作社综合改革，创新为农服务体系，提供全程农业社会化服务，扩大为农服务规模；创新经营服务体系，大力推进“互联网+供销合作社”模式，搭建农产品电子商务综合服务平台。加快农村产权交易市场的建立，以提升服务水平，完善运行机制，让农村的产权入市得到公开交易。此外，在保障农民权利的基础上，要打破城乡二元结构，让农民做到“真进城”，促进农民权利得到真正的实现。

（二）以全面深化“放管服效”改革为目标，营造稳定、公平、透明的县域营商环境，加快建设开放型经济新体制，增强政策执行力

深化“放管服效”改革。把经济管理权放到离市场最近的地方、把社会管理权放到离群众最近的地方，坚持市场优先，围绕发展所需、基层所盼、民心所向，把该“放”的、能“放”的权力“放”到位。进一步简化行政审批事项和审批流程，对标全国一流县域，持续推进“证照分离”改革工作，全面推广“一枚印章管审批”改革经验，促进山西县域政务服务平台向便捷化方向发展。拓展深化投资项目承诺制改革和工程建设项目审批制改革，积极推行并联审批、多图联审等方式，大幅压缩各环节审批时限。创新监管方式，建立健全以“互联网+监管”为核心、以“双随机、一公开”监管为基本手段、以重点监督为补充、以信用监管为重点的新型综合监管机制，全面推行全过程、标准化监管，使许多政务得到公开。坚持“量”“质”并重，加强各类监管数据集聚分析，为事中事后监管提供数据支撑。

提升对外开放水平。试点县（市、区）在高质量转型发展中，要以开放发展理念引领构筑全面开放新格局。深化“走出去”管理体制改革，搭建政产学研用交流合作平台，为“走出去”企业提供投资政策支持、金融支持、环境信息咨询、优质高效法律服务支持等，鼓励企业以多种方式“走出去”。开展主导产业配套招商，围绕县域优势龙头企业，引进上下游配套企业，延伸产业链，推进产业集聚。组织专业化团队，积极推动股权招商，进行精准化、主题化的招商引资，吸引企业家投资到目标区域、目标产

业和目标企业上来。鼓励传统行业和企业实施创新驱动、智能转型、跨界融合，推动形成“互联网+”的新产业、新模式、新业态，逐步实现试点县（市、区）主要农产品、大宗原材料、工业制成品和消费品全部网上交易、网下及时配送，加快建立覆盖城乡的国际化快递网络，积极打造国外产品进口和特色产品出口的便捷物流通道。

（三）以加强乡村人居环境整治为导向，持续开展环境治理，构建地域特色鲜明的绿色低碳发展产业体系，营造美丽和谐人居环境

研究成立乡村人居环境整治监督考核小组，对乡村人居环境整治进行事中事后评估考核，将评估结果纳入基层组织治理能力考核体系。将农民体验纳入乡村人居环境整治工作评估指标体系中，助推高质量完成乡村人居环境整治。健全监测预警机制，对乡村人居环境整治效果实施动态监测，为建立长效管护机制提供制度保障。增加整治信息反馈功能，开放权限，支持并鼓励农民对环境整治效果予以反馈。增加信息交流模块，推动各省级相关机构间的信息共享和信息交流，务实开展乡村人居环境整治领域的交流合作。鼓励金融机构创新信贷支持模式，面向乡村人居环境整治相关项目提供个性化、定制化的金融支持。结合新媒体加强宣传引导，普及卫生防疫及乡村人居环境整治的相关政策。鼓励发挥文化引领作用，赋予“村约民规”新内容，持续理念渗透，使农户由污染主体转成整治主体，逐步改变其乡村生活习惯。以疫情防治为契机，全面排查整治生活垃圾、生活污水、厕所粪污等人居环境问题，抑制病菌滋生，加强源头防控。学习浙江省“千村示范、万村整治”的做法，充分挖掘乡村特色，努力做好垃圾填埋场、路灯和垃圾分类等乡村基础设施建设工作，促进美丽乡村建设。

（四）以保障和改善民生为重点，统筹推进民生工程，着力补齐县域经济发展短板，增进人民福祉

决战决胜脱贫攻坚。政府推动“公益助农”，县长（市长、区长）带头

代言农产品等扶贫商品，积极开展“互联网+商户+农户+客户”电商扶贫，开发电商平台扶贫项目，畅通农产品销售渠道。鼓励培育家庭农场、农民合作社等新型农业经营主体，将贫困农户纳入农业产业链，允许享受现行小微企业相关贷款税收减免政策。对稻谷、小麦、玉米等农产品，在非试点贫困地区尽快推广建立完全成本保险和收入保险机制，并实现全面覆盖。实施定向帮扶，针对低收入人群、因疫致贫人群、因疫返贫人群，设立专项失业保险基金，实行专项低息无息贷款和生活品定向发放，并允许债务展期或减免，灵活使用已积累的失业保险基金，减小失业带来的福利损失。实施教育救助，对贫困地区线上教育相关设施情况进行摸底排查，支持推进新一代信息基础设施建设，倡议社会各界积极捐助或允许一些企业低价购买学习设备，为贫困学生提供良好学习环境。加强驻村工作队和帮扶干部的宣传，帮助贫困户树立正确的劳动观和价值观，使其摒弃“等靠要”思想，加强劳动致富能力。充分发挥精准扶贫驻村干部等基层和一线人员的主动性和积极性，对临近贫困线的低收入人口做好监测工作，建立防止返贫致贫数据平台，及时将返贫人口和新发生贫困人口纳入帮扶范围，分类施策开展一对一帮扶，适时评估退出。

切实推进教育事业发展。全面推进教育公平，合理配置教育资源，统筹规划学校布局，促进城乡教育协调发展。统筹推进城乡义务教育一体化发展工作，办好学前教育、特殊教育。重点关注农村义务教育，加大农村教育资金、设施投入。在农村普及网络教育，推进“互联网+教育”发展，加快教育信息化体系建设，扩大优质教育资源覆盖面。通过在线培训灌输先进教育理念，生成专属每一个学生的学习报告，并据此调整优化教学方案，从而缩小城乡教育水平差距，让每个学生都能接受高质量的教育。健全学生资助制度，使绝大多数城乡新增劳动力接受高中阶段教育，让更多人接受高等教育。加强乡镇师德师风建设，培养高素质教师队伍，努力形成学习型村镇，不断提高乡镇人民素质。大力发展现代职业技术教育，推动校企合作，加强产教对接融合。监督民办学校教学水平和开办资质，鼓励社会力量兴办教育，推进教育事业全面发展。

参考文献

［1］《2019 年全省经济运行情况》，山西省人民政府网，2020 年 1 月 21 日，http：//tjj. shanxi. gov. cn/sjjd/sjxx/202001/t20200121_ 105475. shtml。

［2］《2020 年山西省政府工作报告》，山西省人民政府网，2020 年 1 月 17 日，http：//www. shanxi. gov. cn/szf/zfgzbg/szfgzbg/202001/t20200117_ 761390. shtml。

［3］《做好民生保障工作　千方百计保就业稳就业》，人民网－理论频道，2020 年 2 月 23 日，http：//theory. people. com. cn/n1/2020/0223/c40531－31600267. html。

B.19
基于微博营销视角的山西“中华老字号”企业高质量发展研究*

和芸琴**

摘　要： 在技术革命与移动互联网高速发展的环境中，微博等社交媒体的影响力越来越大，这也为企业凭借创新实现高质量发展创造了机遇。山西“中华老字号”企业在此环境下正经受新危机的挑战，需要增强对微博等线上营销渠道的关注与建设。根据统计，山西“中华老字号”企业应用微博进行营销的采用率并不高，互动不强、影响力不够。为此，要充分运用微博等社交媒体，加强数字化连接；要提高内容互动频率，提升线上营销效果；要全面提升管理品质，创新实现高质量发展。

关键词： 山西“中华老字号”企业　微博营销　社交媒体

一　微博营销推动山西“中华老字号”企业实现高质量发展的重要性

企业的高质量发展是经济高质量发展的重要动力，在中国转变经济发展

---

* 本报告为教育部人文社会科学研究青年基金项目“社交媒体对企业内外部声誉影响的研究”（项目编号：15YJCZH062）阶段性成果。

** 和芸琴，山西大学经济与管理学院、山西大学中国中部发展研究中心，博士、副教授、硕士生导师，主要研究方向为企业战略与文化、产业组织管理。

方式、优化经济结构、转换增长动力的攻关时期，企业要以顾客需求为中心，以为顾客创造更大价值为追求，通过改革与创新来提升自身竞争力，以实现可持续发展的长远目标，满足人民对美好生活向往的要求。

新时代企业的高质量发展，必须全面创新、拥抱变化，抓住新一代技术发展带来的机遇，改变以往企业经营的理念、模式与方法等。在经济转型过程中，国内一些行业的发展遇到了一定的困难，但危与机总是并存的，这也促使越来越多的企业痛下决心、突破创新、变革转型，进而以崭新的业态与模式化危为机。在此期间，线上营销成为企业积极自救的有效渠道。

根据 CNNIC 的数据统计，截至 2019 年 6 月，我国网民规模达 8.54 亿人，其中使用手机上网的网民比例高达 99.1%，移动互联网的普及促进了社交网络平台的兴起，企业借助社交网络平台进行营销，使企业能够以文字、视频等多种形式与广大用户形成更积极的互动，将单向广告向更加灵活、多变的形式转变。以微博为代表的社交媒体，因其在连接、传播与互动方面的天生优势使企业能够以更积极的态度去了解用户、主动出击，企业以更加多样化的营销策略去迎合用户需求，进而提升营销效果，在用户群体中树立良好的企业形象和品牌影响力。

人们对于老字号企业有深厚的情感，将其视为中国商业文化中的瑰宝。因此，商务部为了顺应百姓民意并推动老字号企业健康发展，也为了将老字号企业与普通品牌区分开来，将老字号名称确立为“中华老字号”（China Time-honored Brands），并在2006 年颁布了《“中华老字号”认定规范（试行）》。这份文件首次对“中华老字号”做出了明确的官方定义：“中华老字号”是历史悠久，拥有世代传承的产品、技艺或服务，具有鲜明的中华民族传统文化背景和深厚的文化底蕴，取得社会广泛认同，形成良好信誉的品牌，且品牌须创建在 1956 年（含）以前。山西作为文化资源大省，其深厚的历史底蕴和广阔的文化背景闻名遐迩。其中，山西“中华老字号”企业有着非比寻常的历史文化价值和经济价值，也为中国的商业文化做出了不可磨灭的贡献。截至 2019 年，山西的“中华老字号”企业共有 27 家。“中华老字号”企业是山西最为亮丽的风景线，其悠久的历史和精湛的工艺一直存续在人们的心中。但随着科学技术的高速发展和人们在现代社会中观念的不断改变，人们对于山西“中华老字号”企业的认知和关注度越来越少。如何利用具有超大流量的微博进行线上营销，并在此基础上推动企业产品、技术与商业模式的全面创新与品质提升，使企业的涅槃再生，成为山西“中华老字号”企业亟待思考解决的问题。

二　山西“中华老字号”企业的发展现状

（一）优势：历史文化悠久、产品品质可靠、品牌在当地认同度高

山西老字号企业从创建之初就不断地从中国传统文化中汲取营养，在其发展经营过程中更是不断获得当地人民的认可，并通过文化的滋育不断成长，最终获得了“中华老字号”称号。具有深厚的中国传统文化的“中华老字号”企业在日益壮大的过程中逐步形成了独特的企业文化，这是“中华老字号”企业最为重要，也是获得消费者认可并能够长久不衰的根本。

“中华老字号”企业必然是经过百年洗礼后仍然能够焕发出旺盛生命力的企业。山西“中华老字号”企业铭刻在消费者记忆中的就是产品品质。众多山西“中华老字号”企业在产品用料上精益求精、在制作工艺上尽力保持富有特色的传统手法。比如“益源庆”生产的醋采用秘制的经典配方，在选料上严格把控、在工艺上坚持精细，故而味道历久弥香，令人难以忘却。“六味斋”的酱肉口感独特。其味道如此令人回味的原因就在于企业坚持采用传统的制作工艺并且在选料上精益求精，产品品质一流。

坚实的品质成就了品牌的价值，品牌彰显了品质的可贵。山西“中华老字号”企业的品牌一直是其核心价值所在，这是山西“中华老字号”企业在当地长久经营、稳定发展的回报。人们对于“中华老字号”的品牌有较深的情感，因为这是陪伴当地居民无数日夜的老企业，人们的认同感能够在很大程度上给予“中华老字号”企业发展的推动力。同时，山西“中华

老字号”企业的名称如“双合成”“六味斋”“广誉远”“益源庆”等颇具古色古韵，让人们体会到独特的美感，增强其品牌的认同感。

（二）劣势：品牌形象固化、营销力度小、影响力有限

山西“中华老字号”企业根植于本土，在百姓之中口口相传。由于大多数“中华老字号”都属于某个固定区域的知名品牌，无法将影响通过传统方式扩展至其他地区，其市场空间也并不广阔。同时，能够得到山西“中华老字号”称号的企业大多属于食品加工行业，且都各自为政，无法形成具有品牌知名度和在全国有影响力的“山西联盟”。这就让一些“中华老字号”企业虽在其日久经营的区域的知名度状况比较理想，但其在其他区域的产品与消费者的购买习惯、购买意愿大相径庭。

山西“中华老字号”企业的产品品种较为单一，虽然有利于让消费者保持固定的文化认同，但是在品牌相互模仿并竞争的高速发展的当今，产品之间的相互影响变得越来越明显、品牌差异也变得越来越模糊，这种不加以区分的做法就会让消费者形成固定老化的品牌印象。现代社会的繁忙生活让人们更倾向于快节奏的消费，故而这种老化的品牌形象会给人留下山西“中华老字号”企业守旧落伍、跟不上时代发展的落后陈旧的印象，制约山西“中华老字号”企业的发展。

近些年来，外来品牌与本地新生力量的崛起，使山西“中华老字号”企业的影响力更加受限。与此同时，山西“中华老字号”企业一直借助口口相传的方式进行营销，这种方式虽然可以形成固定安稳的客户群体，但对于企业的长久发展更多的是弊大于利。同时，山西“中华老字号”企业在品牌沟通和客户反馈方面做得并不好。这种行为也进一步加深了人们心中对“中华老字号”陈旧的印象。同时，山西“中华老字号”企业总是将目光重点放在所熟知的线下营销领域，忽略了现在日益火爆的新媒体营销，给自身的品牌营销带来极大的不稳定。其名声也大多是在中老年群体之中具有一定的影响力并形成了客户忠诚度，年轻人则大多停留在了解认识的层面上，而没有养成稳定的购买习惯和意愿。

（三）新机遇

1. 政府政策支持与鼓励

为了振兴山西“中华老字号”企业，政府也在政策上予以扶持和鼓励，以求加快山西“中华老字号”企业文化的传承与弘扬的进程，保持技艺持续创新的原动力，加强“中华老字号”品牌振兴并保持不断发展。山西省商务厅于2017年12月颁布《“三晋老字号”认定规范》，这就有效保护了山西“中华老字号”企业的品牌。同时，山西文化推广活动也为“中华老字号”企业注入了新的活力，如山西文化产业博览交易会等活动。山西“中华老字号”企业的技术中有大量的非物质文化遗产，也是文化产业中重要的特色一环。2019年发布的《山西省全面提升旅游服务质量和水平实施意见》中，也再次强调了非物质文化遗产进景区，要大力发展工业旅游等新型旅游业态，鼓励各地深度挖掘地方饮食文化，打造山西特色餐饮品牌。可见在宏观层面，一系列关于山西“中华老字号”企业发展的利好政策频频出台，山西“中华老字号”企业可以借助全省大力发展文化旅游业的契机加快发展。

2. 新技术变革带来新理念

当今社会已经步入信息化时代，技术的变革使企业营销模式得到深刻的改变，越发需要新的营销增长点和发展推动力。微博、淘宝、微信、抖音和各种自媒体等都为营销带来了不可估量的机遇，营销不是只能在报纸、电视等渠道进行，而是可以扩展到生活的各个角落，消费者目光注视的地方和兴趣所在都可以成为营销的接触点。通过自媒体营销可以轻易地缩短企业和消费者之间对话的距离，增强营销效果。这种改变是山西“中华老字号”企业不可忽视的机遇，要利用信息技术帮助山西“中华老字号”企业在消费者心中营造良好的形象并提高销售成绩，继而推动企业长久健康进步。

3. 消费升级提出高要求

随着经济的不断发展，居民收入水平不断提升，购买力不断增强，中国的消费市场，正在呈现结构性升级趋势。消费结构性升级的背后，则对企业创新提出了更高要求。山西“中华老字号”企业注重传统工艺，但也要寻求产品创新、技术创新与商业模式创新，做大规模，突破传统工艺给产品销售区域带来的边界限定，增强对新生技术的敏感度，强化对市场机遇瞬息万变的把控。将“中华老字号”企业在山西本地潜心经营的在百姓大众心中的文化认同感，借助创新推广至更广阔的市场，提升企业持续发展的能力。这也是山西转型发展的目的所在，为更多的消费者提供更美好的产品与服务，提高民众的生活质量。

三　山西“中华老字号”企业官方微博使用情况与问题分析

为了分析山西“中华老字号”企业官方微博的使用情况，本报告对27家山西“中华老字号”企业的官方微博进行统计。截至2019年4月，本报告对官方微博开通情况、单月发博量、三个月（1～4月）发文量以及微博内容、发文形式进行了比较分析。因为微博博主有权限删改原创微博，这可能会对本次统计造成一定影响，存在一定误差。由于微博的名称可以更改，因此本次统计是按照微博的注册商标和企业全称进行搜索的，且将经过微博认证的微博认定为官方微博，私人性质的无微博认证的微博则不予以统计。

（一）缺乏对微博等新媒体营销的关注

根据微博搜索统计，27家山西“中华老字号”企业中，开通微博的共有9家，占比33%。由此可见，大多山西“中华老字号”企业仍旧没有利用微博进行营销，也没有意识到在信息时代结合微博进行营销的重要性。在开通官方微博的9家山西“中华老字号”企业中，只有山西广誉远国药有限公司和山西杏花村汾酒集团两家企业在统计的三个月内有更新，占比22%。前者拥有20万粉丝，后者拥有近10万粉丝，且都保持稳定的日发博量。剩余的7家拥有官方微博的山西“中华老字号”企业，拥有的粉丝数量不算理想，大多数只有几百人，微博总数也很少，且在三个月内未发布一条微博，而且大多数企业连微博官方认证的企业资格也已经失效。

更加明显的是官方微博的更新频率显著过低。拥有不俗粉丝数的“双合成”，粉丝总数为6987，微博总数为7702条，说明该企业以前的微博运营还是可观的，但是在2019年1月至4月三个月间未发布一条微博，微博使用已停滞不前。还有一些“中华老字号”如“六味斋”，在创立微博至今的五年内也只发布了104条微博。企业微博营销的影响力在正常情况下会随时间的推移自然而然地下降。

在社交媒体发展如火如荼的今天，2019年新浪微博数据中心发布的《2018微博用户发展报告》显示，微博的日活跃用户达到2亿人，月活跃用户达到4.62亿人，微博就是顾客接触到品牌和企业信息的极佳接触点。一般情况下，消费者愿意了解企业的相关信息并关注企业的官方微博，大多是因为在生活中或者网络上受到别人的推荐，或者是在看到了品牌的相关讯息和广告后产生了不小的兴趣，并在自发的搜索中了解企业的相关信息，这种互动行为能够让企业品牌的营销效果和品牌影响力获得最大限度的生效，并且会让更多的潜在消费者在关注互动下逐步转化为真正的消费者乃至忠实的客户。因此山西“中华老字号”企业需要有清晰的认识并坚持稳定更新微博以保持热度和关注度，同时要把微博等新媒体营销提高到企业运营的长期战略的高度上。

（二）忽视与粉丝、顾客的互动

移动互联时代改变了传统媒体单向传播的方式，微博尤为如此。微博与微博之间不仅可以相互分享文字、图片、音频、视频等，还可以对微博内容进行评论、点赞、转发，这种不断丰富的网络互动形式能够使信息快速地传播开来，更能够加强客户和企业之间的关系，并在第一时间获得客户反馈，从而使品牌建设和客户培养更加高效。同时，微博提供的平台让客户拥有了自由表达的机会，他们相互之间可以分享信息、发表看法，这种情况下更应该注重加强和客户的互动，并在互动中相互信任，逐步建立良好的关系。微博总数和粉丝数有助于观察企业对官方微博的重视程度，但分析微博的传播效果还要分析官方微博的转发数、点赞数和评论数。转发是将微博博文转发至自己的微博，这样别人在浏览自己微博的时候能够观看到原微博博文；点赞是对喜欢的微博博文加以标识，同理也会显示在自己的微博上；评论是在微博博文下面进行点评和讨论。这几个数量都能很清晰地展现出和粉丝或他人的互动效果。

根据山西“中华老字号”企业微博统计情况，发现官方微博不注重更新频率，但更为突出的是，其发布的微博受到的关注和吸引的目光寥寥无几，点赞、评论、转发数都极其稀少。比如山西广誉远国药有限公司的微博一直都冷冷清清，缺乏和粉丝的互动。而山西杏花村汾酒集团原本的广告微博受到的关注寥寥无几，但当微博转发抽奖时，立刻就涌现了一大批粉丝，点赞、评论、转发数立马就突破一千，这也是山西杏花村汾酒集团微博内容最为火爆的一条。由此可见，这种亲切有趣的抽奖微博深受客户的喜爱，使得他们的热情和活力程度大大增加，让品牌和客户之间的联系大大加深。

（三）微博内容单调，影响力不强

在分析山西“中华老字号”企业官方微博的内容的过程中发现，其官方微博的内容大多只停留在简单的“信息通知”的形式，或是介绍性的企业商品的发布，微博内容单一，微博故事、微博视频发布量为零。枯燥无味的微博内容会大大降低粉丝关注的意愿，点赞、评论、转发数都非常稀少，而这也会影响企业品牌在客户心中的形象。一味地向消费者推销企业和品牌，这种方法是不可取的，要在顾客的视角，分析消费者如何相互讨论，分析消费者怎样议论品牌，他们是否需要品牌的回应、帮助以及解答。微博作为一个受到广泛关注的发展契机和一个极其优秀的具有超大流量的平台，为山西“中华老字号”企业和客户之间构建了和谐亲密的桥梁。和客户的互动能够在很大程度上拉近品牌和消费者之间的距离，从而建立起黏性的客户关系，提升消费者对于品牌的信赖并借以培养消费者的购买习惯。

如今的山西“中华老字号”企业仍然怀着固有的理念、遵循原先的方法经营品牌，通过人与人之间的口碑传播发展客户，有着只要产品质量过硬就不怕没有顾客的固有想法，营销效率也不令人满意。随着现代社会物质生活的极大丰富，人们在平时的工作和生活中所能够接触到的广告和品牌越来越多，消费者在日常生活中和企业品牌的接触越来越向碎片化的方向发展。事实上，消费者对于品牌的认识更多的是从各种各样的媒介中了解到继而一点一点地拼凑起来的，企业很难按照固有的营销计划去向消费者营造品牌形象。但同时，官方微博的存在就可以让消费者更全面、更具体地了解企业、接触品牌，从而让消费者对品牌有清晰全面的认识，将品牌形象在消费者心中营造得更加满意。但如果企业的官方微博充斥着推销的内容且发布的信息枯燥老旧，就会让消费者在脑海中浮现对品牌不好的想法，削弱品牌和消费者之间的联系。

四　微博营销助推山西“中华老字号”企业高质量发展策略

从传统的工业化时代到互通、互联和互融的数字化时代，企业要想求得生存并实现高质量发展，必须彻底改变自己的战略逻辑，顾客不再是简单被动地接收信息，而开始更愿意分享与连接，其分享的经验正是下个用户所要搜集的信息，这比传统的品牌传播模式对消费者的影响力更大。这在年轻人的群体中表现得更加明显。而微博的主要用户中正是23～30岁占比最高，57%为男性、43%为女性，这正是企业持续发展必争的顾客群体。企业成长要抓住现在的顾客，更要吸引未来的顾客。越是贴近大众生活的产品，市场竞争越是白热化，这是对企业严峻的新考验，但也是山西“中华老字号”企业发展的新时机，山西“中华老字号”企业要面向未来趋势和社会需求，拥抱数字和智能技术，突破传统的约束，以微博营销为突破口创新性地构建新营销体系，为在“十四五”时期实现高质量发展打下坚实的基础。

（一）充分运用微博等社交媒体，促进数字化连接

随着微博的快速发展，其越来越旺的人气也使其成为人们日常生活中最为重要的社交媒体和传播平台，而企业也应该紧紧跟随时代的步伐，重视微博的发展和其带来的深刻影响，将其视为企业塑造自身品牌形象的重要手段和让客户与企业的关系更加融洽的主要工具。山西“中华老字号”企业对于新媒体缺乏有效的认识，抑或浅尝辄止，没能发掘认识微博的重要性。因此要坚定对微博营销产生效果并带来效益的信心，把新媒体推广战略作为研究重心，来帮助自身在新媒体时代找到发展对策。尽管山西“中华老字号”企业总是倾向于口碑营销、印刷媒介营销和广播电视营销，但在新时代一定要及时认清未来的发展方向，一味地止步不前是不足取的。所以，看清微博的巨大潜力，并将营销的重点转移到微博上来是山西“中华老字号”企业在现阶段需要考虑的重要问题。同时，应该积极地关注微博，发掘微博中的潜在客户，让微博为企业和品牌的发展带来契机，并形成良性循环。

因此，进行微博营销的企业应有意识地建设全方位的微博矩阵，根据企业微博账号定位的不同，有针对性地发布既相互联系又不同侧重的微博内容，尽可能地提高微博平台上粉丝的覆盖率，同时也应目标明确地发布信息，从而更好地为关系营销中的关系各方服务。企业官方微博、企业领袖个人微博、企业部门及部门经理微博、各级区域销售服务部门及部门经理微博、普通员工个人微博，这些微博全方位立体地将企业的形象展示给大众，通过不同层面的覆盖，从不同角度让大众和客户了解企业、接触品牌，从而让客户对企业有较为清晰全面的了解。

（二）增强内容互动，提升线上营销效果

微博营销是指利用微博这个优质平台进行多层次、全方位的品牌宣传以吸引消费者的目光，在平台进行市场研究和调查并最终获取客户和销售产品的过程。对于山西“中华老字号”企业的微博营销而言，重点在于如何吸

引更多的粉丝并保持和粉丝之间的良性互动。这种互动能够提升粉丝的积极性并时刻保持其对微博动态的关注，这样粉丝就会逐步转变为具有固定购买习惯的客户。要提升山西“中华老字号”企业微博营销的效果，可以从阅读数、互动数等方面进行衡量与评价。要做到传播效果的提升则需要发现顾客的价值诉求，增强和消费者在情感上的互动，凡事要以消费者的角度思考问题，加强和客户之间的关系，使得微博营销发挥出比传统品牌传播模式更有效的作用。微博是一个具有超大流量的平台，而微博营销的优势也是尤为突出的：信息传播成本低、传播速度快、传播精度高、客户信赖程度高等。山西“中华老字号”企业需要在微博内容上加大营销的力度，使微博呈现趣味性、知识性、互动性。枯燥乏味的广告内容要慎之又慎，并且多多发布一些诸如微博故事、微博视频等具有影响力的话题，让粉丝能够热情地参与进来，发挥其主观能动性。与此同时，要结合时事热点，对发生在身边的热点积极评论、转发，使得企业与大众的距离进一步拉进，参与到客户的日常生活讨论中，这样能够很大程度上让客户产生亲近感，继而将其发展为忠实的客户。在这种流量为王的时代，注重对微博内容的更新、对时事热点的把控，能够将微博的强大流量和裂变能力传播开来。如同网红和电商的结合，让产品的直播销售变得更加迅猛，这种营销方式引发“病毒式”传播，通过大量曝光，提高变现效率。

（三）全面提升管理品质，创新以实现发展

移动互联时代品牌的重要性更是不言而喻，而品质始终是企业的底线与竞争力的来源。人们在快节奏的日常生活中最经常感知的就是品牌的宣传与接触，而山西“中华老字号”企业最为核心的竞争优势源于顾客对“中华老字号”品牌所蕴含的品质的认可与赞赏。因此，可利用微博营销作为突破口，促进山西“中华老字号”企业全面管理的革新与重造。

微博平台的传播优势能够让山西“中华老字号”企业尝试多种营销手段。趁热点、趁流量，紧跟当下人们关注的时事新闻和高热度话题，通过关注参与这些话题，激发人们对品牌的兴趣，并传递出自身品牌的优点所在。

同时，积极利用怀旧营销，通过以怀旧为主体的品牌故事，在怀旧场景互动中引发消费者的共鸣。如何有效利用消费者的怀旧情感来做出相应的营销创新是山西“中华老字号”企业值得注意的，不能盲目地将怀旧强加进消费者心里，只有恰到好处的怀旧营销策略，才能有效引起消费者的情感共鸣。

营销的创新要有助于企业管理的全方位提升，有助于经济社会的全面发展。山西“中华老字号”企业的创新发展也要将微博等新媒体的营销与新时代山西转型发展的历史机遇结合起来，借势实现突破。如借助省内文旅产业大发展的契机，将“中华老字号”所传承的非物质文化遗产与现代技术相结合，打破企业的传统行业边界，整合优势资源，拓展产品的外延，增强产品的体验感、参与感与获得感，推陈出新增加工业旅游、产品制作表演、顾客参观、体验参与等内容，增强顾客对“中华老字号”产品的深层次了解，形成有利于企业的正面评价，借助社交平台的分享与连接，提高山西“中华老字号”企业的影响力，扩大市场覆盖范围，使企业增强抗风险的能力，实现高质量的持续性发展。

参考文献

[1]《第44次〈中国互联网络发展状况统计报告〉》，中国互联网络信息中心网，2019年8月30日，http://www.cnnic.net.cn/hlwfzyj/hlwxzbg/hlwtjbg/201908/t20190830_70800.htm。

[2]《“中华老字号”认定规范（试行）》，中华人民共和国商务部流通业发展司网，2012年9月20日，http://ltfzs.mofcom.gov.cn/article/aw/201209/20120908348719.shtml。

[3]《2018微博用户发展报告》，新浪微博数据中心，https://data.weibo.com/report/reportDetail?id=433。

[4] 张伟、李晓丹、郭立宏：《不同微博营销渠道对产品销量的影响研究：品牌自有媒体VS第三方媒体的路径对比》，《南开管理评论》2018年第2期。

[5] 郭雅倩：《“故宫淘宝”微博营销策略探析——基于对@故宫淘宝微博账号2016—2017年传播内容的分析》，《新媒体研究》2018年第10期。

[6] 陈希：《虚拟社区视角下的微博营销策略探究——以微博账号@故宫淘宝为

例》，《新闻传播》2018 年第 18 期。

[7] 孙海荣：《高质量发展视阈下移动新媒体产业的生态演化与创新路径》，《经济纵横》2019 年第 8 期。

[8] 白建磊、张梦霞：《企业微博矩阵虚拟化运营机制研究——内容呈现、粉丝服务和关系营销》，《财经问题研究》2015 年第 12 期。

[9] 刘菲、王永贵：《中国企业高质量发展之路——基于战略逻辑的系统思考》，《清华管理评论》2018 年第 12 期。

附　　录

Appendix

B.20

附录1　书记省长谈高质量转型发展

顺应新时代发展潮流，深入学习贯彻新发展理念，坚持“四为四高两同步”总体思路和要求，坚定不移将转型综改进行到底，着力开创经济社会高质量转型发展新局面。为确保“十三五”规划圆满收官、山西与全国同步全面建成小康社会，特精选楼阳生书记和林武省长关于高质量转型发展的重要论述，以飨读者。

勠力同心　砥砺前行
奋力夺取高质量转型发展新胜利

——楼阳生书记谈高质量转型发展

（一）在转型发展上率先蹚出一条新路来

建设国家资源型经济转型综合配套改革试验区，是习近平总书记和党中央赋予山西的重大使命。全国两会前，习近平总书记到山西考察，勉励山西在转型发展上率先蹚出一条新路来。山西坚定沿着习近平总书记指引的转型发展方向，坚持转型为纲、项目为王、改革为要、创新为上，推动高质量发展、高水平崛起、高标准保护、高品质生活，确保与全国同步全面建成小康社会、同步基本实现社会主义现代化。

强化转型布局。明确到“2020 年打基础、2025 年出雏形、2030 年基本实现、2035 年全面实现”的转型目标，改造提升传统产业、培育壮大新兴产业、做特做优现代农业、打造黄河长城太行“三大旅游板块”、构建“一主三副六市域中心”城市空间布局等全面铺开，高质量转型发展加速推进。

强化项目支撑。把项目作为转型硬抓手硬指标，全面推行企业投资项目承诺制，去年全省固定资产投资增长 9.3%，今年 1～4 月又增长 6.7%。目前全省 66 个工业类开发区规划面积 2847 平方公里，占全省面积 1.82%，山西转型综改示范区发展态势强劲，三晋大地正成为项目建设的热土。

强化改革攻坚。能源革命综合改革试点顺利开局，推动国资国企改革从“根上改、制上破、治上立”，国资监管体制改革、县乡医疗机构一体化改革等纵深推进，“放管服”改革持续深化，“一枚印章管审批”在全省市县和开发区推开，营商环境不断优化。

强化创新驱动。聚焦“六新”打造一流创新生态，做好新基建、新技术、新材料、新装备、新产品、新业态六篇大文章，推进工业、教育、医疗领域三大创新工程，手撕钢等技术创新取得重大突破，信创、大数据、半导体等战略性新兴产业集群加快发展，“人人持证、技能社会”建设提质增效，着力打造多层次专业化高素质人才大军。

山西要深入贯彻习近平总书记山西考察重要讲话和重要指示精神，坚定不移将转型综改进行到底，确保如期全面建成小康社会，乘势而上书写山西践行新时代中国特色社会主义的新篇章。

（资料来源：《努力实现全面建成小康社会目标任务》，《人民日报》2020 年 5 月 23 日，第 14 版。）

（二）明确“四为四高两同步”总体思路和要求，坚定不移将转型综改进行到底

要在“两转”基础上拓新局、在新的起点上谋新篇，必须放长眼光、找准坐标，踏上时代节拍、紧跟国家步伐，坚定不移将转型综改进行到底。明确提出“四为四高两同步”的总体思路和要求，必须坚持转型为纲、项目为王、改革为要、创新为上，在推动高质量发展、高水平崛起、高标准保护、高品质生活上用非常之力、下恒久之功，确保到2020年与全国同步全面建成小康社会，到2035年与全国同步基本实现社会主义现代化。同时，实现“第二个同步”的15年，是山西发展最为关键的窗口期，也是转型综改至关重要的攻坚期。要巩固和拓展近些年来形成的转型发展基本思路、体制政策和良好态势，用“三个五年”的时间分步走，步步为营、久久为功，到2025年转型要出雏形，到2030年基本实现转型，到2035年转型全面实现之日，就是山西基本实现现代化之时。

对转型出雏形进行了勾勒描绘：一是绿色能源供应体系基本形成，绿色生产、绿色生活方式成为山西鲜明特征，能源革命综合改革试点取得重大突破。二是7~8个战略性新兴支柱产业基本形成，拥有一批在全国具有较高市场占有率和较强竞争力的产业集群。三是具有山西特色的创新生态基本形成，在若干领域掌握一批关键核心技术，涌现出一批自主创新品牌。四是支撑山西资源型经济转型的体制机制基本形成，更多改革挺进全国第一方阵。五是生态文明制度体系基本形成，“两山七河一流域”生态保护修复与治理取得积极成效。六是法治化、国际化、便利化营商环境的制度安排基本形成，山西营商环境主要指标升至全国前列。七是山西全方位对外开放局面基本形成，经济外向度大幅提高。八是城乡统筹发展格局基本形成，大都市大县城建设和乡村振兴取得重要进展，城乡差距明显缩小。九是更加健全完善的民生保障体系基本形成，城乡居民收入接近全国平均水平。十是山西在全国发展大格局中的战略地位基本形成，经济综合实力在全国的排位进一步提升。

（资料来源：《省委经济工作会议在太原召开》，《山西日报》2019年12月25日，第1版。）

（三）通盘统筹抓落实，不断提高治晋兴晋强晋能力水平

一要统筹抓好脱贫攻坚和乡村振兴。强化交总账意识，确保脱贫成效经得起国家的验收、历史的考验和人民的检验。发展好脱贫产业，推动产业带领、产业增收、产业致富。坚持技能就业、技能增收、技能致富，提高组织化程度，帮助贫困劳动力在本地、本省乃至外省安全有序返岗、就业。高度重视教育扶贫阻断代际传递，做好特殊群体兜底保障工作。

二要统筹抓好重点项目和重大改革。狠抓重点项目开工，成熟一个开工一个，成熟一批开工一批。认真落实 2020 年重大改革项目及责任分工，以项目化的方式和路径推进改革，以结果导向的理念和制度落实改革，加快推动开发区体制机制改革、国资国企改革、行政审批体制和营商环境改革、党政机构改革后半篇文章、农村集体产权制度改革等事关全局的重大改革，发挥好重大改革项目的先导性示范性引领性效应。

三要统筹抓好净化政治生态和培育创新生态。按照省纪委十一届六次全会部署，一体推进不敢腐不能腐不想腐，着力构建“亲”“清”政商关系、“简”“减”同志关系、“严”“严”组织关系，持续净化政治生态。大力实施创新驱动、科教兴省、人才强省战略，培育创新文化，健全创新体系，完善创新制度，集聚创新人才，聚力打造 14 个具有标志性、引领性产业集群的子生态，加快培育壮大战略性新兴产业，全力打造一流的创新生态。

四要统筹抓好社会稳定和安全生产。风险就是挑战，隐患就是事故，发现就是敏锐，化解就是本领。各级各部门和领导干部要善于从政治上看待问题、分析问题、处置问题，善于敏锐发现不安全、不稳定因素，做到早发现早处置，坚决防止不稳定因素演变成影响社会稳定、干扰疫情防控的事件。要狠抓安全生产，坚决防范各类事故特别是重特大安全生产事故发生，有力维护全省社会大局稳定。

五要统筹抓好公共卫生防疫体系建设和治晋兴晋强晋能力体系现代化建设。坚持“战平结合”“平战结合”，加快建立健全集“防、控、治、研、

学、产”为一体的公共卫生防疫体系。要注重德治法治自治相结合，加快全面禁止野生动物交易、严禁不文明行为等方面的立法工作，移风易俗、革除陋习。要深入学习贯彻党的十九届四中全会精神，认真总结经验，着力扬长补短，全力推进治理体系和治理能力现代化，不断提高治晋兴晋强晋能力水平。

（资料来源：《大战长才干 大考出人才 大疫强治理》，《山西日报》2020 年 2 月 26 日，第 1 版。）

（四）以重点工作牵引推进转型综改，努力争取实现全年目标任务的良好开局

一要有力有效恢复交通物流秩序。加快恢复省际、市际、县际交通要道，加快恢复航空、铁路等正常运营，加强路况动态监管、疫情风险精准监测，做到人流物流、货畅其流，发挥好交通运输“先行官”作用。

二要有力有效加快企业开工复产。加大入企服务力度，落实国家和地方各级出台的相关政策，积极帮助企业解决防护用品、物流运输、用工用料、资金周转等方面的困难，让企业有更多获得感。企业要增强主观能动性，发挥市场主体作用，加快复工复产步伐。

三要有力有效推进项目开工续建。用好项目在线平台和“点办理、批处理”工作机制，确保重点项目建设顺利推进。实施“五个一批”动态管理、滚动推进，抓好项目的谋划储备、要素配套、服务保障、分析调度等工作，成熟一个开工一个，成熟一批开工一批。充分利用网上招商、网上签约，加大招商引智、招才引商力度。

四要有力有效打好三大攻坚战。落实脱贫攻坚 2020 年工作要点和挂牌督战实施方案，抓好“两不愁三保障”政策举措落实，优先做好贫困地区农民工返岗就业工作，确保做足成色、决战完胜。打好蓝天、碧水、净土保卫战，加快推进汾河流域水质全部退出劣 V 类，抓好医疗废物、污水处理。打好防范化解重大风险攻坚战，坚决守住不发生系统性金融风险的底线。

五要有力有效深化重点领域改革。以项目化的方式和路径推进改革，认

真落实2020年重大改革项目及责任分工，聚焦能源革命综合改革试点、国资国企改革、打造创新生态等重点领域发力突破，进一步牵引和深化转型综改。

六要有力有效强化民生托底保障。全面强化稳就业举措，落实鼓励灵活就业各项政策，做好高校毕业生等重点群体就业工作。加强居民生活必需品市场供应，强化城镇困难群众基本生活保障，做好疫情防控因公殉职人员抚恤工作。

七要有力有效保持社会安全稳定。坚持控新治旧，深入开展“三零”单位创建，加强涉疫情矛盾纠纷排查化解，坚决防止不稳定因素演变成影响社会稳定、干扰疫情防控的事件。依法严厉打击利用疫情哄抬物价、囤积居奇、制售假劣药品和医用物资用品等违法犯罪行为。切实抓好安全生产，坚决防范各类事故特别是重特大安全生产事故发生。

（资料来源：《坚决贯彻习近平总书记重要讲话精神 以必胜信念务实举措 奋力夺取抗击疫情和转型综改双胜利》，《山西日报》2020年2月25日，第1版。）

（五）全力打造一流创新生态，培育壮大转型发展新动能

一是做优做强实验室，切实增强应用基础研究和自主创新能力。要整合提升优存量，进一步聚焦攻关方向，完善稳定支持机制，推动山西省国家重点实验室加强核心技术研发攻关；依托现有省级重点实验室，推动创建国家级或省部共建重点实验室；要发挥在晋院士重点实验室领军作用，加快实现具有标志意义的自主创新突破。要探索新路扩增量，坚持“以我为主，为我所用”，通过自我培育、开放合作，创建重点实验室等各类创新平台。要聚焦战略抓龙头，加快山西省实验室和省重点实验室体系建设。要依托平台抓攻关，完善重大科技项目攻关制度，加快突破一批“卡脖子”技术。

二是加强中试基地建设，有力推动科研成果向现实生产力转化。要加大力度支持中试基地建设，2～3年内要实现14个标志性引领性产业集群中试基地全覆盖。要创新建设模式，依托重点科研机构、高等院校、科技型企业形成产学研联合体，围绕企业发展的关键性、基础性和共性技术问

题，建设一批集技术集成、熟化和工程化试验服务为一体的开放型科技成果中试基地。要鼓励龙头企业牵头建立中试基地，为中小微企业开展中试熟化与产业化开发提供服务。要聚焦重点需求，完善激励机制，促进成果转化。

三是突出抓好规上企业创新全覆盖，加快推动产学研紧密结合、深度融合。今年要把全省规上工业企业创新全覆盖作为必须完成的“硬核”任务。大企业要加快创建企业技术中心、工程技术中心、产业技术创新联盟等高水平创新平台，开展关键共性技术和“卡脖子”技术攻关，勇于担当、争创一流，实现“从有到强”的跃升。中小企业要通过与高校、科研院所、大企业携手合作或配套协作，积极组建小型研发机构，开展研发活动，完成“从无到有”的突破。要进一步加大对企业研发投入、创新成果的奖励力度，以强有力的政策支持为企业开展创新活动增前行之力、解后顾之忧。

四是率先打造若干重点产业创新生态子系统，推动战略性新兴产业集聚集群集约发展。围绕 14 个战略性新兴产业集群，省委省政府将逐一研究，精准施策，精心打造产业创新生态子系统。要面向产业链上下游、创新链相关方、供应链各环节，按照清单化、项目化方式，实施精准培育、精准攻关、精准招商、精准引智、精准支持。要强化战略意识、“抢滩”意识，重点选择信创、大数据、半导体等发展势头强劲、未来前景广阔的产业集群进行引领突破，示范带动全省域、全领域构建创新生态。开发区、高新区要强化主人翁意识和精准服务意识，对龙头企业和领军团队要做到一企一策、一事一议，政策打包、量身定制。

五是完善以智创城为载体的双创体系，充分激发全社会创新的潜力和动能。要以建设山西“智创城”省级双创中心为抓手，推动全省双创扩规提质升级。智创城建设要坚持高起点、高标准、高水平、高质量要求，走专业化、产业化、品牌化发展道路，坚持科学定位、错位发展、协同发展。要引入国内一流双创运营团队，加速吸引领军企业、头部企业等高端双创资源，率先在智创城形成创新生态的小气候。要高质量推进全省双创发展，引导支持一批高端科技人才、优秀企业家、专业投资人、高技能人才成为创新创业主力军。

六是加力补上人才短板，以人才洼地助推创新高地建设。要创新机制用才，坚持“不求所有、但求所用”，加大“柔性用才、项目引才”力度，推行多种灵活用才方式。要打造平台聚才，依托重点实验室、院士工作站、技术创新中心、科技成果产业化基地等重点平台引才聚才。要创优环境引才，出台有吸引力的人才政策，高度重视解决人才的切身利益和诉求问题，扎实做好现行政策的兑现落实，以感情留人、事业留人、待遇留人。要深化改革育才，积极推动高校布局、学科学院和专业设置“三个调整优化”，提质提效抓好“人人持证、技能社会”，进一步深化职业教育改革，实施创新型管理人才培育计划。

七是推动科技与金融深度融合，为筑造一流创新生态提供坚强支撑。要强化金融资源的优化配置，加大金融创新力度，灵活运用各种金融工具，为创新主体和产业主体提供多元化、差异化、定制化的融资服务，覆盖科技创新活动全过程、企业发展全生命周期。要培育和壮大天使、风投、创投机构，发挥好各类产业基金作用，加强抵押担保、信用贷款、保证保险等综合服务，用好各类债务融资工具，强化多层次资本市场支持，为企业实现直接融资创造条件。

八是深化科技体制机制改革，不断激发科技创新主体的积极性创造性。要破除阻碍融通创新的机制障碍，营造有利于全社会创新活力迸发的政策环境。要深化“三评”改革，进一步把对科研项目、人才、机构的评价重点放在标志性成果的质量、贡献、影响上来，放到服务转型综改的实际成效上来。要深化科研院所改革，推进现代科研院所制度建设，加快建设掌握和引领先进技术的新型研发机构。要深化科技放管服效改革，进一步赋予科研人员更大自主权。要深化科技管理部门机构改革，充分调动全省科研力量和资源，聚力打造科技新优势，壮大产业新动能。

（资料来源：《全省科学技术大会在太原召开》，《山西日报》2020 年 3 月 28 日，第 1 版。）

（六）做强做优国有企业，促进高质量转型发展

一是准确把握改革的战略意图、重大要求，有效提升国有资本专业化市场化法治化运营水平。山西省深化国有资本授权经营体制改革、推进国有资本运营公司改革试点，于法有据、于实相符、顺应时势，是贯彻落实党中央决策部署的战略举措，是山西省转型综改先行先试的积极探索，是山西省国资国企改革的顶层改革、重中之重。要按照“分级授权、厘清职责、品字架构”的要求，依法依规深化国资监管体制改革试点。省国资委专司监管，履行国企党建、监督管理、社会责任、指导市县等职责。省国资运营公司根据分级授权代表本级政府履行出资人管资本职责，按照专业化运作、市场化运营、法治化管理和穿透式管资本的基本要求，做好国有资本“进退流转保”文章，确保国资保值增值，促进省属国企高质量转型发展。同时要建立完善对省属国企投资决策经营的支持机制、止损机制和平滑机制，最大程度防控风险。

二是优化国资布局，深化战略重组。加快淘汰落后产能、化解过剩产能、退出低效产能，大力推动技术改造，有序推动深度重组，做强传统产业。聚焦打造14个战略性新兴产业集群，培育壮大龙头企业，大力招商引资、招才引智，积极引进省外龙头企业和一流研发创业团队，做优新兴产业。在现有文旅、大地、航产、交控、水控、国际陆港等一批新兴龙头企业基础上，进一步在农业、体育等领域打造新的国企旗舰劲旅，让国有资本在基础性领域和优势行业的集聚度进一步提升。

三是健全公司法人治理，树立鲜明的效益导向。省属国企要真正确立以效益为中心的发展导向，把实现利润、全员劳动生产率和单位成本作为企业经营管理的基本目标、基本手段。要持续推进瘦身健体，压缩管理层级，精简法人单位。要努力做到科学决策，严把投资方向，严选合作对象，严格决策程序，严控投资风险，把投资聚焦到资本回报上来，坚决杜绝拍脑袋式的投资决策行为，实行终身责任追究。要实施精细化管理，全面加强成本控制、成本核算，严控非生产性支出，降低财务成本。

四是深入实施创新驱动、人才强企战略，不断提升企业的核心竞争力。省属国企要高标准实现创新活动全覆盖，带头开展科技创新，积极开展关键共性技术和“卡脖子”技术的攻关，加快建强重点实验室，积极引进培育创新领军人物，充分发挥企业在科技创新中的主体作用。

五是坚持政企分开、事企分开，全面推进省级行政部门所属事业单位所办企业清理规范。要摸清底数，分类处置，谁主管谁负责，清理退出一批、划转管理一批、重组整合一批，今年年底前要完成清理工作。未经批准，事业单位一律不得新办企业。

六是咬定目标持续攻坚，分类推动市县国企改革。要摸清市县所属国有企业、集体企业底数，坚持一企一策、对症下药，分类推动市县国企改革。

七是探索开展企业“六定”改革，促进企业治理现代化。本着先行先试原则，推进省属国企开展定职数、定员额、定机构、定机制、定薪酬、定任期的“六定”改革，不断提升国有企业治理现代化水平。

八是积极稳妥推动省属文化和金融企业改革，为高质量转型发展助力加力。

（资料来源：《坚持党对国企改革领导 坚持市场化法治化改革取向 着力从根上改 制上破 治上立 为转型综改提供强力支撑》，《山西日报》2020 年 4 月 18 日，第 1 版。）

（七）树立高标准保护要求，勠力打赢蓝天保卫战

一要树牢新发展理念。牢固树立“绿水青山就是金山银山”的理念，坚持生态优先、绿色发展，坚定不移把新发展理念贯穿到经济社会发展和转型综改的全过程各方面。

二要紧抓高质量转型。大力推进产业转型升级，加快培育战略性新兴产业集群，推进制造业高端化、智能化、绿色化发展，加快有机农业、文化旅游、节能环保等绿色产业发展。

三要深化能源革命。统筹推进能源消费、供给、技术变革，推动煤炭“减优绿”，发展壮大煤层气产业，加快新能源和清洁能源发展。

四要聚焦绿色生产生活方式。大力推进清洁生产，淘汰落后过剩产能，

抓好“公转铁”、散煤治理、施工降尘等关键环节，积极发展绿色交通、绿色建筑，完善节能机制，实行能效领跑者制度，形成绿色低碳循环发展模式。

五要强化党政齐抓多方共治。落实现代环境治理体系建设要求，加强组织领导，坚持党政同责，强化区域联防联控，动员全社会自觉履行环保责任，让三晋家园的天更蓝、气更清、环境更宜人！

（资料来源：《坚定贯彻新发展理念 树立高标准保护要求 勠力打赢蓝天保卫战》，《山西日报》2020 年 4 月 17 日，第 1 版。）

坚定信心　咬定目标
推动高质量转型发展迈出更大步伐

——林武省长谈高质量转型发展

（一）瞄准发展方向，蹚出转型新路

全国两会前夕，习近平总书记再次亲临山西考察，为山西克服疫情冲击、蹚出转型发展新路进一步指明了前进方向、提供了根本遵循。山西要坚决贯彻习近平总书记考察山西重要讲话和重要指示精神，全面落实政府工作报告部署，按照省委“四为四高两同步”总体思路和要求，完成好各项目标任务。

着力抓好“六稳”“六保”工作。加大政策支持，帮助各类市场主体渡难关、稳运行、拓市场。加大经济运行监测调度，完善扩大投资、激活消费、精准招商措施，促进粮食稳定生产、工业达产增效、服务业恢复增长。加大民生工作力度，保障困难群众基本生活。

着力推进高质量转型发展。立足转型综改示范区和开发区主战场，聚焦农产品精深加工十大产业和 14 个战略性新兴产业，狠抓一批标志性项目建成投产。围绕建设“五大基地”，开展煤成气增储上产大会战，推动能源革命取得新突破。聚焦“六新”，加强科技攻关，厚植发展新动能。

着力打好三大攻坚战。确保剩余 2. 16 万贫困人口稳定脱贫，推动脱贫

攻坚和乡村振兴有机衔接。全力推动“两山七河一流域”生态修复治理，打赢蓝天、碧水、净土保卫战。强化分级分类监管，有效化解风险，坚决守住不发生系统性金融风险的底线。

（资料来源：《瞄准发展方向蹚出转型新路》，《人民日报》2020 年 5 月 26 日，第 13 版）

（二）一以贯之抓落实，推动转型出雏形

2020 年是具有重要里程碑意义的一年。做好全年工作，确保全面建成小康社会和“十三五”规划圆满收官，关键要一以贯之抓落实。要切实把注意力和精力聚焦到狠抓工作落实上，按照省委“四为四高两同步”总体思路和要求，突出问题导向、目标导向，强信心、讲效率、重结果，创造性推动省委经济工作会议和政府工作报告部署的各项目标任务落地见效，为加快推动转型出雏形奠定坚实基础。

要进一步强化责任担当，勇于开拓创新，推动各项工作再上新台阶。一是对表全面建成小康社会目标任务，加快补短板、强弱项，全力打好“三大攻坚战”，推动剩余贫困人口脱贫，建立完善防止返贫长效机制，标本兼治推进污染防治，有效防范化解金融等重大风险，确保与全省、全国同步实现全面小康。二是全力抓好项目建设，立足基础条件、特色优势，充分发挥开发区项目承载、要素集聚作用，积极创新招商方式，大力优化营商环境，着力打造一批支撑产业转型和区域经济发展的百亿千亿级新兴产业集群。三是扎实推进省域副中心城市建设，高起点高标准编制城市发展规划，加强基础设施建设，优化公共服务供给，全面提升城市品质，不断增强城市综合承载力、辐射带动力和区域竞争力。四是大力发展县域经济，优化县域产业布局，因地制宜培育特色产业，落实好促进民营经济发展支持政策，不断激发县域经济发展活力。五是加快培育创新生态，加大科技创新、人才培养引进等政策支持力度，建好用好创业孵化基地、众创空间等平台，推动规上企业研发活动全覆盖，为各类创新主体提供全生命周期服务保障。六是坚持生态优先、绿色发展，实施好“两山七河一流域”生态修复治理重大工程，坚决完成消除黑臭水体、国考断面达标等任务，协同推进生态

保护、文旅融合和产业开发，实现生态环境高水平保护与经济高质量发展的有机统一。

（资料来源：《一以贯之抓落实 推动转型出雏形》，《山西日报》2020 年 1 月 15 日，第 1 版。）

（三）坚定不移贯彻新发展理念，科学谋划高质量转型发展

一是坚定不移贯彻新发展理念，树立全面、整体的观念，把创新、协调、绿色、开放、共享的新发展理念贯穿推动经济社会发展各环节全过程，作为检验政府工作的重要尺度。

二是紧扣全面建成小康社会目标任务，着力抓重点、补短板、强弱项，打赢三大攻坚战，加强生态文明建设，统筹城乡区域协调发展，确保民生特别是困难群众基本生活得到有效保障和改善。

三是聚焦高质量转型发展，大力推动产业转型升级，培育壮大新动能，抓紧谋划实施一批新项目、大项目、好项目，扩大有效投资，夯实转型根基。

四是着力深化市场化改革、扩大高水平开放，着力破解体制机制性障碍矛盾，提升对外开放能级，加大招商引资力度，实施一批重大科技创新项目，增强发展动力。

五是科学组织“十四五”规划编制工作，把推动转型出雏形的主要任务、工作措施谋划好。

（资料来源：《学习贯彻中央经济工作会议精神　深入谋划明年工作思路重点任务》，《山西日报》2019 年 12 月 16 日，第 1 版。）

（四）着力激发传统和新兴产业两种动能，奋力实现全年经济社会发展目标

一是发挥投资关键作用。组织好一季度重点工程集中开工活动，用好六项常态化工作机制，加强省市重点项目清单化管理、责任化推进，采取“五账法”加强精准调度，切实提高项目开复工率和投资强度。

二是发挥消费基础作用。全面推广应用山西健康码，推动商贸、住宿、

餐饮等企业全面复工，支持企业采取店铺外摆、露天市场、外卖外送、团购网订等方式进行销售，开展消费促进活动，快速释放消费潜力。

三是发挥服务业拉动作用。落实好促进服务业稳定增长政策措施，加快推动服务业全面复工复产，有效解决防疫物资、用工短缺等问题，大力推进现代物流、健康养老、科技服务、数字信息等现代服务业重大项目建设，加快教育、卫生等八项非营利性服务业支出，有序开放文化场馆和旅游景区，促进文化旅游业快速回升。

四是发挥工业支撑作用。推动装备制造、冶金、焦化、新能源、新材料、数字经济、消费品等行业全面复工复产，安全有序释放能源等行业先进产能，加大 12 个重点工业行业 15 种主要工业产品补欠产力度。

五是发挥农业基石作用。科学有序组织春耕生产，恢复生猪产能，支持畜禽养殖业健康发展，实施好农产品精深加工十大产业集群标杆项目，加快高标准农田建设。

六是发挥企业主体作用。落实帮助企业渡过难关政策措施，有效降低企业成本，加强上下游产销对接，推动产业链各环节协同复工复产，建立重点企业派驻联络员制度，实行“一企一策”“一问题一策”精准帮扶，加强企业疫情防控，确保不发生聚集性疫情。

七是发挥民生保障兜底作用。实施援企稳岗政策措施，指导企业通过协商工资工时、灵活工作方式等稳定劳动关系，做好高校毕业生等群体就业工作。

（资料来源：《立足实现一季度良好开局 推动政策精准惠企目标进度精准补欠》，《山西日报》2020 年 3 月 10 日，第 1 版。）

（五）解难点通堵点补断点，加快实现全方位复工复产、达产增效

一是加大经济运行分析调度力度。全面盘点一季度主要经济指标完成情况、重点工作进展情况，结合督导调研发现的问题，找差溯源、完善举措，进一步把工作着力点落到行业、企业、项目上，加快二季度追赶补欠步伐。

二是加大新基建等项目谋划建设力度。用好国家扩大专项债券等政策机遇，加强公共卫生、市政、城镇老旧小区改造、应急物资储备体系建设等领域项目

谋划，加快实施一批5G、数据中心、工业互联网等新基建重大项目。落实领导包联重点工程制度，4月份再集中推进一批项目开工建设、投产达效。创新招商引资方式，运用信息化手段开展精准推介，引进一批大项目好项目。

三是加大城乡消费市场活跃力度。落实好促进消费扩容提质政策措施，引导居民外出消费、实体消费，扩大网络消费，丰富旅游产品和服务，加快释放消费潜力。

四是加大稳产业扶企业力度。加强产供需衔接、上中下游互助，推动全产业链协同复工达产，促进工业品就地转化。积极培育新业态新模式，鼓励企业加快数字化网络化智能化转型。落实好各项帮扶措施，为民营企业、中小微企业和个体工商户纾困解难。

五是加大春季农业生产力度。全面加强春耕春播春管，做好农技服务、春灌用水调度和病虫害防治，稳面积、稳产量、稳政策。

六是加大就业渠道拓展力度。通过线上双选、网络面签等方式，提升高校毕业生就业率。建设扶贫车间，开发公益岗位，促进贫困人口就近就地就业，加快贫困劳动力务工返岗。

七是加大水污染治理力度。加快污水处理厂等工程建设，力争尽快建成投用，确保汾河流域国考断面6月底全部消除劣V类。

八是加大财政增收节支力度。大力推动企业达产增效，积极“造血”；抓好组织收入，防止“失血”；盘活沉淀资金，有效“活血”。做好财政保民生、保工资、保运转工作。

九是加大安全生产监管力度。扎实推进森林防火、地质灾害防治、铁路沿线环境安全专项治理，统筹抓好煤矿、非煤矿山、危化品、建筑、交通等重点行业领域安全生产。

（资料来源：《解难点通堵点补断点 用实劲出实招求实效》，《山西日报》2020年4月9日，第1版。）

（六）加强分级分类精准监管，全面提升安全生产水平

一是全力抓好复工复产期间安全生产。细致排查防疫应急物资、仓储物

流、运输配送等重点企业风险隐患，加强煤矿、危险化学品、非煤矿山、道路交通、建筑施工、消防等重点行业领域隐患排查，做好复工复产企业安全生产监管执法和检查验收。

二是强力推进重点领域专项整治。煤矿领域要继续深化瓦斯、透水、冲击地压等灾害治理，做到先治后采。危险化学品领域要对“两重点一重大”危化建设项目实行联合审批，严控高危项目落地，重大危险源在线监测监控率、危化品生产自动化控制系统装备和使用率要达到100%。交通运输领域要对“两客一危”重点营运车辆全部加装智能视频监控报警系统，强化司乘人员安全培训，设置高速公路危化品车辆专用停车区。消防领域要开展打通“生命通道”集中整治行动。非煤矿山、建筑施工、冶金工贸、特种设备、燃气等其他重点行业领域，要采取针对性措施深化整治。对非法违法生产建设经营行为保持严打高压态势。

三是狠抓分级分类精准监管。严格落实国家相关规定和山西煤矿安全生产分级分类监管办法，按照安全生产周期、标准化等级、风险管控能力、安全诚信、人员素质等指标，将生产煤矿从好到差分为四类，实行差异化监管，并在其它行业逐步推广。

四是全面提升本质安全水平。运用大数据、人工智能等手段加强风险隐患预测预警，加快煤矿智能化改造，持续推进高危行业领域“机械化换人、自动化减人、智能化作业”，推进生产技术、设备、现场管理和安全监管标准化，提高监管执法人员和企业从业人员素质。

（资料来源：《加强分级分类精准监管 全面提升安全生产水平》，《山西日报》2020年2月28日，第1版。）

（七）全力推动黄河流域生态保护和高质量发展重大战略实施，坚决打赢汾河流域治理攻坚战

一是全面加大工程治污力度，让汾河等黄河主要支流“水质好起来”。加快推进水污染防治重点工程建设，强化城镇生活污水处理厂达标排放和运行管理，提升城镇生活污水收集处理能力，彻底根治城市黑臭水体，消除黄

河流域90%以上县城建成区黑臭水体。狠抓工业污染防治，严控企业超标排放，强化工业集聚区污水集中处理。推进畜禽粪污资源化利用和沿河农村生活污水治理。

二是全面提升用水效能，让汾河等黄河主要支流“水量丰起来”。坚持量水而行、节水为重，有效平衡生产、生活和生态用水供给比例与用水空间。科学合理调度汾河水资源，做好全流域补水日调度，保障生态基流。推进汾河流域大型灌区节水灌溉工程建设和节水改造，加强重点入黄支流流域农业节水化建设，提升农灌用水效率。加大城镇和工业再生水回用力度，构建再生水城市内循环体系。

三是全面推动全流域水生态修复保护，让汾河等黄河主要支流“风光美起来”。坚持自然恢复为主，统筹山水林田湖草等系统治理，持续开展汾河干支流、入黄支流清河行动，全面清理河堤内垃圾、工业废弃物及违法建筑物，推行湿地缓冲林带自然修复保护，抓好汾河中游先行示范段等生态修复工程建设。

（资料来源：《扛起政治责任 树立交账意识 坚决打赢水污染治理攻坚硬仗》，《山西日报》2020年1月20日，第1版。）

B.21
附录2　专家学者建言高质量转型发展

引　言：2020年是全面建成小康社会和“十三五”规划的收官之年，是第一个百年奋斗目标的实现之年。全省上下勠力同心、奋勇拼搏，以改革求发展、以创新强活力，奋力谱写治晋兴晋强晋新篇章。凝心汇智助转型，建言献策促发展，现将部分专家学者建言精选记录于此，以飨读者。

坚定不移推进能源革命　实现能源高质量发展

国务院发展研究中心党组书记、副主任　马建堂

进一步推动能源革命是实现高质量发展的内在要求。我们要以习近平生态文明思想为指导，遵循绿色发展理念，努力实现经济发展与环境保护更加协调。

一是深入推进能源消费革命和供给革命，不断提升能源清洁低碳化水平。在能源消费方面，要持续用市场化手段落实能源消耗总量和强度约束性指标管理，有效落实节能优先方针；要持续推进清洁能源对煤炭特别是散煤的替代，推进电动汽车对传统燃油汽车的替代；要持续提高终端能源用电比例。在能源供给方面，要继续支持光伏风电等可再生能源超常规发展；加大常规油气和页岩油气、煤层气等非常规油气的勘探开发力度；加强天然气产供储销体系建设；贯彻“源—网—荷—储”协同思想，逐步形成以电力为中心的能源供给系统。

二是深入推进能源技术革命和体制革命，以高质量能源支撑高质量发

展。通过5G、移动互联网、大数据、云计算、人工智能等技术与能源新技术的深度融合，建立智慧能源运营调度和交易系统、智能化能源生产和消费体系，营造开放共享的能源互联网生态体系。通过坚定不移的体制革命，破除传统的以能源供应为核心的上中下游一体化产业组织和发展模式，构建以能源利用为核心的现代能源综合服务体系和市场体系，充分发挥市场机制的决定性作用，优化能源系统资源配置，提升全产业链效率。

三是深入推进能源领域的国际合作，在开放合作中实现共同发展。坚持在开放合作中保障能源安全的理念，继续扩大国际采购规模，不断拓展多元化供应渠道，充分利用国际资源和国际市场满足国内的能源需求。

（资料来源：《迎接全球能源转型 实现中国能源高质量发展》，《中国经济时报》2019年12月10日，第1版。）

以煤为主格局决定能源转型立足点和首要任务

中国工程院院士　谢克昌

第一期研究包括能源革命的方向、能源革命的举措和能源革命的阶段。能源革命划分为三个阶段：2020年前为能源结构优化期，主要是推进煤炭的清洁高效可持续开发利用，淘汰落后产能，提高煤炭利用的集中度和清洁度，加大非化石能源开发利用，实现能源消费清洁低碳发展，到2020年煤炭、油气、非化石能源消费比例为6∶2.5∶1.5，能源消费总量约50亿吨标准煤；2020～2030年为能源领域变革期，主要是清洁能源尤其是可再生能源替代煤炭战略，从而实现能源消费结构显著变化，到2030年煤炭、油气、非化石能源消费比例为5∶3∶2，能源消费总量在60亿吨标准煤以内；2030～2050年为能源革命定型期，形成新型能源体系，到2050年煤炭、油气、非化石能源消费比例为4∶3∶3，能源消费总量约57亿吨标准煤。

第二期研究侧重农村的能源革命和西部能源大通道的实施。基于我国提出的区域发展战略，能源革命应该与发展特点不同的区域经济和社会有机融合。这就要求能源革命主动促进经济社会的发展和生态文明的保护。

第三期研究围绕能源革命如何推动区域经济社会的发展和生态环境保护展开。

能源革命的目标是建立“清洁、低碳、安全、高效”的现代能源体系。实现这一目标应采取如下举措：一是优先节能提效；二是要统筹优化电力的源网荷储用；三是要严格控制煤和油的用量，实现清洁转型；四是要突破瓶颈，加快提升非化石能源的占比；五是进行能源技术的创新与革命，用技术革命来引领整个能源革命的实践；六是能源与信息技术深度融合，抓住互联网、大数据、人工智能快速发展的机遇。

（资料来源：《以煤为主格局决定能源转型立足点和首要任务》，《中国科学报》2019 年 12 月 9 日，第 7 版。）

推动山西制造业高质量发展

中共山西省委党校常务副校长　王联辉

推动山西制造业高质量发展，核心和关键问题是技术的创新和提升。加快轨道交通装备制造业“走出去”步伐，推动自主创新能力和水平提升。山西在挖掘省外合作机遇基础上，要依托省内太原、大同、运城轨道交通装备基地，在“一带一路”沿线国家或地区打造三大轨道交通装备制造基地的国外基地或分基地。深刻认识国内国际两个市场轮换机遇，煤炭、钢铁龙头企业要积极筹划、主动布局参与国际产能合作，培育具有全球竞争力的世界一流企业。要深刻认识到我国已开始进入工业化中后期阶段，对于煤炭、钢铁需求的增长率已经开始下降。新能源革命是一场“革故纳新的质变”，让广大干部树立危机意识，彻底摒弃惯性依赖幻想。坚持山西煤炭产业“减、优、绿”的同时，鼓励山西煤炭龙头企业放眼全球，参与国际产能合作，将煤炭采掘业务转向国外。政策要鼓励支持煤炭、钢铁龙头放眼全球，主营业务走出去，国际化扩张。政府针对国有企业对外投资要构建容错机制。鼓励企业加强与“一带一路”政策性金融机构合作，政府也可以成立丝路基金专项支持，鼓励企业加强与中国信保公司合作。

（资料来源：《在中部崛起中体现山西担当作为》，《山西日报》2019年6月17日，第4版。）

以自我革命精神推进能源革命综合改革试点

山西省社会科学院院长　杨茂林

以理念革命引领能源革命综合改革试点。山西发展的差距，根子在思想观念。由于长期的资源路径依赖，不仅对其他产业产生挤出效应，而且对全社会尤其是领导干部的市场意识和创新精神产生“挤出效应”，理念革命就成为开展能源革命综合改革试点的根本前提。要深入开展思想“大扫除”，树立敢为人先、敢于胜利的信念，通过体制和政策创新增强能源革命的活力与动力，勇于在全国探路领跑，用理念的提升引领综合改革试点行动突围。以本领革命推动能源革命综合改革试点。要把本领提升作为一项战略任务，树立宽广的世界眼光和对标一流的理念。要保持“本领恐慌”的紧迫感危机感，不断学习掌握能源领域的新知识、开拓新视野，练就硬能力、硬本领，着力在还原能源商品属性、构建有效竞争市场结构和市场体系、转变能源管理体制等方面取得突破，创造更多的“山西模式”“山西经验”。以作风革命保障能源革命综合改革试点。开展能源革命综合改革试点，离不开过硬作风的保障。要驰而不息加强作风建设，坚决向各类作风不实问题“开刀”，持续破除慵懒散漫、斗志松懈的行为习惯，坚决整治形式主义、官僚主义，树牢求真务实、久久为功的政绩观，大力弘扬担当作为、攻坚克难的奋斗精神，加快构建良好政治生态和过硬的干部队伍，以“人一之我十之”的进取精神，在新时代坐标上驶出能源革命的加速度，为全国能源革命闯出一条新路子来。

（资料来源：《以改革创新精神将能源革命进行到底》，《山西日报》2019年9月23日，第9版。）

努力打造活力迸发的创新生态

山西省社会科学界联合会党组书记　张云泽

打造创新体系，汇聚创新要素。统筹“111”工程、“1331”工程、“136”工程等三大工程，实现创新平台打造、拔尖人才引进、科技成果转化的一体推进。以要素配套支撑体系建设，围绕科技创新和成果转化，积极发展天使基金、风投、创投等各种金融工具，为企业提供全天候的金融支持。支持科技中介服务企业组织开展项目路演，对各类平台孵化成功的企业，开发区要给予土地和标准厂房支持。推进产学研用一体的创新网络，抓好重点实验室、技术创新中心、中试基地等科技研发平台和创业创新基地建设，用好的机制用才，用好的平台聚才。

强化企业创新主体地位，激发企业主体的“内生”活力。进一步发挥企业在创新中的主体作用，大力支持企业建立高水平研发中心，鼓励企业牵头承担关键核心技术攻关项目，引导各类技术创新要素向企业集聚，促使企业真正成为科技创新决策、研发投入、科研组织和成果转化的发展主体。整合创新资源，培育科技创新龙头企业、领军企业，深入推进“双创”活动，加快孵化科技创新型小微企业，提升其创新能力和成果转化能力。加强对企业家的培训辅导，加快建设创新型企业家队伍，鼓励企业家创新和探索。

（资料来源：《以活力迸发的创新生态引领经济转型》，《山西日报》2020 年 2 月 10 日，第 9 版。）

提高关键领域自主创新能力

山西省社会科学院（省政府发展研究中心）副院长　侯广章

提高关键领域自主创新能力，要以习近平新时代中国特色社会主义思想为指引，聚焦重点领域、关键问题精准发力。加强战略研究，以顶层设计统领全局，以科学规划推动攻坚，大力实施“卡脖子”关键核心技术“攻尖”

行动和重大技术“迭代创新”，制定重点产业技术创新路线图，统筹布局重点领域关键核心技术研发，培育科技创新新优势。加强统筹协调，加快构筑支撑高端引领的先发优势，组织实施“不对称创新”超前布局，谋划布局一批重点科技攻关项目，大力培育优势产业集群，加快构建现代产业体系。加强机制建设，深化科技体制改革，创新奖励制度和人才培养引进使用机制，汇聚高端领军人才、拔尖骨干人才和青年优秀人才，充分调动全社会创新活力，让创新之苗在三晋大地竞相迸发，成长为助推高质量发展的参天大树。

（资料来源：《在中部崛起中体现山西担当作为》，《山西日报》2019 年 6 月 17 日，第 4 版。）

超前布局“新基建” 助力高质量转型发展

山西省社会科学院（省政府发展研究中心）　郭勇

抓紧出台“新基建”配套支持政策。加强规划、用地、用能、财政、金融等政策的系统配套集成。扩大专项债券发行规模，做好项目储备和前期准备工作，尽快形成有效投资，特别要加快推进国家规划已明确的“新基建”重大项目尽快落地投产。瞄准“新基建”各领域产业链关键环节和突出短板，加快引进一批产业链龙头企业。探索完善“新基建”项目地区间投入共担、利益共享、经济统计分成等跨区域合作机制，采取共建园区等形式深化产业合作。加强风险评估论证，对“新基建”项目的投入方式、产出效率进行严格核算与监督。落实结构性减税政策，提升企业参与“新基建”的积极性和获得感。

稳定民营企业参与“新基建”预期。营造稳定、公平、透明的法治化营商环境，吸引更多民营企业参与“新基建”。全面落实放宽民营企业市场准入的政策措施，破除信贷、创新、招投标等方面对民营企业的隐性壁垒。加快制定民营企业参与“新基建”分行业、分领域、分业务市场准入具体路径和办法，特别是要明确民间资本参与“新基建”的回报机制。保障民营企业的参与权，在“新基建”重大规划制定、重大项目实施、重大调研座谈中积极吸引民营企业参与。完善对民营企业全生命周期的服务模式和服务链条。

推动更多项目纳入国家试点示范。聚焦国家重大战略，主动作为，创新思路，积极对接国家部委，有效衔接政策，争取更多项目纳入国家发展规划。比如，工业互联网领域，要抓住国家布局的政策窗口期，在网络基础设施、标识解析体系、平台体系和安全保障体系方面全面发力，争取更多项目纳入国家试点示范项目名单。结合山西科技资源、产业基础、基础设施等情况，建议积极推动太原市申报试点。

（资料来源：《超前布局“新基建”助力高质量转型发展》，《山西日报》2020 年 4 月 20 日，第 10 版。）

深化金融体制改革　增强高质量转型发展动力

山西财经大学　刘维奇　刘扭霞

一要健全区域金融机构体系，提高服务实体经济能力。要积极做大做强山西省属金融法人机构，将山西金控、晋商银行、山西证券、中德证券、山西信托、中煤保险及各类财务公司打造成资本充足、内控严密、运营安全、服务高效、指标优良、具有较强竞争力和影响力的现代化金融企业；加快新设省属法人金融机构，通过新设资产管理公司、人身保险法人机构、消费金融公司、民营银行、政策性融资担保机构等地方金融机构，形成多元化金融体系，促进本土金融机构发挥地缘、政缘和人缘优势，加强省域金融机构服务实体经济能力。同时，需加强与各金融机构总部的沟通协调，积极与各金融机构总部签署战略合作协议，争取针对性和差异化支持。要正确处理政策性金融、商业性金融与合作性金融的关系，多方发力，积极创新服务方式，满足不同企业的多元融资需求。要进一步引导金融机构完善公司治理，强化内部控制，专注主业经营，提升运营效率，扩大金融的有效供给，助力山西经济高质量转型发展。

二要完善区域资本市场体系，提高直接融资比例。要积极支持多层次资本市场的建设，充分发挥好资本市场的资源配置功能。对山西省战略新兴产业、特色优势产业、文旅产业中各类上市后备企业及科技型、创新型中小企业进行重点帮扶，并按照企业改制上市的不同阶段和实际需要，梳理剖析股改、管理、运营等环节问题，帮助这些企业在主板、中小板、创业板、科创板和新三板等首发上市。

三要创新金融产品和服务，打造服务“四为”新工具。坚持转型为纲，强化战略引领和绿色约束，大力发展产业金融和绿色金融。坚持项目为王，做好现金流预测和风险分析，大力发展项目融资和结构化融资。坚持改革为要，加大金融供给侧改革力度，建立健全与“四高”需求相适应的现代金融服务体系。坚持创新为上，充分发挥财政金融协同作用，加大科技金融和金融科技发展力度。

（资料来源：《深化金融体制改革 增强高质量转型发展动力》，《山西日报》2020 年 3 月 23 日，第 9 版。）

拓宽养老投资主体

山西省社会科学院研究员　武小惠

鼓励在养老服务产业领域引入政府和社会资本合作（PPP）模式，加强公办养老机构建设，发挥政府兜底保障作用。加快老年社会福利中心建设，争取省、市资金扶持，加大农村敬老院升级改造力度。继续加大社区养老服务中心建设。

扶持民办养老机构建设运营，满足不同层次养老需求。加大对民办养老服务机构的扶持力度，鼓励支持社会力量兴办养老机构，重点扶持发展连锁化、品牌化的护理型养老机构，支持其取得合理回报和持续发展。探索多样化的经营模式，引导社会力量根据市场需要，兴办面向中高收入家庭的养老机构，构建全方位、多层次、立体化的养老服务体系，满足多元化、便利化、个性化服务需求。

加大政府购买养老服务力度，推动社会力量参与养老服务业。将政府购买养老服务资金纳入财政预算，重点安排与老年人生活照料、康复护理等密切相关的项目，优先保障经济困难的孤寡、失能、高龄等老年人的服务需求。

推进医疗机构向养老机构延伸，实现医养融合发展。支持医疗机构进驻养老机构，充分依托各类服务和信息网络平台，实现基层医疗卫生机构与社区养老服务机构的无缝对接。康养产业必须是市场主导、政府引导，市场在康养产业发展中发挥资源配置中的决定性作用，政府的作用则是用政策引导重点产业的发展、加强市场监管、防止市场失灵、为企业提供优质高效的公共服务。

（资料来源：《多元养老 康养助力》，《山西日报》2019 年 11 月 25 日，第 9 版。）

B.22
附录3　山西省国家资源型经济转型综合配套改革试验区建设大事记（2019年4月~2020年2月）

山西大学中国中部发展研究中心

2019年

4月

4月15日　全省深化国有企业改革大会在太原召开，省委书记骆惠宁出席并强调，要大力推动国资国企改革向纵深发展，不断增强国资国企的活力、动力和竞争力，更好担起以改革促转型的历史使命。

4月18日　省长楼阳生在太原市调研第二届全国青年运动会场馆和城市建设管理工作，强调要提高城市规划设计建设管理能力，提升城市品质，加快太原都市区一体化发展步伐，更好辐射带动全省高质量转型发展。

4月25日　全省教育大会在太原召开，省委书记骆惠宁强调，要加快推进教育现代化，办好人民满意的教育，为山西长远发展提供智力和人才支撑。

4月29日　省长楼阳生主持召开省政府第32次常务会议，研究区域协调发展、工程建设项目审批制度改革、文物保护利用、放宽户口迁移政策等工作。

5月

5月13日　省委书记骆惠宁主持召开十一届省委第117次常委会议，

审议通过《山西省 2018 年脱贫攻坚成效考核整改工作方案》、省属主流媒体深化改革融合发展方案和《2019 年省委党内法规制定计划》。

5 月 14 日　全省“改革创新、奋发有为”大讨论交流总结会议在太原召开，省委书记骆惠宁强调，要保持“咬定青山不放松”的定力，负重前行、持续奋斗，不断开辟山西改革发展更为广阔的前景。

5 月 24 日　全省农村集体产权制度改革试点单位座谈会在太原召开，省长楼阳生强调，要在全省全面推开农村集体产权制度改革，有效激活农村各类生产要素潜能，增强集体经济发展活力，助力乡村全面振兴。

5 月 31 日　省长楼阳生主持召开省政府第 37 次常务会议，听取法治专题讲座和法治政府建设情况汇报，听取全面建成小康社会评估报告，研究科技创新、学前教育等工作。

6月

6 月 6 日　省长楼阳生深入省属金融企业调研，强调要深化金融供给侧结构性改革，加快完善地方金融体系，不断提升服务实体经济质效，为高质量转型发展提供强有力金融支持。

6 月 21 日　省长楼阳生深入太原西山生态文化旅游示范区调研，强调要深化体制机制改革，创新文旅融合路径，打造特色文旅品牌，将省生态文化旅游示范区打造成践行“两山”理论的山西样板。

6 月 24 日　全省乡村旅游示范村命名暨推进大会在并举行，省长楼阳生强调，要以严格标准引领乡村旅游示范村创建工作，为把文化旅游业打造成战略性支柱产业提供有力支撑。

6 月 25 日　省长楼阳生主持召开省政府第 39 次常务会议，听取全省对口援疆工作汇报，研究国家标准化综合改革试点、供销社改革发展、推行行政执法三项制度等工作。

7月

7 月 8 日　省委书记骆惠宁主持召开省委深化改革委员会第九次会议，

审议通过《关于深化山西省纪委监委派驻机构改革的意见》、《关于开展机关事务集中统一管理专项试点实施方案》和《关于新时代学前教育深化改革规范发展的实施意见》。

7月15日 全省攻坚深度贫困推进乡村振兴现场会在大同市召开，省长楼阳生出席并从攻坚深度贫困、加强巩固提升、抓好问题整改、开展扶贫项目风险隐患排查整改等方面，对脱贫攻坚工作提出明确要求。

7月25日 省委书记骆惠宁主持召开十一届省委第125次常委会议，分析上半年全省经济形势，研究部署下半年经济工作，传达第七次全国对口支援新疆工作会议精神。

7月29日 省长楼阳生主持召开省政府第42次常务会议，研究能源革命综合改革试点行动方案、参与“一带一路”建设、医药卫生体制改革、数字经济发展、清洁取暖等事项。

7月31日 省委书记骆惠宁主持召开十一届省委第126次常委会议，审议通过《贯彻习近平总书记在推动中部地区崛起工作座谈会上重要讲话精神实现高质量发展的意见》、“不忘初心、牢记使命”主题教育8个方面专项整治方案，研究部署安全生产和意识形态等工作。

8月

8月2日 全省“人人持证、技能社会”推进会暨首届全省职业技能大赛启动仪式在太原举行，省长楼阳生强调技工是人才，而且是不可或缺的人才。

8月14日 省政府召开全省焦化行业压减过剩产能行动推进会，省长楼阳生出席并强调，要坚决压减焦化行业过剩产能，推动焦化产业园区化、绿色化、智能化高质量发展。

8月23日 省长楼阳生主持召开省政府第44次常务会议，研究金融改革发展和风险防范、国土空间规划编制等工作。

9月

9月9日 省委书记骆惠宁主持召开十一届省委第132次常委会议，审议通过《山西能源革命综合改革试点变革性、牵引性、标志性重大举措》、《山西中部盆地城市群一体化发展规划纲要（2019—2030年）》和《山西省打好防范化解重大金融风险攻坚战实施方案》。

9月12日　省长楼阳生主持召开省政府第45次常务会议，研究加快5G产业发展、加强扶贫资产管理、深化科技项目人才机构“三评”改革等事项。

9月16日　全省能源革命综合改革试点动员部署大会在太原召开，省委书记骆惠宁出席并强调，要坚定扛起主体责任，坚决实现“能源革命、牵引转型，国内示范、全球影响”的战略目标。

9月19日　山西中部盆地城市群一体化发展推进会在太原召开，省委书记骆惠宁出席并强调要以生态宜居宜业为突破，以创新要素集聚为抓手，以产业协同发展为支撑，以人的城镇化为核心，着力推进基础设施、产业布局、生态环境、公共服务、治理体系等一体化发展。

9月30日　省长楼阳生主持召开省政府第46次常务会议，研究贯彻落实习近平总书记在黄河流域生态保护和高质量发展座谈会上重要讲话精神的具体措施，部署金融、工业高质量发展、利用外资等工作。

10月

10月9日　全省国家标准化综合改革试点工作第二次推进会议暨标准化工作省部联席会议在太原召开。省长楼阳生强调，要深入贯彻落实习近平总书记关于标准化工作的重要论述，按照高质量转型、高起点创新、高水平保护、高效益管理、高效能行政、高水准服务的要求，对标先进标准、一流标准、国际标准，推动试点工作不断取得新成果，为全国提供可复制推广的经验和模式。

10月12日　省长楼阳生主持召开省政府第47次常务会议，研究加强新时代退役军人工作、企业技术创新、清理拖欠民营企业中小企业账款、支持互联网物流平台企业发展等事项。

10月18日　全省推进工业高质量发展大会在太原召开，省委书记骆惠宁强调，要树立国际视野，勇立时代潮头，以数字化、网络化、智能化为牵引，推进工业高质量发展，为山西转型发展提供硬支撑。

10月26日 省长楼阳生主持召开省政府第49次常务会议，研究支持创新创业、促进城乡融合发展、稳定外贸增长、提升太原城市品质、发行政府专项债券等事项。

11月

11月10日 省委书记骆惠宁主持召开省委反腐败领导小组第九次会议，强调各级党委要时刻牢记“三个一点也不能”，扛起全面从严治党主体责任。

11月12日 省长楼阳生主持召开省政府第50次常务会议，研究技能人才培养、高铁外部环境隐患排查整治、相对集中行政许可权改革、中小企业发展、妇幼保健服务、特殊群体个人所得税减征等事项。

11月27日 省长楼阳生主持召开省政府第51次常务会议，研究推进能源革命综合改革试点，“十四五”规划编制、数字政府建设、有机旱作农业发展、食品安全等事项。

11月30日 山西省召开全省领导干部会议，会议决定楼阳生同志任山西省委书记，骆惠宁同志不再担任山西省委书记、常委、委员职务。

12月

12月7日 太原理工大学航空航天学院揭牌仪式在山西大学城举行，省委书记楼阳生强调调整优化高校布局，调整优化学科学院，调整优化专业设置，为转型发展提供强有力人才智力支撑。

12月9日 省长林武主持召开省政府第52次常务会议，研究乡村治理、“证照分离”改革、警务辅助人员管理和太原武宿国际机场总体规划编制等事项。

12月16日 省委书记楼阳生主持召开创新生态专家座谈会，强调要大力实施创新驱动、科教兴省、人才强省战略，为高质量转型发展提供强有力支撑。

12月23～24日　省委经济工作会议在太原召开。会议明确提出“四为四高两同步”的总体思路和要求，强调必须坚持转型为纲、项目为王、改革为要、创新为上，在推动高质量发展、高水平崛起、高标准保护、高品质生活上用非常之力、下恒久之功，确保到2020年与全国同步全面建成小康社会，到2035年与全国同步基本实现社会主义现代化。

12月26日　省长林武深入太原市、省公安厅调研基层社会治理工作，强调要提高政治站位，创新机制办法，不断提升基层治理现代化水平，为决胜全面建成小康社会、推动高质量转型发展创造良好环境。

12月27日　省委书记楼阳生到太原市调研社区和居家养老服务工作，强调要坚持以人民为中心的发展思想，积极探索社区和居家养老新模式，使广大老年人有品质、有尊严地安度晚年。

2020年

1月

1月9日　省委、省政府召开银行行长座谈会，省委书记楼阳生强调，要认真贯彻落实党的十九届四中全会、中央经济工作会议和省委经济工作会议精神，按照“四为四高两同步”总体思路和要求，胸怀“两个大局”，聚焦转型发展，创新金融产品，创优金融生态，进一步加大实体经济支持力度，为全省高质量转型发展提供有力支撑。

1月10日　全省“不忘初心、牢记使命”主题教育总结大会在太原召开，省委书记楼阳生强调要以主题教育为新的起点，持续推动不忘初心、牢记使命，奋力谱写中国特色社会主义现代化建设山西篇章。

1月14日　省长林武在参加长治、临汾代表团审议政府工作报告时说，做好全年工作，确保全面建成小康社会和“十三五”规划圆满收官，关键要一以贯之抓落实。要切实把注意力和精力聚焦到狠抓工作落实上，按照省委“四为四高两同步”总体思路和要求，突出问题导向、目标导向，强信心、讲效率、重结果，创造性推动省委经济工作会议和政府工作报告部署的各项目标任务落地见效，为加快推动转型出雏形奠定坚实基础。

1月18日 省政府召开山西省黄河（汾河）流域水污染治理攻坚暨河（湖）长制工作会议。省长、省总河长、汾河河长林武强调，要深入学习贯彻习近平总书记“三篇光辉文献”精神，全面落实习近平生态文明思想，按照省委“四为四高两同步”总体思路和要求，咬定政府工作报告确定的生态环保硬指标硬任务，全面落实河湖长制，细化举措，全力攻坚，确保6月底前汾河流域国考断面水体全面消除劣Ⅴ类，之后稳定达标，力争实现全省地表水国考断面年底全部退出劣Ⅴ类，向党中央和全省人民交出合格答卷。

1月21日 省纪委十一届六次全会在太原召开，省委书记楼阳生强调要把“严”的主基调长期坚持下去，为决胜全面建成小康社会、决战脱贫攻坚，为治晋兴晋强晋，为推动高质量转型发展提供坚强保障。

1月22日 省长林武主持召开省政府第56次常务会议，会议决定省政府成立由分管副省长任组长的新型冠状病毒感染的肺炎疫情防控工作领导小组，统筹协调全省疫情防控工作，要求市县迅速成立疫情防控工作领导小组，落实属地责任，加强联防联控，切实保障人民群众生命健康安全，维护社会大局稳定。

1月26日 省委书记楼阳生主持召开省委专题会议，强调要进一步加大“防、控、治”力度，坚决科学有力有效地打好疫情防控这场硬仗。

2月

2月10日 省长林武主持召开省政府全体会议，强调2020年是决胜全面建成小康、决战脱贫攻坚和“十三五”规划的收官之年，是第一个百年奋斗目标的实现之年。要坚持一手抓防控、一手抓发展，咬定年初确定的目标不变、任务不变，采取超常规的举措和办法，迅速掀起同心同德、只争朝夕、狠抓落实的工作热潮，尽最大努力，争取最好成绩。

2月12日 省委书记楼阳生主持召开省委财经委员会第六次会议，会议审议《山西省煤成气增储上产三年行动计划（2020—2022年）》，研究深化国资国企改革重大事项，指出深化国资国企改革是解决山西经济结构性体制性素质性矛盾问题、深化转型综改的“关键一招”。

2月18日 省政府以视频会议形式召开市长例会。省长林武强调，当前我省正处于疫情防控最吃劲的关键阶段和尽快恢复正常生产生活秩序的重要节点。全省各级各部门各单位要切实把思想和行动统一到习近平总书记重要讲话和重要指示精神上来，统一到党中央、国务院的决策部署上来，按照省委疫情防控工作部署和“四为四高两同步”总体思路要求，分区分级加强精准防控，扎实做好保“六稳”、促转型、抓创新、推改革和三大攻坚战等工作，坚决打赢疫情防控和经济社会发展两场硬仗，奋力实现全年经济社会发展目标。

2月23日 省委书记、省新冠肺炎疫情防控工作领导小组组长楼阳生主持召开省委第十五次专题会议暨省疫情防控工作领导小组会议，强调要以作为结果践行初心使命，坚定扛起统筹做好抗击疫情和转型综改的重大政治责任；要以靶向发力持续扩大战果，坚决夺取抗击疫情的全面胜利；要以重点工作牵引推进转型综改，努力争取实现全年目标任务的良好开局；要以大战大考锻炼干部队伍，全面强化夺取抗击疫情和转型综改双胜利的组织保证。

2月25日 省委书记、省新冠肺炎疫情防控工作领导小组组长楼阳生主持召开省委第十六次专题会议暨省疫情防控工作领导小组会议，指出全省各级各部门要坚定信心，全面准确、创造性地抓好习近平总书记重要讲话精神和党中央决策部署的贯彻落实，通过胸怀大局抓落实，抢抓机遇抓落实，通盘统筹抓落实，奋力夺取抗击疫情和转型综改双胜利。

2月27日 省政府召开安委会第一次全体（扩大）会议暨全省安全生产工作电视电话会议。省长、省政府安委会主任林武强调，要坚决贯彻习近平总书记在统筹推进新冠肺炎疫情防控和经济社会发展工作部署会议上的重要讲话精神，全面落实党中央、国务院决策部署，按照省委“四为四高两同步”总体思路和要求，树牢生命至上、安全第一理念，加强分级分类精准监管，提升本质安全水平，有力保障疫情防控和经济社会发展。

2月28日　“三个一批”活动（项目投产一批、开工一批、签约一批）在山西综改示范区举行，省委书记楼阳生强调，要认真贯彻习近平总书记在统筹推进新冠肺炎疫情防控和经济社会发展工作部署会议上的重要讲话精神，贯彻落实省委“四为四高两同步”总体思路和要求，强化“项目为王”的鲜明导向，丝毫不松抓防控，时不我待抓发展，在全省上下进一步掀起抓项目的热潮，为高质量转型发展提供有力支撑，奋力夺取抗击疫情和转型综改双胜利。

B.23
后　记

国家资源型经济转型综合配套改革试验区是习近平总书记和党中央赋予山西的重大使命。面对未来的时与势、艰与险，如何深入贯彻落实省委“四为四高两同步”总体思路和要求，着力破解制约山西高质量转型发展的结构性、体制性和素质性矛盾，统筹做好经济社会发展各项工作，高质量科学谋划“十四五”，真正走出一条产业优、质量高、效益好、可持续的发展新路，是山西需要深入思考和突破的重大课题。对资源型经济高质量转型发展问题的思考既需要严格科学精神，同时又极富严酷现实性挑战。随着生产生活有序推进，“十四五”时期山西高质量转型发展的研究变得更加重要和迫切。在社会各界人士的关怀和支持下，山西大学资源型经济转型发展协同创新团队克服疫情影响，群中协调沟通，网上协同作业，第10部“山西蓝皮书”即《山西资源型经济转型发展报告（2020）》由社会科学文献出版社出版面世。10年的坚守，转型创新团队倾情秉持“负重攀援，助力资源型经济转型发展理论与政策研究”理念；10年的坚持，转型创新团队倾注推进资源型地区结构均衡发展重大课题研究；10年的坚韧，转型创新团队倾力开展山西高质量转型发展政策研究。星月轮回，笔耕不辍，让我们一次次感悟到，过程之美才是真正的美，而结果之美仅仅是瞬间的美……

《山西资源型经济转型发展报告》作为全国第一部以“资源型经济转型发展”为研究主题，研究“山西省国家资源型经济转型综合配套改革试验区建设”的“山西蓝皮书”。2011年开始，相继提出“山西‘十二五’发展”“转变发展方式·转型综改试验”“创新驱动·转型综改”“全面深化改革·转型综改试验”“新常态下资源型经济结构均衡发展”“‘十三五’发展·创新转型”“深化资源型经济转型改革与发展”“新时代高质量转型发展”“改革开放再出发”9个年度研究主题，倾心为山西高质量转型发展鼓与呼。当前，中国经济短期受疫情扰动，长期发展趋势总体向好，以“‘十四五’高质量转型发展”为研究主题，适时推出第10部《山西资源型经济转型发展报告》具有极为重要的现实价值。

历史，总是在一些特殊年份给人们以汲取智慧、继续前行的力量。《山西资源型经济转型发展报告》受惠于传统之根、时代之境、转型之问、创新之果。这次新冠肺炎疫情防控中产生了一些新问题、新方法，对编制“十四五”规划尤其补齐民生短板参考意义重大，值得我们去探究，以进一步彰显山西大学资源型经济转型发展协同创新团队的使命情怀、开拓风貌和责任担当。本书的出版将为资源型经济转型发展的理论研究与政策创新提供参考，期待能够继续引起社会各界的兴趣，得到广大读者的喜爱，引发各方对推动资源型经济高质量转型发展的探索，也期待广大读者对书中的疏漏和不足之处予以批评指正。

在山西省政协原主席薛延忠的关爱呵护下，在山西省发改委主任刘锋，山西省市场监管局局长张九萍，山西省委统战部常务副部长师帅，山西财经大学校长刘维奇的关心支持下，主编李志强教授和顾颖教授倾心带领研究团队，开放整合资源，倾力协同研究，多次讨论书稿内容、结构和风格，经过反复修改、加工和雕琢后完成书稿，最终审核定稿。

在本书付梓之际，谨向中共山西省委政策研究室（省委改革办、省综改办）、山西省政府研究室、山西省社会科学院（省政府发展研究中心）、山西省政府决策咨询委办公室、山西省社会科学界联合会等单位以及诸多领导的关心和支持表示衷心感谢。在主编李志强、顾颖指导下，编辑组组长张琴清，成员冯晓晓、袁小亚、李鑫承担了本书的前期编辑工作。山西大学焦晶承担了本书摘要和目录的翻译工作。社会科学文献出版社首席编审周丽、责任编辑徐崇阳、编辑张丽丽为本书的连续出版付出了辛勤的劳动，在此一并表示衷心感谢。

李志强
2020年3月1日于山西大学蕴华庄

Abstract

The world today is facing an unprecedented "transformation", which consists an important feature of high-quality development. With the further development of new sci-tech revolution and industrial transformation, "novelty" emerges as another feature of high-quality development. Shanxi's high-quality development, at the key phrase of her economic transformation and upgrading, is characterized by the "transformation". Shanxi should firmly implement General Secretary Xi's important remarks, continue CCP Shanxi Committee's general principles of Four Objectives, Four Highs and Two Synchronizations, accelerate the construction of modern economic system, win the Three Battles, ensure the Stability in Six Areas, firmly and strictly, coordinate the social and economic work and implement thorough transformation-oriented comprehensive and integrated reforms to build solid basis for the high-quality 14th Five-Year-Plan, express loyalty with actions, realize original aspiration with achievements, expand a new situation on the basis of Two Transformations and write a new chapter at the new starting point.

As the first blue book in China to focus on the construction of the Comprehensive and Integrated Reforming Pilot Area for National Resource-reliant Economy's Transformation-oriented Development in Shanxi, the Annual Report on Resource-reliant Economy's Transformation-oriented Development in Shanxi provides continuous and insightful research results on the resource-reliant economy's transformation-oriented development. The China's economy is bound to suffer short-term fluctuation but the general trend is sound in the long run. So we decided the topic of the Year 2020 to be "HTD during the 14th Five-Year-Plan". Theoretical and empirical research are provided on the new situation and challenge, new thoughts and new engines, new approaches and measures for the HTD in the 14th Five-Year-Plan. Policy-making suggestions with theoretical foundation and practical feasibility are also proposed. The publishing of this book, with theoretical value and practical significance, is expected to provide reference for the theoretical research and policy-making innovations for the resource-reliant economy's transformation-oriented development.

The book consists of the general report, the special reports, the case study and the appendix. Centering on the topic of "HTD during the 14th Five-Year-Plan", the general report objectively analyzes the new situation and new challenges of Shanxi's HTD and provide policy-making suggestions on building innovation ecology, consolidating industrial bases, market-oriented reforming, high-level opening up, winning the Three Battles, peoples' concern and well-being and the construction of public health system. Nine focuses deserve our attention for Shanxi's HTD during the 14th Five-Year-Plan such as cultivating new growth engines, reforming in the key fields, expanding opening up, coordinating regional development, revitalizing suburban areas, paying attention to people's concern and welfare, consolidating the achievements, constructing digital government and strengthening the Party's leadership.

The Special Report One focuses on Transformation and speed up to make high-quality development to a higher level. The topics involve proposing for high-quality development with original aspiration, taking responsibility to promote the transformation-oriented comprehensive reform and keeping the society secure and stable with high-quality legal construction. The general guidelines, target indicators and key tasks for Shanxi's transformation shaping period during the 14th Five-Year-Plan are also discussed. The Special Report Two centers on industry revitalizing and industrial chain modernization. New measures on industrious optimization and upgrading are discussed including equipment manufacturing industry's high-quality development in the intelligence era, manufacturing industry's high-quality development, coal industry's green development during the 14th Five-Year-Plan, the innovative high-quality development of Shanxi's construction industry and the service industry's high-quality development in the new situation. The third special report is about reforming and innovating to focus breakthroughs in key fields such as promoting the construction of Comprehensive Reform Pilot Area of Energy Revolution, innovative policies for the strategic emerging industries in Shanxi, the development base, obstacles and countermeasures for the new R&D institutions in Shanxi, the financial support for the high & new tech industry development. The Special Report Four focuses improving environment to secure the peoples' livelihood and well-being. In this special report, the countermeasures are proposed concerning the identification and management of the comparative poverty in the post-poverty era, the development of the evaluation index system for the industrial ecology, the on-line and off-line integrated approach for retail business development and people's high-quality consumption. The case study provides a continuous follow-up study on the efforts in comprehensive and integrated reforms towards economic transformation covering the suggestions on system and mechanism innovation, Pilot Counties (cities, districts)' economic engine transformation, green and low-carbon development and construction of projects on people's livelihood. By making full use of micro blog marketing, we can promote the high-quality development of time-honored brand enterprises from the aspects of digital connection, enhanced content interaction, and improved management quality. The Appendix excerpts remarks on HTD by the Secretary of CCP's Shanxi Committee and the Provincial Governor and proposals by experts and scholars concerning high-quality development. The important events are also listed in the appendix.

Keywords: High-quality Transformation-oriented Development (HTD); the 14th Five-Year-Plan; Shanxi

Contents

Ⅰ General Reports

Abstract: Facing complicated external situation and internal downward pressure, China's economy is bound to suffer short-term fluctuations, but the long-term development trend is generally improving. Firstly, this report summarizes the main achievements of Shanxi's high-quality transformation-oriented development in 2019. Secondly, this report objectively analyzes the challenges faced by Shanxi's high-quality transformation and development and issues that need to be addressed under the new situation. Finally, this report puts forward policy recommendations on how to promote the Shanxi's high-quality transformation-oriented development in the New Situation, and identifies key points. Shanxi should strive to create a first-class innovation ecology to stimulate more innovation and entrepreneurship potential, implement industrial foundation reengineering projects to improve the modernization level of the industrial chain, deepen market-oriented reforms and fully release new vitality for economic development, fully improve the level of opening up to the outside world and accelerate the new round of high-level opening up, unswervingly fight the three major battles to ensure the comprehensive construction of a well-off society, focus on people's livelihood concerns and strengthen it support, pay close attention to the key links and strengthen the construction of public health system, strengthen legislative work to maintain social security and stability under high-quality rule of law.

Keywords: New trend; Livelihood security; Innovation ecology

Abstract: The 14th five-year-plan period is an important period leading the economic and social development of the next five years, and it is a period of great opportunities for starting a new journey of socialist modernization. This report focuses on the cultivation of new driving forces and explores the establishment of a modern industrial system led by innovation. Focusing on reforms in key areas, it will solidly advance the comprehensive pilot of the energy revolution, continue to deepen the reform of state-owned and state-owned enterprises, increase support for the private economy, and comprehensively deepen the reform of the development zone system. A new round of high-level opening-up will be pushed forward with a focus on opening wider to the outside world. With a focus on regional cooperation, the new pattern of coordinated regional development will be shaped through the coordinated development of regions, the integrated development of urban agglomerations, and regional connectivity. Focusing on rural revitalization, integrated urban and rural development will be further promoted. With the focus on people's livelihood concerns, it will ensure employment, strengthen education and improve infrastructure to improve people's wellbeing. It will consolidate our achievements in tackling key problems, effectively improve our ability to prevent and control major risks in order to lift people out of poverty in an all-round way, and strengthen ecological and environmental protection efforts. Digital government building will be focused on creating a "six best" business environment; It focuses on the overall leadership of the party to further strengthen organizational support and take multiple measures to promote high-quality transformation and development of shanxi.

Keywords: Shanxi; "the 14th Five-Year-Plan"; High-quality Transformation and Development System

Ⅱ Special Reports

Special Report One: Transformation and Speed Up to Make High-quality Development to a Higher Level

Abstract: During the period of the "14th five-year plan", it should thoroughly implement the provincial party committee's requirement of "transforming into an embryonic form by 2025" and follow the thinking of "four for four high two synchronization", insisting on steady development, deepening supply and reform, restructuring, and innovation transformation. It aims to establish a transformational prototype "9 +1" target indicator system with Shanxi characteristics. It focuses on comprehensive reform of the energy revolution, development of strategic emerging industries, creation of innovative ecology, innovation of institutional mechanisms, ecological civilization system, "six most" business environment system, comprehensive opening to the outside world, overall urban and rural development, people's livelihood security system construction and party's overall leadership, etc. The purpose is to promote the implementation of key tasks with high quality.

Keywords: "the 14th Five-Year Plan"; Transformation of the Prototype; "9 +1" Target Indicator

Abstract: Facing the current situation and difficulties, how to coordinate the work of social and economic development is a major subject that requires in-depth thinking and breakthrough for promoting high-quality development. In the form of a brief discussion, this report proposes for high-quality development with original aspiration, taking responsibility to promote the transformation-oriented comprehensive reform and keeping the society secure and stable with high-quality legal construction, to obtain a new victory for high-quality development.

Keywords: High-quality Development; Transformation and Comprehensive Reform; High-quality Rule of Law

Special Report Two: Revitalizing Industries to Promote Industrial Chain Modernization

Abstract: The high-quality development of the equipment manufacturing industry is an inevitable choice for the industry to win a competitive advantage. With the advent of the intelligence era, intelligence can improve the product quality, technical content, manufacturing efficiency, and corporate efficiency of the equipment manufacturing industry, thereby promoting the high-quality development of the equipment manufacturing industry. Intelligence is also an important means for the equipment manufacturing industry to effectively resolve the negative impact of the "epidemic" and even promote the "post-epidemic" recovery. Based on the analysis of the connotation, significance and the problems of the equipment manufacturing industry's high-quality development in Shanxi, this report proposes three high-quality development paths from the industry level and five policy recommendations from the government level.

Keywords: Intelligence; Equipment Manufacturing; Intelligent Manufacturing

Abstract: With the development of science and technology, new energies and new materials are researched and used, then the production capacity of heavy industries such as coal and steel in Shanxi is increasingly excessive, and this situation is more and more serious. Meanwhile, compared with other provinces, such problems show that resource processing and traditional industries still account for a large proportion, the independent innovation ability of enterprises is relatively weak, and the overall energy efficiency level is still low. In combination with relevant policies, the report puts forward corresponding countermeasures. Advantage industry clusters in manufacturing industry should be cultivated by building a number of strategic emerging industry clusters and traditional manufacturing industry clusters. Full coverage of R&D activities in industrial enterprises above designated size is promoted to improve the overall innovation ability of the manufacturing industry, etc. , aiming to promote the manufacturing industry' high-quality development in Shanxi and ensure the healthy and high-quality growth of Shanxi's economy through a series of strategies.

Keywords: Shanxi; Manufacturing Industry; Industrial Cluster

Abstract: Regardless of the global energy development trend or China's energy development trend, the basic position of coal in the energy structure is still very important, and the coal production and consumption during the 14th Five-Year-Plan period will remain relatively high level. However, in the context of high-quality development, the implementation and implementation of the new development concept pose great challenges for the coal industry. As a large coal production province and a typical resource-based economic region, how can Shanxi continue to promote the green development of the coal industry in this situation. Development is a major subject worthy of discussion and research. Based on an in-depth analysis of the current status and existing problems of the green development about the Shanxi coal industry during the 13th Five-Year Plan period, this report combines the domestic and foreign macroeconomic development trends and the development trend of the coal industry, based on the actual situation in Shanxi, starting with the "124" strategic development model. Specifically, to uphold the new development concept, grasp the inventory and

quality development of the construction industry in Shanxi.

Keywords: Shanxi; Construction Industry; Innovation Ecology

B. 9 On the Service Industry's High-quality Development of Shanxi in the New Situation

Gu Ying, Zhao Shouyan / 164

Abstract: Since the beginning of the 21th century, Shanxi has entered a new stage of development, especially the rapid development of the Service Industry, but there are still gaps with the whole country and even other developed provinces. The development of the Service Industry has new challenges. On the basis of explaining the current situation, problems and causes of the Service Industry in Shanxi, this report concludes that the service industry in Shanxi needs to be improved in terms of its development environment, development basis, and development methods. It also proposes that the service industry will develop high-quality services through benchmarking standards, building clusters, innovative integration zones, cultivating new talents, and cultivating new backbone services. So that the Service Industry in Shanxi can be used as a new driving force for national economic growth.

Keywords: Service Industry; Clusters; Innovation and Integration

Special Report Three: Reforming and Innovating to Focus Breakthroughs in Key Fields

B. 10 Policies for Promoting the Construction of Comprehensive Reform Pilot Area of Energy Revolution

Chang Tao, Chen Sitong / 177

Abstract: Carrying out comprehensive reform pilot area of energy revolution in depth is not only a great mission entrusted to Shanxi by the CPC central committee, but also a historical opportunity to promote the transformation and development of resource-based economy in Shanxi. This report deeply analyzes the development status of the energy revolution in Shanxi, and finds that Shanxi has made great progress in policy support, energy supply, energy consumption, energy technology, system and mechanism, and opening-up in recent years. However, during the development of the energy revolution in Shanxi, there are still problems such as high-quality energy supply, technological innovation and talent support, and opening-up to be strengthened urgently, relatively unbalanced energy consumption structure, and relatively backward system and mechanism. In response to various problems during the development of the energy revolution, this report puts forward some policy suggestions, such as unswervingly improving the quality and efficiency of the energy supply system, building a model of clean and low-carbon utilization of energy, promoting energy technological innovation and related institutional changes, expanding the opening-up of energy, providing a breakthrough path for Shanxi to promote the construction of comprehensive reform pilot area of energy revolution, and giving full play to the exemplary and leading role of Shanxi in promoting the national energy revolution.

Keywords: Resource-based Economy Transformation; Energy Revolution; Comprehensive Reform Pilot Area of Energy Revolution in Shanxi

Abstract: The strategic emerging industries are important foundation to resource-based economic transformation of Shanxi. Designing strategic emerging industry policy targeted from top-level locally can help improve the effectiveness of technology policies. This article analyzes the status quo of strategic emerging industry policy in Shanxi, and argues that the policy promotes clarity of development direction, construction of security system, and competence strengthen of strategic emerging industry. The main problem is lack of sufficient attention to strategic emerging industry policy planning scientifically, systematically and continuously. Combing with the actual situation, this article proposes that corresponding policy recommendations from different aspects such as scientific industry policy planning, competitive business environment optimization, comprehensive development of private economy, and improvement of departmental coordination.

Keywords: Shanxi; Strategic Emerging Industries; Innovation Policy

B. 12 The Development Base, Obstacles and Countermeasures for the New R&D Institutions in Shanxi from the Perspective of Innovation *Jing Baofeng* / 202

Abstract: From the perspective of innovation, this paper firstly analyzed the development base of new R&D institutions in Shanxi. As follows, the financial investment in science and technology basically showed an increasing trend, the related policies have been introduced, a certain number of technology innovation platforms have been established, the position of enterprises as the mainstay of technological innovation has been enhanced, and the cooperation targets of enterprise innovation are diverse. Secondly, the obstacles facing the development of new R&D institutions are analyzed. As follows, weak cultivation awareness, inadequate supportive policies, low investment in R&D resources, low degree of industry-university-research cooperation, and uneven distribution of R&D resources. Finally, the countermeasures for promoting the development of new R&D institutions in Shanxi are put forward: doing top-level design and planning layout well, developing policies to support the development of new R&D institutions as soon as possible, innovating the development models of new R&D institutions, innovating the management mechanism of new R&D institutions, strengthening support from science and technology programs and talent programs, strengthening fiscal and financial support, implementing preferential tax policies, increasing support for the transformation of scientific and technological achievements, evaluating the performance of new R&D institutions scientifically, optimizing the talent management mechanism of new R&D institutions, and strengthening the leading and demonstration effect of high-quality new R&D institutions.

Keywords: New R&D Institution; Innovation Ecology; Industry-university-research Cooperation; Transformation of Scientific and Technological Achievements

Abstract: Shanxi is currently in a critical period of accelerating the transformation and development of the resource-based economy. Accelerating the development of high-tech industry is an important path to support the optimization and adjustment of industrial structure. However, promoting the development of high-tech industry in Shanxi requires a sound financial system to provide funding support. Therefore, on the basis of summarizing the financing situation of high-tech industry in Shanxi, this paper deeply analyzes the financial factors that restrict the development of high-tech industry from the aspects of financing channels, loan mechanism, capital market, venture capital, private capital, etc. Combining with the case analysis of Taigang stainless steel co. , ltd, we put forward corresponding policy suggestions for the restrictive factors, so as to further promote the development of high-tech industry in Shanxi by accelerating financial innovation.

Keywords: Shanxi High-tech Industry; Financial Support; Taigang Stainless Steel Co. , Ltd

Special Report Four: Improving Environmnet to Secure the Peoples' Well-being

B. 14 Identification and Management of Relative Poverty in Shanxi in the "Post-poverty Era" *Gao Shuai, Wu Yiyuan* / 235

Abstract: In 2020, most of China's provinces will be in the "post-poverty era". The main contradictions of poverty will also change, from absolute poverty to relative poverty. The identification and management of relative poverty has become the focus of China's subsequent poverty reduction. Unlike absolute poverty, relative poverty is more concerned about the unfair distribution of wealth, rights, and abilities among social groups. It is mainly reflected in social and public services such as education, medical care, and housing. Characteristics of relative poverty is multidimensional, fluid and long-term. In the identification of relative poverty, it is generally related to the proportion of the average social income. In China, 40% of the median income of residents can be used as the relative poverty line, and it can be adjusted dynamically with economic development. In the arrangement of the "post-poverty era" in Shanxi, it is necessary to identify the relatively poor population effectively and accurately. Proceeding from the public services and promoting the continued increase of income of the poor, generating the endogenous power in poor, reducing the gap between urban and rural, and achieving service equalization of urban and rural. Finally, gradually establish and improve a long-term mechanism to alleviate relative poverty

Keywords: Poverty Alleviation; Relative Poverty; Multidimensional Poverty; Building a Well-off Society in an All-round Way

Abstract: With the rapid development of China's society and economy, a series of problems related to the decline of the ecological environment and increased pollution have emerged, which has made the costs of resources and environmental for economic development too large. In the critical period of economic transformation and development, the first condition to solve the current problems is the harmonious development of industry and ecology, that is, the ecological development of industry, reducing energy consumption effectively, and ensuring the coordinated and unified development of nature, economy, and society. Based on the relevant data of 11 prefecture-level cities in Shanxi, this article uses the entropy method to evaluate the industrial ecological situation in Shanxi. Based on the current status of industrial development in Shanxi, this paper proposes some suggestions focused on sustainable development of energy industry, diversified development of energy products, and high-quality transformation of technological innovation.

Keywords: Industrial Ecology; Evaluation Index; Entropy Method

Abstract: From the view point of the role of retail quality and consumption structure upgrading for economic growth, especially the importance of recovery from the non-corona virus for retail business, this paper proposes the implication of developing on-line and off-line retail of Shanxi. Based on an analysis of retail scale and structure of Shanxi compared to other five provinces of central China, it discusses the present situation and problems of Shanxi's retail business. And then three integration policies are provided and they are , strengthening the advantage of integration through cooperation gradually, satisfying the precision demand of consumers by innovative retail technology, improving retail industrialization to decrease the cost of on-line and off-line supply chain effectively.

Keywords: Consumption Structure Upgrading; Retail Quality; New Retail; On On-line and Off-line Place

Abstract: 2020 is the final year to build a well-off society and the "13th Five-Year Plan" . It is of great practical significance to pay attention to and improve the quality of residents' consumption, tap the potential of residents' consumption, and promote high-quality economic development. Because Shanxi is located in the central region and its economy is underdeveloped, there is still a large gap between the consumption quality of residents and other provinces. This is mainly reflected in the low per capita income of urban and rural residents in Shanxi, and the large income gap between urban and rural residents, the poor consumer environment, and the difficulty of seeing a doctor for medical treatment. Therefore, in order to further improve the consumption quality of residents in Shanxi, this report proposes that the income of residents in Shanxi should be increased and the income gap between urban and rural areas should be reduced; market supervision should be strengthened to create a good consumption environment; Improve the residents' difficulties in seeing a doctor and seek medical treatment; carry out residents' quality education, guide residents' health consumption and other corresponding countermeasures.

Keywords: Consumption Quality; Residents' Income; Consumption Environment

Ⅲ Case Study

Abstract: This report summarizes the work progress of the pilot counties (cities, districts) of Shanxi Province in 2019 from four aspects: economic strength, livelihood security, living environment and institutional mechanisms, and further put forward suggestions to improve the comprehensive transformation of pilot counties (cities, districts) in Shanxi Province. We should accelerate the innovation of systems and mechanisms, and enhance the endogenous development momentum; speed up the construction of a new open economy system and enhance the execution of business policies; continue to carry out environmental governance to create a beautiful and harmonious living environment; overall promotion of people's livelihood projects to improve people's well-being. This is in order to better promote the construction of pilot counties (cities, districts) and build an upgraded version of economic transformation.

Keywords: Comprehensive Transformation; Pilot Counties (Cities, Districts); Enlarge Power and Strengthen Counties

Abstract: The outbreak of COVID −19 directly affected the government, enterprises, organizations and individuals, and also brought great pressure to the Chinese society and even the world economy, which posed more severe challenges to the high-quality development of enterprises. In the context of the technological revolution and the rapid development of the mobile Internet, the influence of social media such as Micro-blog is growing, which also creates opportunities for enterprises to achieve high-quality development through innovation. In this environment, Shanxi's time-honored enterprises are also experiencing the challenges of the new crisis and need to pay more attention to and build online marketing channels such as Micro-blog marketing. According to the statistics, it is found that the application of using Micro-blog marketing by Shanxi time-honored enterprises is not high, the interaction is not strong and the influence is not enough. Therefore, enterprises should make full use of social media such as Micro-blog to promote digital connection. The enterprises should enhance content interaction to improve the effect of online marketing. The enterprises should improve the quality of management in an all-round way and achieve high-quality development through innovation.

Keywords: Shanxi Time-honored Brand; Micro-blog Marketing; Social Media

Ⅳ Appendix

S 基本子库
UB DATABASE

中国社会发展数据库（下设 12 个子库）

整合国内外中国社会发展研究成果，汇聚独家统计数据、深度分析报告，涉及社会、人口、政治、教育、法律等 12 个领域，为了解中国社会发展动态、跟踪社会核心热点、分析社会发展趋势提供一站式资源搜索和数据服务。

中国经济发展数据库（下设 12 个子库）

围绕国内外中国经济发展主题研究报告、学术资讯、基础数据等资料构建，内容涵盖宏观经济、农业经济、工业经济、产业经济等 12 个重点经济领域，为实时掌控经济运行态势、把握经济发展规律、洞察经济形势、进行经济决策提供参考和依据。

中国行业发展数据库（下设 17 个子库）

以中国国民经济行业分类为依据，覆盖金融业、旅游、医疗卫生、交通运输、能源矿产等 100 多个行业，跟踪分析国民经济相关行业市场运行状况和政策导向，汇集行业发展前沿资讯，为投资、从业及各种经济决策提供理论基础和实践指导。

中国区域发展数据库（下设 6 个子库）

对中国特定区域内的经济、社会、文化等领域现状与发展情况进行深度分析和预测，研究层级至县及县以下行政区，涉及地区、区域经济体、城市、农村等不同维度，为地方经济社会宏观态势研究、发展经验研究、案例分析提供数据服务。

中国文化传媒数据库（下设 18 个子库）

汇聚文化传媒领域专家观点、热点资讯，梳理国内外中国文化发展相关学术研究成果、一手统计数据，涵盖文化产业、新闻传播、电影娱乐、文学艺术、群众文化等 18 个重点研究领域。为文化传媒研究提供相关数据、研究报告和综合分析服务。

世界经济与国际关系数据库（下设 6 个子库）

立足“皮书系列”世界经济、国际关系相关学术资源，整合世界经济、国际政治、世界文化与科技、全球性问题、国际组织与国际法、区域研究 6 大领域研究成果，为世界经济与国际关系研究提供全方位数据分析，为决策和形势研判提供参考。

法律声明

“皮书系列”（含蓝皮书、绿皮书、黄皮书）之品牌由社会科学文献出版社最早使用并持续至今，现已被中国图书市场所熟知。“皮书系列”的相关商标已在中华人民共和国国家工商行政管理总局商标局注册，如LOGO（ ）、皮书、Pishu、经济蓝皮书、社会蓝皮书等。“皮书系列”图书的注册商标专用权及封面设计、版式设计的著作权均为社会科学文献出版社所有。未经社会科学文献出版社书面授权许可，任何使用与“皮书系列”图书注册商标、封面设计、版式设计相同或者近似的文字、图形或其组合的行为均系侵权行为。

经作者授权，本书的专有出版权及信息网络传播权等为社会科学文献出版社享有。未经社会科学文献出版社书面授权许可，任何就本书内容的复制、发行或以数字形式进行网络传播的行为均系侵权行为。

社会科学文献出版社将通过法律途径追究上述侵权行为的法律责任，维护自身合法权益。

欢迎社会各界人士对侵犯社会科学文献出版社上述权利的侵权行为进行举报。电话：010-59367121，电子邮箱：fawubu@ssap.cn。

社会科学文献出版社